中华现代学术名著丛书

中国之棉纺织业

方显廷 著

2011年·北京

图书在版编目(CIP)数据

中国之棉纺织业／方显廷著. —北京：商务印书馆，2011
（中华现代学术名著丛书）
ISBN 978－7－100－07453－7

Ⅰ.①中… Ⅱ.①方… Ⅲ.①棉纺织—纺织工业—研究—中国—民国 Ⅳ.①F426.81

中国版本图书馆 CIP 数据核字（2010）第 202230 号

所有权利保留。
未经许可，不得以任何方式使用。

本书据国立编译馆 1934 年版排印

中华现代学术名著丛书
中国之棉纺织业
方显廷 著

商 务 印 书 馆 出 版
（北京王府井大街36号 邮政编码 100710）
商 务 印 书 馆 发 行
北京瑞古冠中印刷厂印刷
ISBN 978－7－100－07453－7

2011 年 7 月第 1 版　　开本 880×1240　1/32
2011 年 7 月北京第 1 次印刷　印张 15¾　插图 21
定价：99.00 元

方 显 廷

(1903—1985)

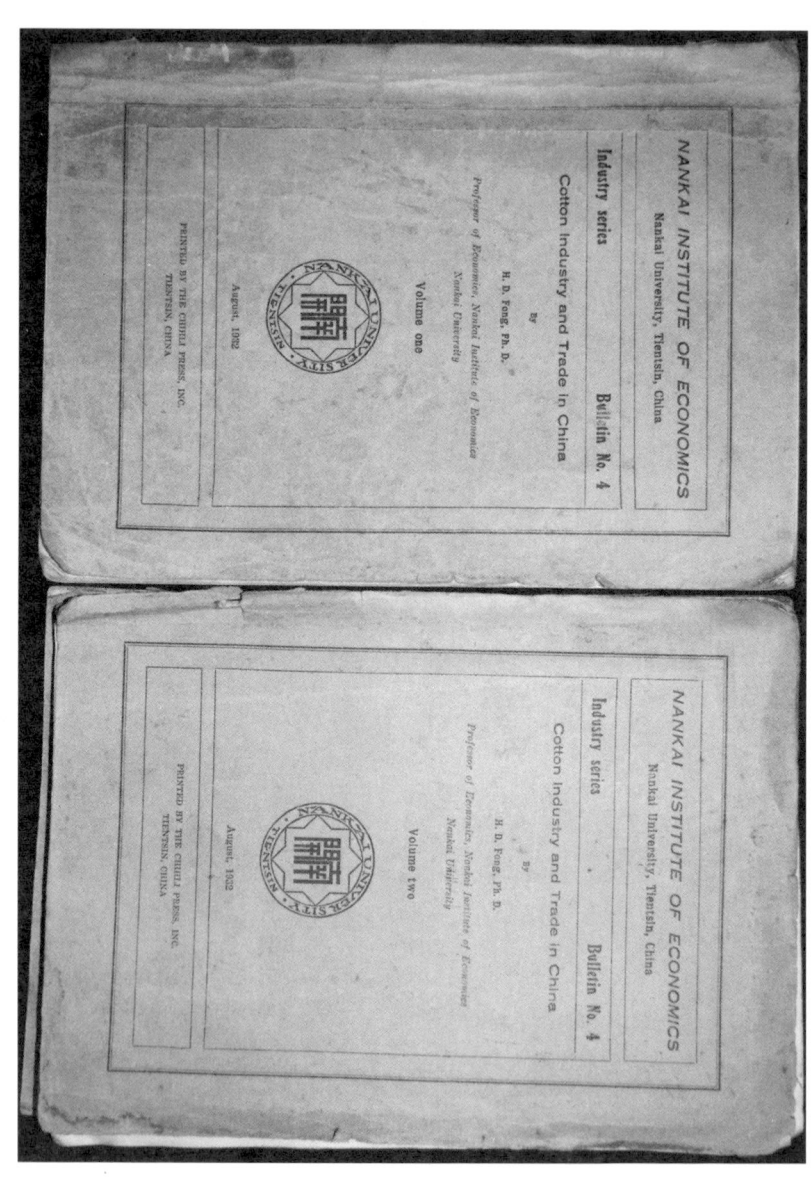

《中国之棉纺织业》英文版全二册,列为南开大学经济学院编辑出版的"工业丛刊"之四,天津直隶印字馆(Tientsin: Chihli Press)1932年8月印行

出版说明

百年前,张之洞尝劝学曰:"世运之明晦,人才之盛衰,其表在政,其里在学。"是时,国势颓危,列强环伺,传统频遭质疑,西学新知亟亟而入。一时间,中西学并立,文史哲分家,经济、政治、社会等新学科勃兴,令国人乱花迷眼。然而,淆乱之中,自有元气淋漓之象。中华现代学术之转型正是完成于这一混沌时期,于切磋琢磨、交锋碰撞中不断前行,涌现了一大批学术名家与经典之作。而学术与思想之新变,亦带动了社会各领域的全面转型,为中华复兴奠定了坚实基础。

时至今日,中华现代学术已走过百余年,其间百家林立、论辩蜂起,沉浮消长瞬息万变,情势之复杂自不待言。温故而知新,述往事而思来者。"中华现代学术名著丛书"之编纂,其意正在于此,冀辨章学术,考镜源流,收纳各学科学派名家名作,以展现中华传统文化之新变,探求中华现代学术之根基。

"中华现代学术名著丛书"收录上自晚清下至20世纪80年代末中国大陆及港澳台地区、海外华人学者的原创学术名著(包括外文著作),以人文社会科学为主体兼及其他,涵盖文学、历史、哲学、政治、经济、法律和社会学等众多学科。

出版说明

出版"中华现代学术名著丛书",为本馆一大夙愿。自1897年始创起,本馆以"昌明教育,开启民智"为己任,有幸首刊了中华现代学术史上诸多开山之著、扛鼎之作;于中华现代学术之建立与变迁而言,既为参与者,也是见证者。作为对前人出版成绩与文化理念的承续,本馆倾力谋划,经学界通人擘画,并得国家出版基金支持,终以此丛书呈现于读者面前。唯望无论多少年,皆能傲立于书架,并希冀其能与"汉译世界学术名著丛书"共相辉映。如此宏愿,难免汲深绠短之忧,诚盼专家学者和广大读者共襄助之。

商务印书馆编辑部

2010年12月

凡 例

一、"中华现代学术名著丛书"收录晚清以迄20世纪80年代末,为中华学人所著,成就斐然、泽被学林之学术著作。入选著作以名著为主,酌量选录名篇合集。

二、入选著作内容、编次一仍其旧,唯各书卷首冠以作者照片、手迹等。卷末附作者学术年表和题解文章,诚邀专家学者撰写而成,意在介绍作者学术成就,著作成书背景、学术价值及版本流变等情况。

三、入选著作率以原刊或作者修订、校阅本为底本,参校他本,正其讹误。前人引书,时有省略更改,倘不失原意,则不以原书文字改动引文;如确需校改,则出脚注说明版本依据,以"编者注"或"校者注"形式说明。

四、作者自有其文字风格,各时代均有其语言习惯,故不按现行用法、写法及表现手法改动原文;原书专名(人名、地名、术语)及译名与今不统一者,亦不作改动。如确系作者笔误、排印舛误、数据计算与外文拼写错误等,则予径改。

五、原书为直(横)排繁体者,除个别特殊情况,均改作横排简体。其中原书无标点或仅有简单断句者,一律改为新式标点，专名号从略。

六、除特殊情况外，原书篇后注移作脚注，双行夹注改为单行夹注。文献著录则从其原貌，稍加统一。

七、原书因年代久远而字迹模糊或纸页残缺者，据所缺字数用"□"表示；字数难以确定者，则用"（下缺）"表示。

目 录

序 ··· 1
第一章 中国棉纺织业之历史及其区域之分布 ················· 4
 （甲）中国棉纺织业之历史 ·· 4
 （乙）中国棉纺织业区域之分布 ································· 20
  棉纺织业之中心 ··· 20
  棉纺织业区域集中之原因 ······································· 20
第二章 中国棉花之生产及贸易 ·· 28
 （甲）中国棉花之生产 ·· 28
  植棉之要素 ·· 28
  植棉区域之面积与产棉额 ······································· 31
  棉产额 ··· 33
  棉产之改良 ·· 35
  棉产之检验 ·· 37
  棉花之分级与标准 ·· 41
 （乙）中国之棉花消费 ·· 44
 （丙）中国之棉花进出口贸易 ····································· 46
  早期之历史 ·· 46
  1867年以来之发展 ··· 52
  来源地与到达地之分析 ·· 57

		外国棉花之种类及包装	60
		棉花之运输	63
		棉花之报关手续	63
		进出口商金融之周转	65
		进出口商与进出口贸易	66
	（丁）	中国棉花之销售	68
		河北省之棉市与棉商	68
		上海棉花之现货交易	72
		上海棉花之期货交易	77
		棉业团体	81
		打包与堆栈	82
		运输与赋税	84
		金融之周转	88
		棉价之变动	89
第三章	中国棉纺织品之制造及销售		93
	（甲）	棉纺织品之制造	93
		制造步骤	93
		纺织机器	96
		纺织成本	108
		纱厂效率	112
	（乙）	棉纺织品之销售	124
		棉纺织品之种类包装运输及税捐	124
		纱号及布庄	129
		交易方法	130
		价格之变动	132

第四章　中国棉纺织业之劳工 ························ 138

- （甲）劳工之人数与性质 ······················· 138
  - 工人数目 ································· 138
  - 工人之籍贯、年龄、性别、身高与体重 ········· 142
- （乙）劳工之状况 ····························· 146
  - 工人之雇佣与其移动率 ····················· 146
  - 工资与生活程度 ··························· 156
  - 工作时间 ································· 178
  - 童工与女工 ······························· 183
  - 工业失虞与疾病 ··························· 191
- （丙）劳工组织 ······························· 199
  - 工会 ····································· 199
  - 劳资纠纷与罢工 ··························· 202
- （丁）劳工立法 ······························· 218
  - 劳工状况 ································· 218
  - 工会与劳资纠纷 ··························· 224
- （戊）劳工福利设施 ··························· 227
  - 生活需要之设备 ··························· 227
  - 教育与娱乐 ······························· 231
  - 储蓄 ····································· 234

第五章　中国棉纺织业之组织 ························ 236

- （甲）导言 ··································· 236
- （乙）纱厂之大小及其大小之分配 ··············· 241
- （丙）纱厂资本之大小及其大小之分配 ··········· 257
- （丁）纱厂集合之趋势 ························· 271

（戊）纱厂帐目之分析 ·················· 274

　　　（己）纱厂联合会 ····················· 284

第六章　中国之手工棉织业 ···················· 287

　　　范围与分布 ······················· 287

　　　工业组织 ························ 289

　　　织机与布匹之种类 ···················· 292

　　　销售方法 ························ 297

第七章　中国棉纺织品之进出口贸易 ················ 301

　（甲）进口贸易 ························ 301

　　　早期之历史 ······················· 301

　　　1867年以来之发展 ···················· 306

　　　来源地与到达地之分析 ·················· 311

　　　抵制日货之影响 ····················· 318

　　　进口匹头之分类 ····················· 322

　　　进口匹头之销售方法 ··················· 323

　（乙）出口贸易 ························ 336

　　　早期之历史 ······················· 336

　　　1867年以来之发展 ···················· 342

　　　来源地与到达地之分析 ·················· 348

第八章　中国棉纺织业之回顾与前瞻 ················ 354

　（甲）中国棉纺织工业之概况 ··················· 354

　　　历史及其分布之区域 ··················· 354

　　　工业组织 ························ 356

　　　棉花 ·························· 359

　　　劳工状况 ························ 362

　　　　制造及销售 …………………………………… 369
　（乙）中国棉花及棉纺织品之进出口易贸 ……… 373
　（丙）中国棉纺织工业之前途 …………………… 382
　　　　中国棉纺织业之世界地位 ………………… 382
　　　　中国棉纺织业发展之阻力 ………………… 389

参考书目录 ………………………………………………… 396
　（一）中文及日文 ………………………………… 396
　（二）西文 ………………………………………… 399

修正中国纱厂一览表1930（见书后封套内）

附录 …………………………………………………… 402
　绪言 ……………………………………………… 403

（一）统计附录（见书后封套内）

一　中国纱厂之地理分布1930

二　中国纱厂之已经售出改组及赁租表1930

三　上海青岛武汉天津及通崇海之纱厂统计1924—1930

四　天津四纱厂之账目统计

　　甲　甲厂之资产负债对照表1918—1928

　　乙　甲厂之损益表1919—1928

　　丙　乙厂之资产负债对照表1920—1928

　　丁　乙厂之损益表1920—1928

　　戊　丙厂之资产负债对照表1919—1929

　　己　丙厂之损益表1919—1929

　　庚　丁厂之资产负债对照表1921—1929

　　辛　丁厂之损益表1921—1929

五　中国棉花出口数量按来源地与到达地之分配 1912—1932

六　中国棉花进口数量按来源地与到达地之分配 1912—1932

七　天津棉花贸易统计 1919—1931

　　甲　中国与天津之棉花出口 1919—1931

　　乙　天津之棉花进出口及消费量 1919—1931

　　丙　天津出口至外国之棉花 1919—1931

八　上海棉价统计 1922—1933

　　甲　上海火机棉之半月价 1922—1933

　　乙　上海通州棉之半月价 1922—1933

　　丙　上海标准棉之每月最高与最低价 1922—1932

九　天津西河花之周价 1928—1933

十　上海之纱布价格 1922—1933

　　甲　上海宝鼎牌十六支纱之半月价 1922—1933

　　乙　上海水月牌十六支纱之半月价 1922—1933

　　丙　上海人马牌十四磅布之半月价 1922—1933

　　丁　标准棉纱之每月最高最低价格及华商纱布交易所之期货交易额 1921—1932

十一　天津纱布之周价 1928—1933

　　甲　天津松鹤牌十六支纱之周价 1928—1933

　　乙　天津松鹤牌十支纱之周价 1928—1933

　　丙　天津人头牌十五磅布之周价 1928—1933

十二　天津某纱厂工人之身高体重及性别统计 1930

　　甲　某纱厂工人身高之年龄与性别分配 1930

　　乙　某纱厂工人体重之年龄与性别分配 1930

　　丙　某纱厂工人身高与体重及性别分配 1930

十三　甲　我国工厂法对于上海棉纺织业之分析 1931

乙　上海纱厂工人生活费之按月指数 1926—1933

十四　中国进口棉纺织品按来源地之分配 1905，1913 及 1929

十五　中国进口棉纺织品按到达地之分配 1905，1913 及 1929

十六　中国自日本及外国进口之匹头总值按项目之分配 1923—1931

十七　中国棉纺织品之原出口值按来源地之分配 1913，1920 及 1929

十八　中国各口岸棉纺织品之净进口值 1913，1920 及 1929

十九　中国棉纺织品输至外国按到达地之分配 1913，1920 及 1929

二十　中国棉花及棉纺织品之净进口值与数量 1928—1931

　　甲　中国匹头之净进口值与数量 1928—1931

　　乙　中国棉花及棉纺织品之净进口值与数量（匹头除外）1928—1931

二一　中国输出国外之棉花及棉纺织品之数量与价值 1928—1931

（二）文契附录

二二　实业部上海商品检验局棉花检验处主要表格……………… 405

　　甲　检验棉花请求单……………………………………………… 405

　　乙　棉花检验证书（适用于出口）……………………………… 406

　　丙　请求复验单…………………………………………………… 407

　　丁　检验改包请求单……………………………………………… 407

二三　实业部上海商品检验局棉花验检处检验细则（民十八年六月十七日修正）……………………………………………… 408

二四　中国海关进口出口复出口及转口报单……………………… 411

　　甲　进口报单……………………………………………………… 411

　　乙　出口报单……………………………………………………… 412

　　丙　复出口报单…………………………………………………… 413

丁　转口报单 …………………………………………… 414
二五　中华民国海关进口税税则之关于棉制品者 …………… 415
二六　中华民国海关出口税税则之关于棉及棉制品者 ……… 420
二七　侨华日商所用之棉货交易合同式样 …………………… 421
二八　上海华商纱布交易所股份有限公司营业细则 ………… 424

方显廷学术年表 ………………………… 纪　辛　方露茜　455
方显廷先生及其《中国之棉纺织业》 …………… 熊性美　467
中国经济学界的曾经领军人物——方显廷 ……… 纪　辛　483

序

　　战后中国工业化之迅速开展以及因此而生之各种经济蜕变,已久为中外经济学者及社会改造家所注意。故年来关于中国工业化前途之论著,时有刊行,大都认为中国物产丰富,人力众多,预测工业发达之前途,甚有可望。且以为是项工业化,一方面可减轻中国人口过剩之压迫,提高一般人民之生活程度;同时复可吸收各国之剩余生产。此种论著,固多言之凿凿,但多凭理解,殊缺乏事实上之根据。本院有鉴及此,乃于民国十八年,着手实地调查。天津为华北主要工商业之中心,又为本院之所在地,故为便利计,本院之调查工作,即始于此。

　　本院调查工作,始于民国十八年六月一日。旋即发表《中国工业化之程度及其影响》一文,二十年加以修正再版,更名为《中国工业化之统计的分析》。同年又在上海国民生计会议提出《河北省之工业化与劳工》一文。实地调查之范围,主要者限于天津手艺工业及工厂工业两大类:前者代表我国旧式经济制度,后者代表新式经济制度。自开始以迄现在,工业丛刊之已刊行者,有《天津针织工业》、《天津地毯工业》、《天津织布工业》及《天津粮食业及磨房业》四种,皆为关于天津旧式手艺工业之调查。至工厂工业之调查,已择棉纺织工业为代表,其报告包括于本书范围之内。

　　本书讨论之范围,不仅限于天津,原因有二:第一,棉纺织工业

1

分布之区域，较为集中，不若手艺工业之随处皆有。天津在华北虽为棉纺织工业比较发达之处；而斯业重心，实在上海。是以调查天津之棉纺织工业而忽视上海及其他纺织业中心，则所获结果，难免挂漏。第二，棉纺织工业为目前之最大工厂工业，而论及斯业专书，坊间尚鲜。试观本书后列各种参考材料，即可见其非失之简，即患过于专门。例如 D. K. Lieu's *China's Cotton Industry* 及 Arnold Pearse's *Cotton Industry of Japan and China* 似嫌简泛。如杨西孟之《上海工人生活程度的一个研究》，英国远东经济视察团之 *Report of the Cotton Mission*，曲直生之《河北棉花之出产及贩运》，大岛让次之《天津棉花之物资集散事情》，又似太趋专门。此外散见各处之中西材料，亦复不少，——散见于杂志者如《纺织时报》、《工商半月刊》(前《中外经济月刊》及《经济半月刊》)、《国际贸易导报》、《社会月刊》(上海)等；散见于专著者如 H. B. Morse's *East India Company Trading to China* 及上海社会局主编之劳资纠纷、罢工、工作时间及工资之年报等。综此二因，本院乃决意扩充调查范围及于全国，汇集调查结果，成一较有系统之《中国棉纺织业及棉纺织品贸易》报告书。

　　此项调查之进行，系由王恒智、杭蕴章、李省三、权裕源、王社五、王铨、尚端良诸君负责。同时承天津裕源、恒源、华新、北洋诸纱厂，予以调查之便利，所得赞助之处甚多。书中计算工作，多赖胡毓鼎、林成栋、李晋元三君之力；图表之绘制，则出诸严子祥、胡元璋二君之手，而吴大业君指导之力居多。关于天津诸纱厂帐目之分析，多承本校商学院前会计系教授姚仲年、连铸九二先生之助。本书初稿为英文，完成之后，荷蒙太平洋国际学会现任研究秘书 W. L. Holland 氏展读一过，予以极有价值之批评。译稿出冯华德君之手，又承李锐君代为校阅，多所修正。本书工作研究之经费，其中一部分，赖前太平洋国际学会研究秘书、现任国际联盟经济财务组主任之 J. B. Condliffe 博士与哥伦比亚大学教授、前任太平洋国际学会主席之 James T. Shotwell 氏之热心赞助，使本院得获太平洋国际学会之津贴，至为可感。本院院长何廉先生对于工作进行，曾为悉心擘划，促其完成，并时予以指导与批评，尤深感激。此外本院全体同人，所予直接间接之助，亦复不少。谨志简端，以申谢忱。

本书完成于民国二十年，英文本于二十一年提前出版，中文本延未付梓，瞬忽一年，此次付印，除参考书目录及统计附录之一部分外，未加增补，故书中材料，截止于二十年，特附志之。

方显廷
天津南开大学经济学院
民国二十二年十一月

第一章　中国棉纺织业之历史及其区域之分布

（甲）中国棉纺织业之历史

棉纺织业为中国旧有工业之一。古谚云：一女不织，或为之寒，足见是业在中国创始之早。考之古籍，中国夏禹之世（西历纪元前2205年及前2198年间），已有用棉织布之举，且以之为进纳朝廷之贡品。自是而后，中国之棉织业渐兴，及至纪元后第五世纪，棉之为用，殆已遍播各地。①

虽然，棉纺织业在中国之成为新式工业，稽其肇始，犹为近数十年事耳。溯自1840年第一次鸦片战争之后，海禁渐开，华洋贸易，逐渐沟通，始有大宗之机纺棉纱，由英国及欧陆诸国输入于中国，而中国原有手纺纱之销场，乃大受打击。② 考中国之棉纱线输入量，如第1表所示，在1867年仅33,507担，至1899年竟增至2,748,644担；三十三年间增加八十二倍之巨，实足惊人。查1899年以后，中国之棉纱线输入量未呈增加，而1913年以降，反现锐减

---

① Fung, D. K.: Cotton Culture, in Chinese Social and Political Science Review, Oct., 1916, pp. 97-8.
② 见本书第七章，机纺纱之自英国输入吾国，始于1821年。

之势。故1899年之输入量可谓从来未有之最高峰；以数字示之，1913年之输入量，为2,702,851担，至1930年则落为169,620担，只合1913年输入量之百分之七。虽然纱线输入量之锐减若此，但事实上中国之机纺纱消费量固无类此之减少，由此可反证中国新兴机器棉纺纱业之勃起，及国产机纺纱代替舶来品之日增。就欧战爆发后，中国棉花进口量突增一端而言，亦足显示中国棉纺业之发达。计1913年棉花进口量为134,735担，1916年为407,644担，1920年为678,297担，1922年为1,780,618担，1926年为2,745,017担，至1930年则增为3,456,494担，造成1867年来中国棉花进口量之最高数。按棉花进口大部皆为供给新兴纱厂原料之需要。此种棉花进口量之增加，及棉纱线进口量之减少，即使机纺纱之消费量依旧无增，已足证明中国新式机纺工业之勃兴(图1)。

中国之自设机器纺织厂始于1890年左右。当时李鸿章独具卓见，洞悉棉纺织业关系于国计民生綦重，遂于1890年创办机器织布局于上海，1890年复于上海创办纺织新局。不幸织布局机器尚未运到时，突于1893年惨遭回禄。至是清廷不愿拨付重建之资，李氏乃与天津海关监督盛宣怀商募民股。惟在当时股份公司及机器纺织均为创举，人民多趑趄不前，故应者寥寥。通计额定股本八十万两，人民附股，仅三分之一。幸赖盛氏之经营擘划，织布局卒告成立，乃更名为华盛纱厂，计有纺锤65,000锭，织机600架。故织布局实为吾国机器纺织业之嚆矢。[①] 考华盛纱厂迭经改组，名凡三易，"又新""集成"则为其旧名，而今之三新纱厂，则又为华盛之后身。辛亥之役，盛氏身为清吏，因惧其私财随清社俱覆，佯托英

---

① 江苏实业厅第三科：《江苏省纺织业状况》，上海，商务印书馆，民九年，1页。

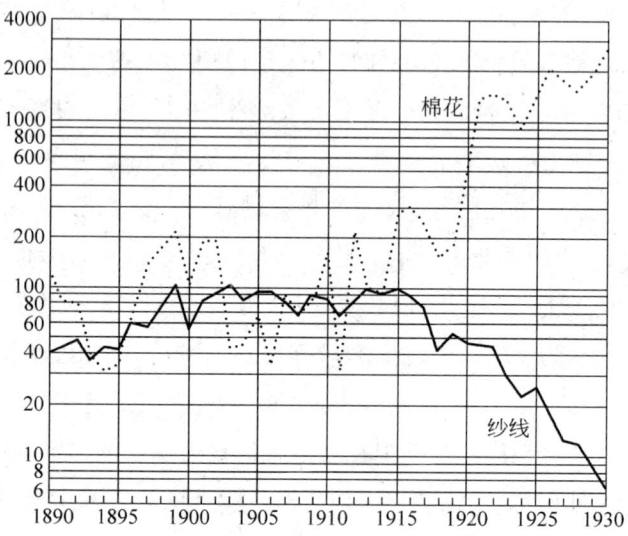

图 1 中国进口棉花与进口棉纱棉线之比较,1867—1930,
(1913＝100)(见第 1 表)

资,注册于香港政府。至于纺织新局,旋亦经改组,更名复泰纱厂,嗣又改为官商合办,因经营乏术而歇闭,后转售与大股东聂仲甫氏,更名为恒丰纱厂。①

1891 年张之洞于武昌设立织布厂,1894 年复设武昌纺纱厂。二者之性质均与在上海所设者相类,系由政府出资兴办,其意在使商人得以仿效而兴起。1895 年上海开设有大纯纱厂,无锡开设有业成纱厂,常州开设有广新纱厂。其时适值甲午(1894—1895)战争后,中日订立《马关条约》之际,约中规定日人在中国通商口岸有设立工厂之权利,因此其他外人援最惠国待遇之例,在上海相继设

---

① 江苏实业厅第三科:《江苏省纺织业状况》,上海,商务印书馆,民九年,1 页。

立之纱厂,为数颇多。英人设立者,有1895年之怡和,及1896年之老公茂;德人设立者,有1896年之瑞记;美人设立者有1897年之鸿源。虽其后有转售与他国人民办理者,但外商纱厂在中国之所以能勃兴,当归因于《马关条约》。① 日人为首先获得在中国境内设立工厂之权利,但其时日人在华并未设有工厂。彼等采用收买华商纱厂之政策,1902年,大纯与三泰二厂,均系由华人转售与日人者,前者更名为上海纺织株式会社第一厂,后者改为上海纺织株式会社第二厂。此后外人在上海相继设立纱厂,年有数起,而华商纱厂则不徒于上海一处有增,内地新设者亦复不少。如1896年设于上海者,有三泰及裕源;苏州有苏伦;杭州有通益公。三年后设于萧山者有通惠公;南通有大生第一纺织公司。1899年以后,棉花及人工之来源顿感不足,运输利便及信用贷借亦感艰难,故新纱厂之建设,暂告中止。

第1表　中国之棉花棉纱棉线净入口量及其指数,
1867—1930(1913＝100)

年份	棉　　花		棉纱及棉线	
	担	指数	担	指数
1867	335,976	249.36	33,507	1.24
1868	305,886	227.03	54,212	2.01
1869	193,648	143.73	131,525	4.87
1870	225,414	167.30	52,083	1.93
1871	340,778	252.92	69,816	2.58
1872	207,144	153.74	49,809	1.84

---

① 转售者:英商之老公茂转与日商;美商之鸿源,初转与英商,复由英商转与日商;德商之瑞记,初转与英商,复转与华商。

(续表)

年份	棉花		棉纱及棉线	
	担	指数	担	指数
1873	201,045	149.22	67,883	2.51
1874	11,811	8.77	68,819	2.55
1875	169,676	125.93	91,403	3.38
1876	236,918	175.84	112,908	4.18
1877	154,892	114.96	116,163	4.30
1878	106,027	78.69	108,360	4.01
1879	175,534	130.28	137,889	5.10
1880	87,086	64.93	151,519	5.61
1881	137,869	102.33	172,482	6.38
1882	178,478	132.47	184,940	6.84
1883	211,306	156.83	228,006	8.44
1884	187,105	131.87	261,458	9.67
1885	131,404	97.53	387,820	14.35
1886	94,382	70.05	384,582	14.23
1887	173,728	128.94	593,728	21.97
1888	156,579	116.21	684,959	25.34
1889	113,545	84.27	679,728	25.15
1890	149,562	111.00	1,083,405	40.08
1891	110,618	82.10	1,212,921	44.88
1892	106,635	79.14	1,305,572	48.30
1893	53,419	39.65	983,399	36.38
1894	43,103	31.99	1,161,694	42.98
1895	44,711	33.18	1,134,110	41.96
1896	99,129	73.57	1,624,806	60.11
1897	160,256	118.94	1,573,116	58.20
1898	229,005	169.97	1,962,537	72.61
1899	278,366	206.60	2,748,644	101.69
1900	134,750	100.01	1,490,732	55.15
1901	254,855	189.15	2,276,309	84.22

（续表）

年份	棉花		棉纱及棉线	
	担	指数	担	指数
1902	248,566	184.49	2,452,864	90.75
1903	59,494	44.16	2,744,974	101.56
1904	60,057	44.57	2,289,842	84.72
1905	90,590	67.23	2,569,644	95.07
1906	45,357	33.66	2,551,027	94.38
1907	116,307	86.32	2,281,657	84.42
1908	99,022	73.49	1,831,624	67.77
1909	114,389	84.90	2,419,404	89.51
1910	205,915	152.83	2,298,012	85.02
1911	39,171	29.07	1,877,166	69.45
1912	279,192	207.22	2,312,528	85.56
1913	134,735	100.00	2,702,851	100.00
1914	126,488	93.88	2,559,443	94.69
1915	364,390	270.45	2,700,592	99.92
1916	407,644	302.55	2,486,007	91.98
1917	300,128	222.75	2,102,335	77.78
1918	190,110	141.70	1,152,881	42.65
1919	239,003	177.39	1,432,553	53.00
1920	678,297	503.43	1,345,101	49.77
1921	1,682,526	1,248.77	1,296,540	47.97
1922	1,780,618	1,321.57	1,242,038	45.95
1923	1,614,371	1,198.18	787,649	29.14
1924	1,219,284	904.95	587,058	21.72
1925	1,807,450	1,341.49	656,132	24.27
1926	2,745,017	2,037.35	460,230	17.03
1927	2,415,482	1,792.76	304,272	11.26
1928	1,916,140	1,422.15	294,125	10.88
1929	2,514,786	1,866.47	241,819	8.95
1930	2,456,494	2,565.40	169,620	6.28

1905年日俄战役终结,远东经济情势,渐呈起色;而中国是时亦已从1900年拳乱之厄运中,渐获苏息而复原。迄1899年止,中国共有纱厂十七家:江苏有其十三(上海九,无锡、常州、南通及苏州各一),湖北有其二(均在武昌),浙江有其二(杭州及萧山各一)。1905年至1913年期间,复增设十三家:江苏有其十一(上海六,无锡、南通、江阴、常熟及太仓各一),浙江有其一(宁波),河南亦有其一(安阳)。

　　1890年至1904年及1905年至1913年两时期,关于外商纱厂所隶属之国籍,有明显之区别。第一期间,英人设立之纱厂有二,德人设立者一,美人设立者一;第二期间,则日人设立者有二,英人设立者一。易辞言之,当他国人不复在中国增设纱厂时,日人乃起始活动。上海之大纯与三泰二厂,亦即在此期间转售与日人。

　　1914年欧战发生,为我国棉纺织业之发展,辟一新纪元。盖大战发生,外货来源断绝,因外货竞争之消灭,吾国之营纱业者乃得兴隆获利之机会。至于外人在华经营纱业者,因中国工资低廉,工时较长,棉花供给丰富,加之关税免纳,故成本得以减轻;此外,成品直接售于中国市场,可节省运费及中间人之佣费,凡此皆足以诱致外人在华设立纱厂。证之事实,自1914年至1925年间,每年均有新纱厂之设立;即旧有纱厂,亦多筹划扩张。在此期内,华商纱厂虽处领袖地位,但日商纱厂之势力则更占重要。盖日商纱厂,多数均组为大联合,资本雄厚;而华商纱厂,除少数外,均系孤军奋斗,其财力多不充实。总计此期内,全国共设有纱厂八十七家,其中属于华商者五十三,属于日商者三十三,属于英商者一。五十三家华商纱厂共有纺锤1,768,500锭,平均每家有33,368锭。日商厂数虽为三十三家,但纺锤则有1,239,156锭,平均每家有37,550

锭。复次，三十三家日商纱厂，均隶属于十七个公司；而所有五十三家之华商纱厂，悉隶于四十个公司。又在日商纺织公司内，中有四处各有两家或两家以上之纱厂，如内外有十三厂，日华有三厂，大康有二厂，同兴有二厂；在华商纺织公司内，中有六处各有两家或两家以上之纱厂，如申新有五厂，华新有四厂，宝成有三厂，永安有三厂，大生有二厂，溥益有二厂。华商纱厂之转售与日商者有三家；同时日商纱厂亦有一家转售与华商者。①

1914年至1925年可目为中国棉纺织业发展之第三期。上述日商纱厂之三十三家；其设于1914年者二家，1917年者三家，1918年者二家，1919年及1920年者各一家，1921年者五家，1922年者八家，1923年及1924年者各四家，1925年者三家，计在1920年以后五年间设立者，有二十四家之多。究其原因，殆由于吾国在1919年八月实施新修订之税则所致。该项税则，将棉布及棉纱之分类，列为粗细两等，凡棉纱之在四十五支以下者，均征以从量税；过此以上，则征以从价税。从量税之分级标准，凡十七支及十七支以下之棉纱，每担征收关银 1.28 两，十八支至二十三支纱，每担征收关银 1.38 两，二十四支至三十五支纱征收关银 1.90 两，三十六支至四十五支纱，每担征收关银 2.18 两；四十五支以上之细纱，则依其价值征收百分之五。日本纱商鉴于新订税则，增高细纱之税率，且恐日后复经改订，或有再增之趋向，故为避免缴纳是项关税计，乃在中国增设纱厂。此举自日本纱商观点论，诚属贤明之策，盖证之1922年、1928年及1930年数次修订新税则，关于棉纱之税额，每

---

① 华商纱厂为：华丰有纺锤 37,120 锭；宝成第一厂及第二厂，各有 68,432 锭。日商纱厂即指隆茂，有纺锤 10,432 锭。

次均较前所订为高也。

每担棉纱之进口税

	十七支及十七支以下	十八支至二十三支	二十四支至三十五支	三十六支至四十五支	四十五支以上
1918(海关两)	1.28	1.38	1.90	2.18	5%
1922(海关两)	2.00	2.20	3.00	3.40	5%
1928(海关两)	3.00	3.30	4.50	5.10	7.5%
1930(金单位)*	5.30	5.80	7.90	8.90	7.5%

* 每金单位值美金四角。

第2表(甲)　各国在华纱厂之棉纺锤,1890—1930

年份	纺锤							
	华商		日商		英商		总计	
	实数	1913=100	实数	1913=100	实数	1913=100	实数	1913=100
1890	114,721	17.60					114,712	11.67
1891	204,712	31.41					204,712	20.83
1892	204,712	31.41					204,712	20.83
1893	204,712	31.41					204,712	20.83
1894	204,712	31.41					204,712	20.83
1895	221,744	34.03	22,432	9.61	72,312	74.02	316,488	32.10
1896	324,116	49.74	123,480	52.89	72,312	74.02	519,908	52.90
1897	324,116	49.74	149,608	64.09	72,312	74.02	546,036	55.56
1898	324,116	49.74	149,608	64.09	72,312	74.02	546,036	55.56
1899	416,056	63.84	149,608	64.09	72,312	74.02	637,976	64.91
1900	416,056	63.84	149,608	64.09	72,312	74.02	637,976	64.91
1901	416,056	63.84	149,608	64.09	72,312	74.02	637,976	64.91
1902	416,056	63.84	149,608	64.09	72,312	74.02	637,976	64.91
1903	416,056	63.84	149,608	64.09	72,312	74.02	637,976	64.91
1904	416,056	63.84	149,608	64.09	72,312	74.02	637,976	64.91
1905	484,136	74.29	149,608	64.09	72,312	74.02	706,056	71.84
1906	507,336	77.85	149,608	64.09	72,312	74.02	729,256	74.20
1907	596,084	91.47	149,608	64.09	97,688	100.00	843,380	85.81
1908	622,676	95.55	149,608	64.09	97,688	100.00	869,972	88.52
1909	651,676	100.00	149,608	64.09	97,688	100.00	898,972	91.47
1910	651,676	100.00	172,648	73.95	97,688	100.00	922,012	93.81
1911	651,676	100.00	172,648	73.95	97,688	100.00	922,012	93.81

(续表)

年份	纺锤							
	华商		日商		英商		总计	
	实数	1913=100	实数	1913=100	实数	1913=100	实数	1913=100
1912	651,676	100.00	172,648	73.95	97,688	100.00	922,012	93.81
1913	651,676	100.00	233,448	100.00	97,688	100.00	982,812	100.00
1914	687,967	105.57	307,048	131.53	153,320	156.95	1,148,332	116.84
1915	687,964	105.57	307,048	131.53	153,320	156.95	1,148,332	116.84
1916	817,660	125.47	307,048	131.53	153,320	156.95	1,278,028	130.04
1917	837,628	128.53	397,448	170.25	153,320	156.95	1,388,396	141.27
1918	1,025,772	157.41	423,576	181.44	153,320	156.95	1,602,668	163.07
1919	1,173,012	181.00	455,640	195.18	153,320	156.95	1,781,972	181.31
1920	1,358,552	208.47	540,752	231.64	153,320	156.95	2,052,624	208.85
1921	1,749,468	268.46	902,960	386.79	153,320	156.95	2,805,748	285.48
1922	2,061,770	316.38	1,268,344	543.31	153,320	156.95	3,483,488	354.44
1923	2,191,120	336.23	1,404,848	601.78	153,320	156.95	3,749,288	381.49
1924	2,205,684	388.42	1,553,120	665.30	153,320	156.95	3,912,124	398.05
1925	2,256,624	346.28	1,636,156	700.87	153,320	156.95	4,046,100	411.69
1926	2,277,104	349.42	1,636,156	700.87	153,320	156.95	4,066,580	413.77
1927	2,287,152	350.96	1,636,156	700.87	153,320	156.95	4,076,626	414.79
1928	2,287,152	350.96	1,674,844	717.44	153,320	156.95	4,115,316	418.73
1929	2,304,592	353.64	1,674,844	717.44	153,320	156.95	4,132,756	420.50
1930	2,395,792	367.64	1,674,844	717.44	153,320	156.95	4,223,956	429.78

第2表(乙) 各国在华纱厂之棉织机,1890—1930

年份	织机							
	华商		日商		英商		总计	
	实数	1910=100	实数	1913=100	实数	1913=100	实数	1913=100
1890	1,612	34.79					1,612	17.17
1891	1,612	34.79					1,612	17.17
1892	1,612	34.79					1,612	17.17
1893	1,612	34.79					1,612	17.17
1894	2,267	48.93					2,267	24.15
1895	2,267	48.93	664	18.73	896	74.05	3,827	40.76
1896	3,713	80.14	3,546	100.00	896	74.05	7,655	81.53
1897	3,713	80.14	3,546	100.00	896	74.05	8,155	86.86
1898	3,713	80.14	3,546	100.00	896	74.05	8,155	86.86
1899	4,433	95.68	3,546	100.00	896	74.05	8,875	94.53
1900	4,433	95.68	3,546	100.00	896	74.05	8,875	94.53

13

(续表)

年份	纺锤							
	华商		日商		英商		总计	
	实数	1913=100	实数	1913=100	实数	1913=100	实数	1913=100
1901	4,433	95.68	3,546	100.00	896	74.05	8,875	94.53
1902	4,433	95.68	3,546	100.00	896	74.05	8,875	94.53
1903	4,433	95.68	3,546	100.00	896	74.05	8,875	94.53
1904	4,433	95.68	3,546	100.00	896	74.05	8,875	94.53
1905	4,433	95.68	3,546	100.00	896	74.05	8,875	94.53
1906	4,433	95.68	3,546	100.00	896	74.05	8,875	94.53
1907	4,633	100.00	3,546	100.00	1,210	100.00	9,389	100.00
1908	4,633	100.00	3,546	100.00	1,210	100.00	9,389	100.00
1909	4,633	100.00	3,546	100.00	1,210	100.00	9,389	100.00
1910	4,633	100.00	3,546	100.00	1,210	100.00	9,389	100.00
1911	4,633	100.00	3,546	100.00	1,210	100.00	9,389	100.00
1912	4,633	100.00	3,546	100.00	1,210	100.00	9,389	100.00
1913	4,633	100.00	3,546	100.00	1,210	100.00	9,389	100.00
1914	4,633	100.00	3,546	100.00	1,900	157.02	10,079	107.35
1915	4,633	100.00	3,546	100.00	1,900	157.02	10,079	107.35
1916	5,983	129.14	3,546	100.00	1,900	157.02	11,429	121.73
1917	6,065	130.91	3,546	100.00	1,900	157.02	11,511	122.60
1918	7,985	172.35	4,346	122.56	1,900	157.02	14,231	151.57
1919	9,495	204.94	4,346	122.56	1,900	157.02	15,741	167.65
1920	9,695	209.26	5,398	152.23	1,900	157.02	16,993	180.99
1921	11,309	244.10	7,453	210.18	1,900	157.02	20,662	220.07
1922	13,310	287.29	8,453	238.38	1,900	157.02	23,672	252.12
1923	15,465	333.80	8,453	238.38	1,900	157.02	25,818	274.98
1924	15,965	344.56	11,367	320.56	1,900	157.02	29,232	311.34
1925	16,005	345.46	11,367	320.56	1,900	157.02	29,272	311.77
1926	16,005	345.46	11,367	320.56	1,900	157.02	29,272	311.77
1927	16,005	345.46	11,367	320.56	1,900	157.02	29,272	311.77
1928	16,005	345.46	11,367	320.56	1,900	157.02	29,272	311.77
1929	16,005	345.46	11,367	320.56	1,900	157.02	29,272	311.77
1930	16,005	345.46	11,367	320.56	1,900	157.02	29,272	311.77

1925年以后,中国棉纺织业入于衰颓时期。自五卅事件发生,引起上海各纱厂劳工不安定状态,工人向雇主提出要求,尤以日商纱厂之工人为甚,是年共发生罢工三十八次,多数系由五卅事件所激起者。按上海纱厂之罢工风潮,1924年只发生两次,至1925年

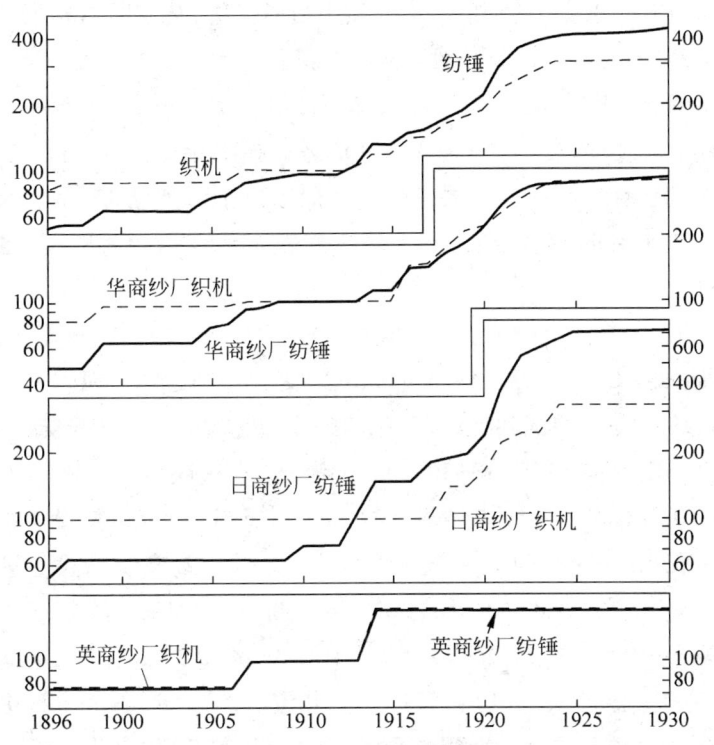

图2　各国在华纱厂之棉纺锤与棉织机，
1896—1930（1913＝100）（见第2表）

达三十八次，1926年竟达七十八次之多，至1927年，减为五十五次。故新纱厂之创设，为数甚少。1926年—1927年内，各有一华商纱厂成立，1928年有一日商纱厂成立，1929年有二华商纱厂成立，1930年有五华商纱厂成立。至于旧有纱厂之经改组出赁或转售者，为数亦不少，其中华商纱厂复居多数。1927年出售者一家，出赁者四家，改组者二家；1928年出售者有八家，出赁者亦有七家，改组者有一家。① 此等纱厂之改组出赁或出售,其原因当非只限于劳资纠纷,他如内战及一般购买力之降低,当为最重要之原因。盖1926年至1930年间,正当国内革命高潮内战正酣之际,吾国一般工商业之发展,莫不受其祸害;其他运输梗阻杂税繁重,亦使各种工业,遭受挫折,难以发展。同时一般人民生活费增加,而收入仍旧或较前减低,其购买力乃大降。其影响于纺织业之发展,当非浅鲜。

第2表系将1930年内中国所有纱厂按其开办年代分类,别为四期,即1890—1904,1905—1913,1914—1925,1926—1930等四期。1930年内中国共有纱厂127家,计有纺锤4,223,956锭;其设于第一期者有17家(13.39%),纺锤637,976锭(15.11%);设于第二期者有13家(10.24%),纺锤344,836锭(8.17%);设于第三期者有87家(68.50%),纺锤3,062,288锭(72.52%);设于第四期者有10家(7.87%),纺锤177,856锭(4.20%)。故以第三期(1914—1925)为最重要,所设纱厂占68.50%,所有纺锤占72.52%。至于织机亦以在第三期间装置者为最多,占全国织机总数67.92%,其在第一期间装置者,则占30.32%,但在第二期装置者,仅及1.76%而已。

虽然,第2表所示之发展,不无可议之处。吾人须知依纱厂之创办年代分类,并未能计及扩张之年代。譬如在1919年设立一纱厂,原有纺锤30,000锭,但于1926年扩张结果,增设纺锤10,000锭。如依第2表分类法,只计及该厂开办之年代,则将1926年所增设之10,000锭纺锤,亦并入1919年,作有40,000锭,而实际该厂

---

① 1928年日商收买华商纱厂三家,即宝成第一及第二厂,华丰;复收买英商纱厂一家,即老公茂。华商收买德商纱厂一家,即瑞记。1929年日商收买华商纱厂一家,即东华第一厂。详细材料,可参阅本书附录二。

第 3 表　中国棉纺锤数之各种估计，1889—1930

年份	李君*	上海总商会月报**	新闻报†	朱仙舫‡	刘大钧§	中国经济周刊§§	华商纱厂联合会◎	约计 实数	约计 百分数（1930=100）	第2表中之纺锤数 实数	第2表中之纺锤数 百分数（1930=100）
1889				65,520							
1890				100,912						114,712	2.72
1891		65,000			65,000			65,000	1.54	204,712	4.85
1894	65,000			190,912							
1895				400,590						316,488	7.50
1896	429,609	417,000		440,090	417,000			429,609	10.17	519,908	12.31
1897				515,952				515,952	12.21	546,036	12.93
1899										637,976	15.11
1900	509,934	565,000		573,352	565,252			509,934	12.07		
1902											
1903						1,009,000					
1905										706,056	16.72
1906	640,924			638,152				640,924	15.17	729,256	17.27
1907	755,936			700,608				755,936	17.90	843,380	19.97
1908	784,106			754,828				784,106	18.56	869,972	20.60
1909	821,313			786,828				821,313	19.44	898,972	21.29
1910	824,103							824,103	19.51	922,012	21.84
1911	904,246	831,000		806,828	831,106			904,246	21.41		
1912	885,127			836,828				885,127	20.95		
1913	964,032		1,000,000	855,196				964,032	22.82	982,812	23.28
1914	1,023,895		1,050,000					1,023,895	24.24	1,148,332	27.19
1915	1,090,206		1,000,000	976,620				1,090,206	25.81		

(续表)

年份	李君*	上海总商会月报**	新闻报†	朱仙舫‡	刘大钧§	中国经济周刊§§	华商纱厂联合会●	约计 实数	约计 百分数(1930=100)	第2表中之纺锤数 实数	第2表中之纺锤数 百分数(1930=100)
1916	1,121,251	1,145,000	1,150,000	1,228,152	1,145,136			1,121,251	26.55	1,278,028	30.26
1917	1,222,233		1,300,000	1,280,672				1,222,233	28.94	1,388,396	32.88
1918	1,248,591	1,478,000	1,480,000	1,456,012	1,478,926			1,456,012	34.47	1,602,668	37.94
1919			1,530,000	2,366,722				2,366,722	56.03	1,781,972	42.19
1920		1,650,000	1,400,000	3,110,546	1,650,641			3,110,546	73.64	2,052,624	48.60
1921			1,800,000	3,191,546		1,650,000		3,191,546	75.56	2,805,748	66.43
1922			2,344,000	3,266,546	2,452,728	1,888,000		3,266,546	77.33	3,483,434	82.47
1923						2,953,000				3,749,288	88.77
1924					3,537,405	3,381,000	3,645,126	3,645,126	86.30	3,957,124	93.68
1925					3,533,918	3,350,000	3,603,838	3,603,838	85.32	4,046,100	95.79
1926										4,066,580	96.27
1927						3,529,130	3,674,690	3,674,690	87.00	4,076,628	96.51
1928							3,850,016	3,850,016	91.15	4,115,316	97.43
1929					3,699,000					4,132,756	97.84
1930							4,223,956	4,223,956	100.00	4,223,956	100.00

* Pearse, *Cotton Industry of Japan and China*, 1929, p. 154.
** 《农商公报》,1922年3月。
† 《上海公报》,1923年12月15日。
‡ 《华商纱厂联合会季刊》,1923年1月2-3页。
§ *China's Cotton Industry*, p.5;《国际贸易导报》,1931年1月。
§§ *Chinese Economic Bulletin*,1929年5月18日。
● 华商纱厂联合会:华商纱厂一览表,1924,1925,1927及1930等年。

开办之年只有30,000锭纺锤。作者览于纱厂扩展统计之缺乏,乃编第3表,以校正第2表之缺憾。在第3表内,作者已将关于中国自1890年至1930年间纺锤数之各种估计,搜集一起。试以第3表与第2表作一比较,第一期与第二期之纺锤数目,两表所载,无大出入;但第三期与第四期,两表约有百分之十之差异。此等差异,可从分析第3表而窥其原由。依该表所示,于1928年有纺锤3,850,016锭,但于1930年则有4,223,956锭。易辞言之,于三年内,增加纺锤377,940锭,占全数8.85%,且多数系为第三期间创办之纱厂所增设者。但据第2表所示,在1928年至1930年间,仅增加纺锤108,640锭或2.54%。此中之差异,原由至为显明,盖第3表载有1930年新增设之纺锤,而第2表则将此项新增设之纺锤,依各该厂之创办年代,已分别归计各年矣。故第3表内容虽嫌琐屑,但显示中国棉纺织业之发展,则较为真切也。

  第4表之(甲)(乙)两幅内,列有1924年至1930年间之在华各国纱厂统计,其中实数与百分数并备。是项统计,系上海华商纱厂联合会编制者,其中数处,似未尽善,作者于第五章讨论棉纺织业之组织时,有所指陈。第4表(甲)为显示自1925年至1930年间,纱厂自125家增至127家,纺锤自3,603,838锭增至4,223,956锭,工人自209,959名增至252,031名,消棉量自6,776,847担增至8,750,019担,纱产额自1,798,038包增至2,445,177包,惟此期间之织机则反减少,自30,024架减至29,272架。惟织机之减少,仅属表面现象;若论实际开工之织机,则确有增加;计自1925年之25,934架增至1930年之28,522架。第4表(乙)列有在华各国商人所办纱厂之百分数统计,显示当此期间除日商纱厂之织机增加特多外,余均无大变动。略言之,我国棉纺织工业,华商占百分之六十,日商占百分之三十五,英商占百分之五。

(乙) 中国棉纺织业区域之分布

棉纺织业之中心——中国棉纺织业多集中于数省或数市。如第 5 表(甲)(乙) 两幅所示, 江苏省在中国棉纺织业界之地位,最占重要,堪与英国棉业中心之兰克夏(Lancashire)相比拟。1918 年该省之纺锤占全国所有纺锤 80.32%, 即以后他省纺织业逐渐发展,但不能摇动江苏省在中国棉纺织业界之领袖地位。以百分数表之,1924 年以来, 江苏之纺锤占全国所有之百分比:1924 年为 66.11%,1927 年为 66.30%,1930 年为 66.42%。湖北于 1918 年占全国纺锤数 7.80%,位次江苏,1918 年后,该省之纺锤占全国所有之百分比,仍无进展。溯其往年,则 1924 年为 6.69%,1927 年为 7.82%,1930 年为 7.33%,其原居之第二位,至此遂为山东所夺。山东于 1918 年仅占全国纺锤数 1.73%,至 1930 年增为 8.58%。河北为第四棉纺织业省份,1918 年该省之纺锤仅占全国所有 2.60%,至 1930 年,增为 7.26%。辽宁于 1930 年所有之纺锤数占全国总数 3.38%,为第五棉纺织业省份。至原居第三位之浙江,今则降至第六位,该省 1918 年之纺锤占全国总数 4.79%,但至 1930 年,仅占 1.45% 而已。第 5 表(乙)将 1918 年至 1930 年间中国棉纺锤数按城市分配之。显示其中六市之纺锤总数,约占全国总数 85%。1930 年上海纺锤数占全国总数 55.79%,青岛为 7.88%,武汉为 7.33%,天津为 5.70%,通崇海为 4.42%,无锡为 3.36%——六市共占 84.48%。作者鉴于此六市在中国棉纺织业界有其特殊重要之地位,故将各市之详细统计列入附录三以备参考。

棉纺织业区域集中之原因——中国之棉纺织业,多集中于江苏之上海、无锡、通崇海，山东之青岛，湖北之武汉，河北之天津等六市。上海一处，尤为重要，堪称中国棉纺织业之中心。而形成集中情势者，要有数因。第一，凡此诸市，均处我国棉产中心；在1918年至1929年间，苏、鄂、冀、鲁四省每年棉产，其最高额几占全国产额90.7%，其最低额亦达66.6%。1929年，该四省之棉产，占全国产额83.0%；其中以江苏所产最多，约当全国产额32.3%，其次湖北，占全产额22.0%，复次为山东，占全产额17.3%，末为河北，占全产额11.4%。此外，上列六市之中，有复为棉花进口之中心者。在1912年至1929年期间，上海与青岛二处，棉花进口额达18,431,000担之多，几占自外国输入中国之棉花总额百分之九十，而向外国输出者，仅4,633,000担，只占全国棉花输出外国总额百分之十三。

第5表（甲） 中国棉纺织业中已开纺锤数目按区域之分配，1918—1930

	1918	1924	1925	1927	1928	1930
江 苏	927,238	1,974,398	2,333,602	2,425,950	2,510,736	2,667,650
上 海	713,658	1,581,290	1,914,294	1,985,678	2,071,560	2,240,634
无 锡	59,192	136,680	138,800	150,800	150,800	134,800
通崇海	91,380	153,620	171,960	176,924	176,924	177,564
其 他	63,008	102,808	108,548	112,548	111,452	114,652
苏 州	22,568	22,568	22,568	22,568	22,568	28,168
常 州		29,800	35,540	39,540	35,804	33,404
江 阴	15,100	15,000	15,000	15,000	15,000	15,000
常 熟	12,740	12,740	12,740	12,740	12,740	12,740
太 仓	12,700	22,700	22,700	22,700	25,340	25,340
湖 北	90,000	199,816	277,472	286,216	290,152	294,470
武 汉	90,000	199,816	277,472	286,216	290,152	294,470
河 北	30,000	253,396	229,348	285,336	289,756	291,756
天 津	30,000	207,580	179,200	222,808	226,808	228,808
其 他		45,816	50,148	62,548	62,948	62,948
唐 山		24,000	54,300	24,300	24,700	24,700

(续表)

	1918	1924	1925	1927	1928	1930
石家庄		20,736	24,768	24,768	24,768	24,768
宝　坻		1,080	1,080	13,480	13,480	13,480
山　东	20,000	276,000	294,188	307,916	323,780	344,468
青　岛	20,000	250,000	268,188	281,916	297,780	316,468
济　南		26,000	26,000	26,000	26,000	28,000
辽　宁		96,360	94,392	95,544	125,544	135,764
沈　阳		20,000	21,368	21,368	21,368	21,368
大　连		20,000	17,664	18,816	18,816	19,836
辽　阳		31,360	31,360	31,260	31,360	31,360
锦　州		25,000	24,000	24,000	54,000	63,200
浙　江	55,260	46,120	46,120	57,760	58,120	58,120
宁　波	23,200	23,200	23,200	23,200	23,200	23,200
杭　州	20,060	12,000	12,000	20,000	20,360	20,360
萧　山	12,000	10,920	10,920	14,560	14,560	14,560
湖　南		30,000	40,000	40,000	40,000	40,000
长　沙		30,000	40,000	40,000	40,000	40,000
山　西			9,600	19,640	19,648	39,648
榆　次			9,600	13,600	13,600	33,600
新　绛				6,040	6,048	6,048
安　徽		15,200	15,200	15,200	15,200	15,200
芜　湖		15,200	15,200	15,200	15,200	15,200
江　西				15,360	15,360	20,480
九　江				15,360	15,360	20,480
河　南	32,000	85,240	90,000	110,020	107,280	107,280
安　阳	32,000	28,000	28,000	29,000	29,000	29,000
郑　州		41,840	34,560	51,840	53,000	53,000
武　涉		5,400	5,040	6,780	2,880	2,880
汲　县		10,000	22,400	22,400	22,400	22,400
新　疆						1,200
迪　化						1,200
总　　数	1,154,498	2,986,530	3,429,922	3,658,962	3,795,576	4,016,036

第 5 表（乙） 中国棉纺织业中已开纺锤数目按区域之分配，1918—1930（百分数）

	1918	1924	1925	1927	1928	1930
江　苏	80.32	66.11	67.94	66.30	66.15	66.42
上　海	61.82	52.95	55.63	54.27	54.58	55.79
无　锡	5.13	4.58	4.06	4.12	3.97	3.36
通崇海	7.92	5.14	5.03	4.84	4.66	4.42
其　他	5.45	3.44	3.17	3.07	2.94	2.85
湖　北	7.80	6.69	8.12	7.82	7.64	7.33
武　汉	7.80	6.69	8.12	7.82	7.64	7.33
河　北	2.60	8.48	6.71	7.80	7.64	7.26
天　津	2.60	6.95	5.24	6.09	5.98	5.70
其　他		1.53	1.47	1.71	1.66	1.56
山　东	1.73	9.24	8.60	8.42	8.53	8.58
青　岛	1.73	8.37	7.84	7.70	7.85	7.88
其　他		0.87	0.76	0.72	0.68	0.70
辽　宁		3.23	2.76	2.61	3.31	3.38
浙　江	4.79	1.54	1.35	1.58	1.53	1.45
湖　南		1.00	1.17	1.09	1.05	1.00
山　西			0.28	0.54	0.52	0.99
安　徽		0.52	0.44	0.42	0.40	0.38
江　西				0.42	0.40	0.51
河　南	2.76	3.19	2.63	3.00	2.83	2.67
新　疆						0.03
总　计	100.00	100.00	100.00	100.00	100.00	100.00

中国棉纺织业地域集中之第二原因，为煤与电力供给之便利。河北与山东二省为中国产煤之区，其最低产额，在 1927 年占全国煤产额 28.2%，其最高产额在 1924 年占全国产额 34.9%。江苏与湖北虽非产煤之区，然上海与汉口二处，确为煤运之中心。在 1912 年至 1929 年期间，上海一处，煤之输入额占全国煤之输入总额 46.5%，汉口占 5.90%。① 至论电力之供给，江苏亦较他省为优。

---

① 第二次《中国矿业纪要》(1918—1925)，地质调查所，北平，表二；第三次《中国矿业纪要》(1925—1928)，表一。

依据张家骥氏实地考察各处电厂之结果,计中国共有发电厂499处,其中江苏一省,即有149处,计有电力259,285千瓦特,占全国电力总量42.2%(全国电力总量为614,860千瓦特①)。如上海之电力公司(Shanghai Power Co.),即以前之上海工部局电气处(Electricity Department of the Shanghai Municipal Council),系中国最大之发电厂,计有电力161,000千瓦特。上海各工厂用电,特别是纱厂,均仰赖于此。1925年七月,该厂曾因五卅事件停止供给电力,结果据估计受其影响致停工之华商纱厂纺锤,约有450,000锭,占华商纱厂纺锤总数(696,000锭)64.7%。② 1931年八月该发电厂厂长曾云:"鉴于上海六十余家纱厂,其纺锤超过2,000,000锭,织机超过17,000架,现用工人达130,000名,纺锤数占全国半数以上,而所需电力,均仰赖于上海电力公司,是则上海之发展,所赖于电力者,诚可惊矣"。③

中国棉纺织业集中之第三原因为运输之便利。前述六棉纺织业中心,除通崇海外,均处吾国主要铁路干线必经之地。棉业中心之上海,正当京沪铁路(1909)与沪杭甬铁路(1908)之起点。无锡为京沪路间之大站。第二棉业中心之青岛,处胶济铁路(1904)之终点。汉口又为平汉路(1905)与湘鄂路(1918)之终点。天津复为北宁路(1903)与津浦路(1912)必经之处。统计上述七路,全长有4,894公里,占全国铁路总长(15,300公里或9,507英里——

---

① 《统计月报》,1929年9月。
② 《上海总商会月报》,1925年7月。
③ P. S. Hopkins, President of Shanghai Power Company: World's Cheapest Electricity Supplied by Shanghai Power Company, *China Press*, Aug. 29,1931.

1924年统计)百分之三十二。① 复次,六棉业中心所在之四省,中有三省,平均每千方英里之铁路长度,较之全国平均数大数倍。如全国平均每千方英里有铁路4.05英里,山东则平均有11.35英里,江苏平均有11.24英里,河北平均有10.33英里,惟湖北平均只有3.15英里。② 诸棉业中心不但为铁路干线必经地,且皆临大河,为航业发达之区。上海为长江之门户;无锡与通崇海,亦均处该河下游,一居其南,一居其北;武汉则为中游之重镇。天津适当河北省五大河汇流之处,白河、永定河、大清河、滹沱河及运河均于天津汇集为海河而达海。青岛则居胶州湾之东。上海青岛与天津有海轮为之密接;上海、通崇海、无锡与武汉则有内河航轮为之密接。1912年至1929年间,经上海与汉口二处注册之内河航轮只数,占全数34.4%。于1928年在该二处注册者,计1,099只,占全数38.4%,其中上海有734只,占全数25.6%,汉口有365只,占全数12.8%。

中国棉纺织业集中之第四原因,为邻近广大之市场,六棉业中心所处之四省,计有人口125,977,632,占全国人口(485,163,386)百分之二十六。所占面积261,965方英里,仅及全国面积(4,786,915方英里)百分之五点五。易言之,四省人口之平均密度,为每方英里481人。江苏之人口密度,每方英里为801人,在中国为人口最密之省。山东之密度,居第三位,每方英里为466人,河北居第四位,密度为每方英里450人,湖北列第九位,密度为每

---

① *Statistics of Railways for 1924*, published by the Ministry of Communications, Part I, Table I; Part II, Table C.

② *Statistics of Railways for 1924*, published by the Ministry of Communications, Part II, Table D.

方英里 341 人。

再者此四省之运输工具,较为便捷,各纺织业中心之产品,不仅运销于此四省之内,且亦多经此四省运至毗邻各省销售。邻近诸省之人口密度,亦多不在上列四省之下,浙江人口密度为 508 人,河南为 426 人,安徽为 361 人,湖南为 356 人,江西为 335 人。五省共有人口 131,483,151,占全国人口百分之二十七,所占面积有 340,999 方英里,占全国面积百分之七点一。易言之,此五省人口之平均密度每方英里为 386 人。①

第五原因,为商业发达,金融便利。上海、汉口、天津与青岛,均系通商口岸。于 1926 年,此四处之贸易额,占中国全贸易额 50.07%;其直接对外贸易额占全国直接对外贸易总额 67.93%;其内地通过贸易额占全国内地通过贸易总额 78.51%。此等口岸,均有最大之进出口商,专司输入美国及印度之棉花,售与各纱厂,纺为细纱,同时将制成之棉纱或布匹,运销内地,或输出国外,尤以输至南洋群岛(Straits Settlement)者为多。其次,此六大城市皆设有最大之金融机关,如银行、交易所、保险公司之类。故此等地方资本较多,利率较内地为低,企业家集款因之亦易。保险公司对于纱厂之保火险,取费公道,亦有关系。上海复有华商纱布交易所,经营纱花之定期交易。实业部更于通商口岸设有商品检验局,内有棉花检验所,纳相当之手续费,即为检验进口棉花,以防劣质棉花之混入,故各纱厂用棉,其质得能较往昔为佳。

第六原因,纺织厂发展最早之处,亦即吾国棉纺织业集中之地。前述六棉纺织业中心,特别是上海,均为最先设立纺织厂之

---

① 陈正谟:《中国人口统计之研究》,《统计月刊》,1930 年 6 月。

处。当吾国棉纺织业发展之第一期间,共设有纱厂十七家,其中十三家,均设于前述之棉业中心:设于上海者有九家,武汉者二家,无锡与通崇海者各一家。嗣后第二期(1905—1913)设立者有十三家,其中八家均系设于此六棉纺织业中心者;第三期(1914—1925)设立者八十七家,中有六十九家均系设于此六中心地。特别上海,自1890年,成立机器织布局以来,即握中国棉纺织业之枢纽,目前该地已为中国棉纺织业之最大中心;而于今后若干年间,上海固将仍保持其固有地位也。

第二章 中国棉花之生产及贸易

（甲）中国棉花之生产

植棉之要素——依地理论，中国之植棉区域，位于北纬20度至40度之间，而均在东经110度之东。目前植棉区域之北境，止于黄河（黄河中游约在北纬40度），较美国植棉区域之北境止于北纬37度者尚多三度，此乃中国北部之夏季适为雨季，宜于植棉之故也。至植棉区之西境，约在东经110度为止，逾此而西，以地面过高，故不宜植棉。而在此植棉区域之内，复得分为三段，北段为黄河流域，中段为长江流域，南段为西江流域。三段之中，以中段产棉最多，约占全国棉产三分之二，北段次之，占三分之一，南段尤少，其棉产在国内竟无地位可言。

观此可知棉花之种植，须受温度、雨量及地势三者之限制。当其生长期间之六七月间，气温须恒在华氏60度以上。处黄河流域北区，自北纬40度向西北斜至北纬45度之地段内，当五月间，其等温线为华氏60度，其生长季能延至十月间。该地段内之等温线，六月为75度，七月及八月为78度，九月为68度，十月为59度，而美国植棉区域之北境等温线，六月为75度，七月为78度，八月为77度，九月为70度，十月为60度，因此确知吾国北部植棉区域生长季颇短，故极宜种植早期成熟之棉。吾国中部棉区位于长江流域,该处之等温线,四月为 57 度,五月为 60 度,六月为 78 度,七月为 82 度,八月为 80 度,九月为 74 度,十月为 64 度,十一月为 56 度,生长之季,约有八月。南部之植棉区域,位于西江流域,生长之季约有九十月,该处之等温线,三月为 60 度,四月为 68 度,五月为 75 度,六、七、八三月为 82 度,九月为 78 度,十月为 71 度,十一月为 60 度,十二月为 53 度。

植棉之第二要素为雨量。沿棉区北境之一般地段内,雨量虽嫌不足,但以黄河流域土壤极肥,区内多含黄土(Loess),故棉花之种植颇著成效。长江与西江两流域之土壤亦肥,雨量亦足。处此三流域内,自南至北,每年之平均雨量渐减;北海(北纬 21 度 29 分)为 79 英寸,厦门(北纬 24 度 27 分)为 42.7 英寸,徐家汇(北纬 31 度 12 分)为 40.4 英寸,青岛(北纬 36 度 4 分)为 27.3 英寸,北平(北纬 39 度 57 分)为 27 英寸。同流域内,自沿海至内地,每年之平均雨量亦逐渐减少,如长江流域内,镇江(东经 119 度 30 分)为 41 英寸,芜湖(东经 118 度 22 分)为 40.8 英寸,九江(东经 115 度 48 分)为 53 英寸,汉口(东经 114 度 20 分)为 51.5 英寸,宜昌(东经 111 度 19 分)为 42.3 英寸,重庆(东经 104 度 11 分)为 39.2 英寸。

植棉之第三要素为地面之高度。地面高度如超过 1,600 英尺限度之外,即不利棉花之培植。棉植北区之黄河白河流域及南区之西江闽江流域,地面出海不逾 600 英尺。但在黄河中游之北,即吾国棉区以北之地,地面出海均在 3,000 至 6,000 英尺之间。再自东经 110 度而西,除西藏山脉起点地方高至 9,000 英尺外,余处亦均在 3,000 至 6,000 英尺之间。及至西藏,其高度达 16,000 英尺,为全球最高之处,皆不宜于产棉之地也。①

---

① Fung, H. K.: Cotton Culture, in *Chinese Social and Political Science Review*, Oct., 1916, pp. 97-105.

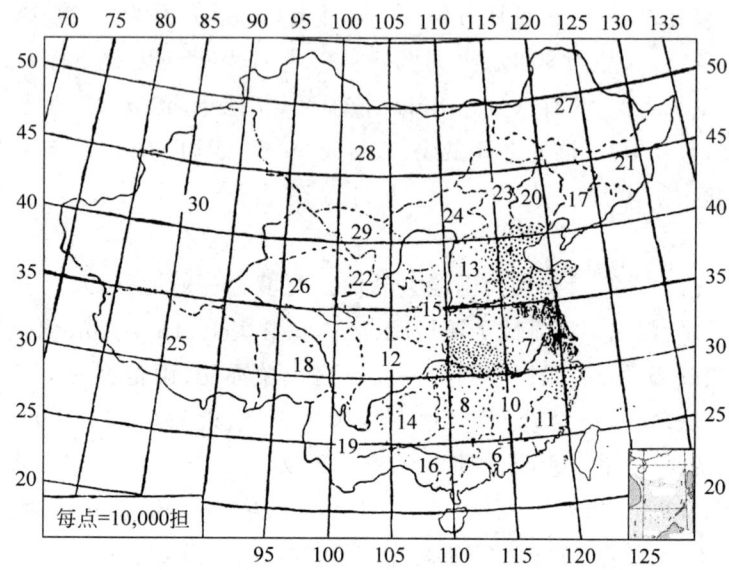

图 3 中国平均每年棉产量按地域之分配，

1925—1929（见第 6 表）

图中数字之次序，系按各省人口密度排列。

1—5 各省，每方英里之人口密度为 400 以上；

6—11 各省，每方英里之人口密度为 301—400；

12 一省，每方英里之人口密度为 201—300；

13—17 各省，每方英里之人口密度为 101—200；

18—20 各省，每方英里之人口密度为 51—100；

21—30 各省，每方英里之人口密度为 50 或以下。

以全国论，每方英里人口密度为 101。（节录统计月刊 1930 年 7 月份）

1. 江苏	7. 安徽	13. 山西	19. 云南	25. 西藏
2. 浙江	8. 湖南	14. 贵州	20. 热河	26. 青海
3. 山东	9. 湖北	15. 陕西	21. 吉林	27. 黑龙江
4. 河北	10. 江西	16. 广西	22. 甘肃	28. 蒙古
5. 河南	11. 福建	17. 辽宁	23. 察哈尔	29. 宁夏
6. 广东	12. 四川	18. 西康	24. 绥远	30. 新疆

植棉区域之面积与产棉额——吾国三大棉植区域之内,以中区出产最多,占全国产额三分之二,余三分之一的产额则为北区所出。至于南区,因丝茶之竞争,故棉产颇少,在国内或国外贸易中所占地位亦不重要也。易言之,吾国棉产区域之主要部分,限于北纬28度至40度之间。中区沿长江流域之六省,于1929—1930年间产棉4,816,000担,占全产额68.5%;余31.5%或2,211,000担,系北区沿黄河流域之五省所产。依棉产区之面积论,中区占24,741,000亩,当全面积75.1%,北区占8,212,000亩,当全面积24.9%。故北区每亩之产额(26.9斤)较中区每亩之产额(15.5斤)为大,致此之主由,乃以北区多种产量较大之"洋棉"故也。①

北区棉产于1929—1930年间占全国棉产31.5%,内山东产者有1,213,000担,或17.3%,河北产者有801,000担,或11.4%,其他三省如河南、山西、陕西产者有197,000担,占2.8%而已。山东省内棉产地带有三,东部以滨县(沿黄河)为中心,西部以临清为中心,南部以曹县为中心。三处之中,以西部最重要,其次南部,再次即东部。所种之棉,华棉较盛于美棉。华棉种类不一,有所谓白棉、紫棉、细绒棉、粗绒棉、青茎等。美棉则以脱字(Trice)棉为主要种类。河北省之棉产区,亦有三部,以西部之西河为最重要,其次即为东部之御河,末为东北部之东北河。在此数区之内,同植华棉与美棉,而其名称,则多以产地命之;西河一带之棉花,以茧棉为主类,此外亦有紫棉及劣种美棉等类。美棉则仍以脱字棉为主要种类。三部均植有此棉,尤以东北河一带种此棉者为多。② 河南省亦

---

① 民国十八年《中国棉产统计》,上海华商纱厂联合会刊行,民十九年。
② 曲直生:《河北棉花之出产及贩运》,北平,1931。

产美棉，尤以陕县灵宝、孟津及新乡等处为多，普通即称为灵宝棉或德棉，称为德棉者，指佳种之意也。华棉亦有白、紫、茧、细绒等类。陕西棉产区，限于渭水流域，该处近年脱字棉之种植，颇具成效，中国名称即为陕花，于市场中颇有地位也。但此处所产华棉为量极少。山西省棉产区域集中于河东道，所植棉花之种类，有土花、陕花、美花三类；美花中，又有郎字棉（Lonestar）、脱字棉及爱字棉（Acala）之三种。

中区棉产于1929—1930年间占全国棉产68.5%，内江苏产者有2,277,000担，或32.4%；湖北产者有1,548,000担，或22%；浙江产者有408,000担，或5.8%；湖南产者有394,000担，或5.6%；余如江西及安徽两省产者，有189,000担，仅占2.7%而已。此区之内，复可分为两主要产棉地带，一为江浙，一为两湖。江苏省之产棉地带，多集中长江之两岸，北岸有南通、海门、崇明三处，南岸有江阴、常熟、太仓、嘉定、宝山、上海、奉贤数处。两岸均产中国花，而以产地命名。江阴沙质地最佳，系产于江阴附近地段者。上海花或太仓花亦著声誉，上海纱厂所消棉花，多属此类，惟其品质较低耳。南通及其附近出产之通州棉花直至最近为现货及期货交易之标准棉花。浙江省内棉花之种植犹为最近之事，良以此省原系产丝之区域。省内棉产以余姚及其邻近为中心，因此浙江花普通即称为"余姚花"。湖北为吾国第二最大之棉产省，其棉产地多集中于长江及汉水两流域。所种棉花，仍以中国之铁子、白子及绿子三类为主，至于美花，则因市场对于细绒花需求之增加，最近农民中对之始示欢迎之意。新洲产之家乡花，为湖北棉花之最佳者。湖南省棉产地多在洞庭湖地带，所种棉花亦以中国花为主。至江西及安徽亦与湖南同,均为产茶之省,故棉产较少也。①

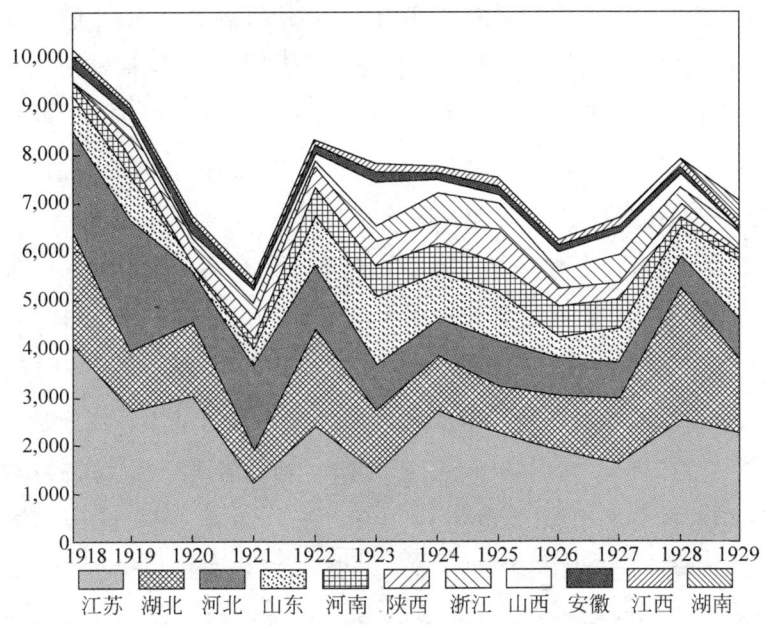

图4 中国各省之棉产额,1918—1929

(单位:千担)(见第6表)

棉产额——第6表为1918至1930年间中国十二省之棉产区面积及棉产额表,第7表系蜕自第6表者,列有每亩之棉产额。细察二表,可得关于中国棉花生产之重要事实数则:第一,依棉产区面积或棉产计,中国之棉产额自一九一八年以来,显有衰落之势(图4),致此之由,一部分当归因搜集统计之方法不精密,但大部

---

① 《中国棉产统计》,《国际贸易导报》,1931年1月份。

分当系由于内战频仍,饥馑蝗灾之屡生使然也。尤以内战,常致交通梗阻,结果运费增加,销路顿塞,产额自亦减少。虽然,中国棉产衰落之象,所以未能更为扩大者,实有其他有利之原因在:欧战期间吾国棉纺织业勃兴结果,棉花之需求增加,一也。棉植地之新辟,尤以江苏、湖北两省新辟之植棉地为多,二也。棉花之收获季较长,不致有完全歉收之现象,三也。棉花有耐旱之能力,四也。——凡此数因,均足使吾国棉产之衰减,不若稻米产额衰减之大。第二,每亩之棉产亦有减少之趋势。细察第 7 表即知每亩棉产,十年之内,减少颇多,于 1919 至 1920 年,每亩产额为 37.3*斤,于 1929 至 1930 年每亩产额减至 21.3 斤,在此前后十一年之间,每亩产额亦仅在此二限度内伸缩。在各省间某年每亩产额之差别竟达二倍。如于 1919 至 1920 年内,河北省之产额,每亩为 42 斤,但江苏省之产额,每亩为 14.3 斤。于 1929 至 1930 年内,江苏省之产额,每亩为 35.2** 斤,而山西省之产额,每亩仅为 12.8 斤。概言之,北部诸省之每亩产额较中部诸省之每亩产额为大。当 1919 至 1929 年之十一年间,每亩产额最高之省系华北诸省,如 1925—26 年陕西省之每亩产额为 58.7 斤,1919—20 年河北省之每亩产额为 42.0 斤,1919—20 年山西省之每亩产额为 41.6 斤,1923—24 年山东省之每亩产额为 37.7 斤;而每亩产额最低之省,多系中部诸省,如浙江省于 1922—23 年之每亩产额为 8.9 斤,江苏省于 1921—22 年之每亩产额为 10.9 斤。①

---

* 原书如此,疑为 27.3。——编者注

** 原书如此,疑为 23.9。——编者注

① 《中国棉产统计》。

第7表 各省每亩棉田之棉产额，1919—1929

（单位：斤）

省份	1919	1920	1921	1922	1923	1924	1925	1926	1927	1928	1929
河北	42.0	23.3	38.6	29.8	26.0	26.0	33.1	33.5	31.0	31.1	31.2
山东	27.8	29.4	12.6	28.4	37.7	31.4	32.1	15.8	22.4	18.7	28.6
山西	41.6	10.6	35.8	19.5	26.4	26.4	21.5	27.1	38.6	30.5	12.8
河南	30.2		25.6	18.2	24.8	21.4	18.3	19.3	20.9	13.7	13.5
陕西		22.9	17.9	25.5	28.1	28.5	58.7	25.6	24.8	20.7	18.4
江苏	14.3	24.2	10.9	25.5	18.2	35.7	28.7	23.6	22.4	28.8	23.9
浙江		19.8	25.8	8.9	27.9	36.2	28.5	18.9	30.5	20.0	24.6
安徽	16.5	24.4	14.9	13.5	16.5	14.8	20.9	29.0	29.7	31.1	17.6
江西		24.6	17.5	23.5	24.9	22.3	23.8	21.4	24.1	21.5	35.2
湖北		25.2	21.6	26.7	21.8	17.4	17.0	22.0	21.5	27.8	13.6
湖南										28.3	
中国	27.3	23.8	19.2	24.8	24.2	27.1	26.8	22.8	24.3	25.9	21.3

棉产之改良——中国棉产自1919年以来，渐趋减少，因此乃有改良之企图，着手之处，要有三端，改良技术，种植良种，与扩充棉产区域是也。如借新式方法播植优良种子于面积较广之土地，则必可提高吾国棉花之品质与产量。以往数年内，吾国公私团体已有从事进行是类工作者，惟迄今尚不见有显著之成效耳。棉植法之通过，固有大助，但以未能切实厉行，其效殊微，如1914年颁布之植棉奖励条例及1918年之分给美国棉种及收买美国棉种细则，均已搁置一隅，置若罔闻矣。复如1919年成立之棉业整理局，及1915年在正定、南通、武昌，与1918年在北平设立之植棉试验场，均已辍废多年；其中唯南通一处，今改组为江苏省立棉业试验场，并于南汇及周浦设有分场。他如江苏、山西、山东、河南、湖北诸省政府于各棉产中心处，亦已设立植棉试验场，并获相当之成效。吾国政府为改良棉产曾于1915年聘请美国顾问卓伯荪氏（H.

Jopson)来华,嗣后又购买美国棉种,分播各处。1928年上海市社会局亦于浦东设立植棉合作试验区,结果颇佳,能使每亩最低产额为60斤,最高产额为100斤。① 除公家之努力外,私人机关亦多有从事是项改良工作者。辛亥革命以来,前农商部长兼实业家张謇氏曾直接或间接资助四十余家公司在江苏北部辟盐地种棉花,投资总额几达三千万元;但多数公司,均以设计不精、资本不足、经营失措及水利不兴等原因相继倒闭。② 嗣有穆藕初氏组织之中华植棉改良社产生,美国棉种之输入吾国,要以此会为首创,至对于棉花之改良与研究,该会之贡献,亦属不小。1919年华商纱厂联合会设立植棉改良委员会,并于唐山、宝山及南京等处设立植棉试验场。1920年该委员会之工作复加扩充,每年经费约35,000元,为各华商纱厂所分担。该会以南京试验场为总部,设分场于各省。1922年中华植棉改良社及植棉改良委员会与东南大学农科合并。东南大学农科对于棉种之改良颇多贡献,如试验场之设立,江苏、湖北、河南、河北诸省内,共有东大试验场十处,计占面积3,000亩;聘请美国专家,指导移种美棉之方法,1919年有库克氏(O. F. Cook),1920年有格立芬氏(J. B. Griffing);研究灭绝虫瘟之方法;分配改良种子与农民,使其散播各地;组织暑期学校,传授棉植方法;并有巡行演讲及棉种展览等。但于1927年该校改组为中央大学,故农科亦改隶中央,自后新进展殊少。此外金陵大学自1919年来对于棉种之改良亦颇多贡献。③

---

① 上海商业储蓄银行调查部,《商品调查丛刊》第二编,《棉》,上海,民二十,第131页。
② Chinese Economic Monthly, Nov., 1924.
③ 《国际贸易导报》,1931年1月号。

棉产之检验——多年来吾国棉产之不纯洁，乃一普遍之现象，是皆由于种棉农夫及商人之贪图小利，与棉花出口商及纱厂厂主之缺乏组织所致。是辈农民或商人所采之掺杂方法，以渗水为最普通，而渗水方法，复有多种：有喷水于地，上覆新采之棉花，经耐一夜，使其充分吸收水分；有洒水于棉衣之各层，然后装合成包；有以牛筋弹花，破坏其纤维之腊层，使易于吸收水分。最近甚至有发明喷水之机器，以利作弊者，虽然，渗杂水分固非吾国棉产不纯洁之唯一原因也，他如掺合沙土、废棉或劣棉、石膏粉等，亦均可达到同一目的。有时棉农或商人仅将杂物藏匿包中，图混一时，而取小利。影响所及，不特有害于棉花之本身，且使纺纱机亦受其害。对于棉花本身发生之不良影响殊显，水分过多之棉花，非特难于存储，易致腐烂或引燃，且亦易变色泽或失原有光泽。是类棉花殊难与含有标准水分之美棉或印棉相混不辨；其已有之杂质，亦难一拣而尽。棉花品质不佳，杂物过多，徒使机器之速率迟缓，原动力费增加。有数家纱厂中，初步工作之机器如清棉车、钢丝车、棉条车均为数有限，因此细纱机恒因粗纱供给之不足而停止工作；且是类机器之某数部最易致损，修理需时乃致延搁。在是种情形之下，棉花之浪费量亦复增加。如潮湿之棉花，又掺合他物，则前述之各种困难，必更加严重。故抵制掺混杂物之方法，由是而起。其最普通者，即为棉花之检验，是项方法，推行中国，虽仅限数处，然确已有三十年之历史。标准水分量大致规定在11%或12%；各国情形则不然，一般流行之棉花，所含标准水分量仅为7.83%。是项标准水分量普通均被认为自然百分比，盖于寻常状态下，棉花原非完全干燥不含水分者也。①

国内设立棉花检验所,以上海为最早,该处之外国出口商及纱厂厂主于1901年五月经中国政府之允许,乃得设立检验所三十八所。翌年二月农民反对该项检验所,九月中国商人继起征得地方政府之承诺,自设检验所,名为上海棉花检验所。同时外国检验所亦于是年十月歇闭。旋以1911年之革命发生,上海棉花检验所即停止工作,直至1913年始行恢复;惟当时经费不足,所有工作,几告停滞。1914年日本纱厂因其所用棉花,大部取给于吾国,故为防止棉花所含水分之过量,日本纱厂联合会乃于横滨、神户、长崎及门司四埠设立华棉水气检验所;惟所定标准颇严,结果中国棉花之输至日本者,多因不合该所标准致遭退回,上海之日本出口商殊感不便,且受损不小,乃于1916年在上海自设所谓支那棉花水气检查所,1917年复有他国商人加入。终以经营不当,及日本利益之占优势,结果该所于1919年三月亦告歇闭。至1921年三月,中外纱厂与外国出口商联合设立上海排除劣棉协会(Shanghai Cotton Anti-adulteration Association),至六月更名为上海棉花检验所。② 然而不久,中国纱厂厂主相继退出该所,直至1928年十一月一日,前农矿部始于上海设立全国棉花检验局。但棉商以该局须检验一切棉花,极力反对;结果由上海商品检验局接办。其时仅验出口棉花,盖出口棉花系商品也。③ 该局于1929年三月一日正式成立,但起始检验棉花则于1929年四月一日。依该局1929年六月十七日之

---

① 《国际贸易导报》,1930年4月号;《华商纱厂联合会季刊》,第六卷二号,23—26页。
② 《国际贸易导报》,1930年4月号;1931年1月号。
③ 《纺织时报》,552—3号;555—6号;559号。

修正章程,凡自上海出口之棉花必须经该局检验始得放行;但在上海市内或其附近区域内纱厂所用棉花或棉商相互交易之棉花,经该纱厂或商人之请求,亦得代为检验,故纯为自愿性质。该局为奖励非出口棉花之检验,所定检验费颇低,出口棉每担之检验费为六分,而非出口棉之检验费仅须三分而已。规定之标准水分量为百分之十二,至多不得超过百分之十五。凡含水分百分之十五以上或掺有杂物之棉花,该局均不签发证明书,因此亦不能通过海关而出口。至于检验时样品之扦选,自每百担一包之棉花每百包中拆开四包,从中取出棉花置为四管,每管所盛棉花之重量不过二磅,即据此样品检验。自搜集样品之日起,检验需时至多不得过两日,星期日与其他例假在外;该局颁发之证明书,有效期间仅为一月。于第一次检验后,三天之内商人得请求复验,概不收费,但仅许复验一次。凡在他埠经实业部商品检验局验过之棉花,于其签发证明书后之一月内须在上海运载出口者,应受复验,但不收检验费。①上海商品检验局棉花检验所于 1929 年九月二十日接收宁波之旧检验所,改设为分所。复于 1930 年一月该所拟定五年内减低各种棉花水分百分比之计划,经实业部批准在案,嗣复经是年二月南京全国检验会议通过,②乃于江苏之南通、浙江之宁波及安徽之芜湖等处设立分所,次第实行。规定自 1930 年一月一日起,棉花所含水分之最高百分比应减至十四,自 1931 年一月一日起应减至十三,最后自 1932 年一月一日起应减至十二。检验之范围自 1929 年四月一日起,仅限于出口之棉花;但自 1930 年二月一日起,凡上海

---

① 全部章程可参阅上海商业储蓄银行调查部,《棉》,第 170—174 页。
② 《国际贸易导报》,1931 年 1 月号。

各纱厂所消之棉花,须同受检验,自是年七月起,凡宁波、南通、无锡及芜湖等处纱厂用棉亦受检验。最后借宣传及轧花厂之登记,将棉花之检验扩及生产区域。是项工作,自1930年起先在江浙各主要棉产区域试行,渐推广至安徽及江浙之次要棉产区域。①

汉口棉花之水分百分比视收获之情形而定,歉收之年,平均有百分之十五至百分之十七,丰收之年,约有百分之十三点五。1924年,汉口花业公所联合洋商如日本棉花同业会创议检验汉口之棉花,终以棉商及农民之强烈反对而罢。但至1929年五月一日实业部不顾棉商之反对,毅然设立商品检验局于汉口,实行棉花之检验。所有章程,悉与上海商品检验局同,一般棉商之意,以为汉口棉花,大部多输至上海,到达该埠后,以其在汉口仅受水分之检验,故须受复验,鉴定纤维之长短色泽与品类,是以汉口检验局之设立,似无需要。② 虽然,汉口分局,实行检验,颇著成效;1929年九月二十六日后实业部又在沙市设立一新棉花检验分所。③

天津棉花之水分百分比并不较上海汉口棉花之水分百分比为低,寻常约在百分之十五至百分之二十。1911年八月欧美商人组织之天津总商会纠合日本商人于翌年五月组织天津混水棉花排除会(Cotton Anti-adulteration Association of Tientsin),董事部由欧美商人二名,日商二名,及华商二名组成之。该会与海关合作,设棉花检验所,实行检验。规定自1912年十一月一日起,凡含水分在百分之十二以上之棉花均不准通过常关;检验费每百斤至百二十斤

---

① 《国际贸易导报》,1930年4月号。
② 《纺织时报》,610号。
③ 《国际贸易导报》,1931年1月号。

包为七分,每六十斤至百斤包为五分,六十斤以下包为三分;如遇特殊情形,常关得斟酌限制检验之范围,仅验出口棉花。于初验后之四十八小时内,商人得请求复验,若复验结果仍与初验所得相同,则须缴纳复验费。1915年前农商部接美国商会通知凡由天津输出至美国之棉花,必须验其有无害虫。其时农商部即令直隶交涉员与洋商交涉接收棉花检验所归中国官厅办理,旋以内乱发生而中止。至1928年九月实业部(即前工商部)复遣代表与洋商交涉接收棉花检验所。初,洋商态度不置可否,但屡经交涉结果,洋商于1929年四月答复实业部请由海关总税务司决定,总税务司乃奉财政部部令决定归中国官厅办理,至是天津棉花之检验权,复归中国人手矣。1929年八月天津商品检验局正式成立,一月后始检验棉花,所用章程,与其他各局沿用者相同。① 水分百分比仍为十二,凡通过常关之各种棉花,均需受验,不仅限于出口棉花也。

青岛出口棉花,大部系来自济南,为该埠出口贸易之一大项目。该处棉花之检验始于1913年四月,由山东省政府设局办理,旋以棉商之反对而罢。不久青岛之棉花出口商为维持商业信用计,迫而组织新棉花检验所一处,但该所并无强迫商人受验之权,仅赖其自愿之请求而代为检验耳。至1929年七月青岛商品检验局成立,复于济南设一检验所,其检验棉花之章程亦与他处同。②

棉花之分级与标准——概言之,吾国出产之棉花,要有两大类,即美国花与中国花是也。然全国两类棉花均各无划一之分类制度。事实上中国所产之棉花,不论其为土花或洋花,普通均按产

---

① 《天津棉鉴》,1930年6月及7月号,实业部天津商品检验局棉花检验所。
② 《国际贸易导报》,1931年1月号。

地命名,或为县名或为省名。如陕西棉花系指产于陕西省内之棉花。但如今即在汉口出产之细绒棉亦称为陕花。因此目前市场中棉花之标准殊为纷乱,且更以棉农及商人之掺混杂质,益臻复杂。棉花种类之繁多,不特因产地不同使然,即在同县内,所产棉花,种类亦多不一致。故售者与买者恒因双方对于棉花品质类别各持异见而起争执。一方面农民苦其产品不能在市场内得适当之承认,他方面买者又难于购得真正货色。是以纱厂常发生用不同品质之棉花纺同支数纱的问题;出口商为应付国外需求计,亦须自各处收买大宗棉花,然后从中选择适当品类备运出口。处此情形之下,欲求改良吾国之棉植事业,殊为困难,盖即有已经改良之种类,以缺乏奖励,不久亦多趋退化也。上海棉花之期货交易,由华商纱布交易所处理,故所有棉花必须有一致的标准以为鉴别,但其解决之方法,未能十分满意。该交易所设有棉花品级审查委员会,由理事部委任专家十名组成之。于该委员会在1928年十月十四日规定之第二十八次棉花品级表中,列有该交易所普通根据合同交割之棉花类别,以汉口之细绒花为标准品,以郑州细绒花、太仓墨子、常熟墨子及江阴沙为相等品。此外尚有较优品及较次品两类,作为代用品。较优品中,通州花每担价格加银一两,太仓白核每担价格加银二钱五分;较次品中,上海花或火机花每担减银二钱五分。① 此表仅包括中国棉花之一小部分,且时有更动并亦未能指明棉花之品质,故未可认为满意也。凡表中无类别之棉花,当其准备交割之时,须由品级审查委员会另为分级,如是非特交割因以延缓,且徒

---

① 陈天敬:《拟定天津棉花品质检验意见书》,工商部天津商品检验局,1930年,第9页。

增费用也。最近上海商品检验局已着手进行以科学方法从事棉花之分类。自该局于 1929 年四月成立棉花检验所以来,当其检验棉花之际,每次即搜集少量样品,每种计重四五两,积累至今,总计有 3,000 种样品,内以汉口、陕西及上海棉花为最多。该局即以此为鉴定纤维与品质之根据。如第 8 表所示,该局已经试验十八种中国棉花,鉴定其纤维之长度、粗细、捻曲度及强度等。该局复计划将来遣送调查员分赴各棉产区搜集样品,盖目前所能得到之样品,一部分均掺有杂质,一部分因受机器之压榨不适于试验也。第二,该局复计划建立一新检验所,以适合科学检验之需要,特别须注重光线。第三,该局计划组织中国棉花分类委员会。该委员会由主要棉商及专家组成之,先根据商品检验局之研究结果,制定中国棉花之一致的标准。是项标准可分为三类,即美国高原棉花,中国白子粗绒棉花及中国黑子细绒棉花是也。美国高原棉花多广植于华北各省,如陕西之渭南、河南之灵宝,均为其中心,故可采用美国分类标准;至于中国棉花,可以种子之色泽及纤维之长度,为分类之根据。白子棉花质坚硬,纤维短,如余姚合肥汉口粗绒,上海江阴白子棉花是;黑子棉花性柔韧,纤维细长,如通州之鸡脚及孝感之细绒棉花是。① 关于天津附近出产之棉花,亦有建议将其分为八大类者,即西河花、御河花、次白花、东北河花、美籽花、山西花、红花及粗绒花等。每一大类复依其纤维、色泽、光泽及掺杂质程度列为一级至六级。然各级棉花所含水分必不能多于百分之十二,所杂棉籽或籽棉不得过百分之五,所含沙土、砖瓦、石膏或油粉等均不得过百分之一。②

---

① 《国际贸易导报》,1930 年 8 月号。
② 陈天敬:《拟定天津棉花品质检验意见书》。

第 8 表　检验十八种棉花之结果，1930 *

棉花名称	长度		粗细 **		捻度		强度	
	等次	英寸	等次	英寸	等次	每英寸之捻曲数†	等次	格兰姆‡
灵宝	1	31/32	1	.000844437	4	93.9229	15	4.2300
郑州	2	7/8	3	.000870354	6	91.2234	16	3.8630
山东	3	27/32	15	.000980557	11	68.9899	17	3.6965
常熟	4	13/16	13	.000971997	9	71.7065	14	5.4930
通州	5	25/32	16	.001023922	10	70.0130	13	5.7300
崇明	6	25/32	10	.000935877	12	68.8390	2	8.2797
汉口	7	25/32	7	.000914096	1	117.8833	11	5.7900
常阴	8	3/4	6	.000911608	14	68.3788	3	8.0750
陕西	9	3/4	4	.000879995	5	93.2830	12	5.9900
下沙	10	3/4	5	.000897239	2	109.6384	7	6.6766
滨州	11	3/4	9	.000931660	7	75.2868	18	2.5700
天津	12	3/4	11	.000960864	8	74.4310	10	5.9330
余姚	13	3/4	17	.001048392	15	57.8068	4	7.7416
太仓	14	3/4	12	.000961452	17	55.3670	1	8.4500
盐城	15	3/4	8	.000919948	3	95.9705	9	5.9633
九江	16	23/32	14	.000975893	18	51.4522	5	7.1950
上海	17	23/32	18	.001066100	16	55.4165	8	6.0096
安庆	18	23/32	2	.000865533	13	68.4741	6	7.1830

* 上海商品检验局棉花检验所试验之结果，见《国际贸易导报》1930 年 6 月号。
** 90 根棉丝平均粗细。
† 在一英寸内 90 根棉丝平均捻曲数。
‡ 试验 60 次之结果。所指强度非最弱或最强强度，乃平均强度。

（乙）中国之棉花消费

中国棉花之需求，来源有三，即输出，纱厂之消费与储存，及内地纺纱与制棉絮之用是也；而其供给之源有二，即本国出产与输入是也。进出口统计均载于海关报告内,本国棉产统计,则有华商纱厂联合会为之编制。至于纱厂之消棉量及储棉额,如国际棉纺织业联合会(International Federation of Cotton Master Spinners and Manufacturers)估计者,亦系依上海华商纱厂联合会之报告作根据。惟以手纺纱及制棉絮所用棉花,尚无统计,兹据华商纱厂联合会估计约占本国棉产总额百分之十五。第9表即为上述统计之概述,显示自1919年至1929年间吾国棉花供求状况。表中所示,虽有数年如1923、1925及1926年,棉花之供给均超过需求。但于1922、1924、1927及1928等年,需求均超过供给。是项估计中对于纱厂消棉量及储棉额,与手纺纱及制棉絮用棉等估计,均极低微,故此项需求超数并不为大。进出口统计之准确,自无问题,故需求之所以能超过供给,当系由于国产棉花估计过低之故,此亦为华商纱厂联合会所公认者。该会之估计,至1928年止,仅包括十省,后又加入湖南一省,而其他棉产省,如四川、新疆、广西、云南、贵州及辽宁等均未在内。广西省于1919年组织省立棉植改良局;新疆棉产亦颇著名,每年产额达二十万担至三十万担之多,其大部均经西比利亚输至俄国;辽宁省内,日本人对于棉花之改良,经营颇力,在辽阳一带,每年棉产约在四十万担至五十万担。此外,即在已有之诸省内,以限于费用,缺乏有训练之调查员,内战与饥荒频仍,交通时受阻隔,农民慑于租税,以及缺乏统一的度量衡制度等原因,所有统计,亦均不完备也。①

---

① 《中国棉产统计》,第15—20页。

第9表　中国棉花之供求数额，1919—1929

（单位：千担）

年份	供给			需求				
	进口棉*	国产棉**	总额	出口棉*	纱厂消棉量†	纱厂储棉量†	内地纺纱及制棉絮用棉量‡‡	总额
1919	239	10,221	10,460	1,072	?	?	1,533	?
1920	678	9,028	9,706	376	?	?	1,354	?
1921	1,683	6,750	8,433	609	?	?	1,013	?
1922	1,781	5,429	7,210	842	5,621	1,193	814	8,470
1923	1,614	8,310	9,924	975	6,034	1,065	1,247	9,321
1924	1,219	7,145	8,364	1,080	5,891	750	1,072	8,793
1925	1,807	7,809	9,616	801	6,038	1,076	1,171	9,086
1926	2,745	7,534	10,279	879	6,581	1,196	1,130	9,786
1927	2,415	6,244	8,659	1,447	7,200	960	937	10,544
1928	1,916	6,722	8,638	1,112	7,560	1,189	1,008	10,869
1929	2,515	7,748	10,263	944	7,338	?	1,162	?

*《华洋贸易总册》。

**《中国棉产统计》，第16页。

† Pearse：*The Cotton Industry of Japan and China*，1929，p.193。

‡‡ 据华商纱厂联合会之估计，约占总产额百分之十五，见该会之《中国棉产统计》，第18页。

（丙）中国之棉花进出口贸易

早期之历史——我国早期之棉花输入，大部来自印度，由东印度公司之"民船"（Country Ships）运送。据该公司年鉴所载，1704年四月公司派遣加色林（Catherine）船载运棉花1,116担自苏拉特（Surat）驶至保康道（Paul Condore）及厦门，"是项贸易原为试探性质,拟于马拉加(Malacca)以每担九元之定价销脱之",然及至马拉加未能售脱,乃进驶至厦门。其时厦门商人已有商行之组织开广州十三行之先声,但以该处五只英国商船之管货人(Supercargo),彼此竞争,互不相让,货价跌落,中国商人乃坐获其利。故加色林船上之棉花,初索价每担七两,但购者之还价,每担仅四两五钱,旋增至五两二钱,几经磋商,双方始定每担价为五两五钱。①

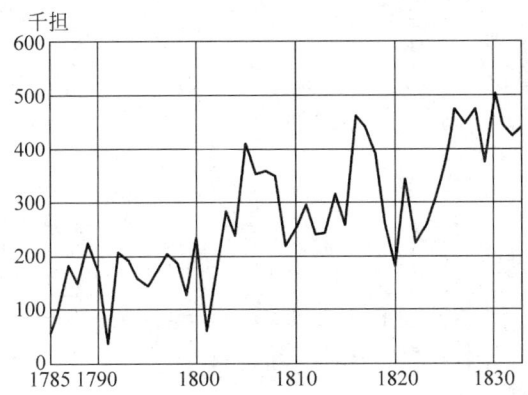

图5 广州进口之印度棉花,1785—1833(见第10表)

1704年之厦门贸易,原属偶然之事;此后三十二年间并无外国棉花之输入,直至1735年,始有第二次之输入,共计605担,每担价为八两五钱。嗣后仍时有输入,1739年输入250大包,计737担;1742年870担,1759年1,859担,系由荷兰船只输入者。自后又无输入之记载,至1768年输入大增。计是年由各国船只输入之棉花共21,996担,由英国船输入者有20,939担,荷兰船输入者954担,

---

① Morse,H. B.:*The Chronicles of the East India Company Trading to China,1635-1834*,5 vols.,1926-1929,I:130-132.

第 10 表　各国商船输进

年份	东印度公司商船 担	值*	其他英籍商船 担	值*	英船 担
1785	17,389		28,690		46,079
6	28,120		65,130		93,250
7	82,150	103,670	101,161		183,311
8	61,632		84,168		145,800
9	65,426		143,952		209,378
1790	45,823	131,744	124,558		170,381
1	16,529		15,505		32,034
2	43,138		152,884		196,022
3	30,780		149,430		180,210
4	17,994		133,687		151,681
5	4,929	61,597	130,363		135,292
6	44,955		118,668		163,623
7	77,445		127,287		204,732
8	39,483		144,756		184,239
9	63,709		64,122		127,831
1800	90,764	396,422	147,222		237,986
1	38,571	169,485	15,619		54,190
2	49,287		112,151		161,438
3	69,228		214,959		284,187
4	59,751		170,200		229,951
5	96,102		310,392		406,494
6	92,986	412,971	261,883		354,869
7	93,327	422,983	265,151		358,478
8	127,179	634,126	218,903		346,082
9	51,647	234,194	146,184		197,831
1810	107,039	555,636	143,527		250,566
1	139,440	736,064	146,110		285,550
2	144,881	1,161,046	95,130		240,011
3	132,815	977,584	110,415		243,230
4	91,177	705,400	225,845		317,022
5	126,711	1,529,464	129,606		256,317
6	130,163	1,007,984	333,704		463,867
7	83,530	1,629,550	354,867	6,346,600	438,397
8	68,808	1,347,586	323,842	5,534,916	392,650
9	95,772	1,643,143	138,174	2,361,583	233,946
1820	84,627	1,341,150	97,785	1,898,781	182,412
1	146,990	1,896,725	194,641	3,113,942	341,631
2	50,344	689,059	175,322	2,295,939	225,666
3	118,050	1,803,398	137,013	2,283,550	255,063
4	106,254	1,842,536	194,591	3,378,315	300,845
5	102,881	1,951,914	270,286	4,275,826	373,167
6	133,042	2,061,771	342,735	5,153,561	475,777
7	176,206	2,307,216	270,538	3,480,083	446,744
8	148,855	1,836,613	326,530	3,767,340	475,385
9	119,648	1,744,340	256,313	7,335,760	375,961
1830	147,240	1,832,197	351,409	3,796,288	498,649
1	91,862	1,088,308	351,206	3,842,935	443,068
2	102,546	1,426,693	324,942	4,048,132	427,488
3	116,247	1,842,332	326,393	4,884,407	442,640
1817—1833	1,892,902	28,284,531	4,436,587	63,797,958	6,329,489
1785—1833	4,173,472		9,067,949		13,241,421
1785—1833	31.13%		67.65%		98.78%

＊价值自 1817 年起均用银元计算，1817 年前则用银两计算。

广州之印度棉花,1785—1833

总数值*	美国商船 担	美国商船 值*	他国商船 担	他国商船 值*	总数 担	总数 值*
			2,413		48,492	
			322		93,572	
			4,000		187,311	
	545				146,345	
	17,411				226,789	
	1,432		411		172,224	
			273		32,307	
	4,926		7,836		208,784	
	9,363		4,600		194,173	
	4,964		2,209		158,854	
	10,412				145,704	
	1,500		6,431		171,554	
			709		205,441	
			1,014		185,253	
1,700,000					127,831	
					237,986	
	1,873				56,063	
					161,438	
	383				284,570	
	2,417				232,368	
	7,714				414,208	
					354,869	
	2,210				360,688	
	2,198				348,280	
	22,006				219,837	
	1,905				252,471	
	9,442				294,992	
	268				240,279	
					243,230	
					317,022	
	320		520		257,157	
					463,867	
7,976,150					438,397	7,976,150
6,882,502					392,650	6,882,502
4,004,726	19,149	359,044			253,095	4,363,770
3,239,931	120	?			182,532	3,239,931
5,010,667	3,516	42,192			345,147	5,052,859
2,984,998	888	9,876			226,554	2,994,874
4,086,948			19,260		255,063	4,106,208
5,220,851	1,575	31,500			302,420	5,252,351
6,227,740	195	3,802			373,362	6,231,542
7,215,332	1,020	14,280			476,797	7,229,612
5,787,299	1,307	16,991			448,051	5,804,290
5,603,953					475,385	5,603,953
5,080,100					375,961	5,080,100
5,628,485	3,271	39,252			501,920	5,667,737
4,931,243	170	1,890			443,238	4,933,133
5,474,825					427,488	5,474,825
6,726,739					442,640	6,726,739
92,082,489	31,211	538,087			6,360,700	92,620,576
	132,500		30,738		13,404,659	
	0.99%		0.23%		100%	

法国船输入者103担。1768年后,1769年输入12,201担,1771年37,429担,1772年28,679担,1773年814担,1774年45,862担。此后十年间,复无记录可据,至1784年棉花之输入又恢复,是年东印度公司自印度输入至中国之棉花,计值40,362两,同时美国船"中国皇后号"(Empress of China)亦运来棉花316担,计值3,160两。此乃第一只运输棉花来华之美国船。① 1785年后,印度棉花之输入,增加颇快,1786年竟达93,572担之多,至1787年更增至187,311担。1787年之后,棉花输入,大致趋于增加。在1791年至1800年之十年间,每年平均输入166,788.7担;在1801年至1810年间,每年平均为268,479.2担;在1811年至1820年间,每年平均为308,322.1担;在1821至1830年间,每年平均378,066担,以1785年至1833年之全期论,棉花之总输入达13,404,659担,每年之平均输入为273,564.4担。输入之大部,均由英国船自印度输至中国者,其由他国船只,特别系由美国船输入者,仅163,238担,占全额1.22%而已。英国船装运者占6,329,489担,中由东印度公司船只输运者有4,173,472担,占31.13%,余9,067,949担或67.65%,系由民船运输者。②

---

① Morse, H. B.; *The Chronicles of the East India Company Trading to China*, Vol. I, pp. 238, 265, 283, 292; Vol. II, pp. 94, 95; Vol. V, pp. 139, 145, 155, 170, 176, 191.

② 《国际贸易导报》卷二,111, 119, 135, 136, 152, 173, 179, 180, 184, 193, 205, 256, 265, 266, 278, 294, 311, 322, 323, 347, 348, 357, 358, 389, 401, 416页;卷三,2, 26, 27, 54, 55, 76, 77, 100, 101, 130, 131, 157, 158, 174, 175, 189, 190, 205, 206, 226, 228, 243, 308, 328, 331, 344, 347, 365, 383页;卷四,4, 20, 53, 67, 71, 84, 89, 99, 103, 118, 123, 139, 145, 158, 162, 181, 185, 195, 223, 248, 253, 271, 325, 339, 343, 369页。

印度棉花之输入,当必为一极可获利之贸易。证诸1768、1774、1792、1795、1796 及 1800 等六年之统计,显示1800 年之赢利率最低,为 27%,1774 年之赢利率最高,达 113.8%。是项赢利之变动率,殊难能以寻常经济状况解释之,如以广州市场中所脱售两类价格略同之棉花为例,1795 年之棉花,每担价为 12.7 两,1796 年者,每担价为 12.5 两,但 1795 年之赢利率为 38.4%,而 1796 年之赢利率则为 105.3%。致此之由,当有其特殊之情势,吾人所可知者,不外棉花收成涨落之不可靠,及印度棉花市场之缺乏组织等而已。①

年	担	成本(卢比)	实得总值(两)	每担售价(两)	赢利率
1768		125,790(72,891 两)	97,225	9.0	33.4%
1774		12,841	8,982		113.8%
1792	5,881	123,077	67,627	11.5	67.5%
1795	4,929	133,538	61,597	12.7	38.4%
1796	5,589	103,968	69,858	12.5	105.3%
1800			396,422		27.0%

1804 年自孟加拉输入至中国之棉花,值银 96,289 两,实获利 93,136 两,或 96.7%。自孟买输入至中国之棉花,值银 276,574 两,实获利仅 77,182 两,或 27.9%。② 其详细账目可参阅下表。前节所述赢利率之变动,于此亦可窥知矣。

由孟加拉运来:	两	两
在加尔各答(Calcutta)成本	80,469	
运费	12,360	
在麻打拉斯起运费	3,460	96,289
卖去 13,152 担每担一四点五两	190,698	

---

① 《国际贸易导报》卷二,192,265,266,347 页;卷五,134,189 页。
② 同前书,卷二,419—20 页。

减去卸货费	1,273	189,425
所得净利		93,136
由孟买运来	孟买卢比	两
船主所出成本	670,282	
打包费等	44,097	
运费	72,481	
保险费	21,431	
利息	21,431	
卖去25,410担每担一四两	829,722 =	276,574
减去卸货费	355,740	两
所得净利	1,984	353,756
		77,182

1867 年以来之发展——1833 年至 1867 年间之中国棉花进口统计，现付阙如，但将此两年之数字作一比较亦可略知当此期间，棉花进口贸易当无大变动也。1833 年之棉花进口量为 442,640 担，但于 1867 年，仅有 335,976 担。其时棉花之出口贸易，尚属有限，1867 年，棉花之输出额仅 29,391 担而已。易言之，1867 年吾国棉花对外贸易，进口额较出口额多 306,585 担，形成入超情势。(Unfavorable Balance of Trade)是项入超情势，如第 11 表(甲)所示，除 1874 年外，继续至 1887 年，历二十一年之久。自 1887 年后，我国棉花之进出口贸易，除 1899 年外，继续至 1919 年之三十二年间，仍维持出超情势。1919 年我国输出棉花 1,072,040 担，进口 239,003 担，出超 833,037 担。然 1919 年后，复入于入超之期，至 1930 年达入超之最高数，是年我国输入棉花 3,456,494 担，但输出仅 825,545 担，入超达 2,630,949 担之多。故我国棉花之国外贸易自 1867 年至 1930 年得分为三期，1867 至 1887 年为入超期；1888 至 1919 年为出超期；1920 年至 1930 年为入超期。自第二期之转入第三期，至少应有两因，即内战频仍与我国棉纺织业勃兴是也：内战结果，致我国棉产减少或仅能维持现状；棉纺织业勃兴结果足

以增加我国对于棉花之需求。

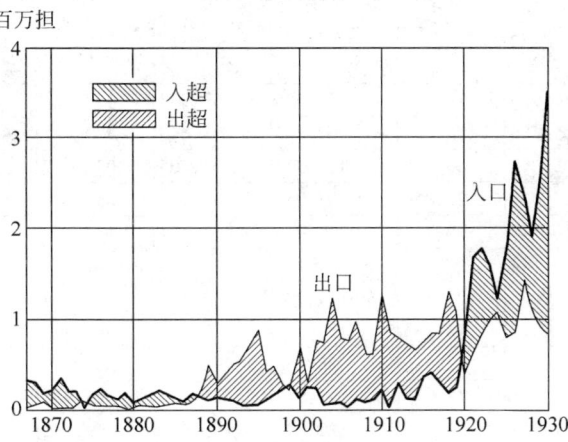

图 6　中国棉花之进出口数量，1867—1930（见第 11 表）

细察第 11 表（乙）之后，更可得数重要结论。在 1867 至 1930 年期间，我国输入棉花总计 30,752,063 担，而输出总计 32,831,619 担，出超达 2,079,556 担。在此总入口额中，于 1921 年至 1930 年之十年间输入者，有 21,152,168 担，占总入口额 68.78%；他方面在此总出口额中，于 1906 年至 1930 年之二十五年间输出者，有 21,997,108 担，占总出口额 67%。故各年间出口之分配，较入口之分配为平均。其次，我国之出口棉花价格较低。在 1867 年至 1930 年之全期间，外国棉花之总进口额为 30,752,063 担，值关银 865,604,848 两，平均每担值关银 28.14 两；而在同期间中国棉花之总出口额为 32,831,619 担，值关银 734,925,937 两，平均每担值关银 22.44 两。是项中国棉花与外国棉花间之价格差异，适足间接证明中国棉花之品质不若后者之佳也。

第11表（甲） 中国棉花之进出口贸易，1867—1930

年份	担			海关两		
	进口	出口	出超(+)或入超(-)	进口	出口	出超(+)或入超(-)
1867	335,976	29,391	− 306,585	5,162,937	458,424	− 4,704,513
8	305,886	38,141	− 267,745	4,295,349	587,821	− 3,707,528
9	193,648	69,274	− 124,374	2,807,505	1,039,067	− 1,768,438
1870	225,414	22,356	− 203,058	3,291,761	335,335	− 2,956,426
1	340,778	10,764	− 330,014	3,962,894	129,350	− 3,833,544
2	207,144	5,981	− 201,163	2,324,692	71,752	− 2,252,940
3	201,045	25,349	− 175,696	2,133,407	228,774	− 1,904,633
4	11,811	94,183	+ 82,372	109,638	847,907	+ 738,269
5	169,676	31,610	− 138,066	1,494,478	322,569	− 1,171,909
6	236,918	42,976	− 193,942	2,251,417	393,508	− 1,857,909
7	154,892	33,216	− 121,676	1,463,554	329,781	− 1,133,773
8	106,027	23,311	− 82,716	970,495	236,817	− 733,678
9	175,534	12,362	− 163,172	1,553,693	123,248	− 1,430,445
1880	87,486	18,077	− 69,409	903,822	180,071	− 723,751
1	137,869	22,908	− 114,961	1,487,162	228,076	− 1,259,086
2	178,478	41,690	− 136,788	1,916,734	404,405	− 1,512,329
3	211,306	22,074	− 189,232	2,100,300	241,026	− 1,859,274
4	187,105	53,572	− 133,533	1,784,451	614,701	− 1,169,750
5	131,404	61,850	− 69,554	1,298,007	717,489	− 580,518
6	94,382	47,572	− 46,810	825,624	523,380	− 302,244
7	173,728	69,227	− 104,501	1,433,203	677,660	− 755,543
8	156,579	202,546	+ 45,967	1,512,651	2,228,284	+ 715,633
9	113,545	504,420	+ 390,875	1,213,349	5,044,806	+ 3,831,457
1890	149,562	298,887	+ 149,325	1,577,018	2,989,274	+ 1,412,256
1	110,618	355,584	+ 244,966	1,195,262	3,841,129	+ 2,645,867
2	106,635	508,843	+ 402,208	1,157,001	5,089,361	+ 3,932,360
3	53,419	576,155	+ 522,736	660,707	6,166,182	+ 5,505,475
4	43,103	747,231	+ 704,128	556,203	7,361,343	+ 6,805,140
5	44,711	896,096	+ 851,385	568,917	11,202,661	+ 10,633,744
6	99,129	418,102	+ 318,973	1,307,975	5,017,899	+ 3,709,924
7	160,256	493,139	+ 332,883	2,260,191	7,393,456	+ 5,133,265
8	229,005	273,739	+ 44,734	2,839,730	3,151,161	+ 311,431

(续表)

年份	担			海关两		
	进口	出口	出超(+)或入超(-)	进口	出口	出超(+)或入超(-)
9	278,366	229,220	- 49,146	3,475,780	2,980,373	- 495,407
1900	134,750	711,882	+ 577,132	1,832,966	9,860,969	+ 8,028,003
1	254,855	290,865	+ 36,010	3,868,252	4,705,606	+ 837,354
2	248,566	774,536	+ 525,970	3,857,507	13,161,051	+ 9,303,544
3	59,494	759,521	+ 700,027	933,602	13,294,614	+ 12,361,012
4	60,057	1,228,588	+ 1,168,531	1,013,068	24,811,595	+ 23,798,527
5	90,590	789,273	+ 698,683	1,540,334	12,029,326	+ 10,488,992
6	45,357	769,542	+ 724,185	728,105	11,631,138	+ 10,903,033
7	116,307	988,055	+ 871,748	1,704,765	16,959,737	+ 15,254,972
8	99,022	613,509	+ 514,487	1,744,406	10,345,205	+ 8,600,799
9	114,389	633,687	+ 519,298	2,000,915	14,452,021	+ 12,451,106
1910	205,915	1,247,304	+ 1,041,389	4,463,995	28,141,234	+ 23,677,239
1	39,676	877,744	+ 838,068	905,738	21,404,115	+ 20,498,377
2	279,192	805,711	+ 526,519	6,179,852	17,021,093	+ 10,841,241
3	134,735	738,812	+ 604,077	3,017,318	16,235,604	+ 13,218,286
4	126,488	659,704	+ 533,216	2,872,118	12,339,549	+ 9,467,431
5	364,390	725,955	+ 361,565	6,651,841	13,700,496	+ 7,048,655
6	407,644	851,037	+ 443,393	8,068,790	17,091,073	+ 9,022,283
7	300,128	832,463	+ 532,335	6,406,224	20,035,862	+ 13,629,638
8	190,110	1,292,094	+ 1,101,984	6,070,517	37,887,337	+ 31,816,820
9	239,003	1,072,040	+ 833,037	6,499,073	30,253,447	+ 23,754,374
1920	678,297	376,230	- 302,067	17,993,170	9,224,512	- 8,768,658
1	1,682,526	609,481	- 1,073,045	35,866,856	16,483,234	- 19,383,622
2	1,780,618	842,010	- 938,608	41,956,187	22,861,434	- 19,094,753
3	1,614,371	974,574	- 639,797	53,816,201	32,605,771	- 21,210,430
4	1,219,284	1,080,019	- 139,265	48,817,558	40,420,414	- 8,397,144
5	1,807,450	800,786	- 1,006,664	69,965,177	29,844,467	- 40,120,710
6	2,745,017	878,512	- 1,866,505	93,750,540	29,399,381	- 64,351,159
7	2,415,482	1,446,950	- 968,532	79,812,653	47,306,699	- 32,505,954
8	1,916,140	1,111,558	- 804,582	67,981,417	34,158,765	- 33,822,652
9	2,514,786	943,786	- 1,571,000	91,123,857	29,603,791	- 61,520,066
1930	3,456,494	825,545	- 2,630,949	132,265,569	26,499,307	- 105,766,362
总数	30,752,063	32,831,619	+ 2,079,556	865,604,848	734,925,937	- 130,678,911

55

第 11 表（乙） 中国棉花之进出口贸易，1867—1930

时期	进口量		出口量		进口值		出口值	
	担	%	担	%	海关两	%	海关两	%
1867—1870	1,060,924	3.45	159,162	0.48	15,557,552	1.80	2,420,647	0.33
1871—1875	930,454	3.02	167,887	0.51	10,025,379	1.16	1,600,352	0.22
1876—1880	760,857	2.47	129,942	0.39	7,142,981	0.83	1,263,425	0.17
1881—1885	846,162	2.75	202,094	0.62	8,586,654	0.99	2,205,697	0.30
1886—1890	687,796	2.24	1,122,652	3.42	6,561,845	0.76	11,463,404	1.56
1891—1895	358,486	1.17	3,083,909	9.40	4,138,090	0.48	33,660,676	4.58
1896—1900	901,506	2.93	2,126,082	6.48	11,716,642	1.35	28,403,858	3.87
1901—1905	713,562	2.32	3,842,783	11.70	11,212,763	1.30	68,002,192	9.25
1906—1910	580,990	1.90	4,252,097	12.94	10,642,186	1.23	81,529,335	11.09
1911—1915	943,976	3.07	3,807,926	11.60	19,626,867	2.27	80,700,857	10.98
1916—1920	1,815,182	5.90	4,423,864	13.48	45,037,774	5.20	114,492,231	15.58
1921—1925	8,104,249	26.35	4,306,870	13.12	250,421,979	28.93	142,215,320	19.35
1926—1930	13,047,919	42.43	5,206,351	15.86	464,934,136	53.70	166,967,943	22.72
总数	30,752,063	100	32,831,619	100	865,604,848	100	784,925,937	100

来源地与到达地之分析——今进而分析中国棉花贸易之来源地与到达地。如第 12 表所示，在 1912 至 1930 年之十九年间，中国输入棉花计 23,872,155 担，内 13,128,154 担或 54.1% 来自印度；5,280,291 担或 21.8% 来自美国；5,267,264 担或 21.7% 来自日本。日本原非棉产国家，故自日本转入至中国之棉花，多系他国之棉花，假道日本转入中国者，特别以印度棉花之经日本输至中国者为多。今以 1913、1920 及 1929 之三年情形，作一比较，在中国棉花之进口额中，印度棉花于 1913 年占 59.56%，1920 年占 60.85%，至 1929 年降为 51.97%；而美国棉花于 1913 年占 18.84%，至 1920

第 12 表　中国进口棉花按来源地与到达地之分配，1912—1930

来源地	1913		1920		1929		1912—1930	
	担	%	担	%	担	%	担	%
印度	83,169	59.56	418,964	60.85	1,323,002	51.97	13,128,154	54.1
日本	15,214	10.89	161,978	23.53	366,302	14.39	5,267,264	21.7
美国	26,310	18.84	34,049	4.95	819,127	32.18	5,280,291	21.8
香港	9,081	6.50	22,526	3.27	4,933	0.19	277,593	1.1
俄国	2,333	1.67	34,529	5.02	——	——	51,461	0.2
其他	3,540	2.54	16,450	2.38	32,125	1.26	266,214	1.1
总数	139,647	100.00	688,496	100.00	2,545,489	100.00	24,270,978	100.0
复出口	4,912		10,199		30,703		398,823	
净进口	134,735		678,297		2,514,786		23,872,155	
到达地								
上海	109,161	80.84	558,113	81.31	1,907,827	75.54	19,289,342	80.6
胶州	——	——	7,871	1.15	225,803	8.94	2,108,941	8.8
天津	5	——	15,819	2.30	179,156	7.09	1,013,597	4.2
其他	25,867	19.16	104,570	15.24	212,818	8.43	1,534,871	6.4
总数	135,033	100.00	686,373	100.00	2,525,604	100.00	23,946,751	100.0
复出口					6			
净进口	135,033		686,373		2,525,598			

年降为4.95%,但至1929年反增至32.18%。美国棉花之增加,殊为佳好现象,由此可间接证明中国现在正需要品质较佳之棉花,为纺绩细纱之用也。日本棉花占中国棉花之进口额百分比,于1913年为10.89%,1920年增至23.53%,至1929年复落至14.39%。

在1912年至1930年期间,中国之进口棉花,有十分之九以上系为上海、胶州及天津之三大棉纺中心所吸收。当此十九年期间总输入23,946,751担,内由上海输入者19,289,342担,占80.6%,胶州输入者2,108,941担,占8.8%,天津输入者1,013,597担,占4.2%。上海所占之百分比较为稳定,1913年为80.84%,1920年为81.31%,但至1929年微降至75.54%。胶州之输入棉花,犹为最近之事,1915年最初输入206担,至1920年输入总额达7,871担,或1.15%。至1929年增至225,803担,或8.94%。天津情形,大致亦复如是,于1912年及1913年,仅输入棉花各5担,1914年增至7担,1915年增至24担。然至1916年,外国棉花之输入大增,为1,067担。此后输入额变动颇大,于1922年输入达167,749担,但于1924年复落至2,244担。输入最高之年为1929年,计输入179,156担,占我国之棉花总进口额7.09%。是项变动,可以内地棉花输至天津之多寡解释之,如附录七(乙)所示,1929年自内地输至天津之棉花有639,905担,仅及1928年内地棉花输入额(1,279,082担)之半。故外国棉花之输入至天津于1928年为24,254担,而于1929年增至179,156担。

第13表为1912至1930年间中国出口棉花按其来源地与到达地之分配,特别注意1913、1920及1929之三年。当此十九年期间,中国之棉花出口总额达38,280,474担,内仅有16,867,011担,或

44.06%系输至外国者,余则输至国内各埠,由此亦可间接证明我国棉纺织业之勃兴结果,增加棉花之需求。计我国棉花之输出至国外者,占总输出额之百分比,于1913年为77.71%,1920年落至43.17%,至1929年降至33.92%。

中国之棉花输出主要商埠,在华中有汉口及沙市,在华北有天津。当1912年至1930年期间,汉口及沙市两处输出棉花20,349,123担,或53.16%,而天津输出9,266,451担,或24.21%。三处之输出共占中国棉花出口总额三分之二以上,盖汉口与沙市两处适居华中棉产区域之中心,天津又为华北棉产之集中地点也。然汉口及沙市所占中国棉花总输出额之百分比,趋于增加,1913年为23.94%,1920年增至49.74%,及至1929年增至62.76%;天津之是项百分比,趋于减低,1913年为35.29%,1920年减至29.67%,及至1929年复减至22.58%。此外尚有一可注意之异点,即汉口棉花,多输至上海及扬子江沿岸之棉纺织中心,专供国内之消费;而天津棉花则多输往国外,特别输至日本与美国,作造棉絮、药棉、火药及混合其他纤维之用。如附录七(丙)所示,在1919至1929年期间自天津出口运至国外之棉花共计5,127,040担,内输至日本者有4,194,420担或81.8%,输至美国者,有777,126担,或15.2%。故日本与美国实为天津棉花出口之主要到达地。即以全国论,亦复如是,在1912至1930年期间,中国棉花之总出口额中,输至日本者有13,466,053担,或79.84%,输至美国者有1,934,968担,或11.47%。今以1913、1920及1929三年作一比较,输至日本之百分比,于1913年为71.37%,1920年降为58.56%,至1929年复增至80.04%;而输至美国之百分比,1913年为

8.31%,1920年增至31.80%,及至1929年复降至12.24%。①

第13表 中国出口棉花按来源地与到达地之分配,1912—1930

输出口岸	1913 担	%	1920 担	%	1929 担	%	1912—1930 担	%
汉口	213,270	22.37	419,439	48.13	1,188,143	42.70	16,346,219	42.70
天津	336,384	25.29	258,568	29.67	628,300	22.58	9,266,451	24.21
上海	238,802	25.05	135,999	15.60	97,121	3.49	3,914,093	10.22
沙市	14,994	1.57	14,057	1.61	558,130	20.06	4,002,904	10.46
宁波	81,632	8.56	28,901	3.32	145,111	5.22	2,167,741	5.66
胶州	48,275	5.06	10,752	1.23	82,037	2.95	925,215	2.42
九江	7,132	0.75	466	0.05	24,269	0.87	669,427	1.75
其他	12,840	1.35	3,374	0.39	59,373	2.13	988,424	2.58
总数	953,329	100.00	871,556	100.00	2,782,484	100.00	38,280,474	100.00
到达地								
日本	527,282	71.37	220,312	58.56	755,284	80.04	13,466,053	79.84
美国	61,381	8.31	119,649	31.80	115,544	12.24	1,934,968	11.47
英国	2,801	0.38	21,053	5.60	1,726	0.18	219,161	1.30
香港	37,378	5.06	3,414	0.91	480	0.05	165,642	0.98
俄国	5,711	0.76	799	0.21	126	0.01	78,221	0.46
其他	104,259	14.11	11,003	2.92	70,626	7.48	1,003,222	5.95
总数	738,812	100.00	376,230	100.00	943,786	100.00	16,867,267	100.00
输至国外者占中国各岸总出口之百分比	77.71		43.17		33.92		44.06	

外国棉花之种类及包装——输入至中国之美国棉花均系高原(Upland)种,专用为纺绩细纱者。然即此一种,其品质亦大有分别。依美国政府所订之标准,分为九品,即高中品(Middling fair)、

---

① 关于1912年至1930年间中国及天津棉花之国外贸易统计,可参阅附录五、六、七。

半上中品（Strict good middling）、上中品（Good middling）、半中品（Strict middling）、中品（Middling）、半下中品（Strict low middling）、下中品（Low middling）、半次品（Strict good ordinary）及次品（good ordinary）等九品。此外尚有可疑之品质，列于上一等固不够格，列于下一等复嫌过佳，因此昔日美国交易所乃列有"四分之一"等（Quarter grades）暂为鉴别，防其掺入也。但以分类过细，反嫌琐屑繁杂，结果又自动取消之。美国政府自始对于是类品质，即未予以承认。① 上海所有之美国棉花，多属中品或下中品，是类棉花，实足为纺三十二或四十二支细纱之用；较此更劣之棉花，则以其纤维过短，且复含有杂质，不适纺细纱也。

印度棉花均以产地命名，如孟加拉（Bengal）、白罗溪（Broach）、旁遮普（Punjab）、及仰光（Rangoon）花等是。论其品质，可大别为七，极优品（Super fine）、优品（Fine）、上上品（Very good）、上品（Good）、上中品（Very good fair）、中品（Good Fair）、次中品（Fair）等。孟加拉，白罗溪及鄂姆拉（Oomra）花之定期买卖，均在孟买城之东印度棉花交易所（East India Cotton Association）中执行之，印度棉花之价格，多以每一孟买康旦（Bombay Candy）值若干卢比（Rupee）计算。每一孟买康旦约重784磅。但他处之康旦，其重量复与孟买之康旦有异，在苏拉特（Surat）每一康旦约800磅，在白罗溪（Broach）约 $885\frac{3}{4}$ 磅，在波纳加（Bhownagar）及都利亚（Dhulia）约 $1,001\frac{3}{7}$ 磅，在阿姆勒里（Amreli）及他处约 $1,028\frac{4}{5}$ 磅。②

---

① Hubbard, W. H.: *Cotton and the Cotton Market*, 1925, p. 77.
② Pearse, A. S.: *The Cotton Industry of India*, 1930, pp. vii, 50.

美国棉花包,当其从轧棉厂清子后捆缚妥贴输出之时,多为不规则之长方形,约 27×54×46 英寸,包皮用各种麻布,麻布之四周,复捆以铁条六根。每包平均重量约 500 磅,但多在 300 磅至 700 磅之间。300 磅以下之包,须负"分量不足"之罚款;过重之包亦少有,但在征收筑堤税之地方(Levee tax),以其规例,不问重量,但问包数,故棉花包特别重大。此类棉花包即名为"轧厂标准包"(Standard gin box),其所经压榨机压力之密度,每立方呎为 29 磅。第二种包名"平包"(Flat cotton)者,因依火车轮船运输条例,压力密度至少每立方呎为 32.5 磅,此类花包其阔为 28 至 29 吋,长为 58 至 59 吋,厚为 18 至 20 吋。在上海起卸之货,多为此类经压之平包。当大战期间,以货舱短缺,不得不复增高压力,每立方呎压力密度增至 34 磅,即所谓"重压包"(High density bale)是也。第四类棉花包即为"圆包"(Round bale)此乃系一种以棉花沿一长圆柱紧滚而成之包,今虽仍有依是法装包者,但颇不受市场之欢迎。是类包装既紧,故殊难从中扦取满意之样品。复以其为圆形,故无论装载于货车中,或堆积于货栈内,均难装置妥贴也。①

印度之棉花包,其大小差异不一,但平均每包重量约 400 磅,以麻布捆扎后复围以铁皮。此项包装颇清洁且装置亦周密。埃及包为世界棉包中打法最良之包,每包平均重量在 700 磅至 800 磅之间,其压力密度每一立方英尺约为 30 磅。外部完全覆以帆布,并以铁皮妥为捆扎。然而以我国需求不多,故埃及花之运至上海者极少。②

---

① Hubbard, op. cit., ch. VIII.
② Brown, H. B.; *Cotton*, 1927, p. 348.

棉花之运输——美国棉花先由火车自南部棉产诸邦运输至旧金山、西雅图（Seattle）及绿杉矶（Los Angeles）等埠，复载上太平洋货船输出至上海。铁路运费规定每百磅为美金八角至九角五分，轮船运费每百磅自美金三角五分至四角五分。每包以五百磅计，所需运费约为美金六元至七元。美棉自美国出口，不纳出口税，但进至中国口岸，则每担须纳进口税 2.1 金单位（一金单位相当美金四角）、码头捐（2%）及瀞浦捐（3%），合计相当进口税 5%，此外有 $\frac{3}{4}$% 至 1% 之保险费，及付给入口商之佣金每包银二钱。

印度棉花多经孟买输出，其大部系由日本商人包办，因此中国输入之印度棉花，常系由日本口岸转输而来。每包运费约合六卢比，落栈及转运等费，又需十卢比；此外亦有关税、保险费及佣费等，与美国棉花所需缴纳之费无异也。

中国棉花之输出至国外者，每担须纳出口税 1.20 关两，码头捐及瀞浦捐合计相当出口税 5%。在天津，棉花输出至国外者，多数系由日本船运赴日本。出口商亦多为日人，自遣代理人于中国内地收买棉花，日本出口商之运费，每担仅需银 1.50 两，但中国出口商则需 2.00 两。① 此因运输之日船，对于日商有特别优待也。

棉花之报关手续——报关手续于普通棉商，殊嫌繁琐，因此多委报关行代办，是类报关行，在设立之初，已向海关登记。上海一处共有报关行一百六十七家，资本大小不一，合资为多，其所得报酬，一为轮船水脚之回扣，约自 15% 至 20%，一为货主之佣金，约 5%。

进口之报关手续有如下列：（一）入口商领取提单后，照提单上

---

① 上海商业储蓄银行调查部，《棉》，23，24，27—28 页。

开列名目,填写进口报单,及小验单,又名副报单,说明进口棉花之商标、包装式样、毛重、扣重、净重及价值等。(二)将报单送至轮船公司签字,同时付清水脚。(三)将报单小验单提单等,一并送进海关审核,若有货价单,亦须一并送关。货价单上记载,原价、驳费、运费、保险费等,作定估税之根据,海关如认该货价单为正确,即盖以"发票验讫"之印,免其重验。(四)海关根据上项单据,批准税额,将小验单送至码头或堆栈,派关员前往查验货物分量,包数及唛头,是否符合,事主亦派人同往领观,查讫由关员将小验单送往海关,同时海关将提单盖验关印发还。(五)海关再将上项单据,与轮船公司所报告之落舱单相核对,一切如均无不符之处,即将付税单又名税饷单发下。(六)事主收到税饷单后,即前往付税,并送呈提单及派司。所谓派司者,即进口后仍须复出口,若领有派司,则出口时只写原货出口报单报关,不必再纳税捐。(七)海关收到税款后,即将提单盖印,批准派司,进口之报关手续,即告完毕。

出口之报关手续,约如下列:(一)出口商先至轮船公司领填下货单,并向商品检验局棉花检验处请求检验,由局中派员扦样检验合格后,乃给与证书。(二)凭下货单,将出口报单填就,与商品检验局证书一并送关。(三)海关根据上项单据,派员至码头检验。(四)检验无误后,即批出付税单。(五)事主领取付税单后,即前往付税。(六)付税后关内即将下货单盖印发出。(七)事主领得下货单后,即至码头将货装载上船,由船上账房发出收单。(八)将收单送至轮船公司换取提单。出口之报关手续,于是完毕。

以上手续仅适用于华棉出口而未有派司者。若华棉自他埠进口后仍须原货出口,而领有派司者,则另填原货出口报单连派司送呈海关,海关将派司注销,即可装船出口,不必再纳税捐。惟该项货物之包装及内容,须全无更动,否则不能享此权利。即有不得已之更动时,须先至海关报告,由海关之监督下将改包之手续完毕后,方可报关。

凡原货出口之须更动包装时,若系运往国外者,则进口商必须先向海关领取特别派司,若系运往国内其他口岸者,则不能享受一切关于原货出口之权利。

又华棉出口,若系运至他埠,则于出口时在上海须完纳正税、附税、码头捐及濬浦捐等,达目的地时,不必再纳关税。至洋棉改装出口运至他埠,则出口时不必纳税,待至目的地报进口时,始完纳正附税,此则华洋棉报关纳税不同之处也。

至如转口,若汉口棉花运至上海后,即须转运青岛,是谓转口。报转口时另有转口报单,用此单有一定期限,在此期限内,不必完纳关税、码头捐及濬浦捐,过期则作无效,达目的地时,仍须照例完纳各税,与进口无异。①

进出口商金融之周转——外棉来沪,均用押汇办法,几全部由外商银行办理,此因采办棉花,亦多由外商洋行经手也。所谓押汇亦可分二种,一为外商洋行在办棉埠头,设有分行者,例如采办印棉外商,而在孟买设有分行,则径电分行购花,购妥后由分行经理准备装运,办理一切手续,领取提单及其他必须之单据,领到后分行经理即持该项提单及其他必须之单据与由分行名义签发之汇票,向本地银行,请求承受汇票,经银行承受后即可贴现,提现款偿

---

① 上海商业储蓄银行调查部,《棉》,39—44 页。Chinese Maritime Customs, *Handbook of Customs Procedure in Shanghai*,1926,sec. 108-117,121-125,149-151,160, 165,168,181-186。

付买花之款。该银行乃将是类单据于货物装运向上海进发之时，寄至上海之代理银行。于该货到达上海后，即由代理银行妥为储存，由进口商备款赎回。一为外商洋行在海外并无分行，或华商径自向外国棉商直接定货者，则须向本埠著名银行商做押汇凭信（Letter of credit）。押汇凭信者为本埠银行对海外有往来之银行之一种通知，令其在某种限度内，收受指定外商之押汇；同时海外出口棉商亦得此通知。该出口商接是项通知后，即准备装运，领取提单及其他必须之单据，并签发汇票，请求当地接得该项凭信之银行承受，同时亦须将其一切单据交与银行。银行如承受是项汇票，乃确定自承受日起六十日后付款，此即为承受票。承受之银行即将此承受票送还与出口商，将其他单据送至上海之某银行。出口商得此承受票后，即可赴银行贴现。上海之某银行接得前述单据后，即送交进口商，再由进口商备价赎回，此后，即行办理报关手续及卸货矣。

进出口商与进出口贸易——外棉——尤为印、美棉花——之入口，由四十余洋商办理，内以日本商家为最多。东棉洋行（Toyo Menkwa Kaisha）、日本棉花株式会社（Nippon Menkwa Kabushiki Kaisha）及江商株式会社（Gosho Kabushiki Kaisha）之三日商，竟霸持日本棉花输入70%，包办印度棉花之输入之大部。如1928年，自喀喇基（Karachi）输入棉花至中国及日本共计232,809包，其中117,351或50.4%系由前述三日商运输者。①沪上日华纱厂及洋行为便利运输印棉起见，曾组织一"印棉运华联益会"（Indian Cotton Importers' Association），会员以日商为多，与日本邮船株式会社、大

---

① Pearse, A. S.: *The Cotton Industry of India*, p.54.

阪商船株式会社，及大英轮船公司订立协定，凡联益会员，装运印棉，可予以特别折扣，自印度运至中国之运费回扣与运至日本者同，即每担为0.30两，或每包为0.90两。①

洋行贩棉有专做进口者，有专做出口者，亦有二者兼做者。外棉之交易，均为期货交易，如纱厂在某时期需用外棉，应在二三月前向洋行定购期货。定货时先看样品，规定价格，言明送货日期，并交纳定洋若干，订立契单。洋行即据此契单向国外定货，货到后或入行栈，或入厂栈，随当时契单所议明者为准。交货时即行付款，普通用银行支票或五日及十日期庄票，价格均以上海银两计算。

洋行有时亦预先买进外棉，存栈待售，此种营业自洋行方面言，多少含有投机性，不如期货之稳健，盖棉价之变动殊大也。但不论期货现货，洋行卖出价格，虽有时低于买进价格，然所得每担二钱左右之佣金，为利亦颇不低也。②

我国棉花出口十分之八，运往日本，尤以天津棉花之输出至日本者为多。据大岛让次氏之调查，天津有出口商四十余家，日商占其十九，英商八，德商四，法商一，瑞士商一，美商一，华商六。而华商所经营之出口贸易，则多为天津与上海间及天津与其他口埠间之转口贸易。③

洋行出口之花，或由花号，或由花行，或由轧花厂买来，但日商多熟悉我国情形，均自派人至乡间收来。因向花号或花行买花，例

---

① Pearse, A. S.: *The Cotton Industry of Japan and China*, p. 149.
② 上海商业储蓄银行调查部，《棉》，67—71页。
③ 大岛让次：《天津棉花之物资集散事情》，天津，昭和五年，225—226页。

有买办居间,以每担价格中之回扣,作为报酬也。

(丁) 中国棉花之销售

自生产者将棉花送至消费者,不论其为中间人或最终消费者,须经三种市场,即原始市场、中级市场及终点市场是也。前二种市场于棉产区内几到处均有;惟终点市场,为数有限。上海、汉口及天津为三大主要终点市场,其次要者有郑州、石家庄、青岛及宁波等处。本节所述,专为分析两主要棉纺织业省,江苏与河北之棉花销售方法及组织;盖三大主要市场之二,天津及上海,系在该二省之内也。

河北省之棉市与棉商——讨论河北省之三种棉市,先自原始市场起;原始市场者,为棉农脱售棉花之最初市场也。原始市场普通均设于乡间之集市,棉农、经纪人、小贩、轧棉店及其自他较大市场来此之代理员,均会集于此商议买价,棉农之出产,即于此脱售也。原始市场往往因贸易额之扩大,及地位之便利渐发达为中级市场。中级市场之异于原始市场者:第一,中级市场专限于一种产品之交易,不若在原始市场中,同时得有各种物品之交易也,第二,中级市场设有棉花店,而为原始市场所鲜见者。是类棉花店,一方面为棉农来中级市场脱售棉花之驻足地,同时复为终点市场及其他各处之棉花贩运商洋行分庄与纱厂特派员之驻足地。棉花店之经理,即为买卖双方之中间人,买卖成就之后,彼即充任秤手,并为其包装办理运输,有时并为其顾主筹款或由本人借与。除此,棉花店经理亦常为信实可靠之顾主办理期货。期货交易时,顾主须预

第二章 中国棉花之生产及贸易

付相当货价百分之二十五至百分之六十之定洋。佣金则约在百分之一十至百分之二十,至于住店膳宿费规定每日约计大洋五角。至交易最盛之季,棉花店实为中级市场之活动中心也。

在原始市场及中级市场中,均有经纪人小贩及棉花贩运商,是辈得同时为买者与卖者。然经纪人多以其顾主名义作交易,而小贩及棉花贩运商则均以本人名义作交易,自负一切责任。棉农恒为卖者,而轧棉店虽于两类市场中均有,其于原始市场中或可同时买卖,但在中级市场中则仅能卖出。轧棉店之主要功能有二,第一,为棉农及小贩轧棉,第二,自买籽棉,轧去其籽脱售图利。至于洋行分庄之代理员于1919年之前后,颇为活动,但最近亦多停止驰赴原始市场及中级市场收买棉花。致此之由,第一,因内战频仍,交通运输,横遭阻隔,结果国内汇兑率及运费时有变动。第二,往昔外国出口商之特殊权利,现已取消。如内地通行证(Transit pass)之使用权,往昔仅限于外国商人有此权利者,于1925年亦已适用于中国商人,因此中国商人得免厘金之负担。复次,中国商人于最近数年内已起始对于国内市场情形,从事细密之考察,故恒能适应市场之变化而获利,其地位实较外国商人为优也。同时大规模之纱厂,为避免其特派员之私用公款及因政治不稳定而遭受之损失,多数亦已不复遣送代办人赴中级市场及原始市场收买棉花矣。

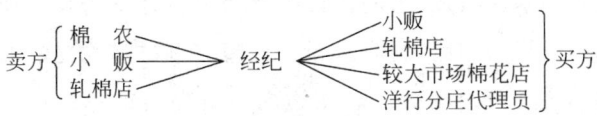

图解一 原始市场之组织

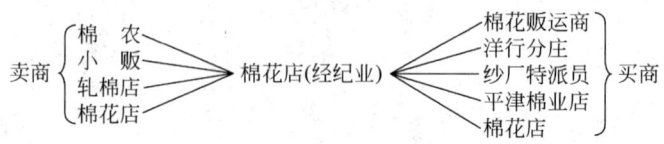

图解二　中级市场之组织

在终点市场从事棉花贸易之商人,有买商、卖商及跑合之三类。以天津情形论,卖商包括棉贩及各中级市场之棉花店代理人,所有棉花都经是辈自中级市场运赴天津脱售。此辈商人因于天津无永久设立之机关,故其交易多在棉花栈中成议;花栈之性质与中级市场棉花店之性质相同,惟其营业范围较大。其主要职务系为主顾销售棉花,间或亦有自行交易独负全责者。少数之花栈亦有兼营堆栈生意以及销售皮货羊毛及其他货物者。是类花栈为主顾销售棉花,应有之事务颇多。当棉花到达天津之时,花栈与报单行合作办理报关手续取得常关执照,乃将该宗棉花运至栈内。落栈之时,由花栈秤手过秤并鉴定货物之品质,所需费用均由花栈支付。此外,花栈尚放款贷与主顾,使之可在中级市场或原始市场购办棉花。凡已售脱并已送交买主而未付款或已售脱尚未交货之棉花,及尚未脱售之现花,花栈普通先为垫付相当市价百分之七十至八十之借款,但尚在运输中及已售期货之棉花,花栈付款,鲜有超过市价百分之五十者。事实上,花栈常因顾主虚报将有大批棉花运到,借端请求花栈放款,而实际运到之棉花并不若顾主所报告之多或竟无其事,致遭巨大损失。此类借款多取押汇方式,利息按月计算,利率自一分至一分二。花栈之事务除落地,过秤,存栈及周转金融之外,尚须招徕购买之人,与议销售之条件,此类购买之人普通多为洋行厂家及棉花另售店。每一花栈雇有"跑合"专司探听市场情形及招揽生意。如谈妥成交,花栈取得相当货价百分之一点五之佣金,其中六分之一作为"跑合"之报酬。故花栈利益所在,其主要者即为佣金;但资本充足之花栈其放款之利息,亦为收入之富源。他如存栈费亦为入款之一。复如花栈之自行交易者,亦可从中获利也。譬如当一主顾于其尚未销脱存货之时,欲行返里,此时花栈得斟酌以适当价格将其棉花收买过来,待异日高价售出,即可获利。然花栈中亦有因此遭受损失者,早晨买进时为一价,但至下午,因市况变动,不得不以低价售出。

终点市场中之买商,包括出口商、纱厂及棉花另售店等。天津共有纱厂六家,所需棉花主要者为细绒棉,此皆产于河北、山西、陕西、河南及国外者。至于棉花另售店在终点市场中所占地位殊不重要,盖其购买量固极有限也。

第三类商人即指跑合或经纪人而言。花栈为卖方之代表,前已言之,间亦有自行营业购买棉花者。跑合则本身多无资本,决不能以自己名义作买卖。是辈之唯一任务,即在撮合买卖双方,成交之后,得相当货价 0.25% 之佣金。在天津凡熟悉市况及为卖方买方知名之人,均得充任跑合,固无一定之资格为其限制也。花栈既为中间人性质之组织,然仍需经纪人之类如跑合者,似足称奇,但一察事实,即可明其所以存在之原由。第一,因花栈在棉花交易中,实处贩卖之地位,以其栈号名义为其主顾销售货物,故必须有第三者从中作为签订合同时之证人。第二,花栈所雇之跑合,人数有限,时间亦不足,故对于市场情形似不能明瞭透彻,而跑合多为专门家精通市况者,故自有其存在之必要也。[①]

[①] 曲直生:《河北棉花之出产及贩运》,北平,1931年。

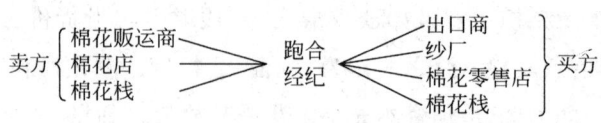

图解三 天津棉市之组织

上海棉花之现货交易——上海为我国棉纺织业之中心,亦为我国棉花之最大市场。在此,兼营现货与期货之交易,规模颇大;其组织与他处亦颇不同。第一,上海为全国最大消棉中心,1930年内,全国纱厂消棉8,750,019担,而上海一处,各纱厂消棉达4,439,857担,占50.74%,因此,纱厂与棉商间之现货交易,其最大部分乃集中于上海。其次,上海之华商纱布交易所为我国唯一之期货交易市场。他处虽亦有经营期货者,如天津与宁波之期货交易市场,但多属一时的组织,即于上海,有上海证券物品交易所者,亦兼营棉花之期货交易。此类市场现均已歇业。且上海在全国棉业中占有优势之地位,虽他处有新起之棉市,恐亦未必能与上海抗衡也。

上海之现货交易与天津之现货交易比较,不特商人之从事斯业者种类不同,即其经营之规模,亦有大小之别。天津市场中殊难发现花行或花号之真型,虽自有其另一种掮客从中经营。是类掮客于天津均无自设之永久组织,而花行或花号之类,在上海则设有正式办事处,并常有附设之仓库。然而天津现有之花栈能供给掮客及自中级市场来津之花店代理人之生活需要及交易便利者,亦为上海所无。复次,因上海每年之外国棉花进口额占全国外棉进口额五分之四,故上海之进口商,所占地位之重要,远非天津进口商所能及。上海之花号,其投资额最低者亦须30,000元至50,000元,如系大规模之洋行,其投资额当在百万元左右。至于进口商,其所须资本更大。如美国美安棉业洋行之支行,其资本之雄厚,自华商视之,几无限量。怡和洋行之情形亦类是,其支行殆遍于东方,尤以中国及印度为最。下列图表,即显示上海现货棉花之销售路线。图中粗箭头系指明上海棉商间之关系,虚箭头系指明外埠棉商与上海棉商间之关系。

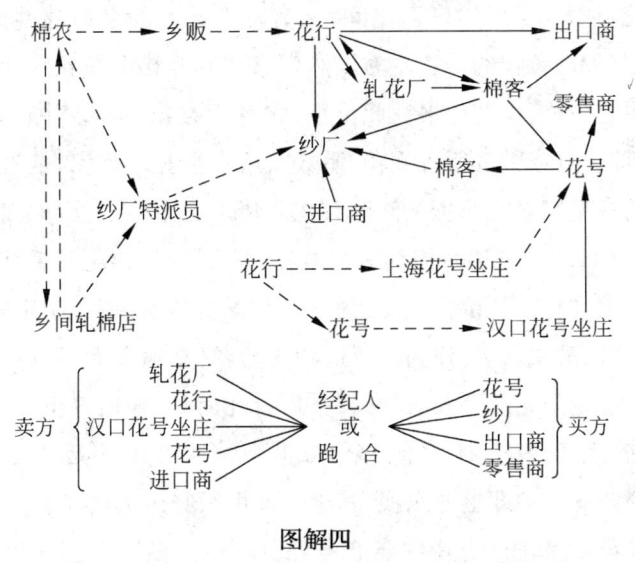

图解四

花行为上海销售棉花之机关,在该埠棉业中以此为资格最老,最初集于南市大码头里街,故上海棉花,又称南市棉花,而花衣街之名亦由是而起。厥后北市亦有收花行,遂又有北市花之称。除南北市花行外,上海附近乡间,亦有花行,惟规模甚小耳。普通南北市花行,资本约在一万元左右,多系独资或合股开设,行内设经理一人,秉股东之意旨而行事,其下有账房、跑街、秤手等。花行收花,多经乡贩至乡间向棉农接洽。棉农卖出之花,有已轧去棉籽者,有仍为籽棉者,事不一律,但均须经秤手定其品质之优劣、重量及水分。所用花秤多为司马秤,间亦用会官秤与重秤,惟会官秤失之过轻,每斤仅十四两三钱至四钱,而重秤失之过重,每斤自十八两至二十两,不如司马秤之受人欢迎也。过秤之花,散堆行内仓栈,随即打成白包,每包约一百二十五斤,打包后乃附以商标。

花行所收之花,大部分售与厂家,小部分售与花号及出口商,介于花行与厂号或出口商之间,又有一中间人物名曰棉客或棉花掮客,其佣金每担约一钱左右。然厂家亦有直接委托花行代收者,预先讲定价格,由花行根据此价格,向乡贩收花。其条件有所谓抄庄者,即一日或数日所收之花,悉数交解一委托之厂家,换言之,暂时的为一厂家之收花机关而已。在此情形之下,花行所取回佣,为0.5%至1%,但普通每担约一角左右。此外有所谓毛盘者,即花行与厂号或洋行成交价格之时,约定日后支付货价,得对于定货时所约定之数,酌减若干,作为经手此项交易者(普通多为洋行买办)之佣金。今则虽无经手人居其间,亦得有此回扣,普通每担为银一钱一分;若系通州花,则更加三分,每担为一钱四分,其回扣之增加,乃因通州花到沪即上浦东栈,其出栈费用须归买主负担也。

轧花厂除轧花为其主要业务外,亦收买籽花,卖出花衣,与花行之性质不无相同之处。其所轧之花,都由花行收来。若系已经乡间小轧户轧妥之棉,花行收来之后,即可立时销售。花行亦有自设轧机轧者。轧花厂之规模,各处不同,须视其机器之式样而定。手轧机每架有二三十元即可购置,力轧机不特价值昂贵,且复须有动力机之设备。轧花费用普通每担约一元左右。

花号为棉花现货交易之枢纽机关,其地位之重要,犹棉花交易所之于期货交易也。其营业范围,不限于本地之棉,全国各地之棉,均在其贩运交易范围之内,因是资本伟大,远非花行所能及。

是类花号，均集于租界以内，经营地域，广及全国，故多分为申帮、汉帮、津帮、安庆帮、通州帮、火机帮、余姚帮等等。汉帮多办汉花，其经营者亦多为鄂人，但他地棉花，如津棉、鲁棉等等，亦乘机办理，并非只限于汉花，惟对于后者较为着重而已，其办花，或直接向汉口花行购办，或通知其驻汉之坐庄代办。如汉口无其分号，则派员前往，临时设庄其间，购办汉花，花号不取佣费，此其异于花行之点，其利益所在，为两地花价之差异。花号之资本亦较雄厚，每家约须三五万元，大者亦有达百万元左右，多系合股开设。号内组织与花行组织大致相同，惟人数之多寡，容或有异耳。同时花号亦经营期货交易，常与厂家订立期货合同，有一月期、二月期、三月期等。

坐庄为外部花号之分号，如天津、汉口等处有花号，在上海即可设立坐庄，其性质与号家相似，其职务一面接应总号来货销售，一面报告总号当地棉市情况，以定营业方针。

纱厂为现货棉花之最大买主。我国纱厂不常做期货交易，故在现货交易中，纱厂所占地位，益为重要。即外商所办之纱厂亦如是。据某外国专家之观察谓："如在日本，纱厂恒预购大批棉花，从不做期货交易。中国情形，亦正如是。上海之数家纱厂经理对于本厂存花数额，并不隐讳，恒向人言其本厂有存花 30,000 包，复据是辈之某一公司，存花至少有 50,000 包。数家纱厂尚积有'棉价变动金'，以为棉价变动之准备。是以处此情形下，纱厂之纺绩业反居次要业务，而本厂营业之盈亏，竟惟购买原棉之命运是赖矣"。[①]

[①] Pearse: *Cotton Industry of Japan and China*, 1929, p. 196. 天津某华商纱厂于 1919 年买进棉花过多，以后消用不尽，乃脱售其存花之一部，然其损失已达 238,613.53 元之多。详见附录四(乙)。

纱厂购花,有直接购自棉农者,有间接购自下列三处者:(一)花行花号或轧棉厂,(二)棉花交易所,(三)棉花进口商。采用直接购买法者,于每年九月间棉花成熟之季,厂家乃派遣人员,前往产区,设立收花所,直接收买棉花。秤用司马秤,所收如系籽棉,则兼设轧机轧之。夫直接购自棉农,所定花价自为最低,其办法亦最经济;但以近年情形论,此项办法,于实际上不无困难。累年内战,运输工具,时遭阻隔,各地棉市实情,亦难探知,且自乡间运沪途中,弊端百出,既惧盗劫,又患船户之非法偷窃,每致遭受绝大损失,故沪上厂家不复自设收花所,乃兴各处花行订立合同,委托办理。在是项合同之下,厂家类于事前约定限价,花行即据此限价购办棉花,如花价诚有激烈之变动,自应重议者也。向花号或轧花厂购进棉花,均须经捐客或跑街为之延揽,由其自花号或轧花厂取得样品,至各厂销售。如双方议定成交,即订立合同,议定价格及交货日期与地点,由厂家与花号同签字其上。交货日期,可分现货交易及期货交易两种。如系期货交易,则有一月期、二月期、三月期等,交货地点或在厂栈,或在码头,随所议而定。至于价格,送至厂家之花每担约高五钱至一两五钱,盖转运之费亦包括在内也。运到之棉花于未被承收之前,须先与样品核对,然后检验所含之水分百分比。此后再从全重之中,减去装包及超过定额之水分重量,得其净重。付款多以十日期庄票,如须现款,亦得酌量除利付给。捐客或跑街之佣费,由卖者负责偿付,每担为银一钱。① 此外如采用自进口商处购花之方法,已详载前节,无庸再叙,其采用自交易所购花之方法,将于下节说明。

---

① 《棉》,46—68页。

上海棉花之期货交易——棉花之期货交易，于终点市场中，恒秘密进行；至于专营期货交易之组织，当以1918年日商上海取引所股份公司之设立为始。两年后，我国商人组织证券物品交易所于上海，内棉花期货交易与证券棉纱及标金等期货交易一同经营。1921年上海又成立华商纱布交易所，主其事者为穆藕初氏，则经营棉花与棉纱之期货交易。是年天津亦设立交易所，内设有棉花及棉纱交易之部，但以多数棉商相戒不参加是项组织交易，故其营业从未发达，不久即告倒闭。1927年上海之日商取引所亦以亏累过巨而倒闭；同时华商之证券物品交易所亦以营业不振，取消棉花棉纱之期货交易。故目前仅存华商纱布交易所，经营棉花期货之交易。吾国之交易所，有三大特点，该华商纱布交易所自亦无例外。第一，组织之目的为获利。在英美两国，棉花交易所与其他物品交易所相同，系经纪人设立之组织；但在中国，经纪人为交易所之附庸，如经纪人欲利用交易所之便利，则须交纳佣费于交易所。交易所既为获利之企业，故华商纱布交易所之组织自须遵守公司条例（民二十年七月后改依公司法）。该所系股份有限公司，资本计为国币3,000,000元。内部组织设有理事会，理事长任期为三年，由股东选任，股东必须为中国人。理事会之权力与美国交易所之理事会相同，但其活动范围，较后者为广。在中国交易所中，各常任委员会之工作均由理事会执行，仅以雇员襄助。第二特点为经纪人与交易所之关系。在美国交易所，经纪人为交易所之一部，其本身即代表交易所，不与分离者也。但于中国交易所，经纪人受交易所之控制，且经纪人组织会社，所订章程须经交易所认可始能实行。此种广大之控制，自交易所方面论，应有其不得不然之理由，盖以交易所对于经纪人在该所所做之买卖交易，如买卖之任何一方有违背契约之情事发生,该所须担负因此发生之损害赔偿责任也。同时经纪人为担保信用计,须缴纳身份保证金二万两,此外,该经纪人对于其一切买卖契约,须缴纳买卖证据金。第三特点为政府与交易所之关系。中国政府对于国内工商业,除为收入而征税外,向无其他限制及管理,此种放任态度,处我国经济生活已渐趋复杂化之时,决难维持,故于1914年,政府制定《证券交易所法》;于1921年又公布《物品交易所条例》。该条例中关于政府控制交易所之条文,有如下列之数则:

（一）物品交易所之设立,须呈请农商部核准;所有章程及细则均须呈报该部,日后有变更时亦同。农商部认为必要时,得令物品交易所改定章程或停止、禁止、撤销其决议及措置。

（二）物品交易所之行为有违背法令,或妨害公益或扰乱治安时,农商部得为下列各款之处分：

（甲）解散交易所；

（乙）停止交易所营业；

（丙）停止或禁止交易所一部分营业；

（丁）令职员退职；

（戊）停止经纪人之营业或予除名。

（三）农商部认为必要时,得派临时视察员检查物品交易所之业务账簿财产或其他一切物件及经纪人之账簿。

（四）物品交易所设立时应缴纳营业保证金于农商部指定之金库,其数额约当该所资本总额三分之一。物品交易所由农商部特给营业执照,应纳执照规费五百元。物品交易所每年结账后应就纯利中提取百分之五作为交易所税,由实业厅征解农商部核明后转报财政部国库列收。

1929年十月国民政府又明令取消前法而颁布《新交易所法》代之。中关于税则之一条已取消,但将来仍须颁布《新交易所税法》,关于营业保证金,新法中全无明文规定其确数;复次,关于交易所之组织,新法除允许原有之股份有限公司制组织外,尚规定会员制之组织。① 综此以观,我国之交易所法所取政策为干涉主义,实业部(即前农商部)监督交易所之权力极广泛,固非英美交易所所受政府之监督可及也。如美国之棉花期货交易法,并无前列之权力,其所述者,系关于国定棉花之标准及确定棉花等级表时所用之现货价格等问题。

华商纱布交易所之主要特点,已如上述。兹再就其实际业务之经营,略申数语,明其底蕴,于此尤注意华商棉花定期交易合同之性质。因事实上的困难,华商纱布交易所仅经营棉花及棉纱之定期交易,而不及棉布之定期交易也。棉花定期交易之数量单位为100担,远不如美国交易所之每单位为100包,每包重500磅。买卖之棉花,限于中国产品,内以汉口及通州之细绒花为标准。标准花与他种花价值之差异,由审查委员会每年鉴定两次,是项审查委员会系由理事会任命棉业中之富有经验及资望者十人组织之。定期交易,以六个月为限,例如七月做起,则可做七、八、九、十、十一、十二等六月之买卖,不若英美两国以十二个月为限,买卖双方或一方须缴纳证据金于交易所以作交易之保障。该项证据金,共分数类,其中本证据金及追加证据金与美国交易所所规定者相同。此外在我国定期买卖制下,有特别证据金及预缴证据金,为遇市价

---

① 各种章程及营业细则可参阅杨荫溥:《中国交易所论》,商务,1930,附录4,5,9,15。

有非常变动，或其他情由，交易所认为必要时，得在本证据金三倍以内，征收特别证据金。如交易所对于经纪人认为有巨额买卖，已有巨额买卖而更做新买卖，市价已有或将有非常变动，或交割恐有窒碍时，得令其双方或一方预缴证据金。诸凡是类证据金，不论其为本证据金，追加证据金，或特别证据金与预缴证据金，除以现款及支票缴纳外，亦可以交易所书面同意之有价证券代用之，此为美国交易所所不用者。买卖之清算以及证据金之缴纳，每天均由交易所会计科经手处理之，此类会计科之组织，其性质颇似美国之清算处。交易所规定每月期最终交易日之前一日，为该月定期买卖之交割期，美国交易所之习惯与我国显有不同，并无规定之交割期，但在实际交割前五日，须发出交割通知，以便买卖双方之准备。如发现有违约情形，即以交割价格作准核算，违约者须付其物品总代价百分之十与对方。经纪人与经纪人或与委托者发生争议经当事者以不起诉法庭为条件提出请求书于交易所请求公断时，该交易所应就职员、经纪人公会委员及审查委员中临时推定公断员三人组织公断委员会实行公断。①

依 1925 年七月十二日华商纱布交易所修订之营业细则，规定定期棉花经纪人为八十名，但实际于 1931 年该所仅有棉花经纪人七十一名。与是类经纪人做买卖之顾客，以纱厂为最主要，而花行次之，余则为投机份子，专做买空卖空，非实需棉花者也。凡欲向交易所内买卖棉花，不必自己出面，只须委托经纪人代办。委托时

---

① 华商纱布交易所章程及营业细则；Fong, H. D.：The New Cotton Futures Market in China, in China Weekly Review, Sep. 29, 1928, pp. 148-9；方显廷：《中外棉花交易所之比较》，《天津棉鉴》，第一卷第三期，民十九年八月。

经纪人出立两联买卖通知书,订明委托期限、数量、价格、时日,由经纪人送呈交易所盖章证明,一联交委托人收执,一联由委托人签字盖章,交经纪人收执。为保证信实计,委托人须缴纳三种证据金于经纪人,前已述及。如委托人与经纪人有交谊,该项证据金,亦不妨迟交;如委托人之信用特别昭著,亦可免缴该项证据金。经纪人进行是类买卖须先向交易所缴纳身份保证金20,000两,此外每做一件交易,复缴各种证据金,故必有雄厚之资本,始能经营顺利也。凡遇经纪人自设花号,所需资本尤多。概言之,经纪人之资本,少自三万元多至十万元,殆为寻常之事也。

棉业团体——上海之棉业团体,最大者为中华棉业联合会,成立于民国十七年。其组织分子,为花行、花号、火机轧花厂等,得列为九部:(一)南市花行凡二十余家;旧有南市棉业公所,今与北市花行合组上海花行业同业公会;(二)北市花行凡十四五家;(三)通州花行有通花业同业公会,凡二十五六家;(四)汉花部有汉帮棉业公会,凡二十家左右;(五)号商部,为沪上花号之组织,凡二十余家;现与余姚花商合组棉花号业同业公会;(六)姚花部,凡九家;(七)火机轧花厂,有火机轧花业同业公会,凡二十余家;(八)棉业掮客或经纪人部,凡二十七八家;(九)太仓部。此九部中以棉花号业同业公会为中坚,因号商营业力量,较为雄厚也。

中华棉业联合会之宗旨,在维护同业公共利益,及发展同业事业。于会内设有集会之场所,各部贸易,均可在此成交,以现货买卖为主,无期货交易。每日印有棉价报告,海外各项棉价及折算规元若干,均备列其上,分发会员,每周并作存栈统计及进出口统计,俾知棉花供需之趋势,此外对现货买卖之各种成交单式,亦均有规定。

至于外国出口商中,棉业团体仅有上海日本棉花同业会,为沪上二十余家日本棉商合组成者。①

打包与堆栈——中国棉花之包装式样、大小、重量以及所用材料,均漫无标准,极为混乱;以论包装方法,各棉产区均有其固有之习惯。包装方法不特因棉花种类各别有异,且即为同类之棉花,因其产区不同,包装方法亦彼此互异。有密度极高之包装,亦有稀松之包装,结果大小与重量自有不同。兹据某专家之实地考察,陕西花一包重 477 磅,大小为 19.5×28×32 英寸或 10 立方英尺,密度每立方英尺为 47.7 磅;家乡花每包重 502 磅,大小为 18×22×48 英寸或 11 立方英尺,密度为每立方英尺 45.6 磅;御河花每包重 279 磅,大小为 22×28×49 英寸或 17.5 立方英尺,密度每立方英尺为 16 磅;通州花每包重 156 磅,大小为 18×30×68 英寸,或 21 立方英尺,密度为每立方英尺 7.4 磅;余姚花每包重 78 磅,大小为 18×33×34 英寸,或 11.7 立方英尺,密度为每立方英尺 6.7 磅。由此可知各种包装之容积、重量及密度有极显明的差异,即以密度论,余姚花包装之密度,每立方英尺仅为 6.7 磅,而陕西花包装之密度,每立方英尺竟为 47.7 磅,后者较前者高至 7.1 倍之多。是类差异,主因有二:第一,远道运输之棉花,如陕西花运至上海,其间距离极长,故增高棉花包装之密度,使其紧小,便于运输减少运费也;第二,即使距离相同,然因一地棉业组织及习尚之不同,故其包装方法亦异。如家乡之棉商,营业规模大,故能设置汽压机打包;通州棉花包装颇松,该处传习然也。每种包装方法,固各有其利点,然于采用之先,当加考虑。紧压包装可减小地位,节省运费;同时亦可减少途中剽窃之损失,又可减少腐烂之机会。虽然,自纺纱

---

① 《棉》,119—22 页。

论,以松装为佳,因重压花之用于纺纱,须先经弹松使其充分吸收空中水分,始能应用。

至论包装式样与材料,亦各不一致。例如陕西花,包装为长方形,包皮用麻包,外用钢条捆之;通州花,包装为小圆形,包皮用白布制成,外用草绳捆之;太仓花之包装为长圆形,其棉包为蒲包,亦用草绳捆之;①河北花之包装,旧有捆扎方法亦为长方形,用白布为包皮,外用麻绳捆之。此类包装,大小不齐,有大有小,亦有介乎大小二者间者。中等包约重160磅,其容积约20立方英尺,密度每立方英尺为8磅,此种包装,普通均输出至日本者。浮松之包装,以便于纺纱,故颇受日本制造家欢迎;但自出口商论,浮松之包装,易遭漏泄,且占地位,运费亦多,故多不愿承销是类包装之棉花也。今有用机压方法者,每包重200磅,其包扎方法,与白布包相同,惟密度较高耳。② 依老法打包,三人为一单位,用一简单工具,每日仅能打20至30包;然在新法下,每六人每日可打100包。③

复论上栈出栈,上海堆栈,大半为华洋轮船公司所经营,但亦有专营堆栈业者,并附设打包厂。此外因金融关系,各大银行亦置有堆栈。轮船公司堆栈,对进口商例有免租之规定,自进口棉花到埠日起十日内或二星期内,进口商存棉花于该堆栈时,可免纳栈租。如堆栈向货主征收栈租,第一月租率较贵,以后诸月则一律较廉。租率高低,照棉花之种类包装大小而定。大件机压包,每包四百斤,第一个月栈租为二钱八分,以后每月仅二钱。中件三百斤,

---

① 之一:《华棉包装问题私议》,《华商纱厂联合会季刊》,卷四,第三期,30—32页。
② 大岛让次,183—5页。
③ 曲直生:《河北棉花之出产及贩运》。

第一个月栈租二钱二分,以后每月仅一钱五分;小件二百斤以下,第一个月一钱八分,以后每月仅一钱二分。

运棉船只进口,必须报关纳税,经海关许可后,始可开舱起货,搬入堆栈。入栈时照例用上栈通知单,填列货名、件数、唛头、包装种类、日期等,交付栈房,凭单入栈。入栈后,栈房负责人员,即凭此入栈通知单,所载项目,出一临时收据;凭此收据,向堆栈领取正式栈单;此项栈单,如系信用昭著之堆栈所发,可用以向金融机关抵押款项,或卖给他人。堆栈于收进存花之时,须进口商保火险并缴火险单;但亦有数处堆栈代为保险者。

货主欲将棉花运出,须携正式栈单至账房付清栈租,账房即签发门票及出货通知单交与货主。货主持此单至堆栈出货,门票交管门者,出货通知单交管栈人。管栈人即照通知单上货物照发,而管门人则照门票上所开货物放行。至若轮船公司之提单,则须带同派司,交海关验货房。验货房即将派司划去,提单上盖印,然后货主以此单至轮船公司换取出货通知单及门票,即可出货,而提单派司即为作废,以防货物之偷运出口也。①

运输与赋税——运输棉花之工具,有铁路,有驳船,有大车等。有仅用一种者,有三者兼用者。以牲口拖拉之大车,普通均用于短距离之运输,但在内地,既无铁道又无河流以通驳船之处,大车则为唯一的运输工具。铁路之利益在速,然内战结果,铁路破坏,行车时刻紊乱,车辆缺少,致是项利益之可靠与否殊堪疑问也。船运似较适宜,惟速度迟缓,因此资本之周转率亦减,而利率则有增加。复以华北论,冬季气候严寒,河流均结冰,不宜航行。各棉产区域

---

① 《棉》,146—148页。

所用之运输工具,既多不同,故各区每一单位距离之运费亦因是而异。如自石家庄至天津,每担棉花每公里之运费仅须0.25分,但自邯郸至天津,每担每一公里须0.70分,河北省内大车远费最高之路程,即自邯郸至臧桥,每担每公里之运费达1.25分;驳船运费最高之路程,即自盐厂至天津,每担每公里之运费为0.14分。自邯郸至火车站,大车之运费尤高,每担每公里为4.50分。①

第14表　天津进口棉花量按其运输工具之分配
（单位:担,根据常关纪录）

年份	铁路	驳船	大车	总额
1921	496,544	125,761	13,076	635,381
1922	724,514	215,185	4,467	944,166
1923	715,959	230,166	13,671	959,796
1924	381,617	159,255	13,814	554,686
1925	464,338	574,845	18,137	1,057,320
1926	73,055	841,809	30,283	945,147
1927	227,065	956,670	48,693	1,232,428
1928	304,238	846,465	61,732	1,212,435
1929	64,779	421,868	29,909	516,556
1930	167,039	682,812	37,566	887,417
1931（五月止）	170,103	178,181	58,835	407,119
百分数				
1921	78.1	19.8	2.1	100.0
1922	76.7	22.8	0.5	100.0
1923	74.6	24.0	1.4	100.0
1924	68.8	28.7	2.5	100.0
1925	43.9	54.4	1.7	100.0
1926	7.7	89.1	3.2	100.0
1927	18.4	77.6	4.0	100.0
1928	25.1	69.8	5.1	100.0
1929	12.5	81.7	5.8	100.0
1930	18.8	76.9	4.3	100.0
1931（五月止）	41.8	43.8	14.4	100.0

---

① 曲直生:《河北棉花之生产及贩运》。

我国棉花之税捐,大别有三类:厘金、牙税及出口税,其中以厘金为最苛刻而复杂。以山西棉花论,每担须纳统税一元,警捐二角,赈灾捐二角,及军事附加捐八角,统税及附加捐合计共2.20元。既出山西境,运至他省,经过沿途厘卡,又须缴纳厘金。河北省厘金于1919年规定每担须纳关银0.15两;于1920—21年内,复增高一倍,更名为统税,每担为关银0.30两;至1926年又加附捐关银0.30两,共为0.60两;1927年增至每担为二元;1929年春,又加附捐六角。易言之,1919年每担棉花应纳厘金仅为关银0.15两,约值大洋二角,及至1929年每担竟至二元六角,十一年间,竟有十三倍之增加。因此棉商乃起而运动减少税率,至1930年二月十五始行新税率,每担税率减至一元六角。统税只由第一厘卡征收,棉商于此交纳厘金后,凭收据即可通行无阻,但每至第二厘卡时,须呈验收据,应纳手续费四角。1931年正月一日废除厘金后,统税当亦在废除之列,但河北省迄作者脱稿时,(1931年六月)仍照常征收也。①

　　山西河北两省之省政府,对于棉花复征收牙税。是税初系由省政府直接自棉商处征收;后由省政府规定各县应摊之数,派省税局征集,或包与地方商人办理。包税之制,实行以来,弊端百出,乃有新征收方法之设,委托棉业协会办理。所有棉商应纳之牙税,由棉业协会征收,交与省税局。例如天津,自内地运到之棉花,多数均已交纳牙税,但复须缴纳相当卖价0.5%之牙税,由棉业协会征收交与市税局。各棉庄必须将其销售实况,报告协会,否则当即加以严厉处分,因必如此,税之负担始能平均分配于各棉商也。

---

① 《纺织时报》,773,778号。

除厘金及牙税以外,尚有棉花出口税,凡输至外国之棉花,不论种类,每担应纳出口税 0.35 关两;但当棉花尚未到出口埠时,该项棉花亦须缴纳厘金,内包括有常关税。常关税每担为 0.30 关两;在内地通过税制之下,此项常关税,为外商在华缴纳之唯一厘金。复次,依据 1858 年之《天津条约》,外商在我国内地运货,缴纳之通过税,不得超过出口税之半,因此外商所纳之常关税,已超过前项规定,故在出口埠时,须将洋商所纳超过《天津条约》规定率之常关税,退还原主。在 1925 年十一月以前,中国商人尚未得有此项优先待遇,非但无得回余额之权,且仍须缴纳常关税以外之各种厘金。今表面上我国商人虽亦同享受此项权利,但以限制过多,实等于无,并未蒙其实惠也。处内地通过税制下,我国商人须缴三倍于出口税值之押款,存交海关。其次,如在规定期间内,该商未将其棉花输出国外,须缴相当出口税值一倍半之罚金。如该宗棉花虽已输出至其他口岸,若仍未能在规定期间输至国外,货主须负相当出口税值二倍半之罚金。内地通过证规定之期间,自颁发日起至出口至外国止,普通为一年,但甘肃棉花之输出至外国者,得延长至二年。①

我国棉产,自给不足,乃输入外棉以应需要,华商纱厂联合会为限制本国棉之输出,遂于 1923 年六月呈请江苏省长征收棉花出口附加税,每担关银 0.15 两。据该会请愿之原意,认为征收附加税可减少本国棉花之输出,如更将所征之附加税用于改良棉产,则吾国棉植事业之进步,当可期日而待。初,省政府曾许所请,并一度征收是项附加税。旋以外国出口商之反对而取消。最近国民政

---

① 大岛让次,第六章。

府以厘金废除，国库收入减少，乃将1858年旧订之关税税则加以修改，所有税率几全有增加。棉花之出口税亦自每担0.35关两增至每担1.20关两，增加3.5倍，较之前次所拟征之附加税尤多也。在上海出口棉花，除纳出口税之外，复须缴纳码头捐及浚浦捐，前者相当出口税百分之二，后者相当出口税百分之三。

至于外棉之输入我国，应缴之进口税，据1922年之税则，每担为关银0.80两，至1928年增至每担为关银1.20两，至1931年增至2.10两。故目前棉花之进口税较出口税高1.75倍。是类抵制外棉之税则，颇遭各纱厂之反对，盖纺细纱所用棉花，均仰给舶来品，今增加进口棉花之税率，即间接增高纱厂之负担也。1927年，海关对进口棉花除征收进口税外，复征附加税，其时虽经厂家反对，然终未有结果；直至1931年颁行新税则之时，始将前项附加税取消也。[①]

金融之周转——购办棉花所需金融上之接济，有各种不同之方法。其最简单者，即运现金至内地市场，收买棉花，但以途中多劫盗危险，此法殊为不妥；然在沪上附近各地收花，以距离终点市场极近，此法仍可适用，有时一地汇兑不通，无适当之金融机关，或汇兑奇紧，反不如运现之廉，则此法亦可适用。第二种方法即为利用钱庄汇票，例如上海花号赴汉口办货，可以向素有往来之上海钱庄，购买一月期汇票；号客既到汉口开始办花，可持该票赴当地钱庄或银行贴现，取得现款，向花行收花。当地钱庄则将该项汇票转卖与赴沪办货之庄号；待该庄号号客到沪后，即可持票至原发行钱庄兑现，如未到期则可贴现。此类发汇票之钱庄，必须信用昭著，

---

① 《棉》，79—84页。

能使其汇票在任何处均可兑现为佳。第三种方法即由花号自发期票，必要时，该项期票须有第三者作保。此类上海花号发出之期票，可在汉口各银行贴现，有时汉口花号卖花与上海花号驻汉代理人，汉号可发期票，经该代理人承受，即可至当地银行贴现。最近新式银行事业发达结果，乃有电汇之第四种方法。第五种方法即押汇，以提单及其他单据为担保，故不必恃押汇人之信用，银行易于接受，而押汇者亦立得现款，诚金融上一良好之调剂方法也。是类押汇之金额，普通约相当担保物品价值百分之七十至八十。其与原价相差之数，名谓垫款，垫款之大小，随棉花市价变动之缓急而定。押汇期限，为半月或一月，须视请求押汇人之需要为断。若请求押汇人已抛出期货而待运到后即行交货者，其期限当短，譬如，上海花号自汉口购花，在购办期间或期前已与买主约定，货到即交，处此情形下，花到后可立即销脱，立时得款，故押汇期限，大抵在半月之内。若花号运花待沽，尚无买主者，押汇期限即长；照例货既到沪，花号即应备款取赎，然亦有通融之处，如花号缺乏相当现款，可提供相当担保品，先行提取花货。最后为透支押款兼押汇，此为变相之押汇方法，上海号商赴汉办花，收买棉花时，即需现款，每先与熟悉之银行，开立往来户头，透支款项，收进一部分花后又改做押款，随收随押，收买既足，乃改做押汇，转运至沪。

棉价之变动——关于棉价之变动，吾人试一分析华商纱布交易所、国定税则委员会及南开大学经济学院三处收集之津沪棉价记录，即可窥知其一般趋势。华商纱布交易所之记录，系历年每月之最高及最低标准棉花价格录，自1922年十二月至1926年十月止，以通州花为标准花，嗣后即以汉口细绒花为标准花。国定税则委员会（即前财政部驻沪调查货价处）集有自1922年十月起上海

中国之棉纺织业

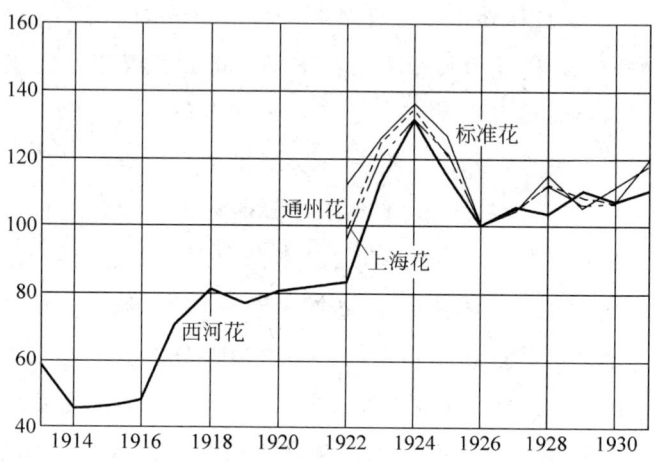

图7 津沪之棉价,1913—1931
1926=100(见第15表)

之通州花及火机花每月价格记录。是项记录在 1931 年前每月调查两次,每月之一日及十五日各一次;但 1931 年后,每月仅调查一次。至于南开大学经济学院收集之天津西河花价格,自 1913 年至 1927 年止系按年计者;1928 年正月至三月止,系按月计者;1928 年四月以来,则系按星期计算者。① 上述之四种花价详细记录,均列于附录八及附录九,此处将其撮要,列为第 15 表,显示当 1913 年至 1931 年期间,棉花价格,大致趋于增加,中以 1924 年之价格为最高。如以 1926 年之价格作基数 100,则天津西河花之价比,当 1913 年至 1931 年期间,以 1914 年为最低,仅 45.93。1914 年之后,西河花价比,一致增加,但当 1918 年至 1922 年之五年间,价比变动,略

---

① 国定税则委员会:《上海货价季刊》,1923 年四月至现在;南开大学经济学院编:《华北批发物价及其指数》,1913—1929。

第 15 表　津沪之棉价，1913—1931

年份	西河花 平均价格（每担津洋）	价比	火机花 平均价格（每担沪两）	价比	通州花 平均价格（每担沪两）	价比	标准花* （上海华商纱布交易所）平均价格（每担沪两）	价比
1913	25.76	59.42						
1914	19.91	45.93						
1915	20.34	46.92						
1916	21.04	48.54						
1917	30.54	70.45						
1918	35.17	81.13						
1919	33.70	77.74						
1920	35.04	80.83						
1921	35.54	81.98						
1922	36.20	83.51	30.83	96.83	32.83	98.95	34.73	112.83
1923	49.36	113.86	38.38	120.54	41.38	124.71	39.08	126.97
1924	57.26	132.09	42.13	132.32	44.67	134.63	42.19	137.07
1925	50.18	115.76	38.91	122.20	40.48	121.70	39.14	127.16
1926	43.35	100.00	31.84	100.00	33.18	100.00	30.78	100.00
1927	45.99	106.09	33.47	105.12	34.93	105.27	32.44	105.39
1928	45.05	103.92	35.86	112.63	37.52	113.08	35.73	116.08
1929	48.09	110.93	34.00	106.78	36.31	109.43	32.71	106.08
1930	46.70	107.73	34.23	107.51	35.79	107.87	34.42	111.82
1931	48.03	110.80	38.00	119.34	40.31	121.49	36.45	118.42
一月	43.05	99.31	33.63	105.62	36.00	108.50	34.95	113.55
二月	50.90	117.42	41.00	128.77	43.00	129.60	41.43	134.60
三月	51.35	118.45	40.75	127.98	43.75	131.86	42.25	137.26
四月	51.13	117.95	40.00	125.63	43.25	130.35	40.75	132.39
五月	50.12	115.62	38.50	120.92	40.50	122.06	38.50	125.08
六月	51.82	119.48	39.00	122.49	41.00	123.57	38.88	126.31
七月	55.94	129.06	38.25	120.13	41.00	123.57	37.98	123.39
八月	51.21	118.13	35.75	112.28	37.75	113.77	34.62	112.47
九月	48.48	111.83	35.00	109.92	36.50	109.94	32.90	106.89
十月	40.62	93.93					31.80	103.31
十一月	40.91	93.54					32.18	104.55
十二月	41.31	95.29					31.18	101.30

* 自1922年12月至1926年10月止以通州花为标准花，但自1926年10月以来，则以汉口细绒花为标准花。

有起伏;1918年为81.13,1919年为77.74,1920年为80.83,1921年为81.98,1922年为83.51。至1923年其价比骤增至113.86,至1924年达最高峰,增至132.09。同年,即1924年,上海棉花之价比亦有同样之增加,火机花为132.32,通州花为134.63,标准花为137.07。棉价增加,其主因当以1923年及1924年两年间,我国棉产之骤减所致;棉产减少,供给不足,价格增高,殆意中事也。我国棉产额,已如前节所述,于1922年为8,310,000担,1923年减至7,145,000担,1924年为7,809,000担。1924年后,津沪两地各种棉花之价格趋于减低,至1926年,其价格竟降至最低数。1926年后,津沪两地之棉价始复显增高之趋势,然仍不免有退减之时也。

第三章　中国棉纺织品之制造及销售

(甲) 棉纺织品之制造

制造步骤——棉纺织品之制造,分基本步骤与整理步骤,前者有清花、梳棉、棉条、粗纱、细纱及织布诸项;后者有漂白、染色、印花及整理等。梳棉一项,系将棉花纤维梳平,使纤条平行排列;棉条及粗纱二项,系从已经爬梳之平行纤条中,抽出相当之纤维,使成较细之纱条并稍加卷旋,以增加纱条之捻度。细纱即指棉纱生产之最后步骤言,纱复分两种,一为纬纱,卷旋颇松,一为经纱,旋卷较紧,捻度亦强。[①] 至于最后织布之一步,即将两组或两组以上之棉纱依直角交编成布,棉纱之纵贯者为经纱,横穿者为纬纱。他如漂白、染色、印花及整理诸项,顾名思义,可知其性质,无须多赘。我国之纺织二业,虽亦有在一厂经营者,但多数厂家仅经营纺纱业;间亦有极少数厂家仅营织布业。如在1930年内,我国共有纱厂127家,内77家从事纺纱业,48家兼营纺织业,仅有2家,专营织布业。漂白及染色,多由小作坊承办,所有手织机及力织机之出品,均送此处漂染。1928年上海有漂染作坊89家,内81家之资本

---

① Chapman, S. J.: *The Cotton Industry and Trade*, London, 1905, p. 22.

第16表　上海纱厂纺织机器之分配,1929

纱厂号数*	1	2	5	6	7	8	10	11
纺纱支数	42	14,16,20	13,16,20	31,32	10,14,16,20,40,2/42	10,16,20	10,12,14,16,20,22,24,26,	10,20,32,42
纺锤:纱锤	32,000	35,320	44,400	22,920	34,888	24,000	38,000	50,000
线锤	17,600			5,040				10,000
织机数			604	400			1,100	1,000
开包机	2	4	5					
开花机 Hopper			4					7
开花机 Creighton		8	10					7
开花机 Exhaust		4	4					
打棉机	8	18	16		15	13	7	7
中打		9	8					
细打		9	8					
和花机				2	3	4	3	
钢丝车	70	150	182	73	108	96	154	184
棉条车	7	27	20	10	20	14	20	18
头号粗纱车	7	18	23	10	15	14	20	24
二号粗纱车	14	27	36	14	23	16	29	30

（续表）

纱厂号数*	1	2	5	6	7	8	10	11
三号粗纱车	41	54	62	29	42	33	54	54
细纱车 Jack frame								20
细纱车 Ring frame	80	92	121	54	85	60	119	176
络纱车	14			4	2			7
拼线车	44			12	8			46
摇纱车	80	328	154	53	243	180	160	
小包机	4		10	4	10	6	{8	10
大包机	1			1				
筒子车			44	20			11	14
经纱车			8	6			8	9
浆纱车			3	2			4	3
穿综机				8			14	10
折叠,剪割,印字机				各1				
折布机			?	?			12	?
布包车			?	?			2	1

* 为 Pearse 之假定数字,可参阅 *Cotton Industry of Japan and China*, Manchester, 1929。

总额有 601,450 元,平均每家有资本 7,425 元。① 天津之漂染作坊,规模更小,1929 年天津共有染坊 39 家,资本总额为 56,350 元,平均每坊有资本 1,445 元。② 但最近均趋于建立大规模之漂染工厂,尤以上海为甚。如日商内外棉株式会社目前正建作一新式漂染场;又如震寰织造厂数年前在上海设有小漂染坊数家,但目前亦正求扩充,使其每星期之染量达 12,000 匹。③

第 16 表显示上海八家纱厂内各部纺织机之分配,今用为说明纺织所需之各种步骤。如清花部有开包机、开花机、和花机,及打棉机;梳棉部有钢丝车、棉条及粗纱部有棉条车,头号粗纱、二号粗纱及三号粗纱车;细纱部有细纱车;摇纱部有摇纱车;并线部有并线车;打包部有小打包机及大打包机;织布部有筒子车司经纬纱之缠绕,经纱车司经纱之射放,浆纱车司浆纱,穿综机司穿综;此外尚有司折叠、剪割、印字及打包诸项之机器。调查之八厂内,有四家除营纺纱外,兼营织布;有三家经营纺线。④ 每种机器代表一种职务,细观各种机器之数量的分配,即可知各种职务在各厂中之相对重要矣。

纺织机器——中国纱厂需用之机器,多为舶来品,或为英货,或为美货,或为日货;惟最近国内已有自制是类重大之机器者。舶来机器中,以英货最多,即在早期亦如是。据 1918 年之调查(详示于第 17 表),江苏省共有纺锤 997,238 锭,中有 935,804 锭或 93.84% 系英国货。英货中又以拍拉脱(Platt)机器厂供给最多,占

---

① 《上海之工业》,上海社会局编,1930 年。
② 方显廷:《天津织布工业》,天津,民二十年,52 页。
③ Pearse, Arno S.: *The Cotton Industry of Japan and China*, Manchester, 1929, p. 181.
④ 此项统计载于 Pearse: *Cotton Industry of Japan and China*, 175—180 页。

总锭数23.45%,其次道白生及巴罗(Dobson & Barlow)占22.11%,好华特及蒲罗(Howard & Bullough)占18.61%,爱昔利司(Asa Lees)占14.68%,约翰赫直林敦(John Hetherington)占8.94%,土活以特尔及史马留(Tweedale & Smalley)占6.05%。美国工厂塞可老活尔(Saco Lowell)仅供给纺锤17,142锭,或1.72%。① 是类美国纺锤系于1918年输至上海厚生纱厂者,其时穆藕初氏适为该厂经理,氏为美国留学生故喜采用美国机器。大战期间美国机器输入我国之增加,一部分由于穆氏之宣传,一部分由于英厂之无暇供给所致。但至1921年后,英货复趋增加,美货转疲。美国机器变更迅速,因是于短期间内,即易为新机所代庖。结果,纱厂如欲于数年内更换美机之某部分时,市上已有难于供应之感。事实上,有数纱厂为更换美机之某部分便利起见,势必牺牲同样之机器一部,将该机拆散后所得之各部分专件,以为更换之用也。②

以论织机,亦多系英货。如第17表所示,1918年江苏省有织机5,438架,中3,042架系英国造制品。余2,396架或43.82%,内有1,646架或30.27%系美国之塞可老活尔及脑尔斯麦伯尔(Knowles & Marble)等制造厂所供给;750架或13.79%系日本之丰田厂出品。英国制造厂之最重要者,有拍拉脱,其次有享留立夫休(Henry Livesey)、格里生(Grayson)及敌克音孙(Dickinson)等。欧战期间,美国之克洛姆顿及脑尔斯(Crompton & Knowles)输入许多织机至我国;但最近日本丰田厂之自动织机,堪为美国织机之劲敌。

---

① 江苏省实业厅第三科编:《江苏省纺织业状况》,民九年,1至7页。
② 关于英美机器优劣之讨论,可参阅《华商厂联合会季刊》第三卷三号,22—29页;四号,14—25页。

第17表 （甲）江苏省之纺锤与织机按其制造公司之名称及设置年代之分配，1918

纺　锤

年份	柏拉脱	道白生及巴罗	好华特及浦罗	爱普利司	约翰赫直林敦	土活以特尔及史马留	塞可老活尔	未详	总数	％
1890		74,592			9,072				83,664	8.39
1895	100,480	40,768	10,196	36,724		40,096			228,264	22.89
1897		22,568							22,568	2.26
1898		18,200							18,200	1.83
1899			30,590		30,590				61,180	6.13
1905			13,548						13,548	1.36
1906		21,370		21,370					42,740	4.29
1907	4,712	4,712	15,100		15,100			12,700	52,324	5.25
1908		25,480		7,500		7,500		11,592	52,072	5.22
1910		12,788				12,788			25,576	2.56
1911	23,040								23,040	2.31
1913			33,600						33,600	3.37
1914	55,632								55,632	5.58
1915			58,400		19,000				77,400	7.76
1916	50,000			70,808	15,360				146,168	14.66
1917			24,120						24,120	2.42
1918							17,142	20,000	37,142	3.72
总计	233,864	220,478	185,554	146,402	89,122	60,384	17,142	44,292	997,238	100
％	23.45	22.11	18.61	14.68	8.94	6.05	1.72	4.44	100.00	

第17表 (乙)江苏省之纺锤与织机按其制造公司之名称及设置年代之分配,1918

织机

年份	拍拉脱	塞可老活尔	享留立夫休	丰田	格里生	脑尔斯麦伯尔	敌克音亦	总数	%
1890		500		500				1,356	24.93
1895	376	250	700		500			1,826	33.58
1897									
1898		300						300	5.51
1899		200	200					400	7.36
1905									
1906									
1907									
1908	510							510	9.38
1910	400							400	7.36
1911									
1913									
1914									
1915				250				250	4.60
1916									
1917									
1918						396		396	7.28
总计	1,286	1,250	900	750	500	396	356	5,438	100
%	23.65	22.99	16.55	13.79	9.19	7.28	6.55	100.00	

虽然,我国纱厂资本究属有限,织布工人每天工作十二小时,得工资六角二分,处此情形下,而欲装置价值三四倍于普通织机之自动织机,殊不经济。上海现仅有一家日商纱厂已装置400架丰田式自动织机。①

至于我国自造织机供应国内需求,成效若何,殊难敷陈其详。据估计上海共有专制纺织机械之铁厂600家,规模不一,资本最少有500元者,最多有数十万元者,工人总数为一万二千人。但此类工厂,多数均为小规模工场,仅能制造小件及附件。又据估计,十家是类工场始能供应一家有20,000锭纺锤之纱厂所需之附件。较大之铁工厂中,以中国铁工厂及大隆机器厂为最著名。中国铁工厂系聂其杰氏于1922年设立。氏旅德时,曾与克虏伯铁厂（Krupp Works）议定从该厂购买值银300,000两之机器,但以营业失败,其议遂殁。故该厂不能承造纺织机;但自其成立以来,已从事织机附件之制造。目前该厂有资本200,000元,总厂设于吴淞,占地40亩,有工人400名,更于上海设有分厂。不幸1932年上海发生中日战争,吴淞总厂悉被焚毁焉。大隆机器厂有资本100,000元,有工厂二处。戈登路之工场,占地70亩,工人700名,有30年之历史,以制造织机之附件著称。该厂仿造丰田式织机,已有成效,据Pearse参观该厂后之批评,谓该厂工人"忠于仿造丰田式平面织机（Toyoda plain loom）及圆形摇纱机（Toyoda circular winding frame）,仅织机之曲轴（crank-shaft）须自英国购来,余均能自造。目前（1929年）该厂每天可制织机四架,如政府予以津贴,或有增加

① Pearse: *Cotton Industry of Japan and China*, p. 162.

产额之望"。① 此外,该厂亦能仿造道白生制造之清棉和花开棉诸机:最近该厂已从事自制纺锤20,000锭。该厂复仿制拍拉脱制造之开棉清棉及和棉诸机与道白生制造之钢丝机、棉条机、粗细纱车。但目前仅有清棉机与细纱机已告完成。②

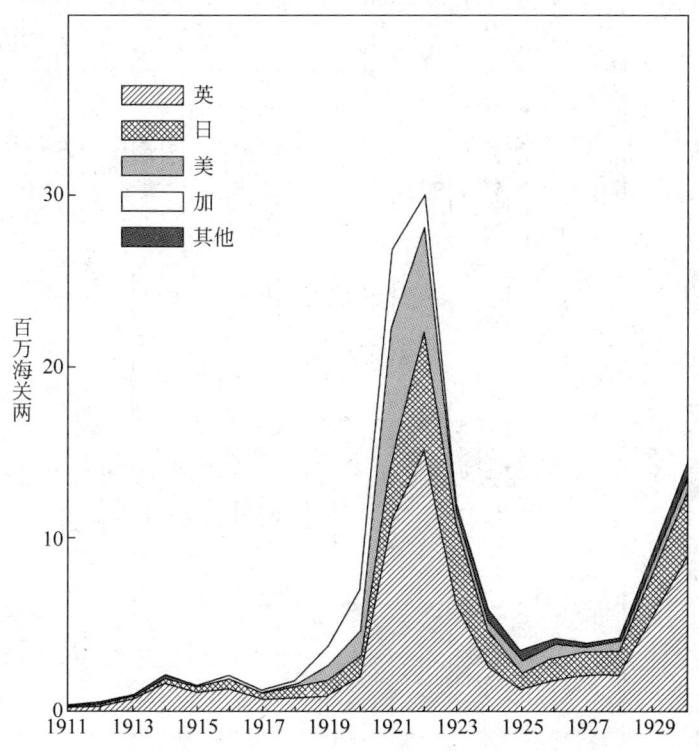

图8 中国纺织机总进口值按其来源地之分配
1911—1930(见第18表)

---

① Pearse:*Cotton Industry of Japan and China*,p. 162.
② 《上海之工业》,第一编,127及129页;《纺织之友》,南通学院纺织科学友会编,第一号,38—40页,1931年4月。

第18表 中国之纺织机总进口值按其来源地之分配，1911—1930

（单位：海关两）

年份	英国	日本	美国*	加拿大	其他	直接总进口值	%
1911	241,234	60,159	7,161	—	23,028	331,582	0.25
1912	307,283	50,229	9,885	—	91,219	458,616	0.34
1913	672,150	112,500	1,615	1,000	52,459	839,724	0.62
1914	1,540,100	187,661	658	1,872	308,169	2,038,460	1.52
1915	1,076,229	253,490	15,446	—	74,346	1,419,511	1.06
1916	1,257,961	531,437	27,182	88,249	29,312	1,934,141	1.44
1917	667,649	322,607	15,796	203,132	26,616	1,235,800	0.92
1918	669,402	642,948	159,346	220,521	22,777	1,714,994	1.27
1919	813,254	897,760	800,128	1,144,222	112,042	3,767,406	2.80
1920	1,925,696	1,071,201	1,584,315	2,312,889	33,627	6,927,728	5.15
1921	11,160,313	3,622,553	7,471,520	4,296,692	240,994	26,792,072	19.91
1922	15,171,830	6,725,264	6,087,336	1,822,706	722,150	30,529,286	22.69
1923	6,152,364	4,557,784	890,816	42,717	690,736	12,334,417	9.17
1924	2,570,209	2,027,584	595,683	1,761	476,745	5,671,982	4.22
1925	1,189,214	975,571	516,585	9,245	726,271	3,416,886	2.54
1926	1,733,068	1,232,740	806,846	2,737	318,946	4,094,337	3.04
1927	1,990,858	1,325,255	266,166	3,178	251,577	3,837,034	2.85
1928	1,937,165	1,520,210	422,666	450	290,342	4,170,833	3.10
1929	5,603,378	2,090,832	833,317	23,482	434,978	8,985,987	6.68
1930	8,615,854	3,929,542	948,644	—	544,184	14,038,224	10.43
总值	65,295,211	32,137,327	21,461,111	10,174,853	5,470,518	134,539,020	100
每年平均值	3,264,761	1,606,866	1,073,056	508,743	273,526	6,726,951	

（百分数）

1911	72.75	18.14	2.16	—	6.95	100
1912	67.00	10.95	2.16	—	19.89	100
1913	80.04	13.40	0.19	0.12	6.25	100
1914	75.55	9.21	0.03	0.09	15.12	100
1915	75.82	17.86	1.09	—	5.23	100
1916	65.04	27.48	1.41	4.56	1.51	100
1917	54.03	26.11	1.28	16.44	2.14	100
1918	39.03	37.49	9.29	12.86	1.33	100
1919	21.59	23.83	21.24	30.37	2.97	100
1920	27.80	15.46	22.87	33.39	0.48	100
1921	41.66	13.52	27.89	16.04	0.89	100
1922	49.70	22.03	19.94	5.97	2.36	100
1923	49.88	36.95	7.22	0.35	5.60	100
1924	45.31	35.75	10.50	0.03	8.41	100
1925	34.80	28.55	15.12	0.27	21.26	100
1926	42.33	30.10	19.71	0.07	7.79	100
1927	51.89	34.54	6.94	0.08	6.55	100
1928	46.45	36.45	10.13	0.01	6.96	100
1929	62.36	23.27	9.27	0.26	4.84	100
1930	61.37	27.99	6.76	—	3.88	100
每年平均百分数	48.53	23.89	15.95	7.56	4.07	100

＊包括檀香山。

第18表系依进口来源地分配之我国纺织厂机器输入表。此项纺织机器,在海关报告册中并无分目,然以我国情形论,纺织业之发展除棉纺织业外,均甚有限,故进口之纺织厂机器,多数均可认为棉纺织机也。是表显示当1911年至1930年期间,英国供给我国之纺织机,占我国纺织机总输入48.53%,值关银65,295,211两。1913年为英货输入我国最多之年,达80.04%。然自1913年后,英货输入剧减,1914年占75.55%,至1916年减至65.04%,1917年至54.03%,1918年至39.03%,1920年降至27.80%。自1921年起,恢复常态,英国纺织机之输入,占我国纺织机总输入百分比,又升至41.66%。依绝对值论,一年内竟增加六倍:1920年值关银1,925,696两,至1921年增至11,160,313两。1922年为输入值最高之年,英国之输入,复增至关银15,171,830两,或49.7%。此后输入值虽大体趋于低降,但英国所占之百分比,仍有增加。1930年英国输入中国之纺织厂机器值关银8,615,854两,或61.37%。

1911年至1930年间,我国纺织厂机器之总输入中,位居英国之次者,当推日本。在此期间,日本纺织厂机器之输入至我国者,值关银32,137,327两,占我国纺织厂机器之总输入值23.89%。日本纺织机之制造,除丰田式自动织机外,均不如英美出品,然其所以仍能供给我国纺织机之四分之一者,乃因国内日商设立之纱厂,多数均愿用其本国出品也(国内日商纱厂所有纺锤在1930年占我国纺锤全数39.65%)。

美国与加拿大在1911年至1930年间输入至我国之纺织厂机器,占我国纺织厂机器总输入23.51%,中美国占15.95%,加拿大占7.56%。然两国在战前所占地位,均不重要。至1916年两国仅供给总输入值之 115,431 关两,或 5.97%。1916 年后两国所占之百分比增加甚速,有时英国纺织机反因美机之竞争而有绝迹之趋势。美加两国输入占我国总输入之百分比,1916 年为 5.97%,至 1917 年增至 17.72%,1918 年至 22.15%,1919 年至 51.61%,及 1920 年至 56.26%。1921 年英国所占之百分比,显有增加:自 1920 年之 27.8% 增至 1921 年之 41.66%;而美加两国所占之百分比起始低降:自 1920 年之 56.26%,降至 1921 年之 43.93%,至 1922 年

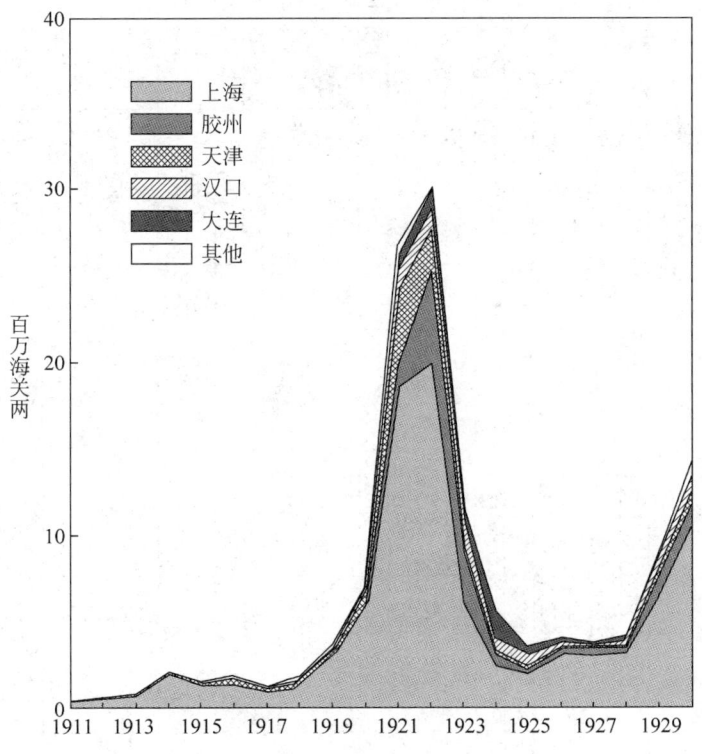

图 9　中国纺织机械之净进口值按其到达地之分配,
1911—1930(见第 19 表)

第19表 中国之纺织机进口净值按其到达地之分配，1911—1930

（单位：海关两）

年份	上海	胶州	天津	汉口	大连	其他	总值
1911	271,516	—	14,389	14,065	—	12,915	312,885
1912	424,305	—	4,593	1,054	115	24,988	455,055
1913	675,022	1,140	33,681	1,267	21,955	81,888	814,953
1914	1,873,483	—	41,268	14,252	5,351	99,823	2,034,177
1915	1,238,753	13,328	12,119	14,728	2,766	47,015	1,328,709
1916	1,269,017	26,954	410,881	146,019	4,633	71,329	1,928,833
1917	917,772	109,085	20,750	114,676	698	60,762	1,223,743
1918	1,130,045	201,352	87,101	49,086	5,962	216,891	1,690,437
1919	2,516,528	358,581	290,556	124,482	175,168	259,488	3,724,803
1920	5,951,822	175,740	446,906	202,327	82,030	80,224	6,939,049
1921	18,751,225	1,944,776	3,668,594	1,080,739	671,213	707,846	26,824,393
1922	20,067,240	5,101,992	2,574,730	1,153,774	1,022,143	564,372	30,484,251
1923	6,012,405	2,804,884	251,329	1,752,119	429,390	424,157	11,674,284
1924	2,448,327	541,932	291,881	756,195	1,334,285	156,312	5,528,932
1925	1,946,464	221,441	134,167	844,886	169,844	205,710	4,522,512
1926	3,129,021	279,827	41,242	335,663	187,420	111,111	4,084,284
1927	3,012,801	351,661	96,803	56,967	184,178	19,415	3,721,825
1928	3,163,512	246,299	215,419	197,193	317,505	52,651	4,192,579
1929	6,546,582	975,767	834,987	250,395	219,697	107,686	8,935,114
1930	10,507,176	1,581,946	620,668	509,230	309,930	920,805	14,449,755
总值	91,853,016	14,936,705	10,092,064	7,619,117	5,144,283	4,225,388	133,870,573
每年平均值	4,592,650	746,835	504,603	380,956	257,214	211,268	6,693,529

(百分数)

1911	86.78	—	4.60	4.49	—	4.13	100
1912	93.24	—	1.01	0.23	0.03	5.49	100
1913	82.83	0.14	4.13	0.16	2.69	10.05	100
1914	92.10	—	2.03	0.70	0.26	4.91	100
1915	93.23	1.00	0.91	1.11	0.21	3.54	100
1916	65.79	1.40	21.30	7.57	0.24	3.70	100
1917	75.00	8.91	1.70	9.37	0.06	4.96	100
1918	66.85	11.91	5.15	2.90	0.35	12.83	100
1919	67.56	9.63	7.80	3.34	4.70	6.97	100
1920	85.77	2.53	6.44	2.92	1.18	1.16	100
1921	69.90	7.25	13.68	4.03	2.50	2.64	100
1922	65.83	16.74	8.45	3.78	3.35	1.85	100
1923	51.50	24.03	2.15	15.01	3.68	3.63	100
1924	44.28	9.80	5.28	13.68	24.13	2.83	100
1925	55.26	6.29	3.81	23.99	4.82	5.84	100
1926	76.61	6.85	1.01	8.22	4.59	2.72	100
1927	80.95	9.45	2.60	1.53	4.95	0.52	100
1928	75.46	5.87	5.14	4.70	7.57	1.26	100
1929	73.27	10.92	9.35	2.80	2.46	1.21	100
1930	72.72	10.95	4.30	3.52	2.14	6.37	100
每年平均百分数	68.61	11.16	7.54	5.69	3.84	3.16	100

之 25.91%,及 1923 年为 7.57%。1923 年后,美国及加拿大之百分比复趋增加,1924 年为 10.53%,1925 年为 15.39%,及 1926 年为 19.78%。易言之,英国纺织机在中国已获得稳固之地位,在 1911 年至 1930 年期间除因欧战略起变动外,英国纺织机在我国市场中恒占优势也。

第 19 表列有依到达地分类之我国纺织厂机器净输入表。上海一处,以其为我国之棉业中心,在 1911 年至 1930 年之二十年间,输入值 91,853,016 两关银之纺织机,占我国纺织机总输入值 68.61%。此外,胶州输入 11.16%,天津 7.54%,汉口 5.69%,大连 3.84%,其他诸埠 3.16%。是项百分数与 1930 年我国纺锤按地理分配之百分数颇相近似。江苏全省之纺锤,占我国总纺锤数 66.42%,较上海纺织厂机器输入值之占全国纺织厂机器输入值之 68.61% 者,仅低些许而已。此乃因该省许多纱厂均在 1911 年前成立,而海关关于纺织厂机器之输入统计于是年始行登记,故纱厂开办时所装置之纺织机不在内也。山东之纺锤占 8.80%,均经胶州输入者,该处纺织厂机器输入值占全国纺织厂机器总输入值 11.16%。同样,天津纺锤之百分比为 6.91%,与该处纺织厂机器输入值之百分比(7.54%)极接近;辽宁省之纺锤占 3.22%,与大连纺织厂机器之输入值占全国纺织厂机器总输入值 3.16%,亦极相近也。

纺织成本——制造棉纺织品所需之成本,可分为原料及其他之两类。在纺纱业中,原料成本须占总成本五分之四,但纺纱之支数愈高,原料成本愈低。如天津某一纱厂,纺十支纱,原料成本占总成本 87.92%,纺十四支纱,原料成本占 84.87%,纺十六支纱占 82.61%,纺二十支三批纱占 77.64%。

其他成本项下包括工资、动力、材料、折旧、利息、税捐及固定成本(包括保险费、办公费及杂费)等。我国纱厂之计算机器及建筑之折旧,多在确定官利及公积金之后,如无赢利可分,亦即不计其折旧。据 Pearse 于 1929 年调查上海纱厂之结果,谓"仅有一家纱厂,其经理曾对余确切说明彼永提存机器及建筑费之 5%,以作折旧"。① 必待获利后始计及折旧,自为极危险之办法,以其于纱厂之资产有损也。

此外,我国纱厂于计算成本价格时,将股息亦列在内,与债务利息相同,殊与新公司法之规定相悖。成本项下所列利息之一门,实即包括已投资本及借来资本两种利息。我国金融市场利率极高,年利一分,颇为普通,复以多数商人多逾本营业,故利息之问题,我国厂家,尤宜注意及之。据 Pearse 云,"一家稳固之纱厂,于 400 磅一包之棉纱,每包仅准备利息银二两;然一家资力较弱之纱厂,则同样一包之棉纱必须计算利息银十两,甚至在十两以上"。② 第 20 表,列有天津某纱厂每包棉纱之利息,十支纱每包利息为 6.03 元,十四支纱每包利息为 10.71 元,十六支纱每包利息为 12.34 元,二十支三批纱每包利息为 16.11 元。

每包棉纱尚须缴纳统税自 8.25 元至 11.25 元,视支数之高低而定。除此,须纳出口税关银 2.10 两。如系布匹,免缴统税,但每匹须纳出口税关银 1.50 两。

第 20 表系天津某纱厂内棉纱布匹各项成本之分析表,其中未列有折旧及税捐二项。第 21 表亦复如是,该表系根据 Pearse 估计

---

① Pearse, op. cit., p.189.
② 同前。

第20表 天津乙厂纱布成本之分析，*1929

成本项目	每包棉纱之成本											每匹棉布之成本			
	十支纱		十四支纱				十六支纱				二十支纱（三批）			粗布	
	元	%	元	%			元	%			元	%		元	%
原料	183.32	87.92	179.27	84.87			201.43	82.61			208.71	77.64		6.41	78.84
其他	25.18	12.08	31.96	15.13	100.00		42.39	17.39	100.00		60.12	22.36	100.00	1.72	21.16	100.00
劳工	9.53	4.57	8.01	3.79	25.05		12.71	5.21	29.96		17.85	6.64	29.70	0.64	7.86	37.21
原动力	2.35	1.13	4.18	1.98	13.09		4.80	1.97	11.33		6.27	2.33	10.42	0.15	1.85	8.72
材料	4.19	2.01	3.61	1.71	11.30		6.30	2.59	14.90		11.73	4.36	19.50	0.43	5.29	25.00
普通材料	2.03	0.97					4.14	1.70			5.41	2.01				
包装材料	2.16	1.04	3.61	1.71			2.16	0.89			2.16	0.80		0.43	5.29	25.00
纺线材料											4.16	1.55				
固定成本	3.07	1.48	5.46	2.58	17.05		6.24	2.56	14.72		8.16	3.04	13.59	0.18	2.22	10.46
利息	6.03	2.89	10.71	5.07	33.51		12.34	5.06	29.09		16.11	5.99	26.79	0.32	3.94	18.61
总成本	208.50	100.00	211.23	100.00			243.82	100.00			268.83	100.00		8.13	100.00	
售价	206.96		213.25				236.98				274.91			7.60		
盈或亏	-1.54		2.02				-6.85				6.08			-0.53		

* 所有统计，均为1929年3月至10月之每月平均数。

第21表　上海每包棉纱所需成本之分析，1929

（Pearse 之估计*）

成本项目**	十四支纱 两	%	十六支纱 两	%	二十支纱 两	%
劳　　工	6.20	31.80	9.20	40.21	9.00	31.36
原 动 力	3.00	15.39	3.01	13.16	3.20	11.15
材　　料	2.70	13.84	2.52	11.01	3.50	12.20
固定成本	1.53	7.85	1.44	6.29	5.00	17.42
利　　息	6.07***	31.12	6.71	29.33	8.00	27.87
总 成 本	两 19.50 元 27.08	100.00	两 22.88 元 31.78	100.00	两 28.70 元 40.00	100.00

** 税捐一项未列入，为求一致便于与第20表相比较也。

* Pearse: *Cotton Industry of Japan and China*, pp. 189-190.

*** 系作者估计之数。

上海各纱厂之各项成本而列者,内亦无折旧及税捐二项。比较二表结果,显示纺造各支棉纱,特别是十四支及十六支之两种,天津纱厂所需成本远高于上海纱厂所需之成本。在天津,纺十四支纱之成本,除原料外,每包须 31.96 元,而在上海仅需 19.50 两或 27.08 元。同样,纺十六支纱,除原料外,天津需成本 42.39 元,但在上海仅需 22.88 两或 31.78 元。虽然,读者须注意此处所述之天津某纱厂,因其经营不力,系处亏本情形下,故其成本特高,未可以之概观天津之一般情形也。

复分析第 20 表及第 21 表,以明其他成本项(原料除外)下之百分比分配状态。是类百分比虽以纺纱种类不同而异,但大致工资占百分之三十至三十五,利息占百分之二十五至三十五,其他材料、原动力及固定成本等各占自百分之十至十五。

纱厂效率——根据 1930 年中国纱厂一览表之统计,可自纺锤、织机或工人数方面,计算我国纱厂之效率。然以 127 家纱厂不全开工,即使全开工,有些纱厂亦多未存有各项统计,故为计算任何两组统计之相关数,唯一方法即有依已有两组统计之诸厂,计算两组统计相互关系之算术平均数。如每工人所需原动力,每纺锤之纱产量,或每纺锤之消棉量等,均可按此法计算。但为探索原动力与纺锤或织机之关系,或工人与纺锤、织机、消棉量、纱产或布产等关系,即发生困难,良以许多纱厂同时兼营纺、织二业,而两部所用之原动力及工人并未划分,故于计算时感有不便也。处此情形下,第一步先依仅营纺纱之厂计算纺锤之效率(即每一纺锤所需之工人,或原动力之算术平均数),然后将此种纺锤之效率应用于纺织厂,作为计算指定仅为织布所需之工人数及原动力总额之根据。下列诸节,即应用是项方法计算纱厂各方面之效率。虽然,此种计算方法,亦未为完备,缺点极多,所用计算之单位,亦未能永求一致。各厂各有其特殊情形,在甲厂之纺锤系纺十六支纱,而在乙厂之纺锤,或系纺二十支纱。复次,即在同一厂内,所有纺锤一时系纺十四支纱,过后又用为纺十支纱;甚至同时间内,厂中有一部分之纺锤纺一支纱,而其他另一部分纺锤纺另外之一支纱。此外,本文所引用1930年之统计,均假定该年之内,各厂工作时间相同。作者于计算之际,预企在此许多纱厂中,各厂之纷歧情形,虽不能全部互抵,当可互消其一部也。

棉花消费量之统计,仅114家纱厂有之;纱产量之统计,仅116家纱厂有之。至于无棉花统计之二家,(27号及102号)其棉花消费量系依纱产额为根据而估计者,假定棉纱一包需棉花3.5担。其他九家之兼无棉花及纱产统计者,内四家(7、35、63、80等号)正在筹办或停工中,有纺锤100,000锭;五家(14、25、34、46、81等号)未列入报告,有纺锤46,024锭。此外,在已报告之116家纱厂中,七家(13、16、62、79、115—117号等)有未开工之纺锤107,920锭。易言之,125家纱厂共有纺锤4,223,956锭,内已开工之纺锤,仅有在116家已报告纱厂中之3,970,012锭而已,本文所指之棉花消费量及纱产额之统计,均系根据此而计算者。①

---

① 本章及第五章所指之纱厂号数,系作者将1930年中国纱厂一览表内所列之127厂,按次序排列之号数;详细情形,可参阅本卷所附之修正中国纱厂一览表,1930。

125家纱厂之总纺锤数	4,223,956锭
减　　　　去	
4家筹办中或停工中之纱厂纺锤数100,000锭 ⎫	
5家开工而未有报告之纱厂纺锤数46,024锭 ⎬ 共253,944锭	
7家有报告纱厂之尚未开工纺锤数107,920锭 ⎭	
116家有报告纱厂之已开工纺锤数	3,970,012锭

在上述116家纱厂中，开工之纺锤有3,970,012锭，其棉花消费量达8,750,019担，纱产额达2,455,177包，平均每锭纺锤每年消棉2.204担，产纱0.618包，或247磅。在此纱产额及消棉量两方面观之，华商纱厂，较日纱厂为优，华商纱厂每锭纺锤消棉2.453担，而日商纱厂，每锭纺锤仅消棉1.806担；至于每锭纺锤之纱产量，华商纱厂之产量0.692包或277磅，亦较日商纱厂之产量0.501包或200磅为多。故比较华商与日商纱厂之纺锤效率，当以前者为大也。但如以下节每个工人之效率，作比较为标准，情形适反：华商纱厂，每个工人仅运用16.05锭纺锤，而日商纱厂，每个工人平均可控制24.14锭纺锤。易言之，在日商纱厂中，每个工人控制之纺锤，较华商纱厂每个工人控制之纺锤为多，故纺锤之效率自需较低，良以一个工人控制之纺锤既多，精力当不易集中也。复因华商与日商纱厂纺纱支数不同，故两处纺锤之效率亦有异也。概言之，日商纱厂多纺三十二支及四十二支之细纱，每个工人必需控制较多之纺锤，但其产额不大。详细数字可参阅第22表之"116甲"项。

原动力及工人之统计亦欠完备。在127家纱厂中，其在筹办中或停工中之四家（7、35、63、80等号）无劳工统计，内有两家兼无原动力统计。有一家（34号）有劳工统计，但无原动力统计；有三家

(82、83、84等号)有原动力统计,惟无劳工统计。此外,有三家既无劳工统计又无原动力统计(25、46、81等号)。易言之,仅有116家有劳工及原动力之统计,如下表所示:

	开工者	筹办中或停工中者
119 家纱厂之原动力	121,174 千瓦特 38,511 匹马力	5,400 千瓦特
减去 3 家无劳工统计纱厂之原动力	500 匹马力	5,400 千瓦特
116 家有劳工统计纱厂之原动力	121,177 千瓦特 38,011 匹马力	
119 家纱厂之工人	252,031 名	
减去 3 家无原动力统计纱厂之工人数	13,000 名	
116 家有原动力统计纱厂之工人数	239,031 名	

从上列纪录,可见在具有劳工及原动力统计之116家纱厂中,有工人239,031名,原动力149,682千瓦特(一马力相当四分之三千瓦特),平均每个工人需原动力0.6262千瓦特。但于日商纱厂中,每工人需原动力0.8281千瓦特,较华商纱厂中,每名工人需原动力0.5301千瓦特为高。此中差异,其一部分原因,亦可归之于前节所述者,即日商纱厂每工人运用之纺锤较华商纱厂每工人运用之纺锤为多也。详细数字,可参阅第22表"116乙"项。

在77家仅营纺业之纱厂中,有70家有纺锤、原动力、工人、消棉及纱产等统计。此70家纱厂有纺锤2,042,708锭,需原动力73,213千瓦特,工人105,840名,平均每个工人运用纺锤19.3锭,每锭纺锤需原动力0.0358千瓦特(指华商纱厂、日商纱厂及英商纱

第22表（甲） 在华日商纱厂与华商纱厂之效率比较，1930

纱厂数	国籍	纱锭	织机	原动力 千瓦特	原动力 马力§	原动力 总千瓦特§	工人数	消棉量（担）	纱产量（包）	布产额（匹）
28	中	1,118,300	14,805	34,675	17,061	47,471†	94,990++	3,020,654	844,282	6,625,544
15	日	583,456	11,367	21,969	6,340	26,724†	34,538++	1,146,615	317,133	8,153,994
—	英									
43§§	总数	1,701,756	26,172	56,644	23,401	74,195†	129,528++	4,167,269	1,161,415	14,779,538
42	中	1,015,880		26,538	12,760	36,108	63,296	2,187,160	628,764	
28	日	1,026,828		36,242	1,150	37,105	42,544	1,829,385	508,274	
—	英									
70§§	总数	2,042,708		62,780	13,910	73,213	105,840	4,016,545	1,132,038	
71	中	2,169,048	14,600	62,263	29,838	84,642	159,292	5,320,692	1,500,248	6,225,544
42	日	1,647,644	10,567	57,711	7,490	63,328	76,152	2,976,000	825,407	7,578,994
3	英	153,320	1,900	**	**	**	13,000	453,327	129,522	**
116甲§§	总数	3,970,012	27,067	119,974**	37,328**	147,970**	248,444	8,750,019	2,455,177	13,804,538**
73	中	2,184,600	15,255	62,963	30,521	85,854	161,949	5,320,692*	1,500,248*	6,625,544
43	日	1,647,644	11,367	58,211	7,490	63,828	77,082	2,976,000	825,407	8,153,994
—	英									
116乙§§	总数	3,832,244	26,622	121,174	38,011	149,682	239,031	8,296,692*	2,325,655*	14,779,538

续表

纱厂数	国籍	纱锭	织机	原动力			工人数	消棉量（担）	纱产量（包）	布产额（匹）
				千瓦特	马力§	总千瓦特§				
81	中	2,395,792	16,005	68,363	31,021	91,629	161,949	5,320,692	1,500,248	6,625,544
43	日	1,674,844	11,367	58,211	7,490	63,828	77,082	2,976,000	825,407	8,153,994
3	英	153,320	1,900				13,000	453,327	129,522	
127	总数	4,223,956	29,272	126,574	38,511	155,457	252,031	8,750,019	2,455,177	14,779,538

* 无 14 号厂之统计。　　** 无 82—4 号厂之统计。

† 以华商纱厂每锭纺锤需 0.0355 千瓦特为根据而计算，则 1,118,300 锭纺锤电力 39,700 千瓦特。其他 7,771 千瓦特，则假定为 14,805 架织机所需之原动力。以日商纱厂每锭纺锤需原动力 0.0361 千瓦特为根据而计算，则 583,456 锭纺锤需原动力 21,063 千瓦特。其余 5,661 千瓦特，则假定为 11,367 架布机所需之原动力。总计，全数纺锤所需原动力总额为 60,763 千瓦特；布机所需者，共为 13,432 千瓦特。

++ 以华商纱厂每工人控制纺锤 16.05 锭为根据而计算，则 69,676 名工人有纺锤 1,118,300 锭。其他 25,314 名工人假定为织工。以日商纱厂每工人控制纺锤 24.14 锭为根据而计算，则 24,169 名工人有纺锤 583,456 锭。其余 10,369 名工人，假定为织工。总核，纺工共有 93,845 名，机工有 35,683 名。

§ 一匹马力合 $\frac{3}{4}$ 千瓦特。　　§§ 未包括之厂号如次：

43: 2, 4—5, 7—9, 11, 13—4, 16, 19, 21—8, 30, 33—5, 38, 40—3, 45—6, 48—9, 52—5, 57, 63—4, 66—7, 69—75, 77—84, 88, 91—9, 101, 103—8, 112, 114—8, 120—1, 125—7。

70: 1, 3, 6—7, 10, 12, 14—5, 17—8, 20, 25, 31—2, 34—7, 39—40, 44, 46—7, 49—51, 56, 58—63, 65, 68, 76, 80—7, 89—90, 100, 102, 109—11, 113, 119, 122—4。

116 甲 :7, 14, 25, 34, 35, 46, 58, 63, 80—1, 100。116 乙: 7, 25, 34, 35, 46, 63, 80, 81—4。

厂之全体言)。日商纱厂中每名工人有纺锤 24.14 锭,华商纱厂中每名工人仅有纺锤 16.05 锭。以论原动力,亦系日商纱厂较优,平均每锭纺锤须原动力 0.0361 千瓦特。而华商纱厂每锭纺锤仅需原动力 0.0355 千瓦特。在此 70 家纱厂中,其消棉量达 4,016,545 担,纱产额为 1,132,038 包,平均每名工人消棉 37.95 担,产纱 10.70 包。日商纱厂,以其每个工人运用之纺锤及所需原动力均较华商纱厂为多,故日商纱厂中每个工人纱产额亦较华商纱厂为大,前者为 11.95 包,后者为 9.85 包。详细数字,可参阅第 22 表"70"项。

布产之统计亦不完备,但织机之统计尚全,可供参考。在从事织布之 50 家纱厂中(58 及 100 之两号系专营织布业者),有七家无布产统计,内有两家(9、75 等号)有停工之织机 750 架,在其他之五家中有开工之织机 2,350 架(40、49、82、83、84 号等)。易言之,在 43 家织布厂中,有开工之织机 26,172 架。

	开工者	筹办中或停工者
50 家纱厂之织布机	28,522 架	750 架
减去无布产统计之 7 家纱厂织布机数	2,350 架	750 架
43 家有布产统计之纱厂织布机数	26,172 架	
43 家纱厂之布产总额	14,779,538 匹	

此 43 家织布厂,共有织布机 26,172 架,产布 14,779,538 匹,平均每架织机产布 564.71 匹。日商纱厂,每架织机产布 717.34 匹,而华商纱厂每架织机之产额仅为 447.52 匹,其差额有如此之大者,多因日商纱厂所用织机均系新式机,特别有自动机,故其产

额,自当较诸华商纱厂之沿用旧式织机者为大。详细数字可参阅第 22 表之"43"项。

第 22 表(乙)　在华日商纱厂与华商纱厂工作效率之比较,1930

数厂	项　目	全体	华商纱厂	日商纱厂
70	每个工人之纺锤数	19.30	16.05	24.14
43	每个工人之织机数	0.73	0.58	1.10
116 乙	每个工人所需原动力(千瓦特)	0.6262	0.5301	0.8281
70	每锭纺锤所需原动力(千瓦特)	0.0358	0.0355	0.0361
43	每架织机所需原动力(千瓦特)	0.5132	0.5249	0.4980
70	每名工人每年之纱产额(包)	10.70	9.85	11.95
116 甲	每锭纺锤每年之纱产额(包)	0.618	0.692	0.501
70	每锭纺锤每年之纱产额(包)	0.554	0.614	0.495
43	每名工人每年之布产额(匹)	414.19	261.73	786.38
43	每架织机每年之布产额(匹)	564.71	447.52	717.34
70	每名工人每年之消棉量(担)	37.95	34.55	43.00
116 甲	每锭纺锤每年之消棉量(担)	2.204	2.453	1.806
70	每锭纺锤每年之消棉量(担)	1.97	2.15	1.78

　　今复取自各纱厂实际收集之纱产及布产统计,以补充前节纱厂效率之分析。第 23 表,列有上海纱厂纱产之统计,第 24 表列有天津纱厂纱产之统计,前者为 Pearse 所收集,而后者为南开大学经济学院所收集。在 Pearse 调查之日商纱厂,有采用二十二或二十三小时之两班制者,今均以二十四小时核算之,以便与天津华商纱厂相比较,盖天津华商纱厂均采用二十四小时之两班制者也。调查之日商纱厂,数目不多,故殊难遽加判断以定其每个纺锤之纺纱量。然大致日商纱厂宜于纺造十四支、十六支、二十支及三十二支

第 23 表　津沪纱厂每锭纺锤纱产额之比较,1928—1929

纺纱支数	厂号及国籍	沪厂*1929(日厂及华厂)				厂号	津厂 1928—1929(华厂)	
		24 小时内每锭纺锤之产额	24 小时内每锭纺锤之平均产额				24 小时内每锭纺锤之产额	24 小时内每锭纺锤之平均产额
			日厂	华厂	全体			
10	8 日厂	2.087				丙	1.872	1.768
	9 华厂	2.200	2.087	2.200	2.162	乙	1.841	
	11"	2.200				甲	1.591	
13	5"	1.420		1.420	1.420			
14	2 日厂	1.745	1.745	1.500	1.622	甲	1.259	1.134
	9 华厂	1.500				乙	1.009	
15						甲	1.149	1.149
16	2 日厂	1.418	1.283	1.100	1.192	丙	.970	.899
	5 华厂	1.050				乙	.879	
	8 日厂	1.148				甲	.847	
	9 华厂	1.150						
17						甲	.975	.975
20	2 日厂	1.113	1.026	.960	.987	乙	.697	.697
	5 华厂	.820						
	8 日厂	.940						
	9 华厂	.960						
	11"	1.100						
23 经纱	3 日厂	1.156	1.156		1.156			
24 经纱	3"	1.309	1.309		1.309			
32	3"	.698	.698	.678	.685			
	6 华厂	.656						
	11"	.700						
40	9"	.400		.400	.400			
42	1 日厂	.341	.341	.395	.377	甲	.260	.260
	9 华厂	.390						
	11"	.400						

* Pearse, *Cotton Industry of Japan and China*, pp. 175-180.

之棉纱,而华商纱厂宜于纺造十支之棉纱。华商纱厂中,复以上海之纱产较天津者为高,其间差异,要皆由于北方工人效率低微及气候不良所致。上海纱厂中,纺十支纱之纺锤,平均每锭产 2.20 磅,但在天津仅产 1.77 磅;上海纺十四支纱之纺锤,平均每锭产 1.50 磅;而在天津仅产 1.13 磅;上海纺十六支纱之纺锤,平均每锭产

1.10磅,而在天津仅产0.90磅;上海纺二十支纱之纺锤,平均每锭产0.96磅,而在天津仅产0.70磅;上海纺四十二支纱之纺锤,每锭产0.38磅,而在天津仅产0.26磅。复次,最近几年,上海之纱产似有增加趋势。依1918年之调查,上海纺十支纱之纺锤,平均每锭产额自1.4磅至1.7磅,但至1929年增至2.2磅。同样,纺十四支纱之纺锤,1918年之每锭平均产额自1.06至1.30磅,但于1929年增至1.50磅;纺十六支纱之纺锤,1918年之每锭平均产额自0.90至1.09磅,于1929年增至1.10磅;纺二十支纱之纺锤,1918年之每锭平均产额自0.60至0.70磅,于1929年增至0.96磅。[①]

更进而分析第24表,有数点颇堪注意(图10)。第一,以十支纱为比较之标准,则丙厂每锭纺锤在每十二小时一班内之产额为最高,甲厂产额最低,而乙厂位于甲丙之间。表中所列在1928至1929年之一年间,日班之半月平均产额,甲厂为0.799磅,乙厂为0.922磅,丙厂为0.927磅;同期间夜班之半月平均产额,甲厂为0.792磅,乙厂为0.919磅,丙厂为0.945磅。是项差异,适与三厂之营业状况相合。甲厂之营业状况最坏,丙厂之营业状况最好。在1919年至1928年期间,甲厂有五年亏本而丙厂在同期间,仅有一年亏本。复次,丙厂投资于固定资产占已收资本总额五分之四,而甲厂之投资于固定资产者,在此十年中,有九年系超出已收资本额。1921年为情形最坏之年,其超数竟相当已收资本总额59.15%之多。至于乙厂,九年间虽有四年亏累,其已收资本约与投资于固

---

① 《江苏省纺织业状况》,第一编,20页。其他关于纺锤产额之统计,可参阅 Lieu, *China's Cotton Industry*, 1929, p. 28;《纺织时报》,1930年10月30日;《华商纱厂联合会季刊》第七卷三号,1928年6月及 Odell, *Cotton Goods in China*, 1916, 162, 164, 167页。

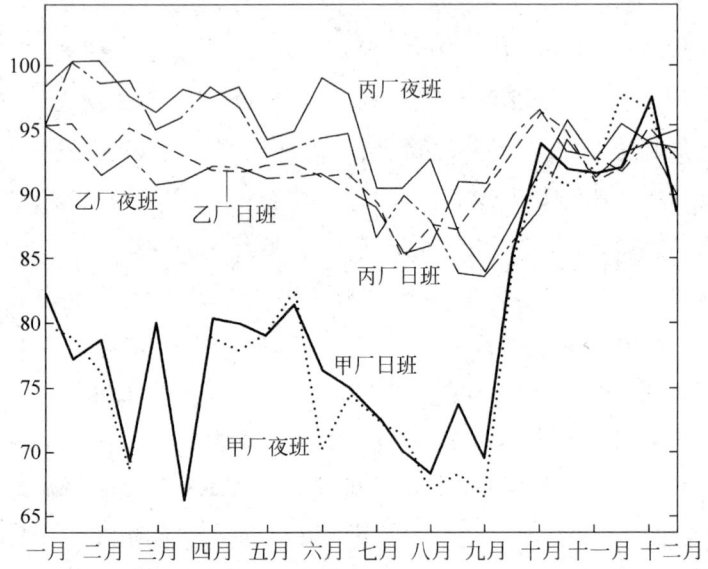

图 10　天津华商纱厂每锭纺锤在每日班或夜班内之纱产额之半月变动（以每锭纺锤在 12 小时班内产 10 支纱 1/100 磅为单位）（见第 24 表）

定资产之数额相当。第二，除丙厂外，日班每锭纺锤之产额较夜班为多，是乃夜班工人效率较低之故也。夜班工人，多在日间睡眠，吸收日光之机会殊少，故其体格不甚健全，如系女工，其在白昼尚须处理家务，故至夜间工作，其精力已不及，是以夜工之出产不若日工之出产为多。夜工根本即不合人类之生理，据 Vernon 谓"人类系白昼的而非夜间的动物。在每日之二十四小时内，人之体温升降有一定规则。在午后六时左右升至最高度，以后渐降，于晨五时左右降至最低度，其间最高与最低之差，约当华氏之两度"。（《疲倦与效率》(Fatigue and efficiency)，1921 年出版，第 90 页）第三，出产之多寡有随季节变异而不同之趋势，尤当夏季之数月为最显著。

于调查之甲乙丙三厂内,自七月至九月其产额最低,自十月起,复渐次增加其产额,在其余之数月间,除甲厂外,多在常态中,变化颇少。

关于每十二小时班每架织机之布产额,所得结论,亦与前同。日商纱厂每架织机之布产额较华商纱厂每架之产额为多。如第25表所示,日商纱厂每架织机每班能织13磅之棉布71码,但华商纱厂仅能织60码。据 Pearse 之调查"华商纱厂中,每架织机每十二小时能织13磅棉布宽36英寸者60码,而在华之日商纱厂,每架织机每十一小时能织13磅棉布宽36英寸者65—68码"。① 复次,上海每架织机之布产额较天津每架织机之布产额为大。如第24表及25表所示,天津每架织机每十二小时仅能织11磅之棉布49.16码,12磅者46.68码,而上海每架织机每十二小时能织13磅之棉布60码,12磅者49码。②

第25表 上海纱厂每架织机之平均布产额,*1929

布类	纱厂号数及国籍	宽度(英寸)	每匹长度(码)	重量(磅)	纬线		产额(码)		每十二小时之产额(码)
					每时根数	每分钟速率			
市布	3 日商纱厂	36	?	$12,13,6\frac{3}{4}$	65	?	48—5011小时		52.36—54.54
〃	4 〃	36—38	38—40	$12,10,6\frac{3}{4}$	52	190	45	11	49.10
〃	11 华商纱厂	?	?	?	?	190	50	12	50.00
粗布细布	4 日商纱厂	36	40	13,11,10	45	194-5	65	11	70.91
〃	5 华商纱厂	36	?	13		180	60	12	60.00
〃	5 〃	36	?	16		180	56	12	56.00
〃	10 〃	36	?	?	?	210	60	12	60.00

* Pearse, *Cotton Industry of Japan and China*, pp. 175-180.

---

① Pearse, op. cit., pp. 176-180.
② 关于其他参考,可阅 Odell, op. cit., pp. 162, 167。

（乙）棉纺织品之销售

棉纺织品之种类包装运输及税捐——我国之棉纺织品，可别为棉纱、匹头及其他之三类，其中以棉纱一类为最重要，"其他"类最次要。棉纱复按支数而分类，一磅重之棉纱，其长度为840码或享克（hank）者，即谓一支纱；同等重量之棉纱，而长度两倍或三倍于840码者，即谓两支纱或三支纱。故支数愈高，纱愈细。中国棉花，以质粗绒短，不适纺造支数较高之纱。概言之，纺四支至十二支之棉纱，多用余姚花火机花及废棉；纺十二支至二十支之棉纱，多用太仓、常熟、陕西及印度等处之棉花；纺二十支至四十五支之棉纱，多用通州及灵宝花而和以美花。至于纺四十五支以上之棉纱，则必需用灵宝花、美花及埃及花。据1928年六月华商纱厂联合会之调查，中国六十九家纱厂中，有六十一家纺十六支纱，五十七家纺十支纱，四十九家纺二十支纱，四十四家纺十二支纱，四十四家纺十四支纱，二十八家纺三十二支纱，九家纺四十二支纱。其他纺二十四支及八支者四家，六支者三家，六十支者二家，四支、十五支、二十六支、三十支、四十支及八十支者各一家。① 此等不同种类之棉纱，复可按其用途分列：四支纱多用为织地毯，六支至八支之棉纱多用为织门帘窗帘，十支纱多用为织造粗布与带索，十四支至十六支之棉纱多用为织粗斜纹布及毛巾，二十支以上之棉纱多用为织细斜纹布、细布、标布等，三十二支以上之棉纱多用为织线

---

① 华商纱厂联合会编：《中国纱布商标一览》，1928年。

袜及汗衫裤等。目前以十支、十六支及二十支之棉纱,用途最广。

匹头可别为本色及色花之两类。本色匹头包括本色市布、粗布细布、粗斜纹布、细斜纹布及标布等,而色花布包括之种类极多。本色市布均须十二支至十五支之棉纱为其经纬纱,宽自30至45英寸,长每匹自36至50码。粗布细布之经纱为十四支,纬纱为十五支,宽36英寸,每匹长40码,重12磅至17磅;其主要消费者为劳动阶级。粗斜纹布之经纱需十三支至十八支纱,纬纱需十支至十四支或二十支之棉纱,宽30英寸,长40码,重12至14磅;细斜纹布经纬均需二十支纱,宽28至31英寸,每匹长自30至40码,重11至12磅;其颜色或为本色或为漂白,有时经纱染色而纬纱漂白。标布纯为进口货之模制品,颜色不一,或为本色,或为染色,或为印花;其经纬纱均用二十支纱,但有时纬纱用十六支纱,经纱用二十支纱,宽自29至32英寸,每匹长24码,重6至8磅。在此五类本色布中,以粗布、细布及斜纹布为用最广。①

纱之包装,普通以四十捆为一包,每捆净重十磅四两。每捆中之纱束,其数目视棉纱支数而定,如系十四支或十四支以下之纱,则其束数两倍于支数;如系十四支以上之纱,则其束数适与支数等。譬如系十二支之纱,每捆中即有二十四束;若系十六支纱,则每捆有十六束。复次,十四支或十四支以下之纱,每束尚有五小束,而十四支以上之纱,则每束有十小束。易言之,小束之数,必为支数之十倍。为求悦于消费者计,有些纱厂于包装时,每捆中复多加一重四两之小束。此种习惯,虽为一般纱厂所谴责,但自日商纱厂开其端,华商纱厂亦已采用之。购买者乃认定此项每大包额外

---

① 《社会月刊》。1931年4月5日号。上海市社会局编。

之十磅,为当然之"赠品",因而定为成例,结果所致,凡不加此额外十磅之纱厂,所产之纱,殊难脱售也。

匹头之包装,普通以二十匹为一包,用重十两之上等麻布为包,外以麻绳紧扎之,亦有用铁条环绕者。为防免绳索或铁条切碎包内之匹头,普通均用木板或竹片在包之四角填于绳索或铁条下。有时两包合捆为一大包,盖如此可使搬运省力运费减少。两包合为一包,有时系按一包计其运费者。①

棉织纺品之运输,在轮船上,其运费系按所占地位之尺寸计算。去广州及南洋群岛者,每包作 12 方英尺计算;去扬子江流域及华北诸埠者,每包按 11 方英尺计。每方英尺之运费定为 0.24 两,故每包之运费约自 2.64 至 2.88 两。此外每包须付起卸费 0.30 两,报关费及保险费 0.25 两。铁路运输棉纱,虽非常事,但亦有规定,每包运 150 公里须费 0.50 两。轮船运输布匹,其运费亦依方英尺核计,与棉纱之运费约等。一包粗布之地位,占 7.5 方英尺,一包斜纹布之地位,占 10 方英尺。起卸费每两包或 40 匹约 0.30 两。布匹之铁路运费亦与棉纱之铁路运费相等,每一大包(40 匹)经 150 公里之距离,须 0.50 两。②

棉纺织品之税捐,得别为统税及出口税之两种。统税系于 1931 年二月一日起,始行举办,为已废厘金之替代。此税适用于卷烟、面粉、棉纱、火柴及洋灰等类货物。棉纱统税复分为两项:(一)二十三支或二十三支以下之本色棉纱,(二)二十三支以上之本色

---

① 《江苏省棉纺织业状况》。第一编第一章,17—18 页;Odell, op. cit., p. 166。
② 《社会月刊》,1931 年 4 月及 5 月号。

棉纱。① 第一项之税则,每担定为2.75元,第二项定为3.75元。凡以已纳统税之棉纱织成之布匹,得免纳布匹统税。所谓统税者,其意即一物纳税一次即可通行全国也。但若系以未纳统税之棉纱织成之布匹,依统税法,须按其所用棉纱之支数及已成布匹之重量而定其应纳之税。②

华商纱厂,对于是项新税,表示反对,其理由:第一,棉纱分为两组,未能与华商纱厂以保障,使之能与国内日商纱厂竞争。日商纱厂专纺二十支及四十二支之棉纱,而华商纱厂专纺十支及十六支之棉纱,因此日商之税负较华商为轻。华商纱厂主张重新分类采用1930年十二月二十九日颁布之海关进口税则分类,将本色棉纱分为五类,税率依品类递高;十七支及十七支以下之棉纱每担纳5.30金单位,十八支至二十三支之棉纱,每担纳5.80金单位,二十四支至三十五支棉纱每担纳7.90金单位,三十六支至四十五支者每担纳8.90金单位,四十五支以上者则按价抽7.5%。第二,此项全国一律之新税则,加于内地纱厂之负担较加于沿海商埠诸厂者为大。在旧有税则下,内地纱厂如辽宁纺织厂、长沙第一纺织厂、九江之九兴纺织有限公司、芜湖之裕中第一纺织有限公司及济南之鲁丰纺织公司等均免纳各税;他如郑州之豫丰纱厂,纳税亦轻。前项免税或减税所根据之理由,殊为浅显,盖厂之设于内地者,其所需机器、材料、燃料等,均须由沿海商埠运往,故其成本自较沿海商埠诸厂为高,如再征以同等之税率,其负担尤增,殊欠公允,故须

---

① 此项法律及其施行细则,均载于《纺织时报》,769至770,773至776,778等号。
② 此项法律及其施行细则,均载于《纺织时报》,773号,1931年2月16日。

减免以示待遇之平等也。① 新税则虽未能顾及此点，然亦非完全不保护中国纱厂者，盖如舶来棉纱除缴纳关税外，固仍须纳统税也。复次，在中国纺造之棉纱如准备输出国外者，所纳统税可全部退回。新统税法之未能予华商纱厂以优越之利益者，要亦环境使然，盖根据1930年之中日关税协定，中国政府对于在其所辖境内设立之纱厂，不论厂主为何国籍，须一律待遇不得歧异也。

棉纺织品之出口税则，自1843年初次议定通商出口税则以来，除于1858年曾经一次修改后，直至1931年六月始行重复修正。在1843年之税则下，出口棉布惟有紫花布及棉属诸布一项。其出口税则之规定为每担关银一两；但至1858年修改税则时，棉布之种类大增，舍各种土制棉布外，土染洋布、在中国印花之洋布及其他一切仿制之洋布洋纱等，均为规定税率。凡土布之"每一英寸内经线不及70支纬线不及60支者"，以及"非为斜织或花织并无光泽者"（简称甲种土布）每担应纳出口税关银1.00两；若其"经线或纬线系双线织成者"（简称乙种土布）每担应纳出口税关银1.25两。若"经纬线均系双线织成者"（简称丙种土布）每担应纳出口税关银1.50两。其他土制棉布（机制洋式棉布及本税则内已列名之棉布除外）均须缴纳从价税百分之五。棉线之出口税每担定关银0.72两，棉纱每担为关银0.70两。1931年之海关出口税则，虽已永远撤废沿海之转口税，但于正常税率仅略加修改而已。"轴线，缝纫用棉线"（长不过50码）之出口税每罗纳关银0.037两；"未列名棉线"，每担纳出口税关银1.10两。棉布之出口税规定每担为关银1.50两，线袜则免纳出口税。

---

① 此项法律及其施行细则，均载于《纺织时报》，761及775号。

纱号及布庄——销售棉纺织物之商家,不特销售国内产品,且亦销售进口棉纺织物。是类商家之初兴,约在1870年后外国棉纺织物之输入基础渐稳定之时。其时输入者仅为匹头,直至1890年左右,始有大量外国棉纱之输入。追欧战以还,我国棉纺织业勃兴,结果洋货渐为本国产品所替代,因此棉货商家多直接与本国制造家进行交易。同时乃有专行之发生,经营纱布贸易。如纱商组织纱号,布商组织布庄。二者之组织颇相似,除贸易品不同外,大致多无异点。事实上,纱号亦有经营匹头者,同时布庄亦有经营棉纱者。但各庄号营业之大部分,当为其本身之专业,如纱号,其大部营业当为棉纱贸易,布庄大部营业当为匹头贸易也。据上海市社会局估计,上海一市有纱号六十三家,布庄八十七家;至于天津,据天津市社会局估计,有纱号三十二家,布庄四十四家。故布庄较纱号为多,适可证明在津沪两市场中,匹头贸易较棉纱贸易占优势也。①

兹复据津沪两市社会局之调查,略窥是类庄号之资本设备职员及交易方法,借明其底蕴。天津,一家纱号之已收资本数,约自五万元至二十万元,但营业资本至少达十万元之数,内包括已收资本之大部,以及借款与存款等;特别于最近数年来交易均用现款,故营业资本有增无已。借款均取之银号,利息高低,悉视庄号信用地位而定,普通为月利一分,每月一付或每节一付。存款之存户,大部均系庄号主人及其亲友,利率较低,为月利六厘。遇庄号获利时,即从利润中支出一部分定为公积金,是项公积金或为现款或为股票。然亦有纱号将年终存货,估计其价值,即作为公积金者。此种公积金常用为巩固营业资本,故又名为"护本"。

---

① 《社会月刊》;天津市社会局:一周年工作报告(自1928年8月迄1929年7月止),570、576、577等页。

纱号之设备殊简单，普通至少均有公事房数间，公事房之后部设有堆栈，二层楼上即为职员宿舍。此外尚有各种必需的家具，如保险箱之类。会计制度仍沿我国旧法，所有账簿亦有保存至数十年之久者。此项账簿对于纱布业史的分析颇有用处，然多数纱号主人仍不愿外人阅其账目，认为营业秘密，恐一旦泄露，将有不利也。

纱号之职员，普通有经理一人，常由号主自任，副经理一人，账房一人，及跑街、书记、学徒等数人。号内职员均须经号主推荐由经理认可者，始能入号；入号之先，须觅妥保证人。此外，尚有杂役数人，照顾号内杂务及执司携送现款、期票、账单以及其他文件等。

交易方法——庄号之买卖棉纺织品，其买进有直接购自纱厂者，有经交易所简接转买者；其卖出，有直接卖与顾主者，有经跑街招揽卖出者。此额跑街或经纪人，卖出之棉纱，每包经收佣费银0.25两至0.50两。凡此交易，有为现货，有为期货，上海之华商纱布交易所及华商证券物品交易所均兼营二类交易，惟着重期货交易。1929年六月以来华商证券物品交易所已停止棉纱期货交易，目前硕果仅存者，惟有华商纱布交易所。至于匹头之期货交易，在华商纱布交易所章程中虽有规例，然颇少实行。关于该交易所之历史及组织与夫期货交易之性质，均已于第二章"中国棉花之生产及贸易"中详细述及，无庸再赘。但关于纱布之期货交易，则尚有数言可述。棉纱期货交易，其数量单位为五十大包（每包合四十小包）；棉布期货交易，其数量单位为十大包（每大包合二十匹）。叫价之单位，棉纱以一大包为准，棉布以一匹为准。价银之本位单位，均以上海通用九八规银为本位，棉纱为一钱棉布为一分。华商纱布交易所买卖之棉纱，仅以华商纱厂产品为限，自1921年七月至1932年正月期间，该所取申新纺织厂之人钟牌十六支纱为标准品类。至于匹头,该所在1926年五月一日取恒丰纺织新局之人马牌十四磅布为标准品类。国内日商布厂之产品,不论棉纱或布匹,该所一概拒绝交易,是乃年来抵制日货之结果也。

华商纱布交易所之经纪人,均为上述庄号所组成。按诸1925年七月十二日该所之修正细则,棉花定期交易之经纪人限八十名,棉纱定期交易经纪人限八十名,但同一经纪人得同时兼营棉花及棉纱二种定期交易,因此,1931年内,该所仅有经纪人七十二名。①每一经纪人代表一家花号、纱号或布庄,而在交易所内,每经纪人可设代理人一名或二名襄助办事。此等经纪人组有经纪人公会,在交易所买卖时,须付买卖价值百分之一以内之佣金与交易所。下表即显示于1921年至1931年期间华商纱布交易所之棉纱期货交易额。②

第26表　华商纱布交易所之棉纱交易额,1921—1931

（以人钟牌十六支纱为标准品）

年份	成交包数	交易日数	每日成交包数	交割包数	每包价格（两）	
					最高	最低
1921 *	1,802,450	140	12,875	11,050	174.40	132.00
2	3,449,100	285	12,102	14,450	155.40	121.30
3	7,078,950	287	24,665	31,400	184.30	138.40
4	5,712,600	287	19,905	25,500	182.80	148.50
5	4,394,100	241	18,233	26,550	180.00	144.00
6	5,532,750	287	19,278	29,000	152.10	122.10
7	2,806,850	183	15,338	31,800	153.20	124.80
8	3,131,850	286	10,951	43,500	169.00	146.30
9	5,385,000	284	18,961	89,650	184.60	148.20
1930	5,053,350	285	17,731	74,750	166.60	135.50
1	11,435,150	286	39,983	110,250	182.50	144.30

* 只包括七月至十二月。

---

① 《社会月刊》。
② 详细情形,可参阅附录十(丁)。

价格之变动——我国棉纺织物价格之变动,可就津沪两大市场之已有纪录作一分析。首论棉纱之价格,沪地棉纱价格,有国定税则委员会(即前财政部上海货价调查局)收集自1922年来之两种棉纱价格,一种系日商内外棉株式会社产品之"水月"牌十六支纱;又一种系华商鸿裕(今为永安纱厂之支厂)纱厂产品之"宝鼎"牌十六支纱。自1922年十月至1925年三月止,其价格系按月收集者;以后即系按半月收集者。① 天津之棉纱价格,则有南开大学经济学院收集自1913年以来华商裕元纱厂产品之两种棉纱价格,一种系松鹤牌十六支纱,一种系松鹤牌十支纱。自1913年至1927年止,其价格系按年收集者;1928年一月起至三月,系按月收集者;1928年四月迄今系按星期收集者。② 第27表及28表列有津沪纱厂产品之棉纱价格及价比(图11),显示两处国产棉纱价格之变动趋势,大致相同。天津自1914年来,棉纱价格上升极快,以1926年之价格作为基数100,1914年松鹤牌十六支纱之价比仅为52.11,至1919年达最高峰为134.77。松鹤牌十支纱在同期间其价格亦上升极速,其价比自1914年之51.63增至122.83。1919年之后,于1922年十六支纱之价比续跌至最低点102.53;十支纱亦于同年跌至最低点99.22。1922年后津沪两地之国产棉纱价格,复显有增加,至1924年又达最高峰。是年天津十支纱之价比为124.43,十六支者为123.05;上海华商纱厂十六支纱价比为123.8,日商纱厂之十六支纱者为124.2。1924年后,国产棉纱之价比续跌,至1927年复达最低点,天津之十支纱为97.97,十六支纱为98.31;上

---

① 《上海货价季刊》,1923年4月迄今。
② *Wholesale prices and price index numbers in North China*,1913-1929.

海华商纱厂之十六支纱为99.8,日商纱厂之十六支纱亦为99.8。1927年之后,棉纱价格复趋上升,至1929年达最高峰,是年天津十支纱之价比为113.75,十六支纱者为121.82;上海华商纱厂十六支纱之价比为122.4,日商纱厂之十六支纱者为117.7。总之,津沪两处国产棉纱之价格,自1913年来,历三次起伏,其最高之三峰,为1919年、1924年及1929年。

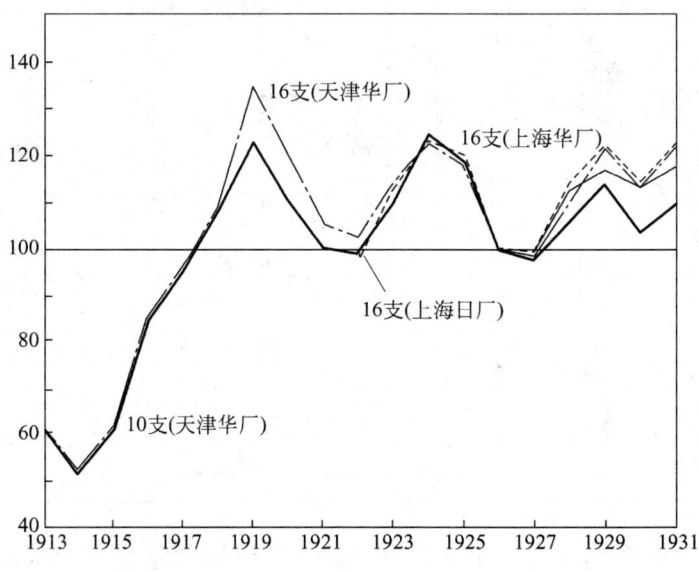

图11 津沪棉纱价格之变动,1913—1931

(1926=100)(见第27及28表)

第29表将1913年至1931年间津沪批发物价指数与国产棉纱之价比作一比较。显示1914年来津沪两处之物价永趋上升,而棉纱价格则常有不规则之变动。天津之服用品价格与上海服用品价格其变动大致适与棉纱价格相吻合,惟前者之变动较后者为缓耳。

第 27 表　上海国产棉纱之价格,1922—1931

（每包价格以上海规银计）

年份	16 支纱（华商纱厂产品）			16 支纱（日商纱厂产品）		
	每包平均价	价比 (1926=100)	较前期增（+）或 减（-）之百分数	每包平均价	价比 (1926=100)	较前期增（+）或 减（-）之百分数
1922	137.000	97.9		138.833	97.8	
1923	158.000	112.9	+15.3	157.292	110.8	+13.3
1924	173.333	123.8	+9.7	176.333	124.2	+12.1
1925	169.167	120.9	-2.4	171.369	120.7	-2.8
1926	139.958	100.0	-17.3	141.927	100.0	-17.2
1927	139.740	99.8	-0.2	141.594	99.8	-0.2
1928	160.604	114.8	+14.9	160.667	113.2	+13.5
1929	171.271	122.4	+6.6	167.042	117.7	-4.0
1930	161.146	115.1	-6.0	162.292	114.3	-3.0
1931	172.222	123.1	+7.7	172.917	121.8	+6.5
一月	159.000	113.6	-7.7	158.750	111.9	-8.1
二月	173.500	124.0	+9.2	176.250	124.2	+11.0
三月	177.500	126.8	+2.3	179.000	126.1	+1.5
四月	174.500	124.7	-1.7	177.000	124.7	-1.1
五月	171.500	122.5	-1.8	171.500	120.8	-3.2
六月	173.500	124.0	+1.2	176.000	124.0	+2.6
七月	174.000	124.3	+0.2	176.000	124.0	
八月	175.000	125.0	+0.6	174.250	122.8	-1.0
九月	171.500	122.5	-2.0	167.500	118.0	-3.9
十月						
十一月						
十二月						

津沪两处国产棉布之价格,南开大学经济学院与国定税则委员会均有收集,所指布匹,均为上海恒丰纱厂之十四磅棉布,所收集时期,亦均与前述棉纱价格收集之时期同。是项布匹之在上海销售者其商标为人马牌,在天津销售者为人头牌。布价变动如第 30 表所示,其趋势大致与棉纱价格变动相仿。1919 年天津棉布价比达 129.61;1929 年天津棉布价比为 109.73,上海为 111.99。而上海于 1925 年复达高峰,其价比为 115.12,然天津自 1921 年至 1925 年价格变动平稳,其价比 1921 年为 111.39,1922 年为 106.31,

第28表　天津国产棉纱之价格,1913—1931

（每包价格以天津银元计）

年份	16支纱			10支纱		
	每包平均价	价比 (1926=100)	较前期增(+)或 减(-)之百分数	每包平均价	价比 (1926=100)	较前期增(+)或 减(-)之百分数
1913	122.83	61.68		112.62	61.12	
1914	103.77	52.11	-15.52	95.14	51.63	-15.53
1915	122.83	61.68	+18.36	112.61	61.11	+18.36
1916	169.84	85.28	+38.26	155.70	84.50	+38.28
1917	191.27	96.04	+12.62	175.33	95.15	+12.60
1918	216.96	108.94	+13.43	198.88	107.93	+13.43
1919	268.40	134.77	+23.71	226.33	122.83	+13.81
1920	240.92	120.97	-10.24	204.78	111.14	-9.52
1921	210.28	105.59	-12.71	184.84	100.31	-9.74
1922	204.19	102.53	-2.90	182.82	99.22	-1.09
1923	228.12	114.55	+11.72	202.64	109.98	+10.84
1924	245.06	123.05	+7.42	229.27	124.43	+13.14
1925	235.75	118.38	-3.80	218.74	118.71	-4.60
1926	199.15	100.00	-15.53	184.26	100.00	-15.76
1927	195.78	98.31	-1.69	180.52	97.97	-2.03
1928	218.99	109.96	+11.85	193.65	105.10	+7.28
1929	242.60	121.82	+10.79	209.59	113.75	+8.23
1930	225.92	113.44	-6.88	191.68	104.03	-8.55
1931	235.62	118.31	+4.29	202.35	109.82	+5.57
一月	220.62	110.78	+6.36	189.11	102.64	-6.54
二月	238.39	119.70	+8.05	205.49	111.52	+8.65
三月	245.79	123.42	+3.11	218.62	118.65	+6.39
四月	240.42	120.72	-2.19	209.32	113.60	-4.26
五月	236.60	118.80	-1.59	203.70	110.55	-2.68
六月	238.31	119.66	+0.72	202.22	109.75	-0.72
七月	239.12	120.07	+0.34	202.91	110.12	+0.34
八月	236.39	118.70	-1.14	199.51	108.28	-1.67
九月	229.33	115.15	-2.99	197.24	107.04	-1.15
十月	229.47	115.22	+0.06	197.19	107.02	-0.02
十一月	242.69	121.86	+5.76	204.37	110.91	+3.63
十二月	230.39	115.69	-5.06	198.51	107.73	-2.87

1923年为111.18,1924年为109.73,1925年为111.59。1926年津沪两地国产棉布之价比均趋剧落,天津之价比自111.59降至100,上海者亦自115.12降至100。

第29表 国厂棉纱价比与批发物价指数之比较,1913—1931

（1926 = 100）

年份	棉纱价比				批发物价指数			
	天津		上海		服用品		一般物价	
	10支华厂	16支华厂	16支华厂	16支日厂	天津	上海	天津	上海
1913	61.62	61.68			65.47		67.18	
1914	51.63	52.11			61.20		66.89	
1915	61.11	61.68			65.53		68.78	
1916	84.50	85.28			72.98		74.19	
1917	95.15	96.04			83.29		79.95	
1918	107.93	108.94			96.64		82.21	
1919	122.83	134.77			107.06		81.07	
1920	111.14	120.97			104.33		88.92	
1921	100.31	105.59			99.78	103.5	88.91	104.6
1922	99.22	102.53	97.9	97.8	99.33	104.1	86.40	98.6
1923	109.98	114.55	112.9	110.8	107.41	110.6	90.35	102.0
1924	124.43	123.05	123.8	124.2	109.70	107.5	93.61	97.9
1925	118.71	118.38	120.9	120.7	108.21	106.8	97.28	99.3
1926	100.00	100.00	100.0	100.0	100.00	100.0	100.0	100.0
1927	97.97	98.31	99.8	99.8	99.96	100.9	103.20	104.4
1928	105.10	109.96	114.8	113.2	103.26	102.1	107.98	101.7
1929	113.75	121.87	122.4	117.7	107.35	101.9	111.08	104.5
1930	104.03	113.44	115.1	114.3	103.76	105.6	115.85	104.8
1931	109.82	118.31	123.1	121.8	117.03	118.8	122.55	126.7

第30表 津沪两地之国产棉布价格,1913—1931

（粗布：40码×36英寸,14磅,上海恒丰纱厂产品）

年份	天津			上海		
	每匹平均价(元)	价比(1926=100)	较前期增(+)或减(-)之百分数	每匹平均价(两)	价比(1926=100)	较前期增(+)或减(-)之百分数
1913	7.32	75.78				
1914	7.56	78.26	+3.27			
1915	7.93	82.09	+4.89			
1916	7.68	79.50	-3.16			
1917	8.56	88.61	+11.46			
1918	11.72	121.33	+36.93			
1919	12.52	129.61	+6.82			
1920	12.37	128.05	-1.20			
1921	10.76	111.39	-13.01			
1922	10.27	106.31	-4.56	5.775	97.47	
1923	10.74	111.18	+4.58	6.109	103.19	+5.78
1924	10.60	109.73	-1.30	6.427	108.56	+5.20
1925	10.78	111.59	+1.70	6.815	115.12	+6.04
1926	9.66	100.00	-10.39	5.920	100.00	-13.13
1927	9.47	98.03	-1.97	5.925	100.08	+0.08

(续表)

年份	天津			上海		
	每匹平均价(元)	价比(1926=100)	较前期增(+)或减(-)之百分数	每匹平均价(两)	价比(1926=100)	较前期增(+)或减(-)之百分数
1928	10.16	105.18	+7.29	6.386	107.87	+7.78
1929	10.60	109.73	+4.33	6.621	111.99	-3.68
1930	10.34	107.04	-2.45	6.513	110.02	-1.63
1931	11.26	116.56	+8.89	6.983	117.96	+7.22
一月	10.31	106.73	-8.43	6.525	110.22	-6.56
二月	10.58	109.52	+2.61	6.675	112.75	+2.30
三月	10.75	111.28	+1.61	7.050	119.09	+5.62
四月	10.86	112.42	+1.02	7.200	121.62	+2.12
五月	10.92	113.04	+0.55	7.050	119.09	-2.08
六月	11.11	115.01	+1.74	7.050	119.09	—
七月	11.15	115.42	+0.36	7.050	119.09	—
八月	11.34	117.39	+1.71	7.150	120.78	+1.42
九月	11.79	122.05	+3.97	7.150	120.78	—
十月	12.08	125.05	+2.46			
十一月	12.35	127.85	+2.24			
十二月	11.93	123.50	-3.40			

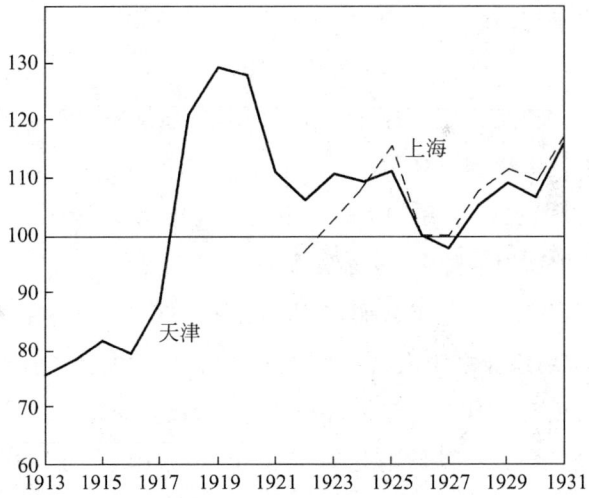

图 12 津沪棉布价格之变动,1913—1931

(1926=100)(见第30表)

第四章　中国棉纺织业之劳工

（甲）劳工之人数与性质

工人数目——棉纺织业为目前中国之最大工厂工业，雇佣工人为数亦最多。据前农商部所编民元至民九年期间之《中国农商统计》，中国棉纺织工人数目占全国工厂工人总数四分之一，内包括制棉、纺织、制线、织物、染色等工人。

第 31 表所载即系采自前项统计年报，显示民四年棉纺织工人占工厂工人总数 21.2%，民五年占 20.3%，民六年占 21.8%，民七年占 24.3%，民八年占 23.7%。及至民九年，骤增至 33.6%，此乃因大战后棉纺织业骤兴，故棉纺织工人亦随之增加也。

据工商部民十九年之调查，苏、浙、皖、赣、鄂、鲁、粤、桂、闽九省，从事棉纺织业之工人占工厂工人数目 27.22%，与前农商部调查之结果颇近。但工商部之调查，其范围仅限于三十工人以上之工厂，而农商部之调查则凡有七个工人以上之工厂，均在调查之列。①

---

① 事实上因纱厂之规模均极大，故此项鉴别，殊无重要影响也。

第31表　中国棉纺织业之工人，1912—1920（单位：1,000名）

工人类别	1912 实数	%	1913 实数	%	1914 实数	%	1915 实数	%	1916 实数	%	1917 实数	%	1918 实数	%	1919 实数	%	1920§ 实数	%
工厂工人	661.8	100.0	630.9	100.0	624.5	100.0	619.6	100.0	565.3	100.0	555.6	100.0	523.0	100.0	410.3	100.0	323.0	100.0
织染工人	228.5	34.5	249.2	39.5	288.3	46.2	295.0	46.7	276.4	48.9	293.4	52.8	270.0	51.6	241.1	58.8	211.8	65.6
棉织工人†	18.0	2.7	19.0	3.0	34.4	5.5	43.0	6.9	36.5	6.5	43.0	7.7	43.8	8.4	39.8	9.7	51.3	15.9
织物工人	*		*		*		78.3	12.6	66.7	11.8	60.8	10.9	73.7	14.1	51.1	12.5	51.0	15.8
其他							10.3	1.7	11.7	2.0	17.3	3.2	9.6	1.8	6.5	1.5	6.1	1.9
制棉	1.8		26.0		6.7		1.3		2.5		2.1		2.0		2.4		2.7	
制线	3.3		0.6		0.8		0.7		1.1		8.1		0.2		0.8		0.3	
丝棉交织	*		*		*		0.1		0.1		0.1		0.3		0.3		—	
染色	3.6		3.4		15.8		8.2		8.0		7.0		7.1		3.0		3.1	
总数‡							131.6	21.2	114.9	20.3	121.1	21.8	127.1	24.3	97.4	23.7	108.4	33.6

* 包括在"织染工人"项内。

† 大部分为棉纺织工人。

‡ 棉纺织工人。

§ 1920年工厂工人总数原为413,000名。现有数字，系经修改者，因1919年内河北（即直隶）一省之棉织男工仅3,517名，棉织女工941名，1920年前者增至93,000名，后者减至727名。是以棉织男工之93,000名或系3,000之误，因此在"工厂工人""织染工人"及"棉织工人"等项下，须各减少90,000名。

如第32表所示,九省之工厂工人总数为1,204,318人,内纺织工人566,301,占工厂工人总数47.02%,棉纺织工人327,842,占27.22%①。

第32表　中国九省工厂工业工人按业别之分类,1930

业别	实数	百分比	业别	实数	百分比
纺织	566,301	47.02	饮食品	176,504	14.66
棉纺织	327,842	27.22	衣服	80,078	6.65
纺纱	206,532	17.15	建筑	77,737	6.45
棉织	109,809	9.12	化学	72,020	5.98
其他	11,501	0.95	机械	65,501	5.44
制棉	6,510	0.54	教育	59,006	4.90
制线	1,432	0.12	器具	40,195	3.34
交织	3,265	0.27	美术	10,216	0.85
整理	294	0.02	公用	5,432	0.45
缫丝及丝织	188,750	15.69	交通	1,284	0.10
其他	49,709	4.11	杂品	50,044	4.16

上表所载纺纱工人系受佣于纱厂者;而棉织工人,系受佣于小规模之织布厂者。工商部关于纱厂工人之调查,未能包括冀、豫、湘、辽、晋五省在内,似欠完备,盖五省中亦有纱厂也。此外工商部即在苏、浙、鄂、鲁、赣、皖六省之调查,亦未能与华商纱厂联合会之统计吻合,如华商纱厂联合会统计六省纱厂工人总数为212,683人,而工商部之调查,同区之内,仅有纱厂工人206,532人,相差6,151人。同时在工商部未曾调查之五省内,尚有纱厂工人39,348焉。②（图13）

---

① 实际是类工人均集中于此九省中之八省,广西省并无棉纺织业工人也。
② 工商部,《全国工人生活及工业生产调查统计报告书》,第一号,南京,民十九年;*Nankai Weekly Statistical Service*, Feb. 16, 1931。

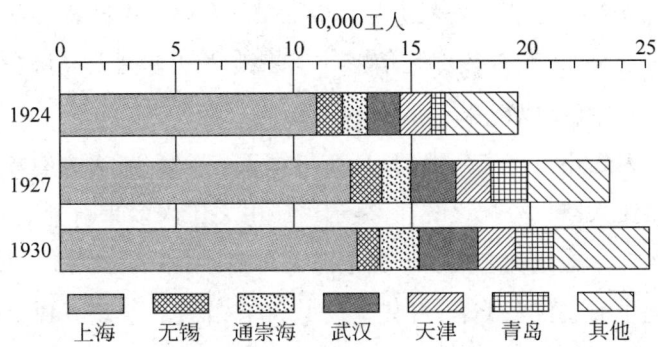

图 13　中国纱厂工人按城市之分配,1924,1927,1930(见第 33 表)

第 33 表　中国纱厂工人按城市之分配,1924—1930

城别	1924		1925		1927		1928		1930	
	实数	%	实数	%	实数	%	实数	%	实数	%
上海	109,865	56.1	117,922	56.2	124,521	53.1	116,678	48.3	127,604	50.6
无锡	11,358	5.8	14,440	6.9	12,803	5.4	12,156	5.0	9,346	3.7
通崇海	10,800	5.5	11,690	5.6	12,840	5.5	15,221	6.3	17,331	6.9
武汉	14,900	7.6	19,570	9.3	19,476	8.3	26,384	10.0	26,084	10.4
天津	14,100	7.2	12,496	5.9	15,432	6.6	16,018	6.6	15,338	6.1
青岛	5,200	2.7	5,200	2.5	16,147	6.9	16,523	6.9	15,184	6.0
其他	29,468	15.1	28,641	13.6	33,321	14.2	38,630	16.0	41,144	16.3
总计	195,691	100	209,959	100	234,540	100	241,610	100	252,031	100

第33表列有民十三年至民十九年期间中国各主要棉纺织业中心纱厂工人之统计(图13),内上海、无锡、通崇海、武汉、天津及青岛六埠所有纱厂工人几占全数百分之八十五。就民十九年统计言,上海所占百分比最高,为50.6%,其次武汉为10.4%,通崇海为6.9%,天津为6.1%,青岛为6%,无锡为3.7%。其余诸埠共占16.3%。由此可知上海在中国棉纺织业中确占卓越地位,且关于

该埠棉纺织业之统计材料亦较丰富,故吾人对于中国棉纺织业劳工状况之分析,尤重该埠之情形。至于天津则有南大经济学院之调查,故亦将予以特殊之考察,以资参证。

工人之籍贯、年龄、性别、身高与体重——第34表列有津沪两处纱厂工人籍贯分配之统计,显示纱厂中之工人多来自邻近省县,其在纱厂本地招佣者反少。如上海某日商纱厂,有工人1,919名,内原籍上海者仅231名,占其全数12.04%而已,余均系原籍江苏

第34表 津沪纱厂工人之籍贯分配

籍贯	日商纱厂		上海曹家渡		上海杨树浦		天津	
	实数	%	实数	%	实数	%	实数	%
江苏	1,592	82.96	156	67.83	57	57.00	32	0.82
上海	231	12.04	?	?	12	12.00		
浙江	22	1.15	15	6.53	33	33.00	6	0.16
安徽	217	11.32	38	16.52	2	2.00	2	0.05
湖北	6	0.31	7	3.04				
湖南	34	1.77	7	3.04				
广东	3	0.16						
山西							4	0.10
山东	29	1.51	5	2.17	8	8.00	409	10.50
河北							3,082	79.06
天津							927	23.78
河南	3	0.15					293	7.52
辽宁							2	0.05
其他	13	0.67	2	0.87			68	1.74
总数	1,919	100	230	100	100	100	3,898	100

之他县及其他各省者。复调查杨树浦 100 家纱厂工人之家庭,内原籍上海之家主,亦仅占全数 12%。然就省论,原籍江苏之工人,究占多数,在某日商纱厂之工人,其原籍江苏省,占全数 82.96%,在曹家渡者占 67.83%,在杨树浦者占 57%。① 至于天津,亦复相类,据调查裕元、恒源,及华新三厂之工人 3,898 名,其原籍天津者不过 927 人,只占全数 23.78%,余多系原籍河北,计占全数 79.06%,至其他各省,则以山东、河南为多。

第 35 表列有上海、青岛及天津纱厂工人年龄之分配。② 观此表,足使吾人注意者,即其在十一岁至二十五岁组之工人特多,几占全数四分之三。青岛某日商纱厂,该组工人即占全厂工人 89.86%,上海某日商纱厂该组工人亦占全厂工人 79.12%;再就华商纱厂论,亦复如是,青岛某华商纱厂,该组工人占全数 78.97%,天津三家华商纱厂,该组工人占全体 70.06%。易辞言之,日商纱厂工人之年龄,就比例言,约较华商纱厂工人之年龄为幼。复次十六岁以下之童工所占全厂工人之百分比,亦以上海某日商纱厂为最高,占 23.07%,其次即为青岛某华商纱厂,占 21.23%,再次即为天津之三家华商纱厂,占 11.62%,末为青岛某日商纱厂,占 6.57%。以性别论,依第 35 表所示,亦以上海之纱厂,所雇女工最多,占全体工人 69.83%,其次青岛占 16.94%,再次天津,占 2.54%。

---

① 《中国劳动年鉴》,第一次,I:362;杨西孟:《上海工人生活程度的一个研究》,北平社会调查所,民十九年;*Chinese Economic Journal*, *Aug.*, 1930, p. 870。

② 《中国劳动年鉴》第一次,I:379,380。

第 35 表　上海、青岛、天津纱厂工人之年龄分配

年　龄	上海日商纱厂		青岛日商纱厂		青岛华商纱厂*		天津华商纱厂	
	实数	%	实数	%	实数	%	实数	%
10	1	0.05					10	0.26
11—15	441	23.02	83	6.57	107	21.23	442	11.36
16—20	693	36.17	754	59.70	206	40.87	1,254	32.23
21—25	382	19.93	298	23.59	85	16.87	1,030	26.47
26—30	232	12.11	71	5.62	35	6.94	564	14.49
31—35	{138	{7.20	34	2.69	30	5.95	224	5.76
36—40			23	1.82	11	2.18	145	3.73
41—45	{22	{1.15			15	2.98	97	2.49
46—50					9	1.79	71	1.82
51—55	7	0.37			3	0.60	37	0.95
56—60					3	0.60	12	0.31
61—65							5	0.13
总数	1,916	100	1,263	100	504	100	3,891	100
未详	3						7	
总数	1,919	100	1,263	100	504	100	3,898	100
男	579	30.17			469	83.06	3,799	97.46
女	1,340	69.83			35	16.94	99	2.54

* 住厂工人数。

至于工人之身长与体重，中国工业界对之尚未有详备之统计。惟自《上海工部局童工委员会报告》刊行以来，棉纺织工业为求限制童工有固定的标准，曾试衡量工人之体长与体重。据陈达氏最近调查上海四十九家纱厂结果，谓"上海之外籍的棉纱厂（共三十四家）现在对于幼年工的雇用，先量小孩的高度，合格后然后入厂作工。此种量法，在几个华籍的纱厂及丝织厂，亦已采用，唯所采用的高度不同；但英尺四呎二吋，是比较普通的标准。

这个标准,是根据测量一千个小孩的均数"①天津华新纱厂亦曾作同样且较精密之调查,章程上规定,请求入厂工作之工人,至少身长须为四呎六吋。然是项规定,终未得切实厉行,以其标准过高也。统计该厂2,041工人之身长,内低于四呎六吋者竟有604人之多。

本书附录十二(甲)列有华新纱厂2,041工人之身高,按其年龄之分配表,其中有男工1,637,女工404。显示男工之平均身高在十一岁为四呎,十二岁为四呎二吋,十五岁为四呎五吋,十八岁为五呎,二十一岁为五呎四吋,二十一岁以后,则变异极少,多在五呎四吋至五呎七吋之间。女工情形,大致亦与男工相同,惟在同一年岁之平均身高,女工则较男工为低;但该表关于女工之统计,仅包括404人,故未能期其准确。男工一般之平均身高为五呎,女工则较低为四呎六吋。

本书附录十二(乙)列有华新纱厂2,041工人之体重按其年龄之分配表。显示男工之平均体重在十岁为66磅,十一岁为68磅,十四岁为75.8磅,十六岁为81.3磅,十九岁为114.9磅,二十二岁为122.8磅,二十六岁为125.8磅,三十岁为134.6磅,三十三岁为146磅。三十三岁之后,年岁愈高体重愈减,至四十岁减为127.6磅。至于女工,在二十二岁以前,体重随年龄增高。二十二岁之后,则因所有统计仅限于五十八人,故未能确示年龄与体重之关系。然在同一年龄女工之平均体重实较男工为轻,如二十岁之男工,平均体重为114.4磅,但同年之女工仅有93.5磅。以全体论,

---

① 陈达:《中国工厂法的施行问题》,《申报》,八月一日。

男工之平均体重为106.5磅,而女工仅为78.6磅。

复于附录十二(丙)列有华新纱厂2,041工人之身高与体重按其性别之分配表。今姑认其中有因调查人数过少而发生之例外,但大致男工身长四呎者平均体重为67.1磅,四呎六时者为83磅,五呎者为107.2磅,五呎六时者为127.5磅;女工身长四呎者平均体重为65.5磅,四呎六时者为74.1磅,五呎者为87.1磅,五呎六时者为126磅。以全体身高论,男工之平均体重为107.7磅,女工仅为78.6磅。①

(乙) 劳工之状况

工人之雇佣与其移动率——十年前天津初设纱厂之际,所需工人多招自外县或外省;尤以向已有纱厂之各地招徕者为多。如裕元纱厂于民七年成立,其时厂中有技术工人,包括机匠之类,多雇自上海,余半技术工人亦多招自河南彰德。是类工人,厂方于招雇之时多以优越待遇诱致,且有许以旅费者。民八年裕元纱厂为招募工人而耗之费用,总数达3,057元。华新纱厂对于有技术工人之募集,系采取学徒训练之方法,由厂派遣代理人,如司阍者、巡警或工人,自天津临近招募学徒。招募学徒之方法,系令代理人各返其原籍,向其乡人劝说,诱来天津工厂工作。同时刊登广告,载明工作之待遇,如供给旅费,供给衣食住,每日有一小时之体格训

---

① S. M. Shirokogoroff, *Process of Physical Growth among the Chinese*, Vol. 1, Commercial Press, Shanghai, 1925.

练，两小时之补习教育，以三年为学习期满等。此外每月尚有少许零用津贴，自两角至二元六角不等，视其年限之长短而定。如在三年之内中途退辍，该学徒或其保证人须负责偿还已耗之生活费，每月以六元计。然事实上此辈学徒进厂后，所受待遇极坏。故多有致身死而由厂方葬于纱厂附近之工人墓地者。

目前天津纱厂已有十余年之历史，故情势为之一变。工人之供给，远超于工厂之需求，是以厂方对于新工之招募，多制定严格条例，以为限制。如华新纱厂规定，凡请求入厂工作之工人，不论男女，年龄须在十六至四十岁之间，身高满四呎六吋，体格强健而无残疾及不良嗜好，性情温和而有普通常识，并须觅妥殷实可靠且有固定职业之保证人。本厂工人，不得作保。凡以前曾受本厂雇佣而非因过开除或曾告退未逾三次之工人，及已在其他工厂或地方滋生事端或已受刑事裁判者，均无请求之资格。如请求者系一熟手工人，须经本厂考验手艺及工作法合格者；如系生手，至少须过一月以上之练习，再经考验以定取舍。倘新手经两个月之练习后而仍不合最低工作标准者，即不容继续在厂练习。如新手经练习后厂方认为合格者，则与之立雇工契约，由保证人签字，旋即由厂方发给记工手折，凭此入厂工作，领取工资。是项雇工契约，如遇保证人撤销对厂方应负之责任，而该工人又未能觅得新保证人以为替代时即失效。又凡有下列情形之一者亦失其效用：（一）工人因病而不能工作，或因病请假逾两个月者；（二）工人不能胜任其应有之工作，而难于造就者；（三）工人因事（病假另有规定）请假逾一个月者（旅程中所须时间在外）；（四）练习工已正式受雇在半年内手艺无进步不能及工作标准者；（五）厂方为缩小营业或减少工作，得甄别裁减工人；(六)厂方以特殊情形停止工作逾一月，得解约。此外在下列情形之一，厂方得立即斥退工人：(一)查出工人姓名、籍贯、年龄有意捏造与事实不符者；(二)工人违犯本厂禁例情形较重者；(三)损害工厂产业物品机件情形较重者；(四)半月内未经允许私自停工离厂逾五天以上者，一月内逾八天者，一年内逾两个月者；(五)行为不检、扰乱秩序、妨害他人工作或竟干犯刑章者；(六)私自装弄机件或调换齿牙等，以致减少生产者；(七)不听指导有意怠工者；(八)公然侮辱厂内员司者。此类规例，虽未必严厉执行，然亦足表示厂方之有意订立原则，以为决定选择新工之标准也。

　　新手普通均由工头介绍来厂，如厂方需要新手，先传告工头，然后再由工头负责为厂方招募。往昔上海外商纱厂最盛行之方法，即为包工制，由厂方与工头订立合同，纺织布匹若干，并订明工资，遂由该工头自雇工人，另议工资，待布匹织成之后，由工头交进纱厂，按其与厂方订立之合同领取全数工资，然后再按其与工人所约者，分配工资与各工人。是项制度，弊端百出，尤于童工为甚。据1924年上海工部局童工委员会之报告云："有时工头从乡间招募幼童，议定每月付其父母每名两元，但纱厂雇佣此等幼童之后，该工头每月在每名童工身上能获利四元。然此辈童工所受待遇直与奴隶无异，居住与营养均极可悯，亦不得分毫零用之钱。"[①]包工制度今虽略形消迹，然纱厂雇佣工人时，工头仍占重要地位，故工人为维持地位计，常有向工头纳贿者，是以工头除其应得之工资

---

① *China Year Book*, 1925, pp. 548-9。

外,又可获得其他入款也。

以上雇工方法,为天津各纱厂所通行者,惟裕元纱厂尚有雇佣临时粗工之法则。每晨约六时左右,纱厂门外,恒有多数粗工鹄候雇佣,稍顷,厂中有一职员持筹外出,掷入群众间,凡能取得该筹者,当日即可入厂工作,是以门外之苦力,争斗殊烈。此法逐日实行,已视为通例,至对于粗工本身之幸福与利益,则未暇顾及。但以竞争求雇之激烈,厂方仍得留用是法,无须使临时短工定为正常厂工也。

劳工移动一词,普通即指(一)雇佣工人(Accessions),(二)解雇工人(Separations),及(三)补充工人(Replacements)之三种劳工移动现象而言。① 雇工之解约离去率,谓之解雇率;雇佣工人率谓之雇佣率。前二率之中,其率较低者,均得称谓补充率。天津各纱厂中,除华新外,对于劳工移动统计,少有完备精密之记载。据该厂于民十八年三月至十九年二月之会计年度报告,是年该厂工人平均为 2,348 名,新雇工人 1,175 名,而解雇工人 988 名。故其解雇率如以百分率计为 42.1%,亦即补充率也;至其雇佣率则为 50.1%。其他诸纱厂,仅有解雇率之记录,然亦多不完备。据载:裕元纱厂于民十六年七月至十二月,解雇之工人有 1,012 名;于民十七年一月至十二月有 1,266 名;于民十八年一月至六月有 392 名。恒源纱厂于民十六年七月至十二月工人解雇者有 405 名;于民十七年一月至十二月有 502 名;于十八年一月至十二月有 214 名;于民十九年一月至五月有 79 名。北洋纱厂于民十九年四月至九月工人解雇者有 768 名。兹以各厂解雇之人数除各厂雇工平均

---

① Brissenden and Frankel, *Labor Turnover in Industry*, New York, 1922, p. 8.

数,即得各厂劳工之解雇率:① 裕元民十六年之解雇率,依百分数计,为35.5%,民十七年为20.8%,民十八年为12.3%;恒源之解雇率,民十六年为28.4%,民十七年为15.7%,民十八年为6.6%,民十九年为5.8%;华新之解雇率,民十八年为42.1%;北洋之解雇率,民十九年为76.8%。其中数家,虽存有早期之记录,但当本院派人前往调查之际,多已遗失损坏,残缺不全。据目前本院已有之统计所示,天津纱厂之解雇率,除北洋纱厂外,并不为高,且于最近数年内,显有低减之趋势。

第36表,列有津沪纱厂工人解雇理由之统计,显示天津四家纱厂之3,968名工人中,因离职久而解雇者有1,583名,占全数39.9%。此种因久离职务而解雇之现象,于中国纱厂内至为普通,要皆由于两班制下工作时间过长使然。尤以在夏季为甚,盖因溽暑逼人,工作之后极感疲乏,虽无私事者,亦多愿离厂休息数日也。厂方因鉴于工人时常缺工,对于全厂工作之效率,颇多妨碍,于是设法以资补救。最普通之方法,即雇佣较工厂实需之数为多之工人,以替补缺席之工人。如恒源纱厂,于民十七年内,到厂工作之人数,占工资表上所有人数之平均百分比仅为90.05%,于民十八

---

① 天津各纱厂平均雇工数,均列在下表。民十七年之统计,系采自天津特别市社会局:《一周年工作报告》,民十七年八月至民十八年七月;民十八至十九年之统计,系作者估计之数。诸凡是类天津纱厂之统计,均较华商纱厂联合会报告之数为高。

纱厂	1927	1928	1929—30
华新	2,156	2,235	2,348
裕元	5,700	6,083	6,395
恒源	2,850	3,200	3,262
北洋	1,800	1,950	2,000
裕大	1,526	1,700	1,700
宝成	1,400	1,630	1,630
总计	15,432	16,798	17,335

第 36 表 津沪纱厂工人解雇理由之比较，1929

解雇理由	上海 实数	%	天津 实数	%
擅自离工			86	2.2
久缺工	608	28.3	1,583	39.9
常缺工			43	1.1
违反厂规			159	3.9
偷窃	61	2.8	247	6.2
抗令	30	1.4	53	1.3
懒惰	105	4.9	173	4.4
争殴	32	1.5	66	1.7
罢工	44	2.0		
调戏女工			5	0.1
私逃			40	1.0
工作不良	280	13.0	149	3.8
不满意现状	33	1.5		
有其他工作	58	2.7	78	2.0
返籍	257	12.0	511	12.9
婚嫁与生育	129	6.0	56	1.4
疾病或受伤	244	11.4	428	10.8
家族疾病			19	0.5
死亡	25	1.2	123	3.1
家族死亡			13	0.3
身高不合规例者	46	2.1		
家事	168	7.8		
斥退	30	1.4		
其他			136	3.4
总数	2,150	100.0	3,968	100.0

年占91.35%。第37表复显示是项平均百分比,有数月特低,尤于二、六、七、八数月为最,盖以二月,适当吾国旧年,多数工人均离厂,而六、七、八月,正直夏季,不适工作,因而离职者亦多。如裕元纱厂于民十八年五月,到厂工作人数所占全厂工人之百分比为89.77%,及至六月即降为89.04%。第二,厂方特定奖金,奖励在半月或一个月期间内从未缺工之工人,如裕元纱厂,对于凡在一月之中从未有一次缺工之工人,酌予奖金五角。此法始于民十六年十月,但于民十八年六月改为半月,然获得奖金工人之百分比仍不大,于民十六年十月至十二月为66%;民十七年为58.7%,民十八年一月至九月为63.6%。华新纱厂之奖励办法,更为缜密,始行于民十八年四月十六日,规定凡一工人,半月之内未曾缺工一次者,予以相当该工人一日工资之奖金;但中有一日缺工者,即无奖金。且更进而规定,凡工人之未曾请假离职在两日以上者,依下列科以相当罚金:缺工两日者,扣除其一日之工资,缺工三日者,扣除其两日之工资,缺工四日者,扣除其三日之工资,缺工逾五日者,当即解雇。如经厂方允许而离职者,不科罚金。每届阴历年终,厂方对于终年未缺工之工人,予以赏金拾元,缺工未及十日者,予以伍元,缺工未及十五日者,予以二元。

复参阅第36表,显示归还原籍为工人解雇之第二主因。如天津纱厂,因返籍而解雇之人数占全解雇人数12.9%,此乃由于天津各纱厂工人,率皆募自邻县或邻省而然,盖此种工人,工作多时,略有积蓄,即欲回里而不愿逗留他乡也。第三主要原因,即为疾病,因病解雇者,占全解雇人数10.8%,此亦可间接证明中国工人体格之不良及操持机器工作之无能。第四原因即为盗窃,因此而被解雇者,占解雇人数6.2%,此亦为纱厂门口所以设警检查出厂工人之原由。至于因婚嫁生产而被解雇者,为数颇少,仅占1.4%,是乃因天津纱厂中女工人数原即不多故也。

第37表　天津某纱厂之工人到工数,1928—1929

月	1928			1929		
	工资簿上工人数	到工人数	%	工资簿上工人数	到工人数	%
一月	2,601	2,421	93.08	3,015	2,832	93.93
二月	2,818	2,523	89.53	3,003	2,702	89.90
三月	2,905	2,651	91.26	3,209	2,907	90.59
四月	3,021	2,726	90.24	3,284	2,946	89.71
五月	3,042	2,758	90.66	3,304	3,038	91.95
六月	3,021	2,686	88.91	3,325	2,992	90.08
七月	2,996	2,641	88.15	3,383	3,039	89.83
八月	3,027	2,746	90.72	3,361	3,024	89.97
九月	3,034	2,766	91.17	3,336	3,052	91.49
十月	3,010	2,768	91.96	3,315	3,066	92.49
十一月	3,024	2,823	93.35	3,306	3,099	93.74
十二月	3,027	2,838	93.76	3,292	3,050	92.65
平均	2,961	2,696	91.05	3,261	2,979	91.35

第36表,除列有天津纱厂工人解雇之理由、人数与其百分比外,并列有上海某日商纱厂工人解雇之理由、人数与其百分比,以资比较。① 结果,有许多理由之百分比,两处情形大致相仿,如因缺工过多而解雇者,在天津占39.9%,在上海占28.3%;因返籍而解雇之百分比亦相类,天津为12.9%,上海为12.0%;因疾病而解雇之百分比,天津占10.8%,上海占11.4%,亦颇相似。惟因婚嫁及

---

① 《中国劳动年鉴》,第一次,1:369—370。

生产而解雇之百分比，上海较高，为6.0%，而天津仅为1.4%，此盖因上海女工人数特多也。

研究中国棉纺织业工人之移动率，可供参考之材料殊少，除前述以解雇率而断其移动率外，复得以其留厂期间之久暂视为劳工移动之指数。兹以民十九年分析天津三大纱厂3,898工人之结果为准，内有1,095人或27.8%曾入厂至三年或三年以下，有2,326人或59.4%曾留厂至五年或五年以下。换言之，内有2,803人或72.2%曾留厂至三年以上，有1,572人或40.6%曾留厂至五年以上（图14）。就大致论，天津纱厂工人之留厂期间较久，适正与近年天津纱厂劳工移动率之低落趋势相合。其致此之因，要有二端：（一）内乱频仍，阻碍实业之发达，致工人受雇他业之机会减少；（二）劳工组织之发生，致厂方不得恣意解雇工人。第38表即列有天津纱厂工人留厂年限之分配。

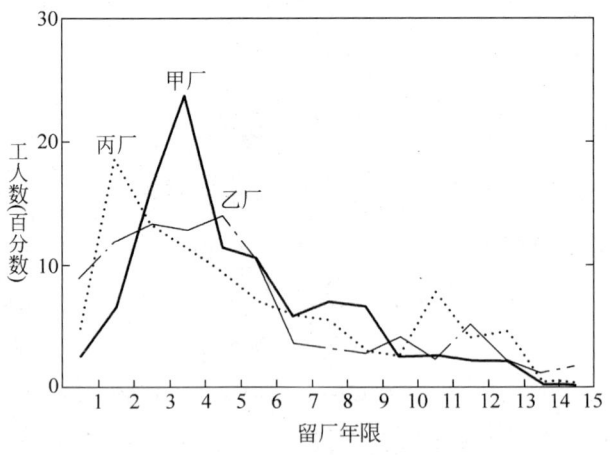

图14　天津纱厂工人按留厂年限之分配，1930（见第38表）

第 38 表　天津纱厂工人留厂年限之分配,1930

留厂年限	甲 厂		乙 厂		丙 厂		全 体	
	实数	%	实数	%	实数	%	实数	%
1 以下	72	2.6	31	8.9	38	4.9	141	3.6
1—2	179	6.4	42	12.1	141	18.4	362	9.0
2—3	441	15.9	47	13.5	104	13.6	592	15.2
3—4	660	23.7	45	12.9	87	11.3	792	20.3
4—5	316	11.4	49	14.1	74	9.6	439	11.3
5—6	293	10.5	36	10.4	55	7.2	384	9.9
6—7	164	5.9	13	3.7	46	6.0	223	5.8
7—8	197	7.1	11	3.2	42	5.5	250	6.4
8—9	190	6.8	10	2.9	24	3.1	224	5.7
9—10	70	2.5	15	4.3	19	2.5	104	2.7
10—11	73	2.6	8	2.3	61	7.9	142	3.6
11—12	62	2.2	18	5.2	32	4.2	112	2.9
12—13	55	2.0	7	2.0	37	4.8	99	2.6
13—14	5	0.2	4	1.2	5	0.6	14	0.4
14—15	3	0.1.	6	1.7	3	0.4	12	0.3
15 以上	1		5	1.6			6	0.2
未详	2	0.1					2	0.1
总数	2,783	100	347	100	768	100	3,898	100

第 39 表列有上海某日商纱厂工人留厂年限之分配。以之与第 38 表相比校,可知天津纱厂工人留厂年限较上海者为久。如天津纱厂工人,留厂至三年以上者,占全数 72.2%,而在上海,棉纺男工留厂逾三年者仅占该项工人数 47.3%,棉纺女工占该项工人数 42.8%,棉织男工占该项工人数 18.3%,棉织女工占该项工人数 22%。上海之纱厂工人留厂在一年或不及一年者最为普通,棉纺男工之留厂在一年或不及一年者占该项工人数 28.2%,棉纺女工

155

占该项工人数 44.7%，棉织男工占该项工人数 57.1%，棉织女工占该项工人数 44.2%。[1] 其致此之由，则因上海为我国工商中心，工作机会较多，故劳工之移动率亦较高也。

第 39 表　上海某日商纱厂工人留厂年限之分配，1928

（百分数）

留厂年限	棉纺工人		棉织工人	
	男	女	男	女
1 月	2.3	6.9	9.7	6.0
3 月	9.9	12.6	13.7	12.5
6 月	13.7	16.9	21.1	19.7
1 年	2.3	8.3	12.6	6.0
1½ 年	4.6	3.7	11.4	10.2
2 年	5.3	3.7	7.4	17.3
3 年	14.5	5.1	5.7	6.3
3 年以上	47.3	42.8	18.3	22.0

工资与生活程度——概言之，纱厂通行之支付工资制度，有记时、记件及记时记件混合制三种。在记时制之下，按日或按月发给工资；在记件制之下，工资之多寡，须视每个工人之出品与其单位工资率之乘积而定。在混合制之下，不但每日之工资率已经确定，且每日应作之工作量，亦有规定标准，逾此标准，则除应得当日之工资外，复加以记件法而应得之工资。天津之裕元纱厂，即兼用记时制及记时记件混合制二法：该厂之和花、清花、钢丝、打包、机匠、铁匠、木匠、原动力、浆纱、整理及苦力等工人，均依记时法发放工

---

[1] Pearse, *Cotton Industry of China and Japan*, Manchester, 1929, p. 172.

资；至如粗纱、细纱、摇纱、打小包、经纱、纬纱、穿综及织布等工人，则依记时记件之混合法发放工资。混合制一方面可保证每一工人必有其每日应得之最低工资，而他方面仍可鼓励工人增加出产，于厂方并无不利。其所以必需有最低工资之保障者，乃系因织布数部分内，工作不能常持恒态故也。第是项混合制度于厂方于工人，均未得为最完善之制度。在是项制度之下，迟钝工人，每日之产额，虽不能超出规定之标准额，然仍可获得每日应有之最低工资；但在他方面机敏工人，虽其产额已超过规定额，然额外工作之工资率，恒较通常之工资率为低，似欠公允。如裕元纱厂第一厂粗纱部之工人，系按混合制发放工资者，规定每工每日工资为大洋五角，以每日出产十支、十四支、十六支之粗纱七亨司为标准，如有多出定额者，则超过标准额之第一亨司，予以大洋四分，以后每多一亨司，增加大洋二分。依记时制度，每日出产七亨司得工资五角，每亨司之工资率为七分，今对于超过标准额之第一亨司，工资率反为四分，过此每多一亨司，仅有工资二分，不公允之处甚显。如吾人更进察在记时制度之下，工人有不须出产七亨司亦得全额五角之可能，则前项混合制度之不公允，更为明显矣。复察该厂第一厂细纱部之筒管工人，规定每工每日工资为大洋四角八分，如该部工人能按其标准额而生产，则以每日出产十四支纱2,395磅为标准，亦即每千磅之工资率为二角三分三厘，但额外工资率，每千磅仅为二角二分二厘，前后相差悬殊。此外混合制度兼具记时与记件二制之弊：在记时制度之下，如其工作不能有正确之衡准者，工人多贪懒怠工，尤以在暑期为甚。其怠工方法，或加油于电机轮之皮带上，使其光滑，减少摩擦力，机转速率因而减低，工作乃得借而弛缓；有时或竟将一部分机器毁坏，借得于修理时停顿工作。

在记件制度之下，情形不同，工人舞弊方法亦异。譬如粗纱工人，其出产额由亨司表衡计，工人乃多自动操持该表，随意移动其标识，图以少报多，是法旋被厂方发现，乃以铁栏将该表锁住，使其不复能自由移动。又如织布工人，常自由操纵织机，使经纬距离增大，如是织成之布，结构不密，但其长度则有增加；结果成品质料变劣，厂方受累，常常以110匹之价格脱售100匹，亦无主顾愿承购之者。

据南开大学经济学院调查裕元纱厂之工资统计，兹摘民十八年正月一日及六月三十日之两天工资率，按工人之种类列为第40表。所包括工人数占该厂工人总数6,395人中之4,828人。此种工人，大概多留厂有六月之久者。该表所示，在正月一日全体工人每日之平均工资率为四角三分四厘，但在六月三十日，为四角六分八厘，增加三分四厘，半年之内，工资增加7.8%。以工人性别论，正月一日男工之平均工资为四角五分三厘，较同日女工所得之三角三分为高，女工所得仅为男工所得72.8%而已。以工作部分论，正月一日工资最高之部分为原动力部，每人平均工资率六角六分，而以经纱部工人所得工资率最低，为三角零七厘。至其他诸部当日之工资率如次：机匠六角五分六厘；木匠五角二分七厘；粗纱四角九分一厘；清花四角五分五厘；织布四角四分六厘；钢丝四角三分七厘；细纱四角二分四厘；整理四角一分九厘；杂务三角八分六厘；打包三角八分三厘；摇纱三角三分一厘。细纱与织布两部，工人之工资率徒有其名，盖以在计时计件混合制度之下，工资率系指时率，而事实上各工人之生产额恒超过标准额，故实得工资率必较此率为高也。

第 40 表　天津裕元纱厂工人之平均日资率，1929

（单位：分）

工作部分及业务类别	已调查之工人数			每日工资率					
				男		女		合计	
	男	女	合计	一月一日	六月卅日	一月一日	六月卅日	一月一日	六月卅日
清花	76		76	45.5	47.2			45.5	47.2
和花	13		13	52.5	55.2			52.5	55.2
打棉	63		63	44.0	45.6			44.0	45.6
棉条	135	15	150	44.1	45.8	40.5	41.8	43.7	45.4
粗纱	447	185	632	49.5	51.0	48.3	49.2	49.1	50.5
前纺	126	17	143	45.6	47.2	41.3	42.8	45.1	46.5
粗纱	321	168	489	51.1	52.5	49.0	49.9	50.4	51.6
细纱	1,264	140	1,404	43.1	46.9	35.9	40.2	42.4	46.2
摇纱	410	205	615	35.3	41.0	28.6	32.8	33.1	38.3
打包	99		99	38.3	40.8			38.3	40.8
保全	154		154	65.6	68.4			65.6	68.4
木匠	41		41	52.7	54.2			52.7	54.2
杂务	118		118	38.6	40.2			38.6	40.2
原动	230		230	66.0	67.5			66.0	67.5
经纱	165	228	393	42.1	45.2	22.4	24.0	30.7	32.9
络经	62		62	37.6	41.0			37.6	41.0
经纱	25	125	150	38.9	41.3	21.9	24.7	24.7	27.5
穿综	9	30	39	41.4	42.5	23.2	23.8	27.4	28.1
浆经	42		42	52.4	56.1			52.4	56.1
纬纱	27	73	100	39.5	42.1	22.8	23.0	27.3	28.2
织机	850		850	44.6	49.6			44.6	49.6
整理	66		66	41.9	45.2			41.9	45.2
全体	4,055	773	4,828	45.3	48.9	33.0	35.6	43.4	46.8

裕元纱厂之细纱及织布两部之工人，其表面工资率虽较实得工资率为少，然较之华新纱厂工人之实得工资已多。在南开大学经济学院之调查中，吾人已将华新纱厂各部工人数除民十八年之每月五日与二十日之各该部支出工资总额，每人每半月之平均日

资二十四个,再以二十四除之,即得该厂工人全年之平均日资,如第41表。该表显示打包部及机器部外,其余各部之平均日资均较裕元工人之平均日资为低。至于各部总平均,华新则为三角九分四厘,较裕元之四角三分四厘更形低落。如进而计及裕元之平均日资仅指工资率言,而华新工人之平均日资,尚包括工资率以外之其他项目如奖金之类,则二厂工人之平均日资,其间差异,当更大矣。

第41表　天津华新纱厂日班工人之平均日资,1929

（单位:银元）

工作部分	工人数	工资数	每名工人之平均工资	每名裕元纱厂工人之平均工资
清花部	28.1	10.831	.385	.455
粗纱部	198.1	82.402	.416	.481
细纱部	363.0	116.460	.321	.424
摇纱部	255.5	83.296	.326	.331
成包部	55.7	31.373	.563	.383
拣花部	61.9	17.973	.290	
考工部	71.7	43.270	.603	
修机间	28.3	20.230	.715	.656
原动部	75.7	42.095	.556	.660
总数或平均数	1,138.0	447.930	.394	.446

兹姑以裕元纱厂之日资率,代表天津各纱厂之一般日资率,以之与上海纱厂之日资率比较,天津实较上海为低。据上海特别市政府社会局于民十八年九月二十五日调查上海工资情形,计算棉纺工人36,293名与棉织工人10,080名之平均日资率,[①]列为第42及43表。第44表列有津沪纱厂工人之平均日资率,显示上海纱厂

---

① 上海特别市政府社会局:民十八年《上海市之工资和工作时间》,民二十年出版。

第 42 表　上海棉纺厂之平均日资率，1929

（单位：银元）

部分及业务	已调查之人数				平均日资率			
	男	女	童	全体	男	女	童	全体
清花部	824	26		850	.470	.480		.470
和花	249			249	.468			.468
松花	469	26		495	.480	.480		.480
弹花	106			106	.432			.432
梳棉部	796	56		852	.488	.408		.483
抄钢丝	216			216	.552			.552
值钢丝车	417	56		473	.468	.408		.461
其他	163			163	.456			.456
粗纱部	515	7,410	181	8,106	.463	.486	.318	.468
工头	65			65	.636			.636
女工头		220		220		.792		.792
值棉条车	11	684		695	.480	.384		.386
件工		1,362		1,362		.444		.444
值粗纱车	66	1,339	89	1,494	.396	.444	.336	.415
件工		3,799		3,799		.516		.516
其他	373	6	92	471	.444	.396	.300	.415
细纱部	726	9,638	594	10,958	.451	.450	.313	.442
工头	48			48	.600			.600
女工头		273		273		.804		.804
值细纱车	7	1,062		1,069	.288	.492		.491
件工		7,809	101	7,910		.456	.408	.455
养成工		335		335		.204		.204
件工		124		124		.240		.240
验纱		35		35		.480		.480

（续表）

部分及业务	已调查之人数				平均日资率			
	男	女	童	全体	男	女	童	全体
收摆筒管	180		388	568	.372		.288	.315
其他	491		105	596	.468		.312	.441
摇纱部	334	9,624		9,958	.468	.435		.436
女工头		289		289		.732		.732
值摇纱车	334			334	.468			.468
件工		9,199		9,199		.425		.425
其他		33		33		.384		.384
件工		103		103		.468		.468
成包部	543	41		584	.700	.370		.677
称纱	62			62	.492			.492
打包	105	4		109	.552	.360		.545
件工	311			311	.845			.845
其他	65	33		98	.444	.372		.420
件工		4		4		.360		.360
拣花部	77	610	76	763	.705	.355	.252	.380
拣花	35	123		158	.408	.336		.352
件工	42	478	76	596	.952	.360	.252	.388
其他		9		9		.372		.372
准备部	3,743	169	310	4,222	.578	.324	.263	.545
保全	1,780		25	1,805	.576		.252	.572
司机	263			263	.756			.756
工匠	789			789	.679			.679
杂务	911	169	285	1,365	.444	.324	.264	.392
总计	7,558	27,574	1,161	36,293	.552	.452	.300	.468

第43表　上海棉织厂之平均日资率，1929

（单位：银元）

部分及业务	已调查人数				平均日资率			
	男	女	童	全体	男	女	童	全体
经纬部	378	2,102	345	2,825	.510	.537	.363	.512
工头	7			7	.924			.924
女工头		8		8		.936		.936
值经纱车	70	14		84	.475	.571		.491
件工		314		314		.557		.557
值筒子车	48	80		128	.480	.743		.644
件工		188	314	502		.511	.363	.418
值纡子车		226		226		.469		.469
件工		974		974		.539		.539
穿综件工		190		190		.583		.583
值浆纱车	54			54	.581			.581
件工	11			11	.682			.682
其他	188	12	31	231	.484	.360	.368	.462
件工		96		96		.381		.381
织布部	1,014	4,958		5,972	.944	.550		.617
工头	47	131		178	.816	.804		.807
女工头								
值布机	134			134	.525			.525
件工	776	4,827		5,603	1.057	.543		.614
其他	57			57	.496			.496
整理保全部	1,166	68	49	1,283	.581	.502	.350	.568
整理	347	46	29	422	.484	.475	.310	.471
件工	65	8	20	93	.794	.888	.408	.719
保全	497			497	.673			.673
杂务	257	14		271	.482	.372		.476
总计	2,558	7,128	394	10,080	.722	.545	.357	.581

第44表　津沪纱厂工人之平均每日工资率，1929

（单位：分）

部　别	男工		女工		童工		全体	
	沪	津	沪	津	沪	津	沪	津
清花部	47.0	47.2	48.0				47.0	47.2
梳棉部	48.8	45.8	40.8	41.8			48.3	45.4
粗纱部	46.3	51.0	48.6	49.2	31.8		46.8	50.5
细纱部	45.1	46.9	45.0	40.2	13.3		44.2	46.2
摇纱部	46.8	41.0	43.5	32.8			43.6	38.3
打包部	70.0	40.8	37.0				67.7	40.8
废棉部	70.5		35.5		25.2		38.0	
机器间	57.8	55.9	32.4		26.3		54.5	55.9
原动力部		67.5						67.5
棉纺工人全体	55.2	49.0	45.2	38.4	30.0		46.8	47.7
经纱部	51.0	45.2	53.7	24.0	36.3		51.2	32.9
织布部	94.4	49.6	55.0				61.7	49.6
整理部	58.1	45.2	50.2		35.0		56.8	45.2
棉织工人全体	72.2	48.6	54.5	24.0	35.7		58.1	44.4
棉纺织工人全体	59.5	48.9	51.9	35.6	25.0		49.3	46.8

（注）天津之平均日资，系依1929年6月30日裕元纱厂工人之日资率而计者。

工人之平均日资率较天津纱厂工人之平均日资率为高，前者为四角九分三厘，后者为四角六分八厘。虽然，此中差额，多系表面现象；实际天津棉纺工人（广义）之平均日资率为四角七分七厘，较上海棉纺工人之四角六分八厘为高。但棉织工人（广义）之平均日资率，天津远不如上海，天津仅四角四分四厘，而上海则为五角八分一厘。① 天津之棉织工人，正如前节所言，系根据记时记件混合制而领取工资者；所谓工资率仅指时率而论；实言之，此项时率乃为最低工资率，如其工作超出标准额，所得工资自亦增加。故天津之棉织工人，如其工作不能超出标准额，所得工资即依时率而定；但超出标准额后，立即依记件率付其额外工作之工资；是以该表所列关于天津棉织工人之平均日资率，乃其最低之工资率，固不足代表实际情形也。

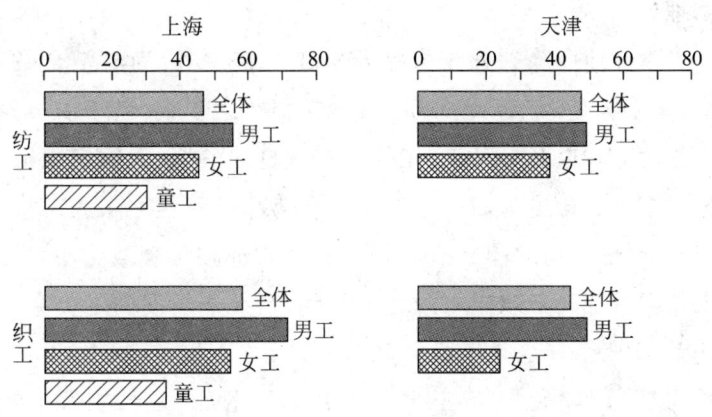

图15 津沪纱厂工人之平均日资率，1929（单位：分）（见第44表）

天津纱厂对于加工之工资率，亦与他处同，较通常之工资率为高。如华新北洋与宝成三厂，加工每小时之工资率，相当普通一小时半之工资率。裕元之制度较为复杂，加工不及半小时者，其工资率仍按正工之工资率计算；自半小时至六小时者，较普通工资率增加百分之二十；自六小时至九小时者，增加百分之三十；自九小时

---

① 分析上海49家纱厂及13家织布厂结果，棉纺及棉织工人之平均日资率似嫌过高。见本书附录一三甲。

至十二小时者,增加百分之四十。但纱厂内加工之事极少,惟原动工人与修理工人则为例外。如原动力部之夜工因故不能上工,日工即不能离开,须继续工作,以加工工资率计其工资;修理工人之情形亦同,如某部有损坏,须立刻修理者,不论何时,修理工人均须应召而至,盖稍有延宕,即增加厂方之固定成本(Overhead Cost)也。是以修理部之工人,普通常留厂方工作,不若其他工人每十天或每星期有一天之休息,实则亦惟有当此停工期间,厂方始能从事大部之修理也。

天津各纱厂除普通工资率及加工工资率外,尚有赏金数种。第一,全工奖金,奖励从未缺工或缺工极少之工人,已于前节论劳工之移动率时道及。第二,工作品行优良之奖金,无固定数额,纯依厂监个人之意见为断。至于工作恶劣品行不佳之工人,对之亦科以罚金,惟科罚之事,究非常有,其总数亦较奖金数为小。在民十七年七月至民十八年六月之一年间,裕元一厂发出之奖金总数达596,320元,几当是年罚金203,443元之三倍,其间由纱厂实负之数为392,877元。第三,裕元纱厂每届暑季,发给工人瓜赏五角,津贴工人购瓜或其他凉品以为解渴之用。第四,每届年终,复有年终奖金,惟奖金数额系按各人工作之性质与年限而定多寡。留厂不及三月者得一元,各部工头每人有得二十元之多;居此最低与最高之两级间,尚有十八元、十五元、十二元、十元、八元、六元、四元、二元等级。

上海各纱厂,亦有类似之赏金,惟实行方法容或略有变异。如南方因米价变异无定,且工人多嗜米食,是以米价增高,工人势必要求增加工资,厂方为免祛时时修改工资率之烦扰,多颁发米贴,借资调节。

工资率与工人之实际收入不同,后者除工资外,尚包括前述各种之奖金。如有罚金则工资总数与奖金之和减去罚金所得差数,为实际收入数。南开大学经济学院调查在天津之裕元纱厂,其工人之实际收入,系直接根据民十八年正月至六月间该厂之支付工资名册之记录而计算。按该项名册上共有工人6,395名,但计算其实际收入时,仅包括4,828名,如第45表(甲)所示,此4,828名工人平均每人每月之实际收入为十四元六角九分,棉纺部工人平均得十四元五角一分,棉织部工人得十五元一角八分。是项平均数实较上海特别市社会局编制之民十八年内上海纱厂工人平均每月之实际收入数为高。(见第45表(乙))是年天津纱厂工人平均每月

第45表(甲) 天津裕元纱厂工人之平均每月实际收入,1929

(单位:银元)

部分及业务	男	女	全体	部分及业务	男	女	全体
清花部	14.22		14.22	杂务	13.03		13.03
和花	17.60		17.60	原动	23.53		23.53
打棉	13.53		13.53	棉纺部全体	14.98	11.98	14.51
棉条部	13.20	11.30	13.02	经纱部	13.34	9.85	11.38
粗纱部	15.32	14.60	15.10	络经	12.72		12.72
前纺	13.93	12.18	13.72	经纱	12.08	9.48	9.92
粗纱	15.87	14.83	15.52	穿综	13.20	9.95	10.27
细纱部	13.72	11.58	13.50	煮浆	15.72		15.72
摇纱部	12.80	9.93	11.85	纬纱	12.23	10.43	10.93
成包部	12.93		12.93	织布部	17.10		17.10
保全部	17.87		17.87	整理部	13.17		13.17
保全	21.55		21.55	棉织部全体	16.29	9.85	15.18
木匠	18.00		18.00	纺织全体	15.33	11.35	14.69

之实际收入为十四元六角九分,上海之平均数为十四元五角一分,较天津低1.2%。如作更进一步之分析,则天津棉纺工人平均每月之实际收入为十四元五角一分,上海为十二元九角三分;但于棉织工人,情形适反,上海棉织工人平均每月之实际收入为十九元二角二分,天津为十五元一角八分,二处相差悬殊。

第45表(乙)　上海纱厂工人之平均每月实际收入,1929

(单位:银元)

	棉纺工人				棉织工人				棉纺织工人*
	男	女	童	全体*	男	女	童	全体*	
一月	17.49	14.22	9.37	14.75	24.51	13.89	11.40	16.49	15.13
二月	14.75	12.50	8.94	12.85	15.29	12.21	8.77	12.86	12.85
三月	15.93	13.70	7.70	13.97	24.99	18.48	12.85	19.91	15.26
四月	15.71	13.32	7.09	13.62	25.14	18.25	12.16	19.74	14.95
五月	14.89	12.32	8.72	12.74	23.75	17.82	12.33	19.11	14.12
六月	14.95	11.32	8.50	11.98	23.01	17.63	11.50	18.76	13.45
七月	14.44	11.45	8.17	11.97	20.15	16.34	9.89	17.05	13.07
八月	14.50	11.52	7.65	12.02	22.37	17.54	11.56	18.53	13.44
九月	14.79	12.40	8.18	12.76	25.30	15.67	12.19	17.98	13.89
十月	14.85	13.42	7.28	13.52	24.78	17.07	12.05	18.83	14.67
十一月	15.29	12.64	7.63	13.03	25.54	17.95	13.84	19.71	14.48
十二月	15.59	11.64	7.82	12.34	25.30	17.94	11.50	19.56	13.91
平均	15.28	12.50	8.07	12.93	23.54	18.09	11.69	19.22	14.51
已调查之工人数	7,558	27,574	1,161	26,293	2,559	7,128	394	10,080	46,373

* 加权算术平均。

至于工资之核算与登记，各厂所用方法大致相同。每晨当工人入厂之时，各将其"工折"换取"号筹"（该项工折亦得视为雇工契约），厂方仍将该折转至帐房，经其盖印。不论工资之支付系依记时法抑记件法，帐房之印章即为该工人到厂之证据。印章盖毕，复将该工折送回各部，按号分配各工人，并收回各工人之号筹。依记时法领工资之工人，即依此印章为核算工资之凭据；如系依记件法领工资之工人，则该工人隶属之部分，须另送报告单与帐房，证明当日该工人所作之工作量，帐房即据此核算其应得之工资。天津仅有一家纱厂系每日核算工资者，其余多系每半月核算一次。但工人进厂之后，均须工作二星期始能领到工资；换言之，在是项制度之下，工人须预存两星期之工资作为保证金，为损坏机件之赔偿或其他罚金之用。如遇婚丧大事，厂方亦得允许工人之请求，准其预支应得之工资。

工资之核算，少数纱厂，按下列条例办理。不论记时或记件工人，缺工两小时者，即以缺四分之一"工"论；如缺工五小时者，即以缺二分之一"工"论，若因换班而休息或因特殊事情而停工之期间，厂方停发工资；但于法定放假日，仍按例发给工资。如当法定放假日，厂方不宣布休息仍须工人照常工作，则应给双工工资。若工人于假期之次日，未到厂工作，则不特失去当日之工资，且更须缴纳相当是日工资数之罚金。

关于棉纺织业工人之生活程度，上海情形已由上海国定税则委员会与北平社会调查所合作调查，天津情形，亦已由南大经济学院调查。上海之调查，历时一年，自民十六年十一月起，至十七年十月止,调查范围,包括曹家渡230家之纱厂工人家庭;①天津之调查,历时亦有一年,自民十八年十一月起至十九年十月止,调查范围,包括小刘庄87家之纱厂工人家庭。两处调查之期间,差隔虽有二年,但因两地生活程度均无急变,故仍可作一比较的分析。惟上海之调查系用逐日记帐法,而天津之调查,系用按月记帐法;因此不同,故前项调查较后者为繁杂,所耗用费亦较后者为大。第46表列有津沪纱厂工人家庭每家每月之平均入款及其百分比(图16),显示上海每家每月之平均入款为三十二元五角六分,其全年之平均入款当为三百九十元七角二分,较天津每家每年之平均入款为二百九十一元三角七分者,高34.1%。此中差额,一部分原因,由于两地家庭大小之不同;若以成年男子计,上海平均每家有3.75人,较天津每家仅有2.80人大35%。该表复显示上海每家因劳力而获得之入款,占全家入款95.5%,天津则占97.07%。各人入款之分配,在天津家庭中,夫之收入,占全家收入74.71%,妻占8.34%,子女占8.23%,兄弟姊妹占3.49%,父母占2.30%;而在上海家庭中,夫之收入仅占全家收入43.5%,与天津之74.71%相较所差殊大,妻或子女占15.5%或20.1%,实高于天津之8.34%或8.23%。由此益可证明上海各纱厂之雇佣童工与女工,较天津为多也。

第47表列有依入款多寡而分类之津沪棉纺织业工人家庭之各项支出平均总额及其百分比(图16)。观此表,可得下列断语:

---

① 杨西孟:《上海工人生活程度的一个研究》。

第46表（甲） 上海纱厂工人家庭每家每月平均入款及百分比按入款组之分配

入款组（元）	家数	工资收入（元）						工资外之收入（元）			
		夫	妻	子	女	其他男人	其他女人	全体	房租	包饭	其他	合计	总计
20以下	42	13.43	1.64	0.25	0.64	0.33	0.30	16.59	0.03	0.01	0.04	0.08	16.67
20—29.99	90	12.11	5.41	2.49	1.84	1.15	1.10	24.10	0.13	0.49	0.42	1.04	25.14
30—39.99	46	15.20	5.21	3.55	4.32	2.81	2.30	33.39	0.45	0.87	0.05	1.37	34.76
40—49.99	34	15.09	7.30	4.55	5.95	4.30	5.49	42.68	0.68	0.49	0.75	1.92	44.60
50—59.99	18	20.25	4.63	7.99	7.10	6.91	11.69	58.57	0.04	3.25	1.69	4.98	63.55
全体	230	14.17	5.05	3.21	3.33	2.42	2.92	31.10	0.26	0.75	0.46	1.47	32.56

百 分 比

20以下	42	80.6	9.8	1.5	3.8	2.0	1.8	99.5	0.2	0.1	0.2	0.5	100
20—29.99	90	48.2	21.5	9.9	7.3	4.6	4.4	95.9	0.5	1.9	1.7	4.1	100
30—39.99	46	43.7	15.0	10.2	12.4	8.1	6.6	96.1	1.3	2.5	0.1	3.9	100
40—49.99	34	33.8	16.4	10.2	13.3	9.6	12.3	95.7	1.5	1.1	1.7	4.3	100
50—59.99	18	31.9	7.3	12.6	11.2	10.9	18.4	92.2	0.1	5.1	2.7	7.8	100
全体	230	43.5	15.5	9.9	10.2	7.4	9.0	95.5	0.8	2.3	1.4	4.5	100

第46表（乙） 天津纱厂工人家庭每家每年平均入款及百分比按入款组之分配

入款组(元)	家数	工资收入(元)							工资外之收入(元)				总计
		父母	夫	妻	兄弟	姊妹	子女	全体	赈济	房租	利息	合计	
200以下	5		149.22	39.08				188.30	4.00			4.00	192.30
201—300	46	1.56	206.59	21.36	0.42	0.24	5.55	235.72	7.50	0.98		8.48	244.20
301—400	27	18.55	237.29	20.33		6.82	47.02	330.01	3.63	7.07	1.67	12.37	342.38
401—500	9	1.11	253.54	42.90	74.54		62.36	434.45					434.45
全体	87	6.70	217.68	24.29	7.92	2.24	23.99	282.82	5.32	2.71	0.52	8.55	291.37
百分比													
200以下	5		77.60	20.32				97.92	2.08			2.08	100
201—300	46	0.64	84.60	8.75	0.17	0.10	2.27	96.53	3.07	0.40		3.47	100
301—400	27	5.42	69.31	5.94		1.99	13.73	96.39	1.06	2.06	0.49	3.61	100
401—500	9	0.26	58.36	9.87	17.16		14.35	100.00					100
全体	87	2.30	74.71	8.34	2.72	0.77	8.23	97.07	1.83	0.93	0.18	2.93	100

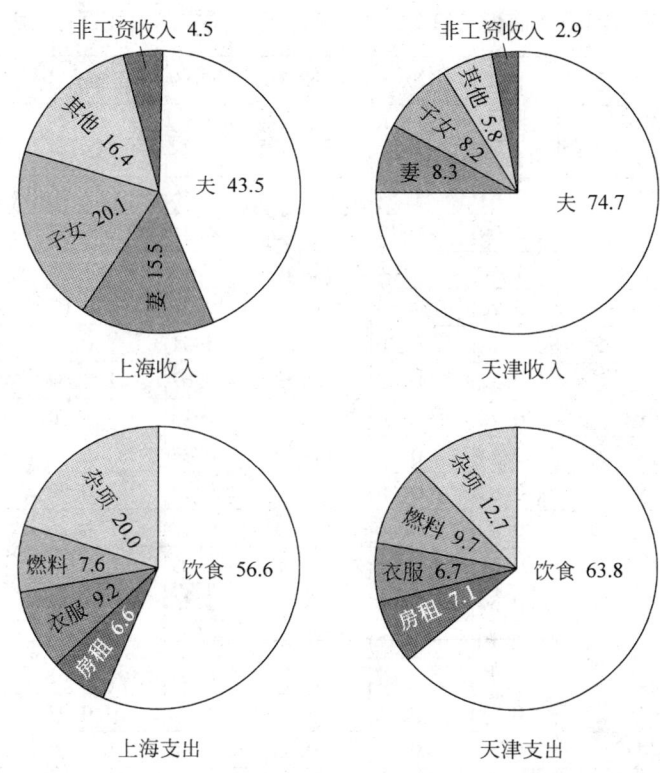

图 16 津沪纱厂工人家庭收入及支出分配之比较(百分数)

(见第 46 及 47 表)

(一)入款增加,其用于食物房租及燃料之费减少;

(二)入款增加,其用于衣着及杂项之费随之增加。

津沪两处,各项支出之百分比分配,不尽相同。今以全体论,天津食物之百分比,竟有 63.79% 之多,而上海仅占 56.62%。是项差异,第一,当由于家庭之大小不同使然,前已论及,天津每家仅合成年男子 2.80,而上海为 3.75;家庭既大,食品之支出虽有增

第 47 表（甲）　上海棉纺织业工人家庭每月平均支出额及百分比之分配

入款组（元） 支出项目	20以下	20—29.99	30—39.99	40—49.99	50及50以上	全体
			总数（元）			
食品	12.53	15.06	18.67	22.61	30.32	18.04
房租	1.63	1.84	2.25	2.46	2.90	2.09
衣服	1.09	2.13	3.06	4.34	6.48	2.92
燃料	1.90	2.08	2.46	2.80	4.03	2.43
杂项	3.26	4.85	6.38	9.21	13.07	6.38
交通费	0.11	0.20	0.29	0.51	0.37	0.27
卫生费	0.32	0.43	0.53	0.62	0.94	0.51
嗜好费	0.76	0.94	1.11	1.13	1.70	1.05
医药费	0.14	0.31	0.23	0.33	0.25	0.26
妆饰品	0.03	0.08	0.10	0.13	0.30	0.11
娱乐费	0.02	0.06	0.11	0.10	0.25	0.09
教育费	0.01	0.05	0.08	0.09	0.14	0.06
酬应费	0.34	0.66	0.75	1.15	1.44	0.78
税捐	0.10	0.16	0.35	0.47	0.36	0.26
水筹	0.42	0.47	0.47	0.57	0.62	0.49
祭祀	0.08	0.16	0.37	0.30	0.33	0.23
特别费	0.52	0.42	0.49	2.30	3.05	1.00
其他	0.41	0.91	1.50	1.51	3.32	1.27
家具	0.14	0.35	0.44	0.57	0.97	0.43
利息	0.13	0.22	0.59	0.43	1.72	0.45
寄家	—	0.16	0.29	0.24	0.27	0.19
杂用	0.14	0.18	0.18	0.27	0.36	0.20
平均支出	20.41	25.96	32.82	41.42	56.70	31.86
平均收入	16.68	25.15	34.77	44.61	63.55	32.56
盈(+)或亏(-)	-3.73	-0.81	+1.95	+3.19	+6.85	+0.70
每家平均人数（成年男子）	2.62	3.04	3.95	4.82	6.27	3.75
家庭数目	42	90	46	34	18	230

(续表)

	百 分 数					
食品	61.39	58.01	56.89	54.59	53.30	56.62
房租	7.99	7.09	6.86	5.94	5.11	6.55
衣服	5.34	8.21	9.32	10.48	11.43	9.17
燃料	9.31	8.01	7.49	6.76	7.11	7.63
杂项	15.97	18.68	19.44	22.23	23.05	20.03
交通费	0.54	0.77	0.88	1.23	0.65	0.85
卫生费	1.57	1.66	1.61	1.50	1.66	1.60
嗜好费	3.72	3.62	3.38	2.73	3.00	3.29
医药费	0.69	1.19	0.70	0.80	0.44	0.82
妆饰品	0.14	0.31	0.31	0.31	0.53	0.34
娱乐费	0.10	0.23	0.34	0.24	0.44	0.28
教育费	0.05	0.19	0.24	0.22	0.25	0.19
酬应费	1.66	2.54	2.29	2.77	2.54	2.45
税捐	0.49	0.62	1.07	1.13	0.63	0.82
水筹	2.06	1.81	1.43	1.38	1.09	1.54
祭祀	0.39	0.62	1.13	0.72	0.58	0.72
特别费	2.55	1.62	1.49	5.55	5.38	3.14
其他	2.01	3.50	4.57	3.65	5.86	3.99
家具	0.68	1.35	1.34	1.38	1.71	1.35
利息	0.64	0.84	1.80	1.04	3.03	1.41
寄家	—	0.62	0.88	0.58	0.48	0.60
杂用	0.69	0.69	0.55	0.65	0.64	0.63

加,而其所占之百分比自有相当减少。第二,系因当两处之调查期间,食物价格不同而致。就上海曹家渡230家纱厂工人之家庭生计调查而编制之上海生活费指数言,则民十六年一般生活费指数为106.7,十七年减为102.5,但同期间之食品组指数更形减落,自

第 47 表（乙）　天津棉纺织业工人家庭每年平均支出额及百分比之分配

入款组（元） 支出项目	200 或 200 以下	201—300	301—400	401—500	全体
		总额（元）			
食品	134.39	163.50	207.16	260.01	185.36
房租	14.98	20.85	19.46	27.12	20.50
衣服	11.34	18.28	25.60	34.88	19.58
燃料	21.63	25.34	31.72	35.30	28.14
杂项	19.29	30.13	46.07	54.67	36.99
交通费	0.32	0.77	2.33	0.83	1.23
卫生费	3.25	4.77	6.56	10.06	5.79
嗜好费	4.10	4.88	10.81	9.58	7.16
医药费	0.82	2.86	4.18	6.30	3.51
娱乐费	0.54	1.08	2.57	5.70	1.99
教育费	0.07	0.52	0.75	0.13	0.52
酬应费	0.50	2.09	2.37	1.98	2.07
税捐		0.05	0.22	0.11	0.10
妆饰品	1.80	2.42	3.65	4.74	3.01
水筹	3.84	4.41	5.66	6.46	4.98
祭祀费		0.34	0.46	0.51	0.38
特别费	4.05	5.94	6.51	8.27	6.25
平均支出	201.63	258.10	330.01	411.98	290.57
平均收入	192.30	244.20	342.38	434.45	291.37
盈（+）或亏（-）	-9.33	-13.90	+12.37	+22.47	+0.80
每家平均人数 （成年男子）	2.38	2.55	3.06	3.48	2.80
家庭数目	5	46	27	9	87

（续表）

	百 分 数				
食品	66.65	63.35	62.77	63.11	63.79
房租	7.43	8.08	5.90	6.58	7.06
衣服	5.63	7.08	7.76	8.47	6.74
燃料	10.73	9.82	9.61	8.57	9.68
杂项	9.56	11.67	13.96	13.27	12.73
交通费	0.16	0.30	0.70	0.20	0.42
卫生费	1.61	1.85	1.99	2.44	1.99
嗜好费	2.03	1.89	3.27	2.33	2.46
医药费	0.41	1.11	1.27	1.53	1.21
娱乐费	0.27	0.42	0.78	1.38	0.68
教育费	0.03	0.20	0.23	0.03	0.18
酬应费	0.25	0.81	0.72	0.48	0.71
税捐		0.02	0.07	0.03	0.03
妆饰品	0.89	0.91	1.11	1.15	1.04
水筹	1.90	1.70	1.71	1.57	1.71
祭祀费		0.13	0.14	0.12	0.13
特别费	2.01	2.30	1.97	2.01	2.15

106.7减至92.1。是以在十六年十一月至十七年十月之上海调查期间，食物费指数骤减15.9%，而一般生活费指数只减少4.1%，故食物在家庭总支出所占百分比较少。复就南大经济学院在民十六年九月至十七年六月期间所调查天津工人之家庭生计而编制之工人生活费指数观之，显示于民十八年十一月天津生活费指数为118.39，至十九年十月，增至122.47，在同期间食物指数亦自118.35增至121.27。因此食物在天津家庭总支出中所占之百分比较大。

衣着费占家庭总支出之百分比,在天津为6.74%,在上海为9.17%,此盖因上海工人之生活程度较高也。而燃料费所占之百分比,天津为9.68%,上海为7.63%,此系因天津气候寒冷,冬季必需烧煤球取暖,而在上海,则虽为中等家庭,冬季亦少有生火取暖者,故天津工人之燃料费特多。至于杂项费用,上海占20.03%,天津仅占12.73%,此又系因上海工人之生活程度较高。杂项如交际费,上海占2.45%,而天津仅占0.71%;又如纸烟,上海占3.29%,而天津仅占2.46%。

工作时间——概言之,华商纱厂之工时普通为十二小时,而日商纱厂则为十一小时。实际上二者之工时约等,盖华商纱厂工人贪懒之时会较多;①此外每日正午或深夜,尚有半小时至一小时之用膳。天津之北洋与华新二厂,每日工作时间自晨七时起至晚七时止;恒源,自晨六时半起至晚六时半止;裕元宝成及裕大诸厂,则自晨六时起晚六时止。以上诸厂,均系采用两班制者。

纱厂之休息日,各处规定不同,有每星期日休息者,有每十天休息一日者,更有每月休息两日者。天津诸厂盛行之办法,即为第一种,所有班次之更换,亦均于此时举行。每年之放假日有:新年五天;端午、中秋、元宵、总理诞辰及逝世纪念、黄花冈七十二烈士殉难纪念、北伐军誓师纪念、双十国庆纪念等各一天。当此期间,工厂仍须照发工资,厂方亦即利用此时更换班次或修理机器,甚至有出双工工资令工人仍继续工作者。

但放假日数愈多,厂方损失愈大,近年国府颁布工人休假法令,纱厂因而所受之损失颇巨。如裕元于民十八年度,平均有工人

---

① 据陈达氏之研究,49家纱厂平均每班工作时间为11.3小时。

6,395名,是年共放假十七天——旧历新年五日,新历新年、元宵、劳动纪念、五卅纪念、端午、中秋、双十等节各一天,总理诞辰逝世奉安等纪念共五日——损失工资总数达49,616元之多,平均放假一日,须损失工资2,919元。

中国棉纺织工业界之实行三班制,当以天津宝成纱厂为最早,始于民十九年二月十六日。在此制下,每班工作时间自十二小时改为八小时;第一班起自晨六时至午后二时,第二班起自午后二时至十时,第三班起自午后十时至晨六时。该厂所佣工人,为数仍系1,500。但每班之人数,则自七五○减为五○○,较前已少。且该厂多数部分之工人,均采用按件发资制,是以工作效率必能增加;盖工时既缩短,工人须努力工作,始可期免于损失也。

宝成改行三班制之后,其他华商纱厂深恐本厂工人亦将效尤,起而作同样改制之要求,如是则厂方必须多雇工人,故一致反对此种改革。良以此种改革,虽可实行于宝成,但行之于他厂,则有困难。第一,宝成工人较他厂工人之工作效率低。据民十七年天津特别市社会局之调查,宝成每个工人全年之棉纱生产额最低,仅有六点六三包;只及恒源每个工人产额(11.25包)59%。[①] 第二,宝成

---

① 天津特别市社会局,《一周年工作报告》。

民十七年天津纱厂统计

厂名	纺锤数		织机数		工人数		棉纱产额(包)		棉布产额(匹)	
	总数	每工人掌管纺锤数	总数	每人掌管织机数	棉纺工人	棉织工人	总额	每人之产额	总额	每人之产额
华新	27,000	12.80			2,235		20,000	8.95		
裕元	75,000	17.20	1,000	.58	4,359	1,724	37,000	8.49	770,000	446.64
恒源	31,000	11.63	310	.58	2,666	534	30,000	11.25	100,000	187.27
北洋	28,000	14.36			1,950		20,000	10.26		
裕大	35,000	20.59			1,700		15,000	8.82		
宝成	27,000	16.56			1,630		10,800	6.63		

在已往三年内,累年损失,民十五年损失 197,083 元,十六年损失 58,819 元,十七年损失 61,566 元。今姑置十五年于不论,因是年市场萧条,各厂均受损失;至于十六年及十七年,华新与裕元二厂则均获利。即以北洋论,在十六及十七两年所受之损失较宝成所受之损失更多,然该厂已经改组,重新开工矣。惟有宝成一厂,因积欠过多,民十二年以来永受其债主慎昌洋行之监督;易言之,宝成实已濒于破产之境。故该厂不得不设法增加效率;否则倒闭歇业,必有多数工人将感失业之患。①

依实事论,工人因改二班制为三班制,得增加其效率,自属可能,且亦为该厂于民二十年三月二十日答复陈达教授书中所承认者。②在该答复书中,厂方尚附有统计表一纸,显示工人产额及工资之增加,即本书之第48表。表中列有该厂实行三班制与两班制之效率比较,明示自一月一日至二月十五日之一个半月间平均每日产额为39.18包,自二月十六日至三月三十一日之一个半月间平均每日产额为39.09包,二者约等;易言之,每班工人数目与时间虽已减少,但在八小时之三班制下,产额几无减少。至八小时制度

---

① 天津特别市社会局,《一周年工作报告》。

天津纱厂之表面盈亏

年份	华新		裕元		恒源		北洋		宝成	
	总数	%	总数	%	总数	%	总数	%	总数	%
1926	-88,312	-3.65	-245,017	-4.41	256,256	6.41	-526,281	-19.57	-197,083	-6.57
1927	33,809	1.40	365,531	6.57	-140,932	-3.52	-134,433	-5.00	-58,819	-1.96
1928	181,376	7.49	345,885	6.22	-152,574	-3.80	-329,035	-12.23	-61,566	-2.05

② 《时事月报》民二十年五月,320页。陈达氏于其所著《中国工厂法的施行问题》内,谓"上海有几个棉纱厂,以为自十二小时减至十小时,其总数经济损失,为9%。内中仅生产量一项,要减少17%"。(《申报》,民二十年,八月,一日)

第48表 天津宝成纱厂的生产和工资比较

（实行八小时工作的前后）

1930年1月1日至4月15日

项目	实行十二小时制				实行八小时制			
	1月1—15日	1月16—31日	2月1—15日	2月16—28日	3月1—15日	3月16—31日	4月1—15日
工作日	13.00	12.50	13.00	12.33	13.66	15.33	14.33
纱产额（包）	532.59	490.70	484.93	482.58	534.70	597.75	581.44
纺纱平均支数	18.15	19.18	18.99	18.47	17.82	17.97	18.14
每日平均纱产量（包）	40.97	39.26	37.30	39.14	39.14	38.99	40.57
工资元数（除月工工资）	11,526.84	11,542.13	11,706.30	11,164.07	12,996.31	13,517.61	12,839.68
每日付出平均工资（元）	886.68	923.37	900.48	905.44	951.41	881.77	896.00
每包棉纱平均工资（元）	21.64	23.52	24.14	23.13	24.31	22.62	22.09

下，工人数目复较前在十二小时之制度下者少三分之一，而产额并无减少，即可证明工作效率较前增加三分之一。效率之增加，要有数因：第一，在两班制之下，工厂中每班之人数过多，然厂方因畏工会之反对，故虽感人数多亦不能遽而解雇；而在三班制之下，原有人数，现分为三班，每班人数即较前为少，结果，每个工人均得尽力工作之机会。如工人前在两班制下每人仅统辖十架钢丝车，今改为三班制，每人得管理二十架；又如已往每三工人看守两架粗纱机者，今每人即可看守一架。第二，在两班制之下，每星期更换班次一次，须停工十二小时；但在三班制之下，仅须停工八小时足矣，如是每月即能节省十六小时。最后，工作时间缩短，工人休养之机会较多，在通常工作时间内自少偷闲，结果工作效率增加，生产额当亦加多也。

宝成实行三班制之结果，除增加效率外，尚有其他利益。第一，宝成之采用八小时制度，实先于民二十年八月一日新工厂法之施行，该法亦规定八小时工作制度；所不同者宝成并未实行新法中所规定每继续五小时工作，必须有半小时休息之条例耳。复次，宝成确实明定妇女与幼童只在自晨六时至午后二时之第一班工作，亦正与新工厂法童工与女工不在晚间工作之规定相同。且在八小时制度下，工人有十六小时得归本人支配，因此亦无须因个人私事而缺工。最终，即以社会一般及工人自身论，工作时间缩短，实有助于工人健康之改良及一般幸福之增进。至于工人教育与娱乐之设备，虽仍多不完备，但望将来对于是项设置，有所改良，庶可使在三班制下之工人，得善用其余时也。

虽然，改二班制为三班制，对于其他纱厂颇有困难。少数纱厂，特别是日商纱厂，所有工人并不过多，若改行三班制，最先问题即须新招大批工人以补第三班之缺额。且在一已得高效率之纱厂中，如减少钟点，结果非减低工资即须增加工资；减低工资固为工人所不愿，增加工资复为工厂之损失。厂方地位较工人为优，此增加之成本，固可转移于消费者，但成本增高，物价加增，自又不能与他处出品竞争，故目前各纱厂，均不愿遽行改制也。

童工与女工——棉纺织业中，童工与女工之雇佣，乃一普通现象。在中国之二十八城中，棉纺织业工人共327,842人，中有女工202,738人，占全额61.84%；童工20,633人，占金额6.29%，合计二者共有223,371人，占全额63.13%。① 如第49表所示，据工商部调查，在九省之二十八城工厂工业中，共佣女工432,940人，内

第49表　中国二八城工厂工业之童工及女工，1930

工业类别	女工		童工		全体工厂工人	
	实数	%	实数	%	实数	%
棉纺织业	202,738	46.83	20,633	32.60	327,842	33.97
棉纺业	143,767	33.21	12,330	19.48	206,532	21.40
棉织业	55,476	12.81	7,037	11.12	109,809	11.39
其他	3,495	0.81	1,266	2.00	11,501	1.18
丝纺绩业	143,469	33.14	22,572	35.67	197,229	20.44
缫丝业	126,200	29.15	19,632	31.02	148,814	15.42
丝绩业	7,611	1.76	1,994	3.15	26,448	2.74
其他	9,658	2.23	946	1.50	21,967	2.28
其他	86,733	20.03	20,082	31.73	439,882	45.59
总计	432,940	100.00	63,287	100.00	964,953	100.00

---

① 工商部，《全国工人生活及工业生产调查统计报告书》第一号；*Nankai Weekly Statistical Service*, March 2, 1931。

棉纺织工业所佣女工，为数最多，有202,738人，占全数46.8%。其次丝业，共有女工143,469人，仅占全数33.14%。至于童工，则在此二十八城中，棉纺织工业雇有20,633人，占童工全数32.60%；而丝业雇有22,572人，占全额35.67%。

　　第50表（甲）列有中国棉纺织业之童工与女工按地域之分配。显示江苏省之棉纺织业童工与女工所占八省（九省中之一省无棉纺织业）之棉纺织业童工及女工总数之百分比为最高。该省共有棉纺织业女工163,459人，或80.63%，童工15,962人，或77.36%；总合该省共有棉纺织业工人238,821人，占八省之棉纺织业工人总数71.02%。复阅第50表（乙），江苏全省棉纺织工业之女工占该省棉纺织业工人总数70.21%，童工占6.85%，男工介于女工与童工之间，占22.94%。浙江省棉纺织业女工亦仅占八省是业女工总数2.34%，童工亦仅占八省是业童工总数2.90%，然在本省之内，童工与女工所占是业工人总数之百分比，均较江苏为高，童工占9.22%，女工占72.90%。在其他华南与华中诸省中童工与女工之百分比亦高，棉纺织业女工所占是业工人总数之百分比在广东为66.95%，江西56.74%，安徽48.99%，福建46.29%，湖北42.43%；童工之百分比，广东为13.97%，安徽8.24%，湖北4.57%。华北诸省，则因社会风气闭塞，女工之雇佣尚未普通。如山东省棉纺织业女工仅占是业工人总数6.37%。河北省情形，据民十七年之统计，显示天津各纱厂共有工人16,798人，内女工计1,842人，仅占10.97%，至童工所占百分比则为8.68%（共1,459人），并不低于华中华南、诸省童工所占之百分比也。①

---

① 天津特别市社会局，《一周年工作报告》。

第50表(甲) 中国棉纺织工业之童工及女工按其业务与所在区域之分配,1930

省或城	女工					童工					棉纺织业工人全体				
	棉纺	棉织	其他	总数实数	%	棉纺	棉织	其他	总数实数	%	棉纺	棉织	其他	总数实数	%
江苏	137,921	24,745	793	163,459	80.63	11,721	4,005	236	15,962	77.36	182,071	46,523	4,227	232,821	71.02
上海	126,654	14,768	96	141,518	69.80	9,238	1,872	12	11,122	53.90	164,752	29,244	214	194,210	59.24
苏州	1,691	1,597	562	3,850	1.90	855	35	84	974	4.72	2,902	3,056	3,637	9,595	2.93
无锡	7,951	1,526		9,477	4.67	1,055	220		1,275	6.18	11,770	2,158		13,928	4.25
武进	1,625	1,325	135	3,085	1.52	573	625	134	1,332	6.46	2,647	2,102	310	5,059	1.54
镇江		1		1				6	6	0.03		162	66	228	0.07
南通		5,215		5,215	2.57		1,176		1,176	5.70		9,228		9,228	2.81
宜兴		100		100	0.05		50		50	0.24		152		152	0.05
南京		213		213	0.11		27		27	0.13		421		421	0.13
浙江	1,068	3,668		4,736	2.34	409	190		599	2.90	2,000	4,425	72	6,497	1.98
杭州		2,520		2,520	1.24							2,738	72	2,810	0.86
嘉兴		900		900	0.44		180		180	0.87		1,200		1,200	0.37
宁波	1,068	248		1,316	0.65	409	10		419	2.03	2,000	487		2,487	0.76
安徽	850	1,937		2,787	1.37	200	269		469	2.27	1,500	4,189		5,689	1.74
安庆		135		135	0.07		45		45	0.22		875		875	0.27
芜湖	850	902		1,752	0.86	200	224		424	2.05	1,500	1,514		3,014	0.92
蚌埠		900		900	0.44							1,800		1,800	0.55

（续表）

省或城	女工 棉纺	女工 棉织	女工 其他	女工 总数 实数	女工 总数 %	童工 棉纺	童工 棉织	童工 其他	童工 总数 实数	童工 总数 %	棉纺织业工人全体 棉纺	棉纺织业工人全体 棉织	棉纺织业工人全体 其他	棉纺织业工人全体 总数 实数	棉纺织业工人全体 总数 %
江西	1,200	100		1,300	0.64							309	282	2,291	0.70
九江	1,200			1,200	0.59						1,700			1,700	0.52
南昌		100		100	0.05							309	282	591	0.18
湖北	1,763	20,363	2,290	24,416	12.04		1,600	1,030	2,630	12.75	4,112	47,398	6,030	57,540	17.55
汉口		9500	2,290	11,790	5.82		1,600	1,030	2,630	12.75		29,860	6,030	35,890	10.95
武昌	1,763	10,863		12,626	6.22						4,112	17,538		21,650	6.60
山东	965			965	0.48						15,149			15,149	4.62
青岛	965			965	0.48						15,149			15,149	4.62
广东		4,663		4,663	2.30		973		973	4.72		6,965		6,965	2.12
佛山		2,763		2,763	1.36		73		73	0.35		3,965		3,965	1.21
汕头		1,900		1,900	0.94		900		900	4.36		3,000		3,000	0.92
福建			412	412	0.20								890	890	0.27
福州			412	412	0.20								890	890	0.27
总数	143,767	55,476	3,495	202,738	100.00	12,330	7,037	1,266	20,633	100.00	206,532	109,809	11,501	327,842	100.00

第 50 表（乙） 中国棉纺织工业之童工及女工按其业务与所在区域之分配，1930（百分比）

省或城	女工				童工			
	棉纺	棉织	其他	总计	棉纺	棉织	其他	总计
江苏	75.75	53.19	18.76	70.21	6.44	8.61	5.58	6.85
上海	76.87	50.53	44.86	72.87	5.61	6.41	5.61	5.73
苏州	58.27	52.26	15.45	40.13	29.46	1.14	2.31	10.15
无锡	67.55	70.71		68.04	8.97	10.20		9.16
武进	61.37	63.04	43.55	60.98	21.65	29.73	43.22	26.33
镇江		0.62		0.44			9.09	3.63
南通		56.51		56.51		12.75		12.75
宜兴		65.79		65.79		32.89		32.89
南京		50.53		50.59		6.41		6.42
浙江	53.40	82.89		72.90	20.45	4.30		9.22
杭州		92.04		89.68				
嘉兴		75.00		75.00		15.00		15.00
宁波	53.40	50.92		52.91	20.45	2.06		16.85
安徽	56.67	46.24		48.99	13.33	6.42		8.24
安庆		15.43		15.43		5.14		5.14
芜湖	56.67	59.58		58.13	13.33	14.79		14.07
蚌埠		50.00		50.00				
江西	70.59	32.36		56.74				
九江	70.59			70.59				
南昌		32.36		16.92				
湖北	42.87	42.96	37.98	42.43		3.38	17.08	4.57
汉口		31.81	37.98	32.85		5.36	17.08	7.33
武昌	42.87	61.94		58.32				
山东		6.37		6.37				
青岛		6.37		6.37				
广东		66.95		66.95		13.97		13.97
佛山		69.69		69.69		1.84		1.84
汕头		63.33		63.63		30.00		30.00
福建			46.29	46.29				
福州			46.29	46.20				
总计	69.61	50.52	30.39	61.84	5.97	6.41	11.01	6.29

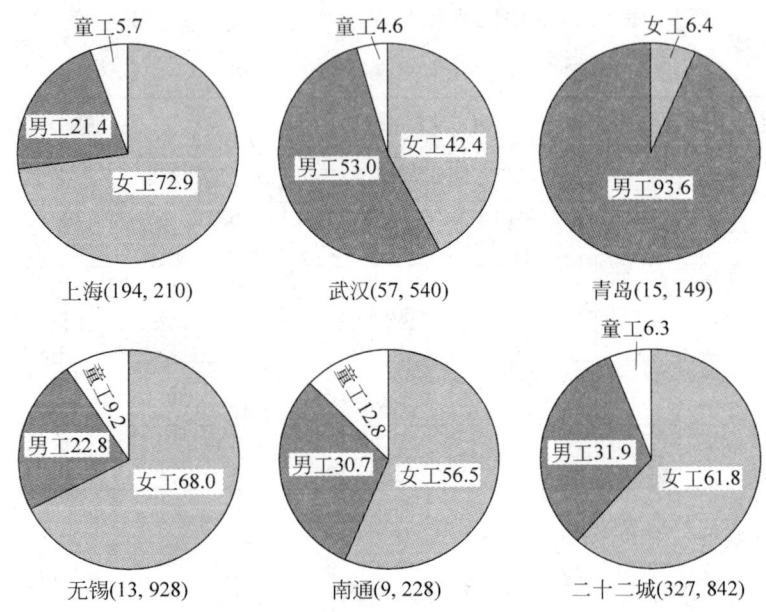

图 17 中国各城棉纺织工业之男工、女工及童工，1930（见第 51 表）

第 51 表列有各重要棉纺织业中心之纱厂，男工、女工及童工之分配，显示二十八城共有棉纺织工人 327,842 人，上海、武汉、青岛、无锡及南通诸埠占 290,053 人或 88.47%。在此五埠之中，女工所占比例，以上海为最高，占 72.9%；其次无锡，68.0%；南通 56.5%；武汉 42.4%；青岛之棉纺织女工所占比例最小，仅 6.4%。至于童工，其比例以南通为最高，占 12.8%；次为无锡占 9.2%，上海为 5.7%，武汉为 4.6%。青岛之纱厂，并无童工（图 17）。

第 52 表，列有津沪纱厂工人按其业务之分配，显示在上海纱厂中，和花、钢丝车、打包、机器、整理诸部，以男工占多数；而粗纱、细纱、摇纱、拣废花、经纱及棉织诸部，则以女工占优势。以上各部之

第51表　中国棉纺织工业中男工、女工、童工按城市之分配，1930

城别	女工		男工		童工		总数		每城所占百分数
	实数	%	实数	%	实数	%	实数	%	
上海	141,518	72.9	41,570	21.4	11,122	5.7	194,210	100.0	59.24
武汉	24,416	42.4	30,494	53.0	2,630	4.6	57,540	100.0	17.55
武昌	12,626	58.3	9,024	41.7			21,650	100.0	6.60
汉口	11,790	32.9	21,470	59.8	2,630	7.3	35,890	100.0	10.95
青岛	965	6.4	14,184	93.6			15,149	100.0	4.62
无锡	9,477	68.0	3,176	22.8	1,275	9.2	13,928	100.0	4.25
苏州	3,850	40.1	4,771	49.7	974	10.2	9,595	100.0	2.93
南通	5,215	56.5	2,837	30.7	1,176	12.8	9,228	100.0	2.81
武进	3,085	61.0	642	12.7	1,332	26.3	5,059	100.0	1.54
其他	14,212	61.4	6,797	29.1	2,124	9.2	23,133	100.0	7.06
总计	202,738	61.8	104,471	31.9	20,633	6.3	327,842	100.0	100.0

男工或女工，均在百分之七十以上。① 在天津纱厂中，除经纱部外，女工并不占主要地位，该部所有女工不过占该部工人57.22%；至于摇纱、粗纱二部女工所占各该部工人之百分比，前者为41.05%，后者为32.19%，较上海纱厂中之摇纱部女工占96.65%及粗纱部女工占91.41%者，未免相形见绌。在天津或上海纱厂中，童工所占地位，以之与男工或女工比较，殊不重要。如上海各厂，各部童工所占之百分比，即未有超过13%者：经纱部童工占12.21%，拣废花部占9.96%，机器部占7.34%，细纱部占5.42%，整理部占3.82%，粗纱部占2.23%。天津之情形，据民十八年之调查，裕元纱厂中共有十六岁或十六岁以下之童工195人，其中在细纱部工作者有87人，摇纱部者57人，经纱部者51人。是年细纱部共有工

---

① 《上海特别市工资和工作时间》。

人1,758,该部童工占4.95%;摇纱部共有工人899,童工占6.34%;经纱部共有工人526,童工占9.70%。

第52表 津沪纱厂之男工、女工及童工按其业务之分配

业务	上海						天津			
	男工		女工		童工		男工		女工	
	实数	%	实数	%	实数	%	实数	%	实数	%
清花	824	96.94	26	3.05			100	100.00		
梳棉	796	63.43	56	6.57			189	91.30	18	8.70
粗纱	515	6.35	7,410	91.41	181	2.23	615	67.81	292	32.19
细纱	726	6.63	9,638	87.95	594	5.42	1,584	90.10	174	9.90
摇纱	334	3.35	9,624	96.65			530	58.95	369	41.05
成包	543	92.98	41	7.02			131	100.00		
拣棉	77	10.09	610	79.95	76	9.96				
保全	3,743	88.65	169	4.00	310	7.34	724	100.00		
经纱	378	13.38	2,102	74.41	345	12.21	225	42.78	301	57.22
织布	1,014	16.98	4,958	83.02			1,064	100.00		
整理	1,166	90.88	68	5.30	49	3.82	79	100.00		
总计	10,116	21.82	34,702	74.83	1,555	3.35	5,241	81.95	1,154	18.05

上述调查之195名童工内,有女孩49名,男孩146名。其年龄之分配,在十五岁者有77名,十四岁者54名,十三岁者42名。余22名中,十岁者3名,十一岁者4名,十二岁者15名。入厂年龄,十一岁者40名,十二岁者47名,十三岁者44名;余64名中,九岁入厂者6名,十岁者22名,十四岁者24名,十五岁者12名。此辈儿童在入厂之前,闲居者有77名,在小学肄业者48名,其余70名中,从事拾柴者30名,农业者20名,纺纱者5名,棉织等业者7名,艺徒5名,小贩3名。此195名童工留厂年限之分配如次:一年以

下者24人,二年以下者52人,三年以下者56人,四年以下者39人,四年或超过四年者24人。在此195名童工中,有86名,其家属亦在本厂工作者。家属人数合计有115名,包括父30名,母1名,兄弟54名,姊妹13名,嫂3名及其他14名。复次,195名童工中,有181名每日所得工资之分配如次:每日所得工资二角一分至二角五分者有18名,二角六分至三角者31名,三角一分至三角五分者40名,三角六分至四角者37名,四角一分至四角五分者31名,四角六分至五角者22名,五角一分至五角五分者2名。故平均每名每日工资,仅为三角五分四厘。

至于上海之童工状况,据上海工部局童工委员会民十三年之调查报告云:"大部童工多受佣于细纱部,且于工作时多无座位者。至此辈童工开始工作之最低年龄,虽难确切陈述,然本委员会于考察各纱厂之际,实见有正在工作之儿童,其年龄似多未逾六、七岁者。且有一部分儿童,在工厂之工资簿中并无其名;盖厂方为便于彼等之母亲(即受雇于厂方之女工)照料起见,乃特许此等儿童由女工携入厂中。多数纱厂内之夜班情形,自西人视之,尤为奇特。于旋转迅速声音嘈杂之机器旁边,恒置有提篮数行,内盛之婴孩或幼童,有熟睡者亦有时醒者;年龄稍长之儿童,虽似能工作,但常以疲惫过度,于监工失察之时,则多就墙角或空地酣睡,甚或匿之篮内,覆以棉絮,以为暂憩之处。故厂中纪律殊为松懈,而管理之人,在此种情形下,亦多佯为不见,一任其便也"。①

工业失虞与疾病——关于纱厂中工业失虞与疾病之统计,以

---

① 载于 *China Yearbook*,1925,pp. 548-9。

中国办理纱厂之人尚未能认识其价值，故鲜有编制者。所幸上海工业医院对于杨树浦一带纱厂工人之工业失慎与疾病，尚有系统之记录。该院系由当地各纱厂合资设立者，送入治疗之受伤者或病人，亦多系外商纱厂之工人。旋鉴于各方时有对此问题之调查与询问，该院乃于民十三年三月刊布自民八年九月该院成立以来经其治疗之880名纱厂工人之统计概述。惟杨树浦一带之纱厂工人，当调查时，约有15,000名，内女工占55%，男工占25%，童工占20%。故在上述880病人统计中，包括男工566名，占65%，女工164名，占18%，十五岁以下之童工150名，占17%，仅足代表极少数之情形而已。此种现象尤以女工为确，盖女工较男工偏见特深，多不愿受西洋医术之治疗也。

根据第53表所列该医院之分析，在所有880病人统计中，童工受伤者占童工伤病全数67%；男工受伤者，占男工伤病全数41%；女工受伤者仅占女工伤病全数26%。男工受伤者占男工伤病全数之百分比，如是之高，原不奇特，盖以厂中各部上自整理部下至杂务，几均有男工，人数既众，受伤之机会自多；惟女工及童工所作均为轻便之工作，且无大危险，受伤之机会自应较少。然事实上，童工之受伤者竟占童工伤病总数67%，较女工受伤者所占女工伤病全数26%，几高出两倍半。征诸世界各地工业之经验，工人之失慎致伤，多由于无经验与缺乏训练，即或工厂有安全之设备，实际上亦难使此辈缺乏经验与训练之童工免于失慎致伤也。且女工偏见较深，即或受伤，亦不愿受西洋医术之治疗，此该院之统计中，女工病人及女工受伤者占女工伤病全数之百分比，所以为数不大也。

第 53 表　上海 880 纱厂工人受伤及疾病案

病人类别	受伤		其他		合计	
	实数	%	实数	%	实数	%
男　工	231	41	335	59	566	65
女　工	43	26	122	74	164	18
童　工	100	67	50	33	150	17
总　计	374	43	507	57	880	100

第 54 表列有上海纱厂工人受伤部位之百分比分配。其足使吾人注意之点,即男工受伤之部位与女工及童工受伤之部位完全不同。此又系因男工之工作,种类繁杂,而女工及童工之工作,多为看守机器,使用手部之时较多。故女工及童工之伤处,多数均在手部或手腕部;结果多数童工及女工均因手伤致不能工作。

第 54 表　上海纱厂工人受伤部位之百分比分配

	男工	女工	童工	全体
上　肢	35	53	51	42
下　肢	34	18	30	31
头	16	20	15	16
躯　干	10	6	3	7
其　他	5	3	1	4
总　计	100	100	100	100

第 55 表列有上海纱厂工人伤病性质之详细分析,显示在各类之工人中,以裂伤为最普遍,盖是项职业之性质,易遭此类之创伤。约有 75% 之裂伤,系由传染而来者。复骨折居次要地位,普通多发生于手骨或前臂骨中。复以厂中棉花之易燃性及汽管之多,故病人中之烫伤者颇多。至于终身残废,童工占 29%,较男工占 20% 为

高。此又因童工之缺乏训练与经验所致也。女工终身残废之百分比最高,为44%,内以目盲占多数,此乃因棉织机均设有飞梭,偶一不慎,即致伤目而成为单盲或双盲。其因伤身死者,童工占3%,较男工及女工均高,此又系缺乏训练与经验之故;男工因伤身死者,占1.7%,女工为零。至于疾病,细察第55表,并不能表示有所谓职业的疾病,惟漂染部则以利用漂白粉,故工人中常有因此发生肺病及其他呼吸系统之疾病,尤以女工及童工罹斯疾者为多。厂中空气之蒸热及潮湿,亦为致成是等疾病之原因。①

第55表　上海纱厂工人伤病性质之百分比分配

伤病之性质	男工	女工	童工	全体
疾病	100	100	100	100
肺痨	5	14	22	9
呼吸病	7.5	15	8	9
脚气病	6	3	—	5
寄生虫病	22	4	32	19
腿疮	5	10	—	5
其他	54.5	54	38	53
受伤	100	100	100	100
裂伤	67	37	57	59
复折	13	35	21	18
单折	3	2	9	5
烫伤	8	6	12	8
其他	9	20	1	10
失虞结果	100	100	100	100
终身残废	20	44	29	25
死亡	1.7	—	3.0	1.8

---

① Decker: Industrial Hospital, Shanghai: A Review of 880 Cases from the Cotton Mills, in *China Medical Journal*, March, 1924.

天津各纱厂均有所谓医院之设备，但多简陋，仅辟小屋一，二间，备药品少许。华新裕元与北洋诸厂，药室内尚置备卧铺数架。其他诸厂，遇有重病或重伤之工人，则多由厂方出资送至厂外医院疗治。裕元及恒源二厂关于病人情形，均有简单之记载。惟裕元之记录，较为完备，将病人依其医治之方法，或中或西，分门别类，但惜未备注病人之工作性质及其伤病所历期间耳。其受中医或西医诊治之病人，复分外科、内科、皮肤科、眼科及耳鼻喉科等五类。依第56表所示，于民十七年七月至十八年六月之一年内，裕元工人医院五科之病人共有10,482名，但民十七年该厂平均工人数为6,083，十八年为6,395（当十七年七月至十八年六月之一年内，仅有工人6,239名），此病人数之远超过工人实数者，乃因每一工人，在此一年内，不止仅为一科之病人也。该表复示仅外科一项，占病人全数26.8%，占投诊人数35.8%。外科病人实数为2,804名，投诊者为5,562名，平均每一病人之投诊次数为1.98。此项外科之中，几包括所有因失慎致伤之各种外科病，此项外科病人及投诊人数之高百分比，即可视为厂中失虞程度之指数也。内科病居首要，占病人全数55.2%占投诊人数45.3%，平均每一病人之投诊次数为1.22。眼科病居第三位，占病人全数8.3%，占投诊人数8.9%，平均每一病人之投诊次数为1.58。此种现象，与分析上海纱厂工人眼科病高百分比之结论颇相符合。

第56表复示遇有内科病，多愿就医于中医，但遇有外科病，则多愿求治于西医，故内科病人之求治于中医者，占92.4%，外科病人之求治于西医者，占75.7%。而女工不论内外科均愿中医疗治，投诊中医之女工有416名。投诊西医者仅36人而已。

第 56 表　天津某纱厂工人医院之病人及投诊次数按科目之分配
1928 年 7 月至 1929 年 6 月 *

科目	病人数					投诊次数				
	中医		西医		合计	中医		西医		合计
	实数	%	实数	%		实数	%	实数	%	
内科	5,440	92.4	342	7.6	5,782	6,307	89.7	725	10.3	7,032
外科	682	24.3	2,122	75.7	2,804	841	15.1	4,721	84.9	5,562
皮肤科	24	6.0	376	94.0	400	34	5.3	607	94.7	641
眼科	488	55.8	387	44.2	875	763	55.2	619	44.8	1,382
耳鼻喉科	220	51.5	301	48.5	621	382	41.4	541	58.6	923
总计	6,954	66.3	3,528	33.7	10,482	8,327	53.6	7,213	46.4	15,540

* 1928 年 7 月至 1929 年 6 月内中医所诊治之工人家族 1,358 名及西医所诊治之工人家族 1,030 名,均未计入。

第 57 表列有病人数与投诊次数之按月分配。以十二个月之平均作基数为 100,则最初三个月之指数特低,七月为 65.8,八月为 70.7,九月为 78.6。是类指数,殊不能代表实情,盖以医院初创,工人知者尚少,故就诊者亦少。自十月起,工人已知厂中设有施诊之医院,所有指数,始渐能代表实情。十二月之指数为 94.5,至一月为 102.9,增加颇速,而至二月复骤减至 71.9,此皆为季节之现象,因十二月及一月适为华北最冷之二月,故病者较多;二月内适值旧历年,一般工人均有五天假期,得有休息之机会,故病人骤减。至五月指数增至 136.2,至六月复增至 143.2,此盖因是时适为暑季之始,气候燥热,时疫流行,失虞之事,亦率增加。上列解释,纯为试述,在未有较详尽之材料前,殊难决然遽加结论也。

据 1930 年之报告,在上海每家平均有工人 2,069 之四十九家

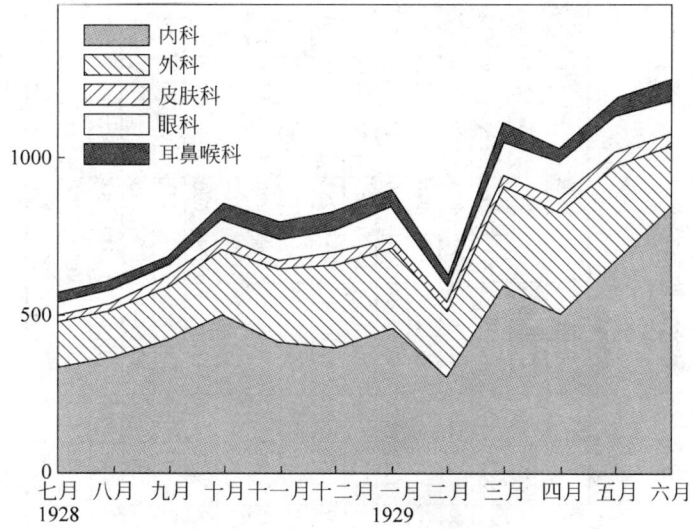

图 18 天津某纱厂工人医院各科之病人数据月分配，
1928 年 7 月—1929 年 6 月（见第 57 表）

纱厂中，其因工作致病者，平均每厂有 2,667 次，其因同一原由致伤者，平均每厂有 132 次。有三十六厂照付病人工资，有四十四厂仅照付伤者工资，更有四十七厂兼付伤病工人之一切医药费。估计每厂照付病人之平均工资费为 134.84 元，照付伤工之平均工资费为 43.61 元；每厂偿付病人之平均医药费为 5,454.6 元，偿付伤工之平均医药费为 274.67 元。如遇有终身残废，仅两厂照发工资；如遇有死伤，各厂多不复照发工资。在前两种情形之下，仅有十三家纱厂准给予医治费。[1]

---

[1] Chen, *Study of the Applicability of the Factory Act of the Chinese Government*, China Institute of Scientific Management, Shanghai, 1931, p. 38.

第57表 天津某某纱厂工人医院各科之病人数及投诊次数之按月分配
1928年7月—1929年6月

月	内科 病人	内科 投诊数	内科 投诊数/病人	外科 病人	外科 投诊数	外科 投诊数/病人	皮肤科 病人	皮肤科 投诊数	皮肤科 投诊数/病人	眼科 病人	眼科 投诊数	眼科 投诊数/病人	耳鼻喉科 病人	耳鼻喉科 投诊数	耳鼻喉科 投诊数/病人	总数 病人	总数 投诊数	总数 投诊数/病人	指数(以十二个月之平均数为100) 病人	指数 投诊数
1928 7月	328	398	1.21	149	255	1.71	21	51	2.43	45	56	1.24	32	41	1.28	575	801	1.39	65.8	61.9
8月	364	439	1.21	154	377	2.45	22	30	1.36	41	54	1.32	37	76	2.05	618	976	1.58	70.7	75.4
9月	418	508	1.22	172	385	2.24	34	34	1.00	34	42	1.20	28	30	1.07	687	999	1.45	78.6	77.1
10月	500	578	1.16	209	346	1.65	39	59	1.51	55	84	1.53	53	76	1.43	856	1,143	1.34	97.9	88.3
11月	412	490	1.19	235	525	2.23	29	48	1.65	62	107	1.73	60	82	1.37	798	1,252	1.57	91.3	96.7
12月	401	485	1.21	260	450	1.73	39	65	1.67	65	110	1.69	61	77	1.26	826	1,187	1.44	94.5	91.7
1929 1月	460	530	1.15	256	457	1.78	34	63	1.85	88	146	1.66	62	100	1.61	900	1,296	1.44	102.9	100.1
2月	301	343	1.14	210	367	1.75	25	37	1.48	53	69	1.30	40	51	1.27	629	867	1.38	71.9	66.9
3月	588	761	1.30	324	569	1.76	36	65	1.80	100	178	1.78	66	117	1.77	1,114	1,690	1.52	127.4	130.5
4月	501	654	1.31	326	706	2.16	42	62	1.48	119	172	1.44	49	77	1.57	1,037	1,671	1.61	118.6	129.0
5月	669	833	1.25	306	712	2.33	43	63	1.47	111	181	1.63	61	86	1.41	1,190	1,875	1.58	136.2	144.8
6月	840	1,013	1.21	203	413	2.03	36	64	1.78	101	183	1.81	72	110	1.53	1,252	1,783	1.42	143.2	137.7
总数	5,782	7,032	1.21	2,804	5,562	1.98	400	641	1.60	875	1,382	1.58	621	923	1.49	10,482	15,540	1.48		
平均	482	586	1.21	234	464	1.98	33	53	1.60	73	115	1.58	52	77	1.49	874	1,295	1.48	100.0	100.0

兹为补充上述之概论起见,援引数例,为具体的说明,在上海日商纱厂中,工人受伤,由厂设医院为其免费疗治,且于停工期间仍给以相当平日工资百分之五十至百分之七十之生活费。在上海纱厂中,如遇有工人终身残废,则给以九个月之工资为偿金。如遇死亡,有数家纱厂仅付埋葬之费;亦有数家以八个月或九个月之工资给死者家属作为恤金。公大纱厂将每个工人之每月工资,扣除其十五分之一作为准备金,前项恤金即由此准备金中提出,交付死者之家属。如因失虞致死者,其家属可自是项准备金中提出十元至十五元之恤金。① 天津诸厂中,伤者于其休工期间仍得全资;如终身残废者,厂方给以轻便之工作,以资维持生活。如遇死亡,规定之办法与上海之日商纱厂所定办法相同,有埋葬费及家属恤金之类。埋葬费仅为棺木之费,为值亦不过十元至十五元而已。其因病而死者,厂方亦给以棺木费。仅华新一厂规定,即工人之双亲丧亡,该工人亦得为其领取棺木津贴费大洋四元。

(丙) 劳工组织

工会——我国工会组织之运动,发轫于华南,尤以广州与香港两处为重要;及至民十一年末,始传播至长江流域。沿长江流域诸埠中,以上海及武汉为两大棉业中心,其棉纺织工人,受工会运动之影响最早。此盖因两地之棉纺织工人,均占各该处工业劳工之

---

① 《中国劳动年鉴》,第一次,Ⅲ:29—30。

最大部分也。自民十四年五卅惨案发生后，吾国工会之组织大兴①。是年八月二十日上海纱厂总工会成立，受辖于上海总工会，为其十六产业工会之一，共有会员118,223人，几当该时上海纱厂工人之全数。总工会会员仅217,804，而纱厂工人则占百分之五十四②。民十五年武汉之纱厂工人，亦组织工会，有会员20,800名，约占该处有工会组织之工人三分之一(63,900名)③。据民十六年五月泛太平洋劳动大联合会(Pan-Pacific Trade Union Conference)之中国代表报告，谓中国有组织之工人共计3,065,000，内纱厂工人为180,000④。十七年工会运动达华北，最初受其影响者，又为天津之纱厂工人，结果该处共有纱厂六家，内五家之工人均相继组织工会。最早组织工会者，为宝成纱厂，成立于民十七年五月二十五日；其次则为裕元与恒源两厂，成立于同年七月二十一日；复次即为华新，成立于七月二十二日；最后为北洋，成立于十八年一月一日。惟裕大一厂，以其为日商所设，当时未能成立工会，直至民十九年十月经该厂工人长期罢工之后，始有工会之组织，加入工会者仅该厂1,400工人中之800人。至于其他五厂，据民十八年十二月天津社会局之调查，统计加入工会之工人有13,318名，内男工10,794名，占81.05%，女工1,884名，占14.15%，十六岁以下之童工640名，占4.80%。其时天津有组织之工人，共29,542名，纱厂工人占45.08%。

---

① 关于该案之概述，可参阅陈达之《近八年来国内罢工的分析》，载于《清华学报》，民十五年六月。
② 《中国劳动年鉴》，第一次，II:46,63—5。
③ Tso, *Labor Movement in China*, Shanghai, 1928, p.100.
④ *Chinese Economic Bulletin*, Nov. 27, 1926.

第四章　中国棉纺织业之劳工

民十六年四月国民党举行清党,我国劳工运动之进展,颇受挫折。多数工会均经撤废与解散,仅留少数,亦多经改组,始获存立。自民十七年二月以来,国民党中央执行委员会第四届会议决定废止中央党部之农民、劳工、青年及商民各部,而代以民众训练部,是以农工组织之促进与训练,悉受党部之指导。所有可疑之农工协会,悉依国民党颁布之条规解散或改组,因此棉纺织工人之工会亦形减少。据民十八年上海市社会局之调查,衣服组之工人加入工会者仅73,903名,其中即包括棉纺织工人①。复据民十九年工商部之调查,上海棉纺织业工人之加入工会者仅6,874名,而纱厂工人则占5,211名②。工商部调查范围包括苏、浙、皖、赣、鄂、鲁、粤、桂、闽等九省之二十九城,在此范围内,棉纺织工人之加入工会者76,132名,相当纺织业工人之加入工会者(138,946名)54.79%,而仅占所有工业工人之加入工会者(576,250名)13.21%。如第58表所示,76,132名有组织之棉纺织工人中,性别分配殊匀,男性有38,317名(50.33%),女性有37,815名(49.67%);然以棉纺织业全体论,女性占全体61.84%,而男性仅占31.87%,可见男工之组织程度,较女工为高也。

依地理分配论,各地加入工会之棉纺织工人占全国加入工会之棉纺织工人总数之百分比,以武汉最高为39.27%,其次青岛为17.68%,无锡为13.55%,上海仅为9.03%③,南通为7.83%,其他诸城共为12.64%。

---

① Fang, *Chinese Labor*, 1931, p.75.
② 工商部:《全国工人生活及工业生产调查统计报告书》,第三号。
③ 陈达氏调查之四十九家纱厂,据报告仅有五家组有工会。见 Chen, op. cit., p.37。

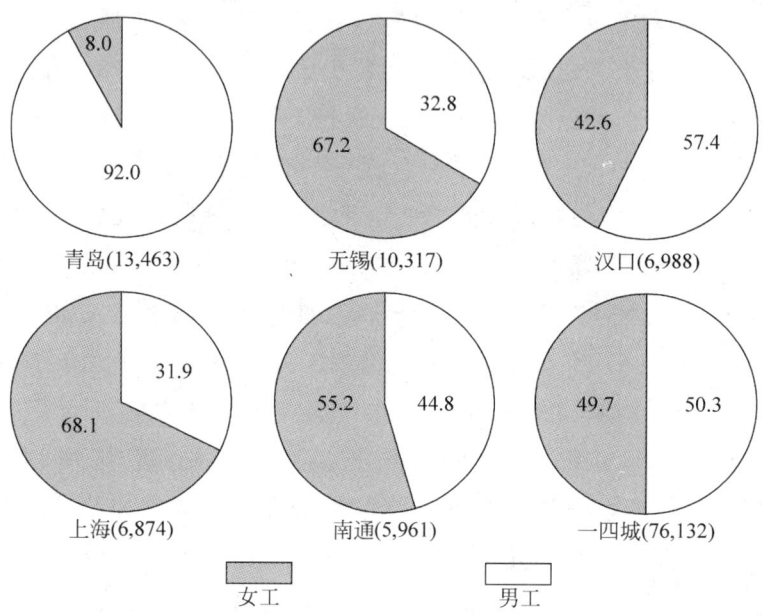

图 19　中国各主要棉纺织中心加入工会之棉纺织工人按其性别之分配，1930（百分数）（见第 58 表）

劳资纠纷与罢工——由于工会组织运动之勃兴以及其他原因，在民十四年至民十六年之三年内，上海纱厂工人罢工，呈非常态之增加。在民七年至民十八年之十二年期间，我国棉纺织业中心之上海，共发生罢工209次，其于该三年内发生者，有171次，占81.8%，计民十四年发生38次，十五年78次，十六年55次。民十四年五卅惨案发生，外商纱厂工人因而罢工者极多，即华商纱厂自七月六日起因受上海工部局停止供给电流之压迫，亦致工作停顿。此次罢工风潮，初为政治原因所激起，渐演而含经济重要性。翌年，罢工次数非特不示减少，且有增加之势，盖民十四仅发生罢工

第 58 表　中国棉纺织业中有工会组织之工人按其业务及所在地域之分配，1930

省或城	棉　纺　业			棉　织　业			其　他			棉纺织业全体				纺绩业	棉纺织业百分比	全体工业	棉纺织业百分比
	男工	女工	全体	男工	女工	全体	男工	女工	全体	男工	女工	全实数	全体%				
江苏	8,343	16,146	24,489	898	741	1,639	237	14	251	9,478	16,901	26,379	34.67	58,715	44.93	155,405	16.97
上海	1,287	3,924	5,211	737	741	1,478	171	14	185	2,195	4,679	6,874	9.03	17,062	40.29	68,133	10.09
无锡	3,394	6,923	10,317							3,394	6,923	10,317	13.55	13,187	78.24	20,886	49.40
武进	992	2,008	3,000							992	2,008	3,000	3.94	3,000	100.00	4,210	71.26
镇江				161		161	66		66	227		227	0.30	813	27.92	4,834	4.70
南通	2,670	3,291	5,961							2,670	3,291	5,961	7.83	5,961	100.00	6,925	86.08
浙江				227	46	273				227	46	273	0.36	16,531	1.65	52,438	0.52
杭州				223		223				223		223	0.29	12,974	1.72	33,906	0.66
嘉兴				4	46	50				4	46	50	0.07	2,577	1.94	3,864	1.29
安徽	1,390	935	2,375							1,390	985	2,375	3.12	3,184	74.59	32,263	7.36
芜湖	740	135	875							740	135	875	1.15	875	100.00	11,349	7.71
湖北	650	850	1,500							650	850	1,500	1.97	2,309	64.96	20,914	7.17
汉口	13,452	16,447	29,899							13,452	16,447	29,899	29.27	36,167	82.67	84,220	35.50
武昌	4,014	2,974	6,988							4,014	2,974	6,988	9.18	13,256	52.72	57,625	12.13
山东	9,438	13,473	22,911							9,438	13,473	22,911	30.09	22,911	100.00	28,084	81.58
青岛	12,393	1,070	13,463							12,393	1,070	13,463	17.68	13,581	99.13	25,639	52.51
广东	12,393	1,070	13,463							12,393	1,070	13,463	17.68	13,581	99.13	25,639	52.51
佛山				1,202	2,261	3,463	1,202		1,202	1,202	2,261	3,463	4.55	10,252	33.78	182,582	1.90
福建				1,202	2,261	3,463	1,202		1,202	1,202	2,261	3,463	4.55	9,949	34.81	17,396	19.91
福州							175	105	280	175	105	280	0.37	516	54.26	32,855	0.85
江西							175	105	280	175	105	280	0.37	516	54.26	26,370	1.06
广西																1,300	
																9,548	
总计	35,578	34,648	70,226	2,327	3,048	5,375	412	119	531	38,317	37,815	76,132	100.00	138,946	54.79	576,250	13.21
%	50.66	49.34	100.00	43.29	56.71	100.00	77.59	22.41	100.00	50.33	49.67	100.0					
%			90.24			7.06			0.70			100.0					

38次,而民十五则增至78次之多。然是年之78次罢工,按月分配,较为平均,惟六月仍有19次之多,此则受五卅惨案周年纪念之影响而然,民十六年工潮似趋缓和,但上海纱厂之罢工次数并未大减,仍有55次之多。此中原因殊显,盖是年二月适值北伐军将达上海,当地工人为表示援助起见,乃实行总罢工,结果即有17次罢工。第59表列有民七年至民十八年期间上海纱厂工人罢工之按月分配①。

第59表 上海纱厂罢工之按月分配,1918—1929

	1918	1919	1920	1921	1922	1923	1924	1925	1926	1927	1928	1929	总计
一月			1						7	2		2(2)	12
二月		1	1		2			1	6	19	1(1)	1(1)	32
三月					1	2		2	11	12		(1)	28
四月	1				1				5	3		1(1)	12
五月		2			1		2	1	5			(2)	11
六月			1					15	19				35
七月									8		3(3)	(3)	11
八月	2			1				3	5				11
九月			2					3	4	6			15
十月	2	1		1				1	2	1	(1)		8
十一月					1			7	3	7	(1)	1(2)	19
十二月					1			8	5		(2)	1(2)	15
总计	5	5	5	2	7	2	2	38	78	55	4(8)	6(14)	209

注:括弧内之数字,系指劳资纠纷之次数而言。

---

① 罢工统计,集自下列各处:陈达,《近八年来国内罢工的分析》,载于《清华学报》,民十五年六月;《中国劳动年刊》,第一次,Ⅱ:218—235;《上海特别市罢工统计报告》,民十七年;《上海特别市罢工停业统计》,民十八年。至于罢工统计之分析,作者当负全责。

第四章　中国棉纺织业之劳工

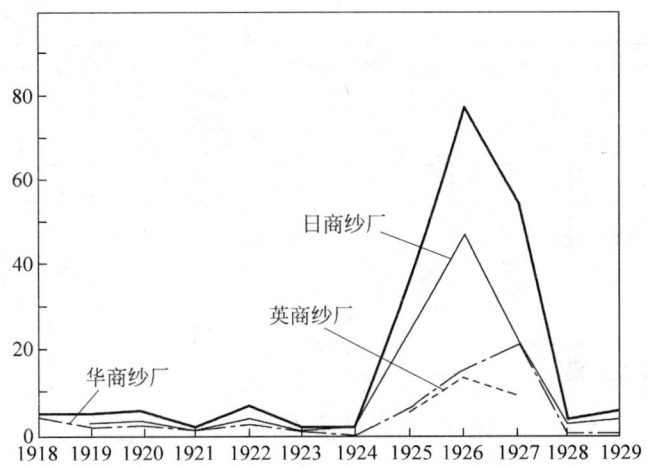

图 20　上海纱厂罢工统计,1918—1929(见第 60 表)

就纱厂所属国籍论,依第 60 表所示,在民七年至民十八年期间,以日商纱厂罢工次数最多,共 119 次或 56.94%,其次华商纱厂发生 58 次或 27.74%,英商纱厂最少,共 30 次或 14.35%。日商纱厂罢工次数之特多,成因有二:第一,日商纱厂在上海最占势力,依民十九《中国纱厂一览表》统计,上海纱厂工人共有 127,604 名,内

第 60 表　上海纱厂罢工统计,1918—1929

	1918	1919	1920	1921	1922	1923	1924	1925	1926	1927	1928	1929	总计
华商纱厂		3	3	1	3	1		7	16	22	1	1	58
三新		2	3	1	1			1	3	1			12
申新				1				1	2	4			8
恒丰								2	2	3			7
永安									2	3			5
厚生		1								3			4
纬通									2	2			4

205

（续表）

	1918	1919	1920	1921	1922	1923	1924	1925	1926	1927	1928	1929	总计
统益									1	2			3
鸿章								2		1			3
溥益								1		1			2
恒大					1	1							2
振华										1			1
大中华									1				1
振大											1		1
华丰												1	1
泰来									1				1
纯益									1				1
久成									1				1
新大										1			1
英商纱厂								6	14	10			30
杨树浦									7	2			9
怡和								3	3	3			9
东方								2	2	3			7
公益								1	2	2			5
日商纱厂	4	2	2	1	4	1	2	25	48	23	3	4	119
内外								5	29	11	1	1	47
日华	3	1	2	1	4		1	5	9	3	2	2	33
同兴						1		5	3	4			13
上海	1	1						3	2				7
喜和								1	4				5
大康							1	2		1			4
东华								1		2			3
裕丰								1		1	1		3
公大								1	1	1			3
丰田								1					1
未详	1										1		2
总计	5	5	5	2	7	2	2	38	78	55	4	6	209

日商纱厂有58,029名或45.48%，华商纱厂有56,575名或44.33%，英商纱厂有13000名或10.19%；如依民十四年《中国纱厂一览表》统计，日商纱厂工人所占百分比更高，为47.90%，其次华商纱厂为38.10%，英商纱厂为14.00%。第二，在日商纱厂工作之华工，多不愿受日人之管辖，故辄因细故而致罢工。

	日商纱厂	%	华商纱厂	%	英商纱厂	%
民十九年工人数	58,029	45.5	56,575	44.3	13,000	10.2
民十四年工人数	56,488	47.9	44,934	38.1	16,500	14.0
民七至十八年罢工数	119	56.9	58	27.7	30	14.4

第61表列有民七年至民十八年期间上海纱厂之罢工人数，但此处得有报告之罢工人数，209次中仅172次，余37次之罢工人数，系按各年已有罢工人数报告之罢工中，每次罢工之平均人数而估计者。如此，209次罢工之人数共577,239名，每次平均2,762名。分析结果，民十四年至民十六年之三年内，罢工171次，占民七年至民十八年期间罢工次数81.8%。三年内171次罢工之人数共469,941名，占民七年至民十八年期间209次罢工总人数81.42%。民十四年发生罢工38次(18.18%)，罢工人数199,296名(34.53%)，其次民十六年发生罢工55次(26.3%)，人数146,891名(25.45%)；最少为民十五年，发生罢工78次(37.32%)，人数123,754名(21.44%)。易言之，每次罢工之平均人数，以民十四年为最多(5,244名)，次为民十六年(2,671名)，民十五年最少(1,586名)。

第61表　上海纱厂罢工关系之工人数,1918—1929

年份	罢工次数		罢工人数			
	罢工总次数	有罢工人数报告之罢工次数	报告之数	估计之数	总数	%
1918	5	3	5,300	3,533	8,833	1.53
1919	5	3	18,600	12,400	31,000	5.37
1920	5	5	22,000		22,000	3.80
1921	2	1	4,000	4,000	8,000	1.39
1922	7	4	14,200	10,650	24,850	4.30
1923	2	2	1,500		1,500	0.26
1924	2	1	600	600	1,200	0.22
1925	38	28	146,850	52,446	199,296	34.53
1926	78	65	103,128	20,626	123,754	21.44
1927	55	50	133,537	13,354	146,891	25.45
1928	4	4	2,771		2,771	0.48
1929	6	6	7,144		7,144	1.24
总数	209	172	459,630	117,609	577,239	100.00

第62表列有民七年至民十八年间上海纱厂罢工之因果分析，揭示209次罢工，中有151次或72.25%系与团体交涉有关者，余58次或27.75%系与团体交涉无关者。与团体交涉有关之罢工，复得分为二类：(一)关于工会及劳动协约者；(二)关于佣雇状况者，包括(1)工资,(2)工作时间,(3)雇佣或解雇,(4)待遇,(5)厂规,(6)工作制度,(7)其他。其中以因雇佣或解雇而发生之罢工次数最多,占50次；次为因工资而发生者计45次；因政治原因发生者计35次。综括言之,209次罢工之中,由上述三因而发生的罢工,共有130次之多。政治罢工之滋起,殆皆由于民十四年之五卅惨案及十六年二月之北伐所激成,其他较重要之原

因,由厂规而发生者14次,由同情他处罢工而发生者13次,由工作时间而发生者10次,由工作制度而发生者8次,由待遇而发生者6次。209次罢工中仅185次得有结果,其中67次之要求,完全被容纳,57次之要求,一部分被容纳;余61次之要求,则全遭拒绝(图21)。

第 62 表　上海纱厂罢工因果之分析,1918—1929

罢工性质	罢工原因		解　决　方　法				总计
			完全接受	部分接受	拒绝	未决或未详	
甲:与团体交涉有关之罢工	(一)关于工会或劳动协约者	1.工会	1		2	1	4
		2.劳动协约	2				2
	(二)关于雇佣状况者	1.工资	22	11	9	3	45
		2.工作时间	3	2	5		10
		3.雇佣或解雇	10	17	19	4	50
		4.待遇	3		2	1	6
		5.厂规	3	2	7	2	14
		6.工作制度	4	1	3		8
		7.其他	2	1	5	4	12
乙:与团体交涉无关之罢工	(一)同情的		1	3	2	7	13
	(二)政治的		14	19	2		35
	(三)其他		2	1	5	2	10
总计			67	57	61	24	209

调解罢工之方法,至为复杂。罢工期中工人代表可直接与厂方交涉;如交涉决裂,当地警察局得出任和解人从中调解。有时遇罢工性质较为严重,地方绅士以及其他公共机关如商会、学生联合会及妇女协会等得出任调停。迨至民十四年上海总工会成立,遇有劳资纠纷案,该会即为劳方之代言人。纱厂总工会与厂方交涉

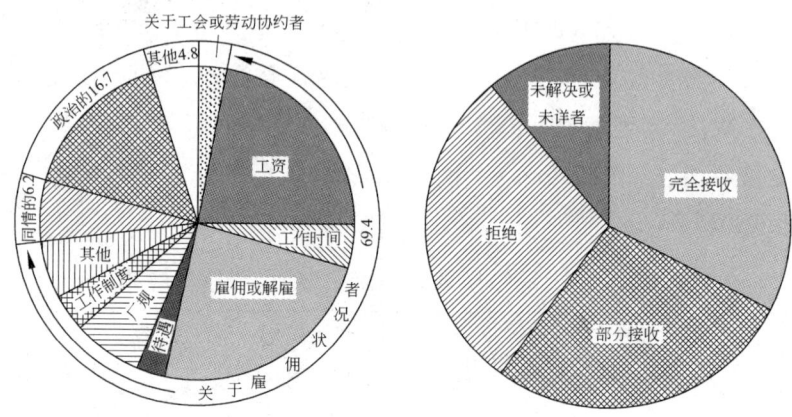

图 21　上海纱厂罢工按其因果之分配,1918—1929(见第 62 表)

决裂之时,上海总工会恒出任调解。自民十六年起,工会处于国民党指导之下,为摒除激烈分子,均经改组;结果成立整理委员会,遇有劳资纠纷,是会亦得出任调解人。旋国民政府于十七年颁布劳资争议处理法,上海市政府社会局乃设调解委员会,任调解劳资纠纷之责。争执发生,全案即先交付该委员会调解;实际该会按劳资争议处理法及适用于上海之细则规定,虽为调解劳资争议之唯一法定机关,然其判决,除非经双方同意,辄无实效。但一经双方接纳,此项判决即视同争议当事人间之契约,有法律的实效。如调解不得结果,经双方之同意得请求市政府设仲裁委员会仲裁;必要时,主管行政官署得召集市府仲裁委员会处决该争议,此会之裁决,即视同当事人间之契约,具法律的实效[①]。

论罢工之重要,应视罢工之纱厂数,罢工之工人数,罢工迁延日数及损失工作日数而断。每次罢工影响所及之纱厂,恒只一厂,

---

① 《上海特别市罢工停业统计》,民十八年,8—9 页。

盖吾人所定之每次罢工基本单位为一厂,或一公司下之数厂而其罢工之时间与原因相同者,惟少数有分厂之纱厂,如日商内外棉株式会社有分厂十一家,日华纱厂有分厂四家等,则其每次罢工影响所及之纱厂,自不仅限一厂。因此,209次罢工之中,有194次罢工,每次影响所及之纱厂为一家;有七次罢工,每次影响所及之纱厂为二家;有二次每次三家;有一次五家;有两次每次十家;有三次每次十一家。

关于罢工工人数及迁延日数之统计,极难求备;有时具有罢工工人数统计,而罢工迁延日数,则付阙如。然为计算罢工期间工数(Manday)之损失,此二项统计决不可少。在吾人所研究之209次上海纱厂罢工中,有罢工工人数统计者172次,有罢工迁延日数统计者184次,两类统计兼备者155次;第63、64及65诸表,即列有上海纱厂罢工人数、罢工迁延日数及损失工数等项统计。第63表即揭示155次罢工中,有100次罢工,每次罢工人数在1,001至10,000人;有40次罢工,每次罢工人数在101至1,000人;有10次罢工,每次罢工人数在10[*]人以下;有五次罢工,每次罢工人数在10,000人以上。第64表揭示155次罢工中,有87次每次迁延日数二至十者;有33次每次迁延日数十一日至五十日者;有30次每次迁延日数在二日以下;有3次每次在一百日以上;有两次每次经五十一至一百日。第65表揭示155次罢工中,有95次,每次损失工数为1,001至50,000;有32次,每次损失工数为20至1,000;有26次,每次损失工数为50,001至1,000,000;有1次损失工数为20以下;有一次损失工数为1,000,000以上。第65表与第66表可互相参阅,后者列有民七年至民十八年之十二年期间因罢工而损失之工数;依表中所示,155次罢工,共损失6,721,956.5工,

---

[*] 原书如此,疑为100。——编者注

第 63 表　上海纱厂罢工依照关系工人数之分配，1918—1929

关系工人数	1918	1919	1920	1921	1922	1923	1924	1925	1926	1927	1928	1929	总数
10 人以下									6	1	2	1	10
10—100		1	(1)				1	4(2)	23(1)	6	1(1)	1	40(5)
101—1,000		2	4	1	4	2		8(10)	33(1)	42	1	3	100(11)
1,001—10,000								3(1)	1	1			5(1)
10,000 以上													
总数	3	3	4(1)	1	4	2	2	15(13)	63(2)	50	3(1)	6	155(17)

注：有括弧之数字，系指仅有罢工人数报告之罢工次数。

第 64 表　上海纱厂罢工依照罢工迁延日数之分配，1918—1929

迁延日数	1918	1919	1920	1921	1922	1923	1924	1925	1926	1927	1928	1929	总数
2 日以下		3(1)						3(5)	20(6)	6		1	30(13)
2—10	3	3(1)	3	1(1)	4	2	1	4(3)	33(4)	28(3)	2	3	87(12)
11—50			1		(1)			4	10(2)	15	1	2	33(3)
51—100								1	(1)	1			2(1)
100 日以上								3					3
总数	3	3(1)	4	1(1)	4(3)	2	1	15(8)	63(13)	50(3)	3	6	155(29)

注：有括弧之数字，系指仅有罢工迁延日数报告之罢工次数。

第 65 表　上海纱厂罢工依照损失工数之分配，1918—1929

损失工数	1918	1919	1920	1921	1922	1923	1924	1925	1926	1927	1928	1929	总数
20 以下											1		1
20—1,000	1				3			2	21	5		3	32
1,001—50,000	2	3	2	1	1	2	1	4	38	35	2	2	95
50,001—1,000,000			2					8	4	10		1	26
1,000,000 以上								1					1
总数	3	3	4	1	4	2	1	15	63	50	3	6	155

第 66 表　上海纱厂罢工之损失工数，1918—1929

年次	罢工次数	关系工人数	罢工次数	损失日数	罢工次数	损失工数	每次罢工平均损失之工数
1918	3	5,300	3	15	3	42,900	14,300
1919	3	18,600	3(1)	17	3	86,800	28,933
1920	4(1)	21,000(1,000)	4	33	4	177,000	44,250
1921	1	4,000	1(1)	4	1	16,000	16,000
1922	4	14,200	4(3)	30	4	121,600	30,400
1923	2	1,500	2	8	2	6,000	3,000
1924	1	600	1	10	1	6,000	6,000
1925	15(3)	98,750(48,100)	15(8)	547	15	3,474,850	231,657
1926	63(12)	98,928(4,200)	63(13)	355.5	63	964,101	15,303
1927	50	133,537	50(3)	623.3	50	1,659,623.5	33,192
1928	3(1)	2,441(330)	3	26	3	38,268	12,756
1929	6	7,144	6	64.2	6	128,814	21,469
总计	155(17)	406,000(53,630)	155(29)	1,733	155	6,721,956.5	43,367

注：有括弧之数字，系指仅有人数或罢工迁延日数统计之罢工次数。

平均每次损失 43,367 工；其中损失最大之年为民十四年，共损失 231,657 工，最小为民十二年，损失 3,000 工。

天津纱厂罢工次数，远较上海为少：民十四年至十八年间上海纱厂共发生罢工 181 次，而天津仅有 6 次。民十四年天津有 4 次罢工，

第 67 表　天津纱厂劳资纠纷之按月分配，1925—1931

	1925	1926	1927	1928	1929	1930	1931	总计
一月							1	1
二月							2(1)	2(1)
三月		1(1)						1(1)
四月							1(1)	1(1)
五月					1			1
六月					1(1)		2(2)	3(3)
七月	1(1)					1		2(1)
八月	3(3)					1(1)		4(4)
九月						1(1)		1(1)
十月						1		1
十一月					1	2(1)		3(1)
十二月								
总计	4(4)	1(1)		1(1)	2	6(3)	6(4)	20(13)

第 68 表　天津纱厂之劳资纠纷，1925—1931

	1925	1926	1927	1928	1929	1930	1931	总计
裕元		1(1)			2	2(1)	2(2)	7(4)
恒源				1(1)			1	2(1)
北洋					1			1
华新						1(1)		1(1)
宝成	2(2)							2(2)
裕大	1(1)					2(1)	3(2)	6(4)
全体	1(1)							1(1)
总计	4(4)	1(1)		1(1)	2	6(3)	6(4)	20(13)

注：上列二表及下列诸表中之括弧数字，均指罢工次数言。

嗣后在民十五年及民十七年各有1次。但自民十八年以来,天津罢工之次数亦逐渐增多,民十九年有3次,二十年止于六月有4次①。

民十四年至二十年间,天津纱厂除发生13次罢工之外,尚有未致罢工之劳资纠纷7次。第67表列有各年发生劳资纠纷之次数,计民十四年4次,十五年及十七年各1次,十八年2次,十九年6次,二十年止于六月6次。天津纱厂之中,以裕元发生劳资纠纷之次数最多,在民十四年至民二十年六月之间共有7次,其次为裕大,计为6次。两厂正巧与日本利益有直接或间接之关系,裕元借有日本银行之款,而裕大则已为日商所有。宝成纱厂在同时间亦有劳资纠纷2次,该厂亦与外资有关,负美商慎昌洋行之债务。

第69表 天津纱厂罢工及劳资纠纷关系之工人数,1925—1931

	罢 工		劳 资 纠 纷	
	次数	工人数	次数	工人数
1925	4	19,500	4	19,500
1926	1	5,700	1	5,700
1927				
1928	1	2,000	1	2,000
1929			2	10,000
1930	3	9,800	6	17,400
1931	4	7,900	6	12,600
总计	13	44,900	20	67,200

13次罢工所有工人数,达44,900名,平均每次有3,454名;20次劳资纠纷包括之人数有67,200名,平均每次有3,360名。劳资

---

① 是项罢工统计,系由天津报纸搜集来者。

纠纷所包括之工人数,以民十四年为最多,有 19,500 名,其次为十九年,有 17,400 名,再次二十年有 12,600 名。

第 70 表揭示天津纱厂劳资纠纷之因果。在 20 次纠纷之中,因工资而发生者 11 次,因雇佣或解雇而发生者 3 次,因工作制度而发生者 2 次,其他因工会、工作时间、厂规等发生者 4 次。纠纷之结果,由大体观之,于工人较为有利。计有 10 次纠纷之劳方要求,全受厂方容纳,4 次之要求,仅容纳一部分;5 次要求,全遭厂方拒绝;仅有 1 次结果未定。

第 70 表 天津纱厂劳资纠纷因果之分析,1925—1931

纠纷原因		完全接受者	部分接受者	未经承认者	无形停顿或结果不明者	总计
甲. 与团体交涉有关之纠纷	1. 关于工会或劳动协约者 { 1. 工会 2. 劳动协约	1				1
	2. 关于雇佣状况者 { 1. 工资	6(4)		4(4)	1	11(8)
	2. 工作时间	1				1
	3. 雇佣或解雇	1(1)	2(1)			3(2)
	4. 待遇					
	5. 厂规			1		1
	6. 工作制度	1(1)	1(1)			2(2)
	7. 其他					
乙. 与团体交涉无关之纠纷	1. 同情的 2. 政治的 3. 其他		1(1)			1(1)
总计		10(6)	4(3)	5(4)	1	20(13)

第 71 及 72 表列有劳资纠纷所包括之工人数及迁延日数,借以衡断纠纷程度之严重。第 71 表揭示 20 次纠纷之中,有 16 次纠纷,每次所包括之工人数为 1,001 至 10,000 名;有 3 次,每次工人数为 101 至 1,000 名;有 1 次,所包括之工人数在 10,000 名以上。第 72

表揭示20次纠纷之中有10次纠纷,每次迁延二至十日;有6次,每次迁延二日以下;有4次,每次迁延十一至五十日。

第71表　天津纱厂劳资纠纷依照关系工人数之分配,1925—1931

工人数	1925	1926	1927	1928	1929	1930	1931	总计
10以下								
10—100								
101—1,000						1	2(2)	2(2)*
1,001—10,000	3(3)	1(1)		1(1)	2	5(3)	4(2)	16(10)
10,000以上	1(1)							1(1)
总计	4(4)	1(1)		1(1)	2	6(3)	6(4)	20(13)

第72表　天津纱厂劳资纠纷依照迁延日数之分配,1925—1931

日数	1925	1926	1927	1928	1929	1930	1931	总计
2以下	2(2)					(2)	4(3)	6(7)
2—10	2(2)	1(1)		1(1)		4(1)	2(1)	10(6)
11—50					2	2		4
51—100								
100以上								
总计	4(4)	1(1)		1(1)	2	6(3)	6(4)	20(13)

第73表列有13次罢工损失之工数,依其所示,有9次罢工,每次损失之工数为1,001至50,000;有4次,每次为20至1,001。第74表列有历年罢工损失之工数,可与第73表相参阅。民十四年至二十年期间之13次罢工,共损失95,442工,平均每次损失7,342工。在此期间,以民十五年损失之工数最多,共28,500工,盖是年有两次历时较久之罢工,一次迁延十三日,一次迁延十七日也。

---

* 原书如此,疑为3(2)。——编者注

第 73 表　天津纱厂罢工依照损失工数之分配，1925—1931

损失工数	1925	1926	1927	1928	1929	1930	1931	总计
20 以下								
20—1,000						1	3	4
1,001—50,000	4	1		1		2	1	9
50,001—1,000,000								
1,000,000 以上								
总计	4	1		1		3	4	13

第 74 表　天津纱厂罢工之损失工数，1925—1931

年份	罢工次数	罢工人数	罢工迁延日数	罢工损失工数	每次罢工平均损失工数
1925	4	19,500	7	24,000	6,000
1926	1	5,700	5	28,500	28,500
1927					
1928	1	2,000	3	6,000	6,000
1929					
1930	3	9,800	5	6,700	2,233
1931	4	7,900	5.7	30,242	7,561
总计	13	44,900	25.7	96,442 *	7,342

（丁）劳工立法

劳工状况——吾国劳工问题之解决，除由劳工合组工会，假团体力量以与资本家相对抗，而借罢工为要挟手段外；最近国民政府复颁布劳资争议处理法、工会法及工厂法等劳工法规，借政府力量

---

* 原书如此，据上下文疑为 95,442。——编者注

干预劳资关系,以第三者之地位,谋劳工问题之解决。国民政府颁布之各种劳工法规,以工厂法为最重要,规定一切工作条件,惟适用范围,仅限于有汽力、电力、水力发动机器,雇用工人在三十人以上之工厂。纺织厂多具备此种条件,适宜应用此法。

工厂法一经实行,劳工、雇主必同受其影响。先就其对于劳工之影响言之。该法如能切实厉行,不啻为劳工之法律保障,试分别略言之,第一,劳工之危险可以减少。法中规定有工作契约终止之条例,足以保障工人不受非理的解雇;盖雇主如愿取消契约,应于事先预告工人,其预告期间之长短,须按工人服务期限之久暂而定,是以凡在厂继续工作三个月以上未满一年之工人,预告期间为十日;在厂工作一年以上,未满三年者预告期间为二十日;其在三年以上者,则有三十日之预告期间。如工厂预告终止契约者,除给工人以应得之工资外,并须给以预告期间工资之半数;如工厂不经预告而即时终止契约者,须照给工人以所订预告期间之工资。工人于接到预告后,为另谋工作,得于工作时请假外出,但每星期不得过二日之工作时间,其请假期内工资照给。复次,工厂安全与卫生设备之条例,足以保障工人免受失虞及疾病之危险。工厂安全条例详细规定工厂建筑上机器装置上预防火灾、水灾等安全设备,为使工人免受身体的危险;卫生条例则有空气流通、饮料清洁、盥洗所及厕所、光线与防卫毒质等设备之规定。其他如工人津贴及抚恤条例,规定在劳动保险法施行前,工人因执行职务而致伤病或死亡者,工厂应依后列标准给其医药补助费及抚恤费:(一)对于因伤病暂时不能工作之工人,除担负其医药费外,每日给以平均工资三分之二之津贴,如经过六个月尚未痊愈,其每日津贴得减至平均工资二分之一,但以一年为限;(二)对于因伤病成为残废之工人永久失其全部或一部之工作能力者,给以残废津贴,其津贴数目以残废部分之轻重为标准,但至多不得超过三年之平均工资,至少不得低于一年之平均工资;(三)对于死亡之工人除给与五十元之丧葬费外,应给与其遗族三百元及二年之平均工资。

　　第二为工资之改良。该法规定男女作同等之工作而其效力相同者应给同等之工资。工厂对于工人不得预扣工资为违约金及赔偿之用。其他关于延长工作时间之工资额及工资之给付期每月应有两次之规定。多数纱厂,对于该项规定,均已次第实行,至于工人最低工资率之规定应以各厂所在地之工人生活状况为标准一节,尚难推行,盖以各棉纺织区除津沪两地外,均无可靠之家计调查,足以供测断工人生活状况之标准。南方诸纱厂,恒以米价衡断工人之生活费,乃时有所谓"米贴"之规定;如米价涨至一定标准以上,厂方即应于工资外加付米贴若干,以资补助。

　　第三为工作时间之缩短。一经切实厉行,可改目前之两班制为三班制。该法规定成年工人每日实在工作时间以八小时为原则,如因地方情形或工作性质有必须延长工作时间者,得延至十小时;若因天灾事变季节之关系,竟得延长至十二小时;但延长期间每月不得超过三十六小时。该法更规定凡工人继续工作至五小时者,应有半小时之休息,是以在三班制下,每一日夜之工作时间得自二四小时减至二二小时半,而每班之实在工作时间,乃亦自八小时减至七小时半。纱厂鉴于是项损失,得按法延长每日工作时间至十小时,改为两班制;而在十小时制下,复得延长每日工作时间至十二小时,惟延长期间每月不得超过三十六小时,如是纱厂工作时期并不因工厂法之实行致减少甚多。该法对于在一月之内可以延长工作时间之日数并无详细规定,而每月可延长工作时间至三十六小时之限制又极宽泛,足使十小时制失效;至八小时制,则可完全摒弃也。惟延长工作时间照给工资之规定,足为工人保障耳。①

至工人之休息与休假,亦有明确规定。凡工人每七日中必有一日之休息;凡政府法令所规定应放假之纪念日均应给假休息。此外更规定凡工人在厂继续工作满一定时间者,应有特别休假,其休假期之长短,随各人留厂期间之久暂而定:在厂工作一年以上未满三年者,每年七日;在厂工作三年以上未满五年者,每年十日;在厂工作五年以上未满十年者,每年十四日。在厂工作十年以上者,其特别休假,每年加给一日,其总数不得超过三十日。在法定放假日及休假期内,工资照给;如工人不愿特别休假者,应加给该假期内之工资。英国工厂女检查员邢德女士曾谓:"此条为最堪注意之点,盖中国经济之一般情况适合按周给资制,即以工作六日之所获,维持工人七日之生计。若工资为计件制,则工人须利用其技艺,并须有充分之工作时间,以获一饱。此条法律,若能使工人于星期日或工作之第七日停工休息,则颇属公允,然一旦实施后,则难免不使厂方对于工资方面,有重新规定之必要。自特别休假日给付酬报之点观之,若此条法律厘定之意在替换旧历年节休假时厂方发给工人半月或一月工资之惯例,则此法实施后之情形,与规在之情形,将无多大变更也。"②

第四,为限制童工及女工之雇佣。该法规定凡未满十四岁之

---

① Hinder, Eleanor M.: China's New Factory Law, in *Chinese Recorder*, March, 1931, p. 152.

② Hinder, Eleanor M.: China's New Factory Law, in *Chinese Recorder*, March, 1931, p. 153;方显廷:《我国工厂法与纱厂业之关系》,《大公报经济周刊》,民二十二年四月十九日。

男女，工厂不得雇佣为工厂工人，但在本法公布前，工厂中已有雇佣十二岁以上未满十四岁之男女工作者，得继续雇佣。至工厂中现有未满十二岁之男女童工，厂方应立即停止其工作，令其退职。关于夜工，更有确定的限制，十四岁至十六岁间之童工，不得在午后七时至翌晨六时之时间内工作；女工不能在午后十时至翌晨六时之时间内工作。诸凡是类关于童工年龄之限制，工作时间之减少，及童工女工之禁作夜工等，一方面不特可减少童工及女工对男工之竞争，他方面且亦可保障童工及女工之健康与幸福。自表面观之，此法一经厉行，影响所及，直接蒙其害者，当为童工及女工之暂时失业；然以最终结果论，则此法之利益，足抵其在初行期间发生之损失而有余。

第五为赋与工厂工人以合议权。该法规定工厂会议，工人得选举代表参加，代表人数与厂方代表数相等，工厂会议之职务，在于研究工作效率之增进，改善工厂与工人之关系并调解其纠纷，协助工作协约及工厂规则之实行，协商延长工作时间之办法，改进厂中安全与卫生之设备，建议工场或工场之改良，及筹划工人福利事项。前项工厂代表应选派熟悉工场或劳工情形者充之；选举工人代表之工人，须年满十八岁者为合格；代表之资格，须为中华民国国籍之工人，年满二十四岁，在厂继续工作六个月以上者方合格。工厂会议之主席，由双方各推定一人轮流担任之；每月常会一次，但于必要时得召集临时会议。

总之，新工厂法如经切实执行，可减少劳工之危险如失业失虞及疾病等；改良工资率；缩短工作时间；减少童工及女工之祸害至最低限度，并赋与工人以合议厂内事务之权。然自雇主观点论，新工厂法之实行，未免代价过高，得不偿失。缩短工作时间，足使产额减少,同时亦即增加固定成本额,盖工资率,不论其系按时或按件计算者,固难因工时之减少而降低也。有谓工作时间减少,工作效率因以增加,可与因高工资而发生之损失相抵,是说虽具相当真理,然以之适用于机器工作占优势之棉纺织工业,则仍有待于事实之证明。其次,厂方复因工人卫生安全教育等设备,以及分娩养老病伤丧亡等恤金与夫休息日特别休假期间和法定纪念日之工资照给等,而增高其在经济上遭受之损失。他如关于限制雇佣童工及女工之规定,不特使厂方感到雇募新工之困难,且更增加其负担因雇募新工而需之费用。结果,厂方必借提高物价而将是项损失转嫁于消费人。落实言之,劳工立法与其他社会立法无异,虽初施行时不免增加社会之有形的负担,然其无形之利益,影响及于社会一般福利者,则殊不易确为衡断也。

  由上述之分析,可知新工厂法尚为未尽善之法律,其有待考虑之处殊不少。至其推行,则亦不能同时并进。陈达氏于其所著《我国工厂法的施行问题》一文内,已鉴及此点,意为该法各条之实施,须分别参照情形,各在相当期间内进行。陈氏之结论,系根据其在上海 228 家工厂之调查结果而得者,其中纱厂有 62 家,占 27.2%。依氏之意见,新法中有一部分稍经修改可立即实施者;有许多地方须酌量情形分别在一年、二年或三年之后次第实施者。其稍经修改可立即实施之部分内,陈氏建议童工及女工之工作时间,除下列各项工厂外,每班改订为十小时:(一)有季节性的工业,(二)工业中其机器工作有继续性不能停止者,(三)专用男工者,(四)遇天灾或特别事变。至于童工及女工之夜间工作亦以每班十小时为限;但在本法公布实施之三年后,童工及女工即不得从事夜工。休息日按本法原定每月有四天,工资照给;陈氏建议改每月仅有休息日两天，不给工资；但国定例假日节假年假则仍旧，每年有八天，工资照给。关于工厂安全与卫生设备之规定可全部实施，对于赔偿与津贴均可实行，但因工致病之医药补助费及津贴，仅限有职业病之工人得享其利益，至于普通病人，本法无须加以规定。其须酌量情形分别在一年、二年或三年以后次第实施者，如产母恤金，原定女工于分娩前后应停止工作共八星期，工资照给，陈氏建议改为四星期，工资照给，但须在一年后实施；至其须在二年后实施者，如童工之工作时间，昼班改十小时为八小时，在此额外之两小时内，厂方得施以补习教育。童工最低之年龄限度，在本法实施之初，即当改为十二岁。他如最低工资、每年请假日数、工作契约及普通疾病恤金等规定，均须无期延缓，相机推行，不宜立付实施也。①

综合以观，新工厂法之不能全部立即实施，殆已显然，且为确定之事实。其颁布实施之日——民二十年八月一日——虽已过去，然迄今犹无具体事实，可证实施之效。是以欲求此法之推行迅速，尚须参照国内实在情形，加以修改；拾人成法，徒重理论，即尽择各国工厂法之优点融会一炉，亦未免遽能行通；盖各国之法律系根据其国内之情形而立，不必能适合吾国实况也。邢德女士（Hinder）谓此法"为一目标，如能于五六年之内逐渐推行，达到该目标，即可视为极佳之成就。"②斯言诚然。

工会与劳资纠纷——关于工会之组织及劳资纠纷之处理，亦有专法为之规定，一为工会法，一为劳资争议处理法。依工会法之

---

① 中文本登于《申报》，民二十年，七月三十一日，八月一日及二日；英文本已由上海工商管理协会出版（见本章197页注1）。

② Hinder, op. cit., p.149.

规定，凡同一产业或同一职业之男女工人，以增进知识技能发达生产维持改善劳动条件及生活为目的，集合十六岁以上现在从事业务之产业工人人数在一百人以上或职业工人人数在五十人以上时，得适用本法组织工会。组织工会须呈请当地主管官署立案注册，经其允许方得成立。在同一区域之内，同一产业工人或同一职业工人只得设立一个工会。复次，工会为谋增进会员间之知识技能发达生产办理互助事业，得联合同一产业或职业之工会，呈经主管官署之核准，得组织工会联合会；但不得政府之认可，工会不得与外国任何工会联合。工会为法人，其理事或代理人因执行职务所加于他人之损害，工会须负连带赔偿之责任。工人只得加入于同一产业或同一职业之一工会。同时工会不得强迫工人入会及阻止其退会，亦不得妨害未入工会工人之工作。他方面，雇主或其代理人不得因工人为工会会员或职员而拒绝雇用或解雇及其他不利之待遇，亦不得以不理工会职务不入工会或退会为雇用条件。工会之职务，大部分均属于经济的，如一一切实执行，恐非为一工会之财力所能及。依本法规定之工会职务，为（一）团体协约之缔结修改或废止，但非经主管官署之认可不生效力；（二）会员之职业介绍及职业介绍所之设置；（三）贮蓄机关劳动保险医院诊治所及托儿所之举办；（四）生产消费购买信用住宅等各种合作社之组织；（五）职业教育及其他劳工教育之举办；（六）图书馆及书报社之设置；（七）出版物之印行；（八）会员恳亲会俱乐部及其他各项娱乐之设备；（九）工会或会员间纠纷事件之调处；（十）劳资纠纷事件之调处；（十一）关于劳动法规之规定改废事项，得陈述其意见于行政机关法院及立法机关，并答复行政机关法院及立法机关之咨询；（十二）调查工人家庭生计经济状况及其就业失业，并编制劳工统计;(十三)其他有关于改良工作状况,增进会员利益之事业。此外复规定工会如尚未举办前项所列或其章程所订定之互助事业,而主管官署认为有举办必要时,得派员协助办理之。上述职务,虽经明文规定如此,但事实上在最近将来之十年内,工会恐亦未必能完成其半。即多数工人之未受教育以及对于工会组织之缺乏经验,姑置勿论;单就工会财力之一端言,工会即不能胜任前项职务。至工会之财源,依工会法之规定,工会得向其会员征收会费,但入会费每人不得超过一元,经常会费不得超过各该会员收入百分之二。兹依吾人分析工资之结果,每个工人每年应纳之经常会费在天津至多不得超过2.94元,在上海至多亦不得超过2.86元,据民十八年天津特别市社会局调查天津纱厂结果,显示天津五厂之五个工会,以恒源工会会费之收入成绩最佳,每月可收五十元,按该会会员3,076人计,平均每个工人每月仅纳会费1.62分,每年亦不过31.44分。同时各工会多赖厂方津贴,借资挹注。裕元津贴工会费用每月达250元(5,011名会员),北洋津贴工会费用每月达85元(1,740名),华新70元(2,212名),宝成30元(1,279名),恒源30元(3,076名)。此外华新与宝成二厂之工会每月从售粪约各得入款30元。宝成工会每月之罚款收入,约有20元。①

关于劳资争议之处理,劳资争议处理法亦有详细规定。如劳资双方发生争议时,须先将该争议案付诸调解或仲裁;在仲裁或调解期间,工人方面不得宣布罢工,雇主方面,亦不得解雇工人或封闭工厂。如调解无效,该项争议由工会全体大会三分之二以无记名投票法通过罢工时,工会始得宣布罢工。至于调解或仲裁机关

---

① 《社会月刊》卷一,五号至六号,天津特别市社会局出版,民二十年,十二月。

之组织,本法亦有规定。劳资争议之调解,由调解委员会处理之,该会置委员五人或七人,由主管行政官署派代表一人或三人及争议当事人双方各派代表二人组织之。调解委员会由主管行政官署认为必要时,或经争议当事人之一方或双方之请求召集之。劳资争议依本法之规定应付调解时,其争议当事人应于接到主管行政官署之通知后三日内,各自选定或派定代表,俾与官方代表合组调解委员会。调解委员会应于召集后二日内开始调查该争议案,其调查期间,除非遇有特别情形,不得超过七日;调查完毕后,应于二日内为调解之决定,但有特别情形或争议当事人双方同意延期时,不在此限。调解如不成立,经争议当事人之一方或双方之请求,得付仲裁委员会仲裁。仲裁委员会设委员五人,由主管行政官署党部法院及与争议无直接利害关系之劳资两方等各派代表一人组织之。于争议当事人双方正式提出请求书后,即应立时召集仲裁委员会;其仲裁以全体委员之合议行之,取决于多数。在召集后之二日内,仲裁委员会应将前项仲裁作成判决书,送达于争议当事人,如双方于接到判决书后五日内,对该书无异议,即视为经当事人同意订立之契约。在调解或仲裁期间,劳方不得宣布罢工,资方亦不得封闭工厂或解雇工人。

(戊) 劳工福利设施

生活需要之设备——严格言之,劳工福利之设施即指厂方为谋工人利益从事之各种活动。其最简单者,在天津各厂有医院、学校及职工日用品代办所(Employee Store)等。关于工人医院之详情,在前节讨论工业失虞及疾病之时已论及;兹将工人学校日用品代办所及其他劳工福利之设施叙述之。此类设施,如生活需要之设备,教育与娱乐及储蓄三端,申述如后:

关于生活需要之设备,最普遍者,即厂方为工人设立食堂。在少数纱厂中,工人虽多在工作室用膳,然大多数纱厂,均特为工人设有食堂,食堂之外,更设有公共厨灶及锅炉,供工人蒸饭食、饮水、洗濯之用。有时厂方设有托儿室,使女工得在工作时间不受其婴儿之搅扰。此外,厂方建设寄宿舍,以低价租与工人,亦为一种普通之设备。如上海日商设立之公大纱厂,有自建之华人村,"内有医院、俱乐部、商店、学校、花园、运动场、食堂等设备,由厂方管理之。"① 天津方面,如裕元、恒源、华新、北洋及宝成等厂,亦均设有工人宿舍。恒源纱厂即工人之膳食,亦由厂方供给。生活需要之第三种,即为职工日用品代办所。天津裕元纱厂之职工日用品代办所,由厂方出资办理并监督。恒源纱厂之消费合作社,名义上虽由工人开设。实则亦受厂方之资助。裕元纱厂之职工日用品代办所成立于民十六年十月一日。购办货品仅限米面布匹等日用必须品,不办奢侈品。向该所购置物品者仅限于工人,工人在代办所购物可赊欠,但赊欠总额不得超过其应得工资之数。工人欲以现金取货品,其所取货品之总值,不得超过半月工资数;如按月计资之工人,其每月购买总值,至多只能与其月资数相等。然遇有婚丧等事发生,经调查确实时,其取货价值得酌予增加以资调剂,但须现金。所以有此项严格规例者,盖因代办所之主要目的,在以低于市价之价格售货与本厂工人,非本厂工人,自不应享受是项利益;故

---

① Pearse, op. cit., p. 169.

为避免工人代替外人购物,乃不得不加以相当之限制。代办所之营业时间,依常例自上午九时至下午七时;但在赊卖开始期间(即工资支付簿上已积有五日工资之时),得延长至午后十一时。就其营业状况言,民十八年该代办所之销售总额达 313,405.49 元,平均每月达 26,117.12 元,此数相当十七年工资总数(奖金除外)973,233 元之三分之一。销售总额虽钜,然赢利仅 1,531.06 元,为数殊微;此盖因代办所之主要目的,系在减少工人之负担,初非为求利计也。代办所之流动资金,多赖银行借款借资周转,故利息一项,年达 1,710.98 元之多,或月达 142.58 元。若以月利一分计算,则该代办所每月向银行所借之款达 14,258 元,占每月销售额 26,117.12 元之百分之五十四。

职工日用品代办所之设立,虽能适合工人之真正需要,然亦不无可议之处。第一,代办所虽云系为厂内工人之需要而设,但对于冒充工人之厂外非工人之购买,颇难觉察,结果,足以使纱厂附近各小商贩之营业,间接受其影响。其次,代办所采用赊欠销售制度,足以鼓励工人之浪费。吾人一察在支付工资日之工资簿,可知各工人所余之工资为数极少,盖其工资之大部,均已被代办所因赊欠而扣除也。民十八年赊买值,平均每月达 22,671.99 元,占平均每月销售值 26,117.12 元之 86.81%。按平均每月有 6,770 购买次数,每次每月平均赊买值约 3.35 元。事实上,该厂每半月发工资一次,故多数工人每月至少须购买两次,是以每人之平均赊买值,必倍于前数为 6.70 元,相当每个工人每月实际收入 14.69 元之 45.61%。

恒源之消费合作社成立于民十八年八月,为工会所创设,开办时借有厂方五千元。该社性质,与裕元之代办所异,而颇与

Rochdale 制度相类。其资本由社员认股定购，每人购股不得超过十股；会议时各社员不论所有股数之多寡，均以一票计。货物一律用现钱交易，按市价销售，无社员与非社员之限制，赊卖虽亦采行，但为期不得超过半月，为数不得超过该期间工人应得之工资数。合作社无直接扣除工人工资作为抵消欠额之权，但得按期派遣伙员径赴工人家庭依次收帐。所得赢利，按下列百分比分配；社员得百分之五十；理事及监察百分之十；经理百分之五；雇员百分之五；其他百分之三十，则按公积金及公益金平均分配。社员之赢利，其分配不依各人股份之多少，而按各人购买总值之大小为准。凡社员在该社之购买总值超出平均该社社员购买值十分之一者，每年合作社始付以所购股份之五厘利息。社员之欲退股者，须于一月前通知监察委员会，经其核准方为有效。除因离厂或死亡外，退股后该社员即失其利息与利润之权利。

恒源消费合作社，复为有限公司之组织。在初办之半年间（民十八年八月四日至十二月二十五日）有社员 945 名，已收资本额为 1,171 元，而在后半年间（民十八年十二月二十六日至十九年六月二十五日）社员减至 897 人，已收资本额为 1,078 元。当此两时期间，前半年，该社获利 1,003.12 元；后半年获利 1,678.23 元。其应收帐款，前半年为 3,894.10 元，后半年为 5,647.54 元。同时当前半年之五个月期间，社员购买总值达 21,617.69 元，在后半年之六个月期间，达 25,277.06 元，是以前期平均每月购买总值为 5,895.73 元，后期减为 5,055.41 元，而其应收帐款对每月购买值之比率，则见增加，前期为 0.66，后期增为 1.08。是项比率之增加，足证现款交易之减少。欠款既多，社中流动资本即感周转不灵。流动资本不能活转，合作社即无力购办大宗货品，以资销售，其信用地位因而摇动,结果货价提高,致销售额减少。该社之流动资本为数即微,自持尚感困难,又借1,104.47元与其第一分社,故其财力,因之不能稳定。该分社成立于民十九年三月,迄是年六月二十二日止,已赔累达267.42元。

民十八年恒源共有工人3,262名,其中加入合作社者仅945名,占百分之二十九。此945名社员在民十七年收进之工资平均每月为6,735.40元,其平均每月购买值即达5,895.73元。易言之,是辈在合作社之购买值占其工资百分之八十六。其购买值占工资之百分比,所以如此之高,一部分当系由于厂方之供膳食,此945名社员平均每月由厂方供给之膳费为1,723.37元,膳食不须自理,当有余力在合作社购买其他日用品;然即以此论,前项百分比尚嫌太高。

教育与娱乐——工人教育,在中国犹为新奇之事,至最近始渐见发展。大工厂已时有为工人及其儿童设立学校,灌输知识,然直至最近,多漫无系统,政府亦从不过问。据陈达氏之调查,上海四十九家纱厂仅有三十三家为工人设备教育,平均每年需费1,648.12元。[1] 天津工人教育初仅限于工人之子弟,现扩张及于工人自身。天津之六家纱厂中,有五厂均设有工人子弟学校。华新小学开办最早,于民九年成立,迄今毕业者已有六班,毕业学生约数百名。该校有完备之校舍,并设有运动场。民十九年本院调查该校之际,全校学生122名,分为四级,男生90名,女生32名。第一级49名,第二级37名,第三级27名,第四级9名。学生年龄,自五岁至十六岁不等,但大多数之96名或78.7%,均在七岁至十

---

[1] Chen, op. cit., p.39.

一岁之间。课程有国文、习字、自然科学、笔算、唱歌、手工、体操及党义。学生一切用费如学费、书籍、文具、制服等费，均由学校供给。全校教职员共有六人，校长一人，男教员二人，女教员三人。裕元职工子女小学成立于民十八年夏，建筑费一项即支出4,000元，在设备上实较华新为优。全校占地2.67亩，以1.9亩为运动场。0.77亩为校舍地。在民十八年至十九年之第一学年，该校全年预算为2,412元，教员三人，学生98名（男生82名，女生16名，其年龄在六至九岁之间。）第一年内，全校分为第一、第二两级，所授课程与华新同。恒源义务小学则与前述两校不同，系由工会开办者，成立于民十九年春；其经费之来源，一部分筹自消费合作社之公益金，一部分由厂方及工人自捐。因经费不足，故设备简陋。教职员多由工人兼任，无薪水。讲授仅限于第一级，每日上课时间仅有五小时。不收学费，但书籍、文具等，概由学生自理。第一学期，全校有教员七人，学生六十人，男生较女生为多。

　　工人补习学校统称民众补习学校，最初为天津特别市教育局所设，旋以经费缺乏，乃由各厂工会继办。是类学校，每日工余之时，有两小时之讲授，课程为党义、笔算、珠算及国语四门。每班学生有四十至八十名之多，学费免收，书籍、文具由学校供给。裕元纱厂在民十九年春有补习学校两所，学生230名。此辈学生年龄自十二岁至二十七岁不等，其在十二岁至十五岁者29名；十六岁至二十岁者107名；二十一岁至二十五岁者80名；二十六岁至二十七岁者14名。华新补习学校在民十八年春毕业一班共82人，同年冬又毕业一班共87人。嗣以教育局缺款，未能继办，至民十九年六月一日复由工会资助重开，每月支出约七十元。全校有两班，一班有52人，一班有32人，仅有教员一人。凡上述诸校，学生均为男工。民十九年秋裕元允受天津市女青年会之资助,乃设立女工补习学校,每星期二、四、六午后上课,共有两班,每班一小时,所授功课为国语及习字。无学费,书籍、文具均由学校供给。该校于七月开学时有学生36名,但一月之后,有17名因家务及距家过远之关系,均离校。所有学生均为青年女子,其年龄自十一岁至十九岁不等,但在十三岁至十四岁者有11人之多。

除设立学校外,恒源工会更设立图书馆,出版周刊并组织工作法研究社。图书馆成立于民十七年,无阅览室,仅有存书室一处,工人可向此借书,以两星期为限。该馆在民十九年三月共有书二百种,计五百册。自民十八年三月至十九年三月期间,共有借书者314人,平均每天不及一人。工会出版之周刊名为《恒源工会周刊》,创刊于民十八年,其所载文字,主要目的在迎合棉纺织工人之兴趣。每期仅出一张,系用誊写版油印者,每张之大小宽约一英尺二英寸,长约三英尺。工作法研究社,亦为工会所组织,专讨论机械技术问题,并交换发表个人之经验。有时讨论结果,油印分散与工人或由周刊登载。

至于工人之娱乐,种类繁多,有旧剧、中乐、说书、阅读小说,以及国术、体育等。其中以旧剧一项最为普遍,盖多数工人自幼即能哼唱一两句旧戏词也。在天津之裕元及恒源两厂,工人有国剧社之组织,其经费一部分由厂方津贴,一部分由会员所纳会费补充。每晚七时至九时为教习时间。有为增置设备筹款,常举行游艺会,登台排演。此为旧剧之组织也。但在裕元,复有新剧社之组织,注重表情对话而无唱工,摒弃各色彩袍及噪杂之音乐。中乐与旧剧,又有极密切之关系。最普通之乐器,即为胡琴,价格低廉,每把只须三、四角,自拉自唱,亦颇有趣。说书多行之于茶馆,是以一面喝茶,一面听书,颇能自娱。至于阅读小说,则仅限少数有阅读能力之工人。拳术亦为一种须有组织之娱乐。恒源纱厂之工人于民十九年四月组有国术社,约有社员八十人。裕元纱厂设有工人运动场,亦可为练习拳术之处。然拳术一项,在工人之娱乐方法中,尚不若其他费廉且为多数人所能练习之运动之普遍,如举礅子即为一例。所谓礅子,即为一木棍,两端各接石礅一枚,其重量两枚合计有四十斤者,有八十斤者,有一百二十斤者,有二百斤者,亦有二百四十斤者。在华北工人中间,举礅子乃一最普通之消遣方法。其次如抛纱袋,亦为一种普通之消遣,此类纱袋中满盛小铁砂,两人站立距离约十英尺,往还抛掷,以资消遣。第三种游戏,有谓"摔脚"者,系两人间之游戏,开始之先,各人穿厚帆布上身一件,以绳束腰;如某甲将自己之脚绊倒某乙之脚,是役即归某甲得胜。

储蓄——纱厂之为工人设立储蓄机关者,为数极少;是以工人之储蓄,迄今犹为个人私事。且更以多数工人,其收入仅足过活,遑论储蓄!此外,遇急需之时,工人多赖借贷支应。据调查上海曹家渡 230 家棉纺织工人家庭之结果,揭示各种借贷方式中,以会钱为最普通,借贷犹在其次。更有所谓印子钱者,乃一种高利放款方法,借贷之时与以整款,但依规定时限分期偿付,每期付款,或包括本利,或仅有利息,此类印子钱之利率特高,除不得已时,当无人愿依此法借贷也。每期偿款,债主于其纸折上盖有印戳,债务之清偿与否,均依印戳之数目而计;印子钱之命名,即由于此。至于放款,在此类工人家庭中,亦以集会为最普遍,其次为储蓄及还债。总之,上海工人之入会,不论其目的为储蓄或借贷,殆已定为成制矣。①

---

① 杨西孟:《上海工人生活程度的一个研究》,北平社会调查所,民十九年,43 页。

第75表（甲）　上海纱厂工人家庭之"假收"表

"假收"来源		会钱	借入	收印子	当物	赊	收还
家数		70	77	11	45	12	12
最高	款额	$221.00	$250.00	$36.00	$52.50	$11.00	$60.00
	记帐月数	12	12	11	12	10	12
最低	款额	$0.77	$2.00	$3.00	$0.80	$0.07	$0.20
	记帐月数	11	10	9	9	1	10
平均	款额	$30.03	$23.60	$13.01	$9.34	$3.98	$15.18
	记帐月数	10.1	9.7	10.0	9.8	9.5	11.1

第75表（乙）　上海纱厂工人家庭之"假支"表

"假支"用途		会钱	还债	打印子	赎当	贮蓄	借出
家数		159	91	23	62	6	1
最高	款额	$419.00	$125.00	$88.00	$28.90	$120.00	
	记帐月数	12	10	11	9	10	
最低	款额	$1.00	$0.02	$0.21	$0.77	$1.40	
	记帐月数	12	2	10	11	10	
平均	款额	$44.03	$21.14	$15.47	$7.27	$23.57	$19.00
	记帐月数	9.3	9.7	9.2	10.1	8.8	10.0

然纱厂中亦有少数为工人设立储蓄机关者，如上海之内外纱厂，颇奖励工人储蓄，凡有愿将其工资0.5%储蓄于纱厂者，则厂方给以年利一分二之利息。① 又如天津之裕元，曾迫令工人存其工资5%于厂方，但无利息；此项储蓄，毋宁谓为保证金也。民十七年该厂工会成立，工会即要求厂方支付是项储金之利息。厂方以付息手续之复杂为辞，未允其请，乃于民十八年一月一日起停止工人5%之存款，但当每一支发工资期间，工人必须储有一角以下之零款。此类储款，表面虽为保证金，然实际可借以使厂方计算及支付工资之手续简单化也。

---

① 《中国劳动年刊》第一次，Ⅲ；63—4。

第五章　中国棉纺织业之组织

（甲）导言

　　棉纺织业为中国现有之最大工厂工业，其经营制造，须具大规模之工厂，及巨额资本与多数工人。吾人苟欲明了中国棉纺织业之组织，最善之法，即为根据民九年来华商纱厂联合会每年刊行之《中国纱厂一览表》之材料，加以统计的分析①。然此项统计表，其编制方法多未能适合现代的需要。试一分析民十九年《中国纱厂一览表》即可显示表中统计，多不完备，且其年代亦复多异致。如表中遇有该年统计付缺之时，常代以往年之统计。又如民十九年中国共有纱厂127家，包括尚未开工者三家，已停工者一家，然该表列有投资额者仅120家，列有原动力者119家，列有工人数者119家，列有消棉量者114家，列有纱产额者116家。再全国有织布厂或纺织厂50家，其列有布产额者只43家。惟纺锤数与织机数之统计则所有127家之纺织厂俱全。

　　民十九年《中国纱厂一览表》之统计，以消棉量统计为最不准确与完备。然幸有纱产统计可与之相互校正；盖一般公认产纱一

---

① 民十五及民十八两年无表。民十九年之修正表，见本卷末页附表。

包需棉3.5担。是以遇有纱产额对消棉量之比例相差过大,不能维持1与3或1与4之比例时,可依前项公认之标准改正消棉量之统计,因各厂纱产统计,较为可靠也。至于此处之所以用4或3而不径用3.5者,系因各厂产纱,每包所费棉花总量不同,借此容其与公认之平均数略有差异。其修正之方法,即以3.5与纱产额之乘积数,代原有之消棉量数①。不过在纱产额与消棉量之比例小于1比4之诸厂,以其兼营纺织,而用于棉织之本厂纱,并未列入本厂纱产统计之内②,故在此情形下,当谋纱产统计之修正。复次,在110号及111号之两厂,有纺锤100,000锭,织机2,000架,该年之布产额为1,440,000匹,纱产额10,000包,消棉量48,000担。此处不只纱产统计未能与消棉统计相合,即纱产统计、消棉统计二项与布产统计相较,亦复大异。假定织布一匹需棉纱四十分之一包,则该两厂所产1,440,000匹布,即需棉纱36,000包。假定纺纱一包需棉3.5担,则36,000包棉纱,即需棉126,000担。更兼两厂之纺锤与织机,为数均伙,故前项统计之错误,当在消棉量与纱产额之估计过低,而不在布产额之估计过高,是以吾人即用改正数代原有数。如按上述之修正方法,改正116家纱厂之原有消棉量及纱产额统计,则须在原有之消棉量中,减去480,337担,在原有之纱

---

① 譬如88号纱厂,产纱40,643包,但消棉256,744担,平均每包纱需棉6.3担,此为任何情形下所不能有;所换之修正数为142,250担,系按每包纱需棉3.5担计算。复次82—4号纱厂共产纱129,522包,总消棉量为300,000担,平均每包纱仅需棉2.3担,此亦为任何情形下所不能有。所换之修正数为453,327担,亦系按每包纱需棉3.5担计算。

② 124号纱厂共织376,000匹布,如按每匹需纱$\frac{1}{40}$包计,则需消纱9,400包。再加未织成布之纱9,100包,则该厂产纱额应为18,500包;其原有消棉量56,960担,依前述标准每包纱须消纱三担至四担,无须加以变更也。

产额上,增加98,744包。修正结果,116家纱厂产纱2,445,177包,消棉8,750,019担,平均每包纱需棉花3.56担,与一般公认之平均数每包纱需棉3.5担颇相近①。

其次,表中统计之最难令人满意者,即为投资统计。具有此项统计之纱厂,仅120家,内有一家已告停顿。是项统计,缺点殊多,

---

① 兹将民十九年26家纱厂之消棉量及纱产额统计之修正数详列于下:

纱厂号数	消棉量(担)		纱产额(包)		织布额(匹)
	原数	修正数	原数	修正数	
10			15,579	25,061	379,264
26	2,100	1,575			
27		31,500			
29	338,460	178,164	44,376	50,904	261,125
30	88,324	66,360			
36	50,000	105,000			
44	20,000	24,500			
47	21,000	17,675	4,600	5,050	18,000
52	600,000	66,500			
55	4,500	2,800			
60	151,800	112,612	24,750	32,175	297,000
73	40,000	49,000			
74	42,000	75,600			
77—8	11,500	31,500			
82—4	300,000	453,327			
88	256,744	142,250			
96	23,733	33,677			
102		52,500			
104	39,556	32,340			
109				18,459	738,360
110—1	48,000	126,000	10,000	36,000	1,440,000
113	203,000	157,500	24,000	45,000	840,000
124			9,100	18,500	376,000
总数	2,240,717	1,760,380	132,405	231,149	4,349,749

最重要者即为货币单位之不一致，有为银两，有为银圆，有为日金，又有为奉票。辽宁某纱厂之资本，即以奉票核计。该厂于民十一年成立，自后奉票跌价极猛。以奉票折算至现洋时，似以民十五年奉票与现洋之兑换率3.75比1为宜。银两可按寻常之兑换率变为银圆，计一元合银七钱二分，或银一两合1.39元。惟日金与银圆之兑换率，则变异无定。姑以民二年之兑换率定为100（是年天津与日本之汇率，为日金一元约合银0.7167两，或银圆一元），至民四年，其比例增至117.90，但至民八年，竟降至54.97。至民十年复增至最高率，为94.91，除民十二年为90.57外，复趋落降，至民十四年又降至最低率，为72.00。民十四年之后，则增加甚速，至民十九年竟达159.77之高①。处此情形下，欲将在华日商纱厂之投资额自日金复为银圆，殆极困难。虽然，日商纱厂之投资，其大部分尚未有变动，故吾人似可以纱厂创办年代之中日汇率为兑换日金之标准，但实际上，即此类兑换方法亦难得做到。盖在华之日商纱厂，均有联合会社之组织，往往一个纺织会社，兼有几家纱厂，而其投资统计，仅有全会社之资本总额，而无各厂单独之报告。如上海日商之内外棉株式会社，有纱厂十一处之多，其创办年代亦复不同，最早有光绪二十二年者，最近有民十二年者，但此十一厂之投资统计，只有全体资本总额之报告，而无各厂之单独统计。鉴于此类困难，吾人暂以民二年之中日汇率为标准，核算在华日商纱厂之资本银元数额，便与华商纱厂比较。民二年之中日汇率为日金一元，约合银0.7167两，或一元。投资统计之第二大缺点，即为"投

---

① Ho, Franklin: An Index of Foreign Exchange Rates, 1898-1926, in *Chinese Economic Journal*, February, 1928.

第76表 中国纱厂之修正统计，1930

	华商纱厂			日商纱厂			英商纱厂			全体		
	厂数	总额	占纱厂总数之%	厂数	总额	占纱厂总数之%	厂数	总额	占纱厂总数之%	厂数	总额	占纱厂总数之%
厂数	81		63.8	43		33.9	3		2.4	127		100.0
资本与公积金	74	126,908,222	44.0	43	148,919,916	51.6	3	12,500,000	4.4	120	288,328,138	100.0
纺锤	74	117,518,506	44.5	42	135,764,277	51.0	3	10,827,193	4.5	119	264,109,976	100.0
织机	31	9,389,716	38.8	15	13,155,639	54.3	3	1,672,807	6.9	49	24,218,162	100.0
纱锤	80	2,326,872	58.6	42	1,489,360	37.5	3	153,320	3.9	125	3,969,552	100.0
线锤	20	68,920	27.1	16	185,484	72.9				36	254,404	100.0
织机	32	16,005	54.7	15	11,367	38.8	3	1,900	6.5	50	29,272	100.0
原动力:千瓦特	51*	68,363	54.0	40*	58,211	46.0				91*	126,574	100.0
马力	36*	31,021	80.6	.6*	7,490	19.4				42*	38,511	100.0
总数:千瓦特*	76	91,629	58.9	43	63,828	41.1				119	155,457	100.0
工人数	73	161,949	64.3	43	77,082	30.6	3	13,000	5.2	119	252,031	100.0
消耗量(担)	72	5,320,692	60.8	41	2,976,000	34.0	3	453,327	5.2	116	8,750,019	100.0
纱产额(包)	72	1,500,248	61.1	41	825,407	33.6	3	129,522	5.3	116	2,455,177	100.0
布产额(匹)	28	6,625,544	44.8	15	8,153,994	55.2				43	14,779,538	100.0

* 11家华商纱厂及3家日商纱厂兼用电力与汽力。一匹马力等于 $\frac{3}{4}$ 千瓦特。

资"二字之含义不清。有数家纱厂之投资,系指额定资本言,有数家系指已收资本言。但纱厂之实际资本,因历年营业兴旺,可较额定资本为大;同时因营业不振,亦可较已收资本为小。今该表投资统计既未予吾人以斯项鉴别之根据,故吾人只得借在许多纱厂中资本超缺可互为抵消之望而不予以修正。第三缺点即为有数家支厂——特别是日商纱厂之支厂——之投资统计,系指该厂之总分厂全体言。如大康纱厂在上海及青岛分设之两支厂,据报告各有资本日金52,000,000元,但实际该两厂所有之资本,合计尚不及前数之三分之一,仅日金17,334,000元。若以之与内外棉株式会社比较,该社共有纺锤504,440锭,织机1,600架,而其投资额及公积金仅为日金42,043,426元,但大康纱厂在青沪设立之两支厂,仅有纺锤144,080锭,织机759架,故其资本额,决不得各为日金52,000,000元。

(乙) 纱厂之大小及其大小之分配

本节所论纱厂之大小,系指机械劳工原料及产额数项而言。至于此数项之大小及其大小分配,当在缜密分析《民十九年中国纱厂一览表》统计之后始可决定。但在分析该表之先,有一事足值吾人注意者:原表中许多纱厂,均为一大公司所有,故其统计均混合在公司名义之下,而不以各厂单独名义记载之。是以从各个单独的纱厂为立足点,而分析该表统计,则必须经重分之步骤,将大公司之统计,妥为分配于其各分厂。而纺锤统计,适可用为分配其他统计之标准,盖除少数例外,纺锤统计均以各个纱厂为单位。① 在同一公司之下,即可应用一厂纺锤数对他厂纺锤数之比例,分配棉花及劳工之统计。② 虽遇有纺纱厂与织布厂二者统计混合在同一公司之下时,如劳工统计,则其分配工人之问题,当较为复杂。如五七号及五八号之两家纺织厂,求其工人数之分配,当先探明产某定额棉纱(54,300包)所需之工人数。据本书第三章之估计,华商纱厂每名工人年产纱9.85包,故五七号纱厂产纱54,300包,估计需工人5,513名,余1,687名当归之58号织布厂。在110及111之两号纺织厂,其织机之统计,与纺锤或工人之统计同,均相混合;89及90之两号纺织厂亦然。以上两种情形,两厂工人数皆平均分配之。复在82至84之三号纺织厂,每厂均有纺锤统计,而无织机统计,三厂之工人数,即按三者纺锤数之比例而分配之。

至于织机与布产,凡纺织厂之有此项统计而与其他厂统计相混合者,则亦适用均分之原则。但若一方面纺织厂之织机统计或布产统计系与他厂同类统计相混合者而他方面仍各有其单独的纺锤统计者,则须按纺锤之比例强分前项之织机及布产统计③。

---

① 此处所指之例外,包括89—90、91—92、93—94、98—99、110—111、115—117等家纱厂。此诸家纱厂之纺锤统计,有系混合者,故每厂平均分配之。如110—111两号纱厂共有纺锤100,000锭,则按每家50,000锭分配之。

② 在82—84之三家纱厂,每家均有纺锤统计:82号有72,312锭;83号有25,376锭,84号有55,632锭;但其劳工统计,则系三厂混合者,为13,000名。故此项劳工统计,即按三厂之纺锤比例分配之:82厂有6,131名,83厂有2,151名,84厂有4,718名。

③ 在82—84之三家纱厂,每家均有纺锤统计:82号为72,312锭,83号为25,376锭,84号为55,632锭。三厂共有织机1,900架,亦按三厂之纺锤比例分配之:82厂有896架,83厂有314架,84厂有690架。

至于原动力，凡纺织厂之有此项统计而系与他厂同类统计相混合者，则其各厂间之原动力分配，按各厂工人数目而定，而不依纺锤或织机之比例为准，盖原动力亦与劳工相同，可运用纺锤或织机或兼用二者。

第 77 表　在华各国纱厂大小之比较，1930

		华商纱厂	日商纱厂	全体
每厂工人数	算术平均	2,218	1,793	2,118
	中位数	1,769	1,615	1,711
	众数	1,212	858	1,671
每厂之原动力（千瓦特）	算术平均	1,206	1,484	1,307
	中位数	921	1,230	1,030
	众数	731	801	756
每厂之纺锤数	算术平均	29,947	39,877	33,792
	中位数	25,334	34,168	28,588
	众数	27,692	31,328	27,358
每厂之消棉量（担）	算术平均	74,939	70,857	75,431
	中位数	64,168	60,001	63,531
	众数	23,685	52,345	53,207
每厂之纱产额（包）	算术平均	21,130	19,653	21,165
	中位数	17,501	15,626	17,263
	众数	7,500	12,970	12,826
每厂之织机数	算术平均	500	758	585
	中位数	401	751	501
	众数	254	267	257
每厂之布产额（匹）	算术平均	236,627	543,599	343,710
	中位数	177,778	583,334	262,501
	众数	147,067	722,340	53,269

吾人心目中既有根据前节所述之原则而制定的修正统计①，今即可对于纺锤、织机、原动力、劳工、消棉量、纱布产额等项统计，从其大小之分配着眼，而加以缜密的分析。为此作者已将中国华商纱厂、日商纱厂及所有纱厂之众数、中位数及算术平均数加以核计；惟英商纱厂在中国仅有三家，故未另为分析。三类平均数中，普通以众数为最低，以算术平均数为最高，只中位数居二极之间。兹将此三类平均数摘要列入第77表，惟详细统计，可参阅第78至84表。

第78表列有中国纱厂按每厂工人数之分配统计（图22），揭示每厂工人数在1,501至2,000名间之纱厂占最大多数。属于此组之厂数有25，合计工人41,779名，占纱厂工人全数16.6%，平均每厂有工人1,671名。此乃其众数平均；至其中位数平均则较高，为1,711名；最高当为算术平均，为2,118名。人数最多之纱厂有二，一为汉口之第一纺织厂，有工人9,556名，一为南通之大生纱厂，有工人7,779名。人数最少者，为河北宝坻之利生纱厂，有工人110名。就纱厂所有权之国籍论，华商纱厂之最普通者，工人数多在1,001名至1,500名之间；而日商纱厂之最普通者，则多在501至1,000名之间；以确实数字表示，华商纱厂之最普通者，其工人数之众数平均为1,212名，而日商纱厂仅858名。至于中位数平均或算术平均，亦以华商纱厂较日商纱厂为高，前者之中位数平均为1,769，算术平均为2,218，后者之中位数平均为1,615，算术平均为1,793。

---

① 兹将23家纱厂之修正统计列举于下：（此表原书缺。——编者注）

第78表　在华各国纱厂按每厂工人人数之分配，1930

每厂工人数	华			英			日			全体		
	厂数	工人数	工人百分数	厂数	工人数	工人百分数	厂数	工人数	工人百分数	厂数	工人数	工人百分数
501以下	6	1,919	1.2				2	768	1.1	8	2,687	1.1
501—1,000	8	6,285	3.9				11	9,440	12.2	19	15,725	6.2
1,001—1,500	15	18,182	11.2				6	8,021	10.4	21	26,203	10.4
1,501—2,000	14	24,648	15.2	1	2,151	16.5	11	18,818	24.4	25	41,779	16.6
2,001—2,500	11	24,944	15.4				2	4,343	5.6	14	33,563	13.3
2,501—3,000							6	16,461	21.4	6	16,461	6.5
3,001—3,500	4	13,044	8.1				1	3,440	4.5	5	16,484	6.5
3,501—4,000	7	26,947	16.6	1	4,718	36.3	3	11,662	15.1	10	38,609	15.3
4,001—4,500	3	12,573	7.8				1	4,129	5.4	4	16,702	6.6
4,501—5,000	1	4,604	2.8							2	9,322	3.7
5,000以上	4	28,803	17.8	1	6,131	47.2				5	34,496	13.7
总数	73	161,949	100.0	3	13,000	100.0	43	77,082	100.0	119	252,031	100.0

第79表　在华各国纱厂按每厂原动力之分配，1930

每厂原动力(千瓦特)	华			英			日			全体		
	厂数	原动力	原动力百分数	厂数	原动力	原动力百分数	厂数	原动力	原动力百分数	厂数	原动力	原动力百分数
500以下	17	5,712	6.23				2	781	1.22	19	6,493	4.17
501—1,000	25	18,278	19.95				14	11,213	17.57	39	29,491	18.97
1,001—1,500	14	18,432	20.12				12	15,051	23.58	26	33,483	21.53
1,501—2,000	9	15,913	17.37				6	10,469	16.40	15	26,382	16.97
2,001—2,500	3	6,875	7.5				6	14,500	22.72	9	21,375	13.75
2,501—3,000	4	11,862	12.95							4	11,862	7.63
3,001—3,500	3	9,700	10.58				1	3,215	5.04	4	12,915	8.32
3,601—4,000							1	3,600	5.64	1	3,600	2.32
4,000以上	1	4,856	5.30				1	5,000	7.83	2	9,856	6.34
总数	76	91,628	100.00				43	63,829	100.00	119	155,457	100.00

中国之棉纺织业

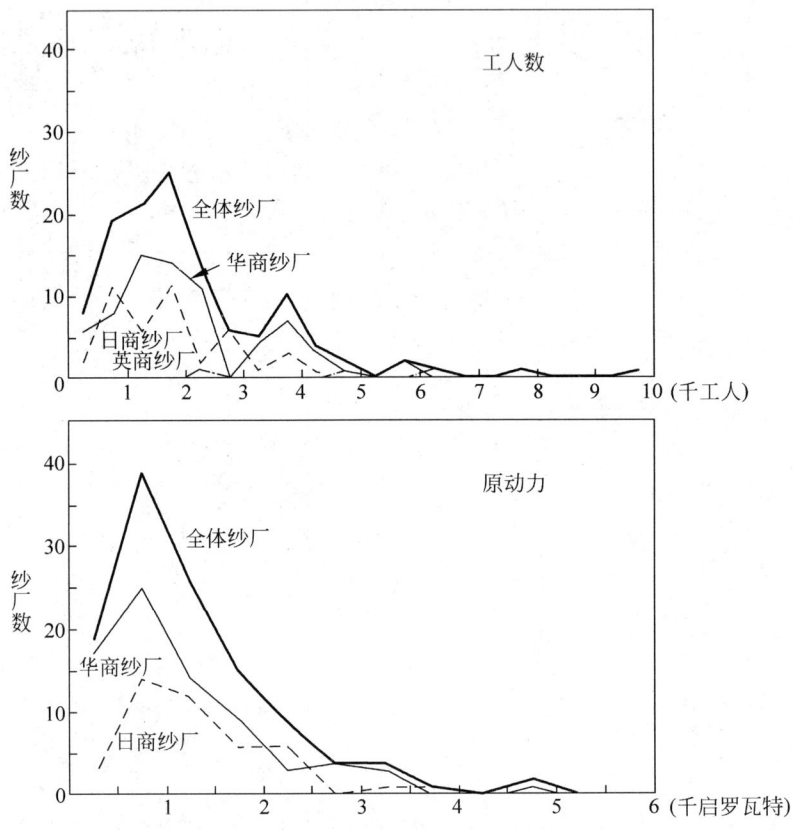

图 22 在华各国纱厂按每厂原动力及工人数之分配,1930

（见第 78 及 79 表）

第 79 表列有在华纱厂按每厂原动力之分配统计（图 22），揭示每厂原动力在 501—1,000 千瓦特间之纱厂占最大多数。属于此组之厂数有 39，合计原动力有 29,491 千瓦特，占纱厂原动力总量百分之 18.97，平均每厂有原动力 756 千瓦特。此乃其众数平均；至其中位数平均则较高，为 1,030 千瓦特；最高当为算术平均，为

1,306千瓦特。原动力最大之纱厂有二,一为青岛日商之大康纱厂,有原动力5,000千瓦特,一为天津华商之裕元纱厂,有原动力4,856千瓦特。原动力最小者,为上海华商之同昌及协丰两厂,一有187千瓦特,一有60千瓦特。就纱厂所有权之国籍论,华商与日商纱厂之最普通者,其原动力多在501—1,000千瓦特之间;但以确实数字表示,此组日商纱厂原动力之众数平均为801,华商纱厂之众数平均为731。至于中位数平均或算术平均,亦以日商纱厂较华商纱厂为高,前者之中位数平均为1,230,算术平均为1,484,后者之中位数平均仅为921,算术平均为1,206。

第80表列有在华纱厂按每厂纺锤数分类之统计(图23),揭示每厂纺锤在25,001—30,000锭间之纱厂占最大多数。属于此组之厂数有23,合计纺锤有629,226锭,占纺锤总数14.8%,平均每厂有纺锤27,358锭。此乃其众数平均;至其中位数平均则较高,为28,588锭,最高当为算术平均,为33,792锭。纺锤最多之纱厂,为上海永安第二厂,有纺锤119,000锭;其次为武昌之汉口第一厂,有纺锤90,400锭。纺锤最少之纱厂,如常州之福大,有3,200锭,武陟之成兴有纺锤2,800锭,及迪化之阜民,有纺锤1,200锭;三厂均为华商所设,就纱厂所有权之国籍论,华商纱厂之最普通者,其纺锤数多在25,001—30,000锭间;而日商纱厂之最普通者则较高,多在30,001—35,000锭间。以确实数字表示,前者之众数平均为27,692锭。但后者为31,328锭。至于中位数平均或算术平均,亦以日商纱厂为高:日商纱厂之中位数平均为34,168,算术平均为39,877;而华商纱厂之中位数平均仅为25,334,算术平均为29,947。

第80表 在华各国纱厂按每厂纺锤数目之分配,1930

每厂纺锤数	华商			英商			日商			全体		
	厂数	纺锤数	纺锤百分数	厂数	纺锤数	纺锤百分数	厂数	纺锤数	纺锤百分数	厂数	纺锤数	纺锤百分数
5,000以下	3	7,280	0.3							3	7,280	0.2
5,001—10,000	6	44,760	1.9				1	9,600	0.6	7	54,360	1.3
10,001—15,000	13	169,336	7.1							13	169,336	4.0
15,001—20,000	8	141,164	5.9				1	19,836	1.2	9	161,000	3.8
20,001—25,000	9	202,012	8.4				5	118,024	7.1	14	320,036	7.6
25,001—30,000	15	415,386	17.3	1	25,376	16.5	7	188,464	11.3	23	629,226	14.8
30,001—35,000	3	103,340	4.3				9	281,952	16.8	12	385,292	9.1
35,001—40,000	6	229,640	9.6				5	185,520	11.0	11	415,160	9.9
40,001—45,000	5	210,634	8.8							5	210,634	5.0
45,001—50,000							4	199,200	11.9	4	199,200	4.7
50,001—55,000	2	106,844	4.4				1	53,600	3.2	3	160,444	3.8
55,001—60,000	1	57,000	2.4				1	58,000	3.5	3	170,632	4.1
60,001—65,000	2	123,504	5.2	1	55,632	36.2	3	186,256	11.1	5	309,760	7.3
65,001—70,000	2	135,776	5.7				3	203,200	12.1	5	338,976	8.0
70,001—80,000	2	149,716	6.2	1	72,312	47.2				3	222,028	5.3
80,001—90,000	1	90,000	3.7				2	171,192	10.2	3	261,192	6.2
90,001—100,000	1	90,400	3.8							1	90,400	2.1
100,000以上	1	119,000	5.0							1	119,000	2.8
总数	80	2,395,792	100.0	3	153,320	100.0	42	1,674,844	100.0	125	4,223,956	100.0

第81表 在华各国纱厂按每厂消棉量之分配，1930

每厂之消棉量(担)	华商			英商			日商			全体		
	厂数	消棉量	消棉量百分数	厂数	消棉量	消棉量百分数	厂数	消棉量	消棉量百分数	厂数	消棉量	消棉量百分数
15,001以下	6	41,148	0.8				1	8,175	0.3	7	49,323	0.6
15,001—30,000	10	236,845	4.5				3	74,574	2.6	13	311,419	3.5
30,001—45,000	9	329,416	6.2				8	283,571	9.5	17	612,987	7.0
45,001—60,000	8	433,414	8.1				9	471,109	15.8	17	904,523	10.4
60,001—75,000	9	599,201	11.3				8	531,229	17.9	17	1,130,430	12.9
75,001—90,000	7	565,199	10.6	1	75,030	16.5	3	248,797	8.3	11	889,026	10.1
90,001—105,000	8	780,967	14.7				2	199,179	6.7	10	980,146	11.2
105,001—120,000	5	572,612	10.8				1	117,000	3.9	6	689,612	7.9
120,001—135,000	2	265,000	4.9				3	389,416	13.1	5	654,416	7.5
135,001—150,000	3	431,665	8.1				1	142,250	4.8	4	573,915	6.6
150,001—165,000				1	164,489	36.3	1	157,500	5.3	2	321,989	3.7
165,001—180,000	1	178,164	3.3				1	168,200	5.6	2	346,364	3.9
180,000以上	3	887,061	16.7	1	213,808	47.2	1	185,000	6.2	5	1,285,869	14.7
总数	71	5,320,692	100.0	3	453,327	100.0	42	2,976,000	100.0	116	8,750,019	100.0

第82表 在华各国纱厂按每厂纱产额之分配，1930

每厂之纱产额（包）	华商			英商			日商			全体		
	厂数	纱产额	纱产额百分数	厂数	纱产额	纱产额百分数	厂数	纱产额	纱产额百分数	厂数	纱产额	纱产额百分数
5,001以下	6	11,491	0.77				1	2,387	0.29	7	13,878	0.57
5,001—10,000	14	105,001	7.00				7	58,485	7.09	21	163,486	6.66
10,001—15,000	9	113,772	7.58				12	155,638	18.86	21	269,410	10.97
15,001—20,000	13	235,179	15.68				8	148,174	17.95	21	383,353	15.61
20,001—25,000	6	132,301	8.82	1	21,437	16.55	3	65,392	7.92	10	219,130	8.93
25,001—30,000	8	215,662	14.37				4	114,732	13.90	12	330,394	13.46
30,001—35,000	8	262,245	17.48				3	101,156	12.25	11	363,401	14.80
35,001—40,000	1	39,080	2.60							1	39,080	1.59
40,001—45,000	2	86,050	5.74				3	129,443	15.68	5	215,493	8.78
45,001—50,000				1	46,997	36.28	1	50,000	6.06	2	96,997	3.95
50,001—55,000	3	159,707	10.64							3	159,707	6.50
55,001—60,000												
60,001—65,000				1	61,088	47.16				1	61,088	2.49
65,000以上	1	139,760	9.32							1	139,760	5.69
总数	71	1,500,248	100.0	3	129,522	100.0	42	825,407	100.0	116	2,455,177	100.0

第五章 中国棉纺织业之组织

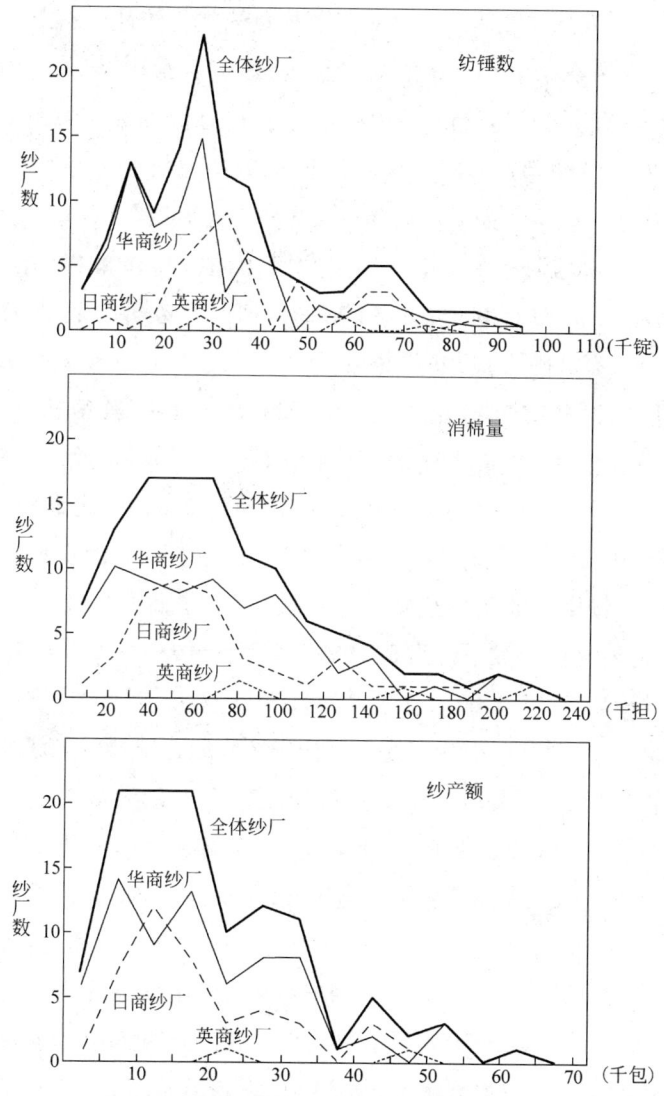

图23　在华各国纱厂按每厂纺锤数消棉量及纱产额之分配,1930
（见第80—82表）

第 81 表列有在华纱厂按每厂消棉量分类之统计(图 23),揭示每厂消棉量在 45,001—60,000 担间之纱厂占最大多数。属于此组之纱厂有 17,其消棉量为 904,523 担,占总消棉量 10.4%,平均每厂消棉 53,207 担。此乃其众数平均,较中位数平均(63,531)或算术平均(75,431)为低。消棉量最大者,一为武昌之汉口第一厂,消棉 490,000 担;一为上海之怡和纱厂,消棉 213,808 担。消棉量最小者,有上海之协丰,消棉 1,575 担;有宝坻之利生,消棉 2,800 担;有武陟之成兴,消棉 4,293 担。三者均为华商所设立。就纱厂所有权之国籍论,华商纱厂之最普通者,其消棉量多在 15,001—30,000 担之间;而日商纱厂之最普通者,则多在 45,001—60,000 担之间。以确实数字表示,华商纱厂之最普通者,其消棉量之众数平均为 23,685,但日商纱厂之众数平均则为 52,345。惟中位数平均及算术平均适相反,华商纱厂较日商纱厂为高,前者之中位数平均为 64,168,算术平均为 74,939,而后者之中位数平均仅为 60,001,算术平均为 70,857。

第 82 表列有在华纱厂按每厂纱产额分配之统计(图 23),揭示每厂纱产额在 10,001—15,000 包间之纱厂占最大多数。属于此组之厂数有 21,其纱产额为 269,410 包或 10.97%,平均每厂产纱 12,826 包。此乃其众数平均,较中位数平均(17,263)或算术平均(21,165)为低。产纱最多之纱厂,亦为汉口第一及怡和,前者产纱 139,760 包,后者 61,088 包。纱产最小者,有协丰,产 450 包;利生,800 包;成兴,1,171 包;同昌,1,920 包。此四厂均为华商所设立。就纱厂所有权之国籍论,华商纱厂之最普通者,其纱产额多在 5,001—10,000 包。而日商纱厂之纱产额则较高,多在 10,001—15,000 包。以实数表示,前者之众数平均为 7,500,后者之众数平均为 12,970。至于中位数平均或算术平均又适反,华商纱厂较日商纱厂为高,日商纱厂之中位数平均为 15,626,算术平均为 19,653;而华商纱厂之中位数平均则为 17,501,算术平均为 21,130。

第 83 表列有在华纱厂按每厂织机数分类之统计(图 24),揭示每厂织机在 201—300 架间之纱厂占最大多数,此组有纱厂 11 家,共有织机 2,830 架,或 9.67%,平均每厂有织机 257 架。此乃其众数平均,较之中位数平均(501)或算术平均(585)为低。织机最多之纱厂,一为上海日商之丰田纱厂,有 1,296 架;一为武昌华商之福源纱局,有 1,200 架。织机最少之纱厂,一为无锡之广勤纱厂,有 82 架;一为常州之通成纱厂,有 40 架。二者均为华商所设立。就纱厂所有权之国籍言,华商纱厂及日商纱厂之最普通者,其织机多在 201—300 架;但证之实数;日商纱厂之众数平均较高,为 267,华商纱厂之众数平均为 254。至于中位数及算术平均,亦以日商纱厂较高:日商纱厂之中位数平均为 751,算术平均为 758;而华商纱厂之中位数平均仅为 401,算术平均为 500。

第 84 表列有在华纱厂按每厂布产额分类之统计(图 24),揭示每厂布产额不及 100,001 匹之纱厂占最大多数。此组之纱厂有 10 家,产布 532,686 匹,或 3.6%,平均每厂产布 53,269 匹。此乃其众数平均,较之中位数平均(262,501),及算术平均(343,710)为低。布产最多之纱厂,一为上海第一厂,产布 821,134 匹;一为上海第二厂,产布 883,335 匹;一为丰田纱厂,产布 840,000 匹。此皆为上海日商设立之纱厂。至最少者,一为无锡之广勤纱厂,产布 15,000 匹;一为常州之通成纱厂,产布 18,000 匹。就纱厂所有权之国籍论,华商纱厂之最普通者,其布产额多在 100,001—200,000

第83表 在华各国纱厂按每厂织机数目之分配，1930

每厂织机数	华商 厂数	华商 机数	华商 织机百分数	英商 厂数	英商 机数	英商 织机百分数	日商 厂数	日商 机数	日商 织机百分数	全体 厂数	全体 机数	全体 织机百分数
101以下	2	122	0.76							2	122	0.42
101—200	3	600	3.75							3	600	2.05
201—300	8	2,030	12.68				3	800	7.04	11	2,830	9.67
301—400	3	1,036	6.47	1	314	16.53				4	1,350	4.61
401—500	5	2,278	14.23							5	2,278	.78
501—600							2	1,086	9.55	2	1,086	3.71
601—700	2	1,267	7.92	1	690	36.32	1	664	5.84	4	2,621	8.95
701—800	2	1,520	9.50				3	2,359	20.75	5	3,879	13.25
801—900	1	852	5.32	1	896	47.16				2	1,748	5.97
901—1,000	3	2,920	18.24				3	2,984	26.25	6	5,904	20.17
1,001—1,100	2	2,180	13.62				1	1,052	9.25	3	3,232	11.04
1,101—1,200	1	1,200	7.50				1	1,126	9.91	2	2,326	7.95
1,201—1,300							1	1,296	11.40	1	1,296	4.43
总数	32	16,005	100.00	3	1,900	100.00	15	11,367	100.00	50	29,22	100.00

第84表 在华各国纱厂按每厂布产额之分配，1930

每厂布产额(匹)	华商			日商			全体		
	厂数	布产额	布产额百分数	厂数	布产额	布产额百分数	厂数	布产额	布产额百分数
100,001以下	7	264,960	4.00	3	267,726	3.28	10	532,686	3.60
100,001—200,000	9	1,323,605	19.97				9	1,323,605	8.96
200,001—300,000	4	1,108,925	16.74				4	1,108,925	7.50
300,001—400,000	3	1,139,264	17.20	1	376,000	4.61	4	1,515,264	10.25
400,001—500,000	1	473,920	7.15	1	408,000	5.00	2	881,920	5.97
500,001—600,000	3	1,672,888	25.25	3	1,668,439	20.46	6	3,341,327	22.60
600,001—700,000	1	641,982	9.69				1	641,982	4.34
700,001—800,000				4	2,889,360	35.43	4	2,889,360	19.55
800,001—900,000				3	2,544,469	31.22	3	2,544,469	17.23
总数	28	6,625,544	100.00	15	8,153,994	100.00	43	14,779,538	100.00

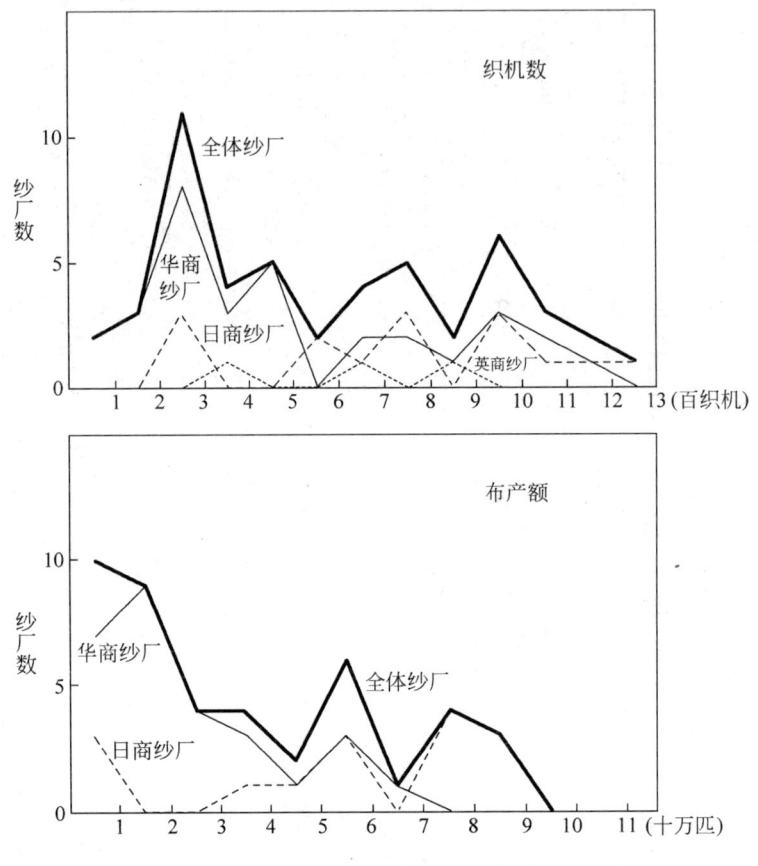

图 24 在华各国纱厂按每厂织机数及布产额之分配，1930

（见第 83—84 表）

匹之间；而日商纱厂之最普通者，其布产额多在 700,001—800,000 匹之间。证之实数，前者之众数平均为 147,067 匹，后者为 722,340 匹。至于中位数平均及算术平均亦如是：日商纱厂布产额之中位数平均为 583,334 匹，算术平均为 543,599 匹；而华商纱厂布产额之中位数平均为 177,778 匹，算术平均为 236,627 匹。

(丙) 纱厂资本之大小及其大小之分配

为分析在华纱厂之资本大小及其大小之分配,可先据民十九年中国纱厂一览表之统计,核算各厂每锭纺锤或每架织机之资本及各厂总资本额。前者可用为断定一厂之财政状况,后者可用为显示一厂之经营范围。然后项统计固不能计算于前项统计完成之先,因有些纱厂,其纺锤与织机之资本统计未各别分开而均混合为一总数,以其所属公司之名义记之,而欲分配是项资本于各厂,则舍核计各该厂每锭纺锤或每架织机之资本外,别无他法。但吾人固亦承认每锭纺锤或每架织机之资本,实非影响一厂财政状况之唯一因子也。

计算纺纱厂每锭纺锤之资本,方法殊简,即以该厂纺锤数除其投资总额。八十一家华商纱厂中,无投资统计者有七家,有投资统计而系纺锤与织机混合为一总数者,有三十四家;是以可计算每锭纺锤之资本者,有四十家。第85表即列有此四十家纱厂各厂每锭纺锤之资本额,揭示华商纱厂每锭纺锤之资本额,有最低8.77元者,有最高至143.31元者。其变动限度如此之高,要有数因。第一,由于数家出租之纱厂,其投资统计系指流动资本而非固定资本言。在华商纱厂中,普通固定资本约占资本总额三分之二以上,故其每锭纺锤之流动资本自小。实际在每锭纺锤资本不及21元之六家纱厂,有五家纱厂系出租者(4、22、28、42、43等号)。但有时在一租赁之纱厂,投资额舍流动资本外,亦包括固定资本之一部。如14号纱厂系一租赁之厂,每锭纺锤资本为64.30元;41号纱厂

第85表 四〇家华商纱厂按每锭纺锤资本额之分配，1930

每锭纺锤之资本(元)	纱厂数						纺锤数						投资额(元)					
	上海		他处		总数		上海		他处		总数		上海		他处		总数	
	实数	%	实数	%	实数	%	实数	%	实数	%	实数	%	实数	%	实数	%	实数	%
11以下*	1	7.1	1	3.8	2	5.0	40,200	13.1	25,340	4.8	65,540	7.9	416,667	3.4	222,222	0.6	638,889	1.4
11—20**	2	14.3	2	7.7	4	10.0	21,120	6.9	27,744	5.3	48,864	5.9	393,056	3.2	320,000	0.9	713,056	1.5
21—30	1	7.1	1	3.8	2	5.0	5,200	1.7	2,880	0.6	8,080	1.0	138,889	1.1	60,000	0.2	198,889	0.4
31—40	4	28.6	3	11.5	7	17.5	101,468	33.1	50,500	9.6	151,968	18.3	3,313,889	26.9	1,850,000	5.4	5,163,889	11.0
41—50	2	14.3	4	15.4	6	15.0	52,072	17.0	63,648	12.2	115,720	13.9	2,311,111	18.8	2,970,000	8.6	5,281,111	11.3
51—60			2	7.7	2	5.0			59,000	11.3	59,000	7.1			3,156,807	9.1	3,156,807	6.7
61—70	2	14.3	6	23.1	8	20.0	49,552	16.2	119,684	22.9	169,236	20.4	3,097,222	25.1	8,040,000	23.3	11,137,222	23.7
71—80	1	7.1	1	3.8	2	5.0	8,500	2.8	14,000	2.7	22,500	2.7	645,833	5.2	1,001,011	2.9	1,646,844	3.5
81—90	1	7.1	2	7.7	3	7.5	28,120	9.2	58,112	11.1	86,232	10.4	2,003,333	16.3	5,000,000	14.5	7,003,333	14.9
91—100			1	3.8	1	2.5			27,000	5.2	27,000	3.3			2,585,170	7.5	2,585,170	5.5
100以上†			3	11.5	3	7.5			75,480	14.4	75,480	9.1			9,369,500	27.1	9,369,500	20.0
总数	14	100	26	100	40	100	306,232	100	523,388	100	829,620	100	12,320,000	100	34,574,710	100	46,894,710	100

* 8.77, 10.36。　** 11.13, 11.92, 18.22, 19.53。　† 107.14, 122.07, 143.31。

亦为一租赁之厂,每锭纺锤资本为31.40元。第二,投资统计包括资本及公积金两项。在此四十家纱厂中,十一家亦有公积金,其总额达1,902,810元,占此十一家资本总额(15,329,122元)12.4%。第三,一厂之投资统计,恒以银元计算,然机械之购置,系按金镑或金圆,是以金银兑换率之变动,实为影响一厂投资额大小之重要因素。第四,随纱厂之经营状况而定。赔累之纱厂,其投资额恒较一不赔累之纱厂之投资额为大,此乃因赔累之纱厂,其投资除包括代表流动资产及固定资产之实际资本外,尚包括以往各年尚未抵销之损失。天津即有数家纱厂,屡经赔累,致其每锭纺锤之资本特高,如北洋纱厂为143.31元,宝成纱厂为107.14元。同时,每锭纺锤之资本额特高,当亦可谓表示该厂财政地位之稳固,日商纱厂情形即如是。他如纱厂之所在地,煤与原料之取给便利,劳工之成本,金融与运输之便利及市场之邻近等原因,亦均足影响纱厂每锭纺锤资本额之大小。内地纱厂每锭纺锤之资本较诸通商大埠纱厂每锭纺锤之资本为大。如在上海,纱厂所需原动力,可借上海电力公司发电厂供给,而在内地,则须自设发电所。复次,内地纱厂须供备外省或外城工人之生活必需便利,如寄宿舍之类。内地新设纱厂,其开办费殊昂,虽云内地地价便宜,但建筑材料之成本,因运费重而特高。且内地缺少金融机关,是以为周转流动资本,势必提用投资额之一部也。

各厂每锭纺锤资本额之大小变异,虽由于前述诸因使然,然为得一平均数计,从前表中舍去其每锭纺锤资本特高或特低之数厂,亦无不当。吾人可从前表中去其每锭纺锤资本在21元以下及80元以上之诸厂;易言之,在第85表所列之四十家华商纱厂中,经吾人舍去者有十三厂,占纺锤全数36.6%,投资总额43.3%。余二十七家纱厂,有纺锤526,504锭,投资额26,584,762元,平均每锭纺锤之资本为50.49元。然后将此平均数应用于三十四家兼有纺锤及织机之纱厂,从其总资本额中减去该三十四家之纺锤资本,即得其织机之资本数。就实数论,此三十四家纺织厂有纺锤1,398,768锭,织机15,559架,及投资总额80,013,512元。今既知该三十四家纱厂之投资总额为80,013,512元,而三十四家纱厂之纺锤总数为1,398,768锭,根据前计每锭纺锤平均资本为50.49元,则其纺锤总资本额应为70,623,796.32元,自前项总投资额减去之,得9,389,715.68元,即为三四厂所有15,559架织机之资本额,平均每架织机之资本当为630.50元。

在前述之三十四家华商纱厂中,有七家(15—17,29—30,57—58)之投资额,系总为三个数目未得各别分开者;今既算出此三十四家纱厂每锭纺锤及每架织机之平均资本数,自可依为根据而将该项总数分配于各厂。惟此七厂共有纺锤408,440锭,织机2,685架,前者较后者多152倍,故差误之机会亦以用每锭纺锤平均资本较用每架织机平均资本为大。各厂之投资额乃由是而定。第86表列有此七厂及其他已有每厂投资额之六十七厂按其每厂投资大小分配之统计(图25),揭示上海共有华商纱厂二十四处,总投资额40,736,666元,平均每厂投资额为1,697,361元,至若他处之五十家华商纱厂,总投资额达86,171,556元,平均每厂投资额为1,723,431元。是以上海华商纱厂之算术平均大小与他处华商纱厂之算术平均大小颇相近,惟前者较后者略低。就中国全体论,七十四处华商纱厂之资本总额为126,908,222元,平均每厂之资本额为1,714,976元。惟上海华商纱厂之中位数平均大小较他处华商纱厂之中位数平均大小略高,前者为2,000,001元,后者为

1,333,334元。至于众数平均大小,亦复如是,前者为2,127,460元。后者为815,669元。就全中国言,华商纱厂之资本中位数大小为1,437,501元,众数大小为285,387元,前者较后者为高。

第86表　七四家华商纱厂按每厂投资额之分配,1930

每厂投资额	上海			他处			全体		
	厂数	资本	%	厂数	资本	%	厂数	资本	%
500,001以下	7	2,179,168	5.3	9	2,386,959	2.8	16	4,566,127	3.6
500,001—1,000,000	2	1,645,833	4.0	12	9,788,026	11.4	14	11,433,859	9.0
1,001,001—1,500,000	2	2,311,111	5.7	6	7,311,011	8.5	8	9,622,122	7.6
1,500,001—2,000,000	1	1,930,556	4.7	4	7,211,251	8.4	5	9,141,807	7.2
2,000,001—2,500,000	7	14,892,220	36.6	6	14,082,694	16.3	13	28,974,914	22.8
2,500,001—3,000,000	3	8,543,261	21.0	7	19,482,948	22.6	10	28,026,209	22.1
3,000,001—3,500,000	1	3,285,252	8.1	1	3,420,500	4.0	2	6,705,752	5.3
3,500,001—4,000,000				1	3,869,500	4.5	1	3,869,500	3.0
4,000,001—4,500,000				3	12,538,667	14.5	3	12,538,667	9.9
4,500,001—5,000,000									
5,000,001—5,500,000									
5,500,001—6,000,000	1	5,949,265	14.6				1	5,949,265	4.7
6,000,000以上				1	6,080,000	7.0	1	6,080,000	4.8
总数	24	40,736,666	100.00	50	86,171,556	100.00	74	126,908,222	100.00

至于在华日商纱厂之投资统计,则更难令人满意。按在华日商纱厂共有四十三家,其中六家(112—3,119—22号)须被舍去,以其投资统计系各指总分厂全体之资本额。在其余之三十七家纱厂中尚有十二家以其投资统计系混合纺锤与织机者,故亦须被舍去。而所余之二十五家纺纱厂,中有十六家之资本统计系依其所属之公司名义记录,同时亦兼有织机与纺锤,故复为吾人所舍。结果吾人之能赖以为计算每锭纺锤平均资本额之根据者,仅有九厂(107,114,115—7,118,125—6,127)。此九厂共有纺锤290,508锭,总投资额为23,550,000元,每锭纺锤之平均资本为81.06元。然后将此平均数应用于有数家纱厂混合统计及兼具纺锤织机统计

之二十八家纱厂,计算其纺锤资本总额,复从其投资总额减其该纺锤资本额即得其织机资本额。就实数计,此二十八家纱厂共有纺锤 1,050,696 锭。织机 8,328 架,投资总额为 94,807,871 元。从该投资总额中减去纺锤资本总额 85,169,418 元,即得 8,238 架织机之资本总额 9,638,453 元,平均每架织机之资本额即为 1,157.35 元。

在华日商纱厂之每锭纺锤及每架织机之平均资本额既如上法求得,吾人即可根据此项平均数修正已舍去之六厂资本统计①。如大康纱厂在华之两家支厂,据报告各有资本 52,000,000 元。但其在沪之第一支厂(112 号)仅有纺锤 86,080 锭,若依前得之每锭纺锤之平均资本数计算,仅有资本 6,977,645 元。就其在青岛之第二支厂(122 号)观,该厂共有纺锤 58,000 锭,织机 759 架,若亦以前得平均数计算,其资本总额亦不过 5,579,909 元,内投资于纺锤者 4,701,480 元,投资于织机者 878,429 元。

---

① 兹将 6 家日商纱厂之修正统计列举于下:

纱厂号数	纺锤	织机	原资本(元)	修正资本(元) 纺锤	修正资本(元) 织机	总数
112	86,080		52,000,000	6,977,645		6,977,645
113	66,336	1,296	14,981,944	5,377,196	1,499,926	6,877,122
119	64,096	984	14,458,333	5,195,622	1,138,831	6,334,453
120	26,360		31,650,000	2,136,742		2,136,742
121	32,768		7,830,000	2,656,174		2,656,174
122	58,000	759	52,000,000	4,701,480	878,429	5,579,909
总数	333,640	3,039	172,920,277	27,044,859	3,517,186	30,562,045
减去修正资本			30,562,045			
原资本额超过修正资本额			142,358,232			

第五章 中国棉纺织业之组织

总之,在华之四十三家日商纱厂,仅有九厂各有投资统计,有六家支厂,其投资统计系按前法算得者,已如上述。至其他二十八家纱厂,各厂之投资总额可根据每锭纺锤及每架织机之平均资本数加以估计①。得出此项估计之后,吾人即可将在华之四十三家日商纱厂按其每厂投资额分类列为第87表(图25)。依该表所示,上

① 兹将民十九年28家日商纱厂之修正资本统计,详列于下:

纱厂号数	原资本（元）	修正资本（元）				
		纺锤	织机	总数	纺锤	织机
85		815,335	768,480	1,583,815	22,432	664
86	8,930,555	955,781	673,578	1,629,359	26,296	582
87		3,093,656	1,217,532	4,311,188	85,112	1,052
88		1,406,193		1,406,193	38,688	
89		1,117,871	289,338	1,407,209	26,128	250
90		1,117,871	289,338	1,407,209	26,128	250
91		1,188,379		1,188,379	27,776	
92	12,635,000	1,188,379		1,188,379	27,776	
93		2,927,832		2,927,832	68,432	
94		2,927,832		2,927,832	68,432	
95		1,588,160		1,588,160	37,120	
96		2,015,551		2,015,551	23,040	
97		5,318,814		5,318,814	60,800	
98		3,219,282		3,219,282	36,800	
99		3,219,282		3,219,282	36,800	
100			925,880	925,880		800
101	32,543,426	2,804,975		2,804,975	32,064	
102		2,165,317	925,880	3,091,197	24,752	800
103		2,010,652		2,010,652	22,984	
104		2,799,380		2,799,380	32,000	
105		2,799,380		2,799,380	32,000	
106		4,339,033		4,339,033	49,600	
108	16,810,000	10,647,924		10,647,924	61,360	
109		4,858,900	1,303,176	6,162,076	28,000	1,126
110	13,888,889	5,787,095	1,157,350	6,944,445	50,000	1,000
111		5,787,094	1,157,350	6,944,444	50,000	1,000
123	5,000,000	4,652,795	347,205	5,000,000	24,816	300
124	5,000,000	4,416,696	583,304	5,000,000	31,360	504

263

第87表 日商纱厂按每厂投资额之分配,1930(元)

每厂投资额	上海			他处			全体		
	厂数	资本	%	厂数	资本	%	厂数	资本	%
500,001 以下				1	379,746	0.9	1	379,746	0.3
500,001—1,000,000	1	925,880	0.9				1	925,880	0.6
1,000,001—1,500,000	5	6,597,370	6.2				5	6,597,370	4.4
1,500,001—2,000,000	3	4,801,334	4.5				3	4,801,334	3.2
2,000,001—2,500,000	3	6,476,203	6.1	5	11,256,996	26.3	8	17,733,199	11.9
2,500,001—3,000,000	5	14,259,399	13.7	2	5,656,174	13.2	7	19,915,573	13.4
3,000,001—3,500,000	3	9,529,761	9.0				3	9,529,761	6.4
3,500,001—4,000,000				1	3,600,000	8.4	1	3,600,000	2.4
4,000,001—4,500,000	2	8,650,221	8.1				2	8,650,221	5.8
4,500,001—5,000,000	1	5,000,000	4.7	2	10,000,000	23.4	3	15,000,000	10.1
5,000,001—5,500,000	1	5,318,814	5.0				1	5,318,814	3.6
5,500,001—6,000,000				1	5,579,909	13.0	1	5,579,909	3.7
6,000,001—6,500,000	1	6,162,076	5.8	1	6,334,453	14.8	2	12,496,529	8.4
6,500,001—7,000,000	4	27,743,656	26.1				4	27,743,656	18.6
7,000,001 以上	1	10,647,924	10.0				1	10,647,924	7.2
总数	30	106,112,638	100.0	13	42,807,278	100.0	43	148,919,916	100.0

海之三十家日商纱厂投资总额为 106,112,638 元,每厂平均资本额为 3,537,088 元;他处之十三家日商纱厂投资总额为 42,807,278 元,每厂平均资本为 3,292,868 元。是以上海日商纱厂之资本算术平均与他处日商纱厂之资本算术平均颇相近,惟前者较后者略高。就全中国言,四十三家日商纱厂之投资总额为 148,919,916 元,每

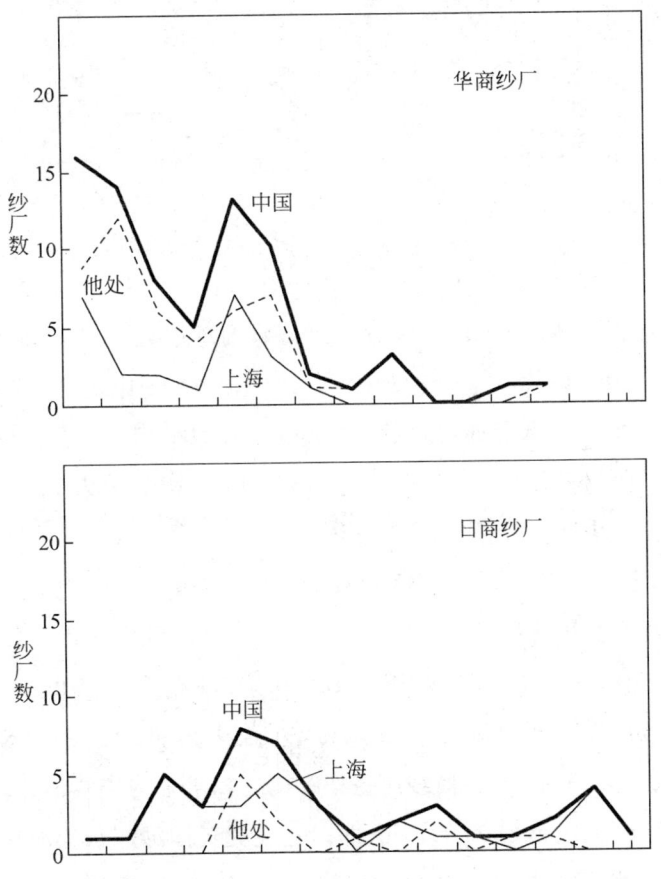

图25 在华各国纱厂按每厂投资额之分配,1930(见第86—88表)

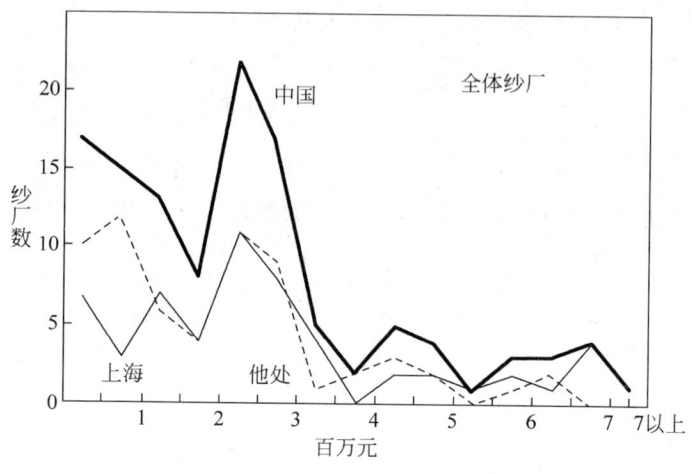

图 25 （续）

厂平均资本额为 3,463,254 元。上海日商纱厂之资本中位数平均为 2,800,001 元；而他处日商纱厂之资本中位数平均为 2,625,001 元，前者亦较后者略高。至于众数平均亦以上海日商纱厂较他处日商纱厂为高，前者为 2,851,880 元，后者为 2,251,399 元。就全中国之日商纱厂观，其资本之中位数平均较众数平均为高，前者系 2,750,001 元，后者系 2,216,650 元。

复察在华之英商纱厂资本状况，英商在华设立之纱厂仅有三家，共有纺锤 153,320 锭，织机 1,900 架，投资额 12,500,000 元。至其各厂投资额之分配，系先求得华商纱厂每架织机之算术平均资本(630.50 元)与日商纱厂每架织机之算术平均资本(1,157.35 元)之平均数，为 880.425 元，即以之设为英国纱厂每架织机之平均资本数，于是根据此数复算得英商纱厂每锭纺锤之平均资本为 70.62 元。然后以此二数乘各厂之织机数与纺锤数，即得各厂之投资额。是以82号纱厂之投资数为5,895,409元,83号纱厂之投资数为2,068,462元,84号纱厂之投资数为4,536,129元。①

华商纱厂日商纱厂英商纱厂之资本大小分配,既已决定,兹就纱厂所有权之国籍及地域之分配将中国所有纱厂之资本大小分配摘要列入第88及89表,揭示纱厂之最大多数,多在2,000,001—2,500,000元组。该组共有纱厂二十二处,投资总额为48,776,575元或百分之16.9,平均每厂投资额为2,217,117元。此乃其众数平均,较之算术平均(2,402,735元)为低,但较之中位数平均(2,170,450元)为高。投资最大之纱厂,为上海日商设立之同兴第一厂,投资额为10,647,974元;投资最小之纱厂,为河南武陟华商设立之成兴纱厂,投资额仅60,000元。就纱厂所有权之国籍论,华商纱厂之最普通者,其投资额多在500,001元以下;而日商纱厂之最普通者,其投资额多在2,000,001—2,500,000元之间。证之实数,前者之众数平均为285,387元,后者为2,216,650元。至于中位数平均及算术平均亦如是;日商纱厂投资额之中位数平均为2,750,001元,算术平均为3,463,254元,而华商纱厂投资额之中位数平均为1,437,501元,算术平均为1,714,976元。就纱厂所在地之分布论,上海纱厂投资额之最普通者,多在2,000,001—2,500,000元之间;他处纱厂投资额之最普通者,则多在500,001—

---

① 兹将民十九年3家英商纱厂之修正资本统计,详列于下:

纱厂号数	原资本(元)	修正资本(元)			纺锤	织机
		纺锤	织机	总数		
82		5,106,548	788,461	5,895,409	72,312	896
83	12,500,000	1,792,009	276,453	2,068,462	25,376	314
84		3,928,636	607,493	4,536,129	55,632	690

第88表 中国纱厂按投资额之大小及地域之分配,1930（元）

每厂投资额	上海			他处			全体		
	厂数	资本	%	厂数	资本	%	厂数	资本	%
500,001 以下	7	2,179,168	1.4	10	2,766,705	2.1	17	4,945,873	1.7
500,001—1,000,000	3	2,571,713	1.6	12	9,788,026	7.6	15	12,359,739	4.3
1,000,001—1,500,000	7	8,908,481	5.6	6	7,311,011	5.7	13	16,219,492	5.6
1,500,001—2,000,000	4	6,731,890	4.2	4	7,211,251	5.6	8	13,943,141	4.8
2,000,001—2,500,000	11	23,436,885	14.7	11	25,339,690	19.6	22	48,776,575	16.9
2,500,001—3,000,000	8	22,802,660	14.3	9	25,139,122	19.5	17	47,941,782	16.6
3,000,001—3,500,000	4	12,815,013	8.1	1	3,420,500	2.7	5	16,235,513	5.6
3,500,001—4,000,000				2	7,469,500	5.8	2	7,469,500	2.6
4,000,001—4,500,000	2	8,650,221	5.4	3	12,538,667	9.7	5	21,188,888	7.4
4,500,001—5,000,000	2	9,536,129	6.0	2	10,000,000	7.8	4	19,536,129	6.8
5,000,001—5,500,000	1	5,318,814	3.2				1	5,318,814	1.8
5,500,001—6,000,000	2	11,844,674	7.4	1	5,579,909	4.3	3	17,424,583	6.1
6,000,001—6,500,000	1	6,162,076	3.9	2	12,414,453	9.6	3	18,576,529	6.5
6,500,001—7,000,000	4	27,743,656	17.4				4	27,743,656	9.6
7,000,001 以上	1	10,647,924	6.7				1	10,647,924	3.7
总数	57	159,349,304	100	63	128,978,834	100	120	288,328,138	100

第89表 在华各国纱厂按每厂投资数额之分配，1930

每厂资本额（元）	华商纱厂			日商纱厂			英商纱厂			总 数		
	厂数	资 本	资本百分数	厂数	资 本	资本百分数	厂数	资 本	资本百分数	厂数	资 本	资本百分数
500,001以下	16	4,566,127	3.6	1	379,746	0.3				17	4,945,873	1.7
500,001—1,000,000	14	11,433,859	9.0	1	925,880	0.6				15	12,359,739	4.3
1,000,001—1,500,000	8	9,622,122	7.6	5	6,597,370	4.4				13	16,219,492	5.6
1,500,001—2,000,000	5	9,141,807	7.2	3	4,801,334	3.2				8	3,943,141	4.8
2,000,001—2,500,000	13	28,974,914	22.8	8	17,733,199	11.9	1	2,068,462	16.5	22	48,776,575	16.9
2,500,001—3,000,000	10	28,026,209	22.1	7	19,915,573	13.4				17	47,941,782	16.6
3,000,001—3,500,000	2	6,705,752	5.3	3	9,529,761	6.4				5	16,235,513	5.6
3,500,001—4,000,000	1	3,869,500	3.0	1	3,600,000	2.4				2	7,469,500	2.6
4,000,001—4,500,000	3	12,538,667	9.9		8,650,221	5.8				5	21,188,888	7.4
4,500,001—5,000,000				3	15,000,000	10.1	1	4,536,129	36.3	4	19,536,129	6.8
5,000,001—5,500,000				1	5,318,814	3.6				1	5,318,814	1.8
5,500,001—6,000,000	1	5,949,265	4.7	1	5,579,909	3.7	1	5,895,409	47.2	3	17,424,583	6.0
6,000,001—6,500,000	1	6,080,000	4.8	2	12,496,529	8.4				3	18,576,520	6.4
6,500,001—7,000,000				4	27,743,656	18.6				4	27,743,656	9.6
7,000,001以上				1	10,647,924	7.2				1	10,647,924	3.7
总 数	74	126,908,222	100.0	43	148,919,916	100.0	3	12,500,000	100.0	120	288,328,138	100.0

1,000,000 元之间。以实数表示,前者之众数平均为 2,130,626 元;后者之众数平均仅 815,669 元。至于算术平均及中位数平均,亦以上海纱厂较他处纱厂为高,前者之算术平均为 2,340,910 元,中位数平均为 2,795,602 元;而后者之算术平均为 1,937,501 元,中位数平均为 2,047,283 元。

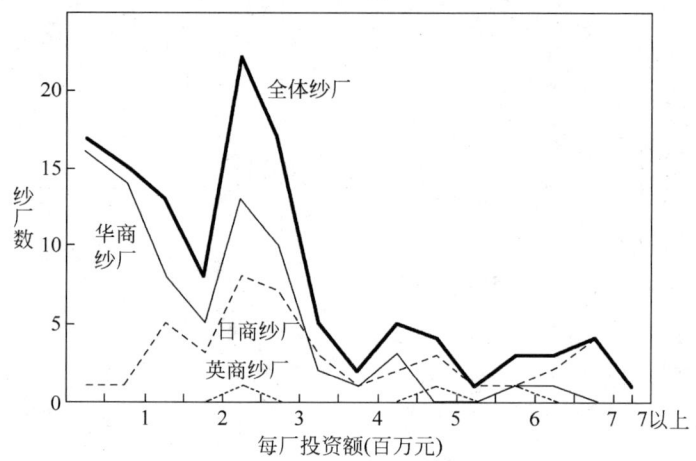

图 26　在华各国纱厂按每厂投资额之分配,1930(见第 89 表)

第 90 表列有在华各国纱厂投资额之算术平均、中位数平均及众数平均大小按其地域分配之统计。

第 90 表　在华各国纱厂投资额之算术平均、中位数平均及众数平均大小,1930

纱厂国籍	算术平均	中位数平均	众数平均
华商	1,714,976	1,437,501	285,387
上海	1,697,361	2,000,001	2,127,460
他处	1,723,431	1,333,334	815,669

(续表)

纱厂国籍	算术平均	中位数平均	众数平均
日商	3,463,254	2,750,001	2,216,650
上海	3,537,088	2,800,001	2,851,880
他处	3,292,868	2,625,001	2,251,399
全体	2,402,735	2,170,456	2,217,117
上海	2,795,602	2,340,910	2,130,626
他处	2,047,283	1,937,501	815,669

（丁）纱厂集合之趋势

欧战以后，中国纱厂特别是日商纱厂，因进口纱布之竞争渐形恢复，遂企望扩张控制本业之权力，故有集合之趋势。全国127家纱厂，经集合结果，有61家归合于14个公司，每个公司平均有两家或两家以上之纱厂，或集中一处或分散国内各处。此14个公司，内七家系华商所有，六家系日商所有，一家系英商所有，投资总额为165,108,885元（57.3%），纺锤2,434,280锭（57.7%），织机17,058架（58.3%），原动力82,664千瓦特（34%），雇佣工人136,538名（54.2%），消原棉4,448,907担（50.9%），纺纱1,255,654包（51.2%），织布9,178,238匹（62.1%）。易言之，约有全国半数之纱厂，占全国纱厂资本及公积金、机械、劳工、消棉与纱布产额之半数以上，均被集合（见图27）。第91表（甲）列有此14个公司之详细统计。

苟进而分析第91表（乙），显示就纱厂所有权之国籍论，在华日商纱厂集合之程度，尤在华商纱厂之上。八十一家华商纱厂，经

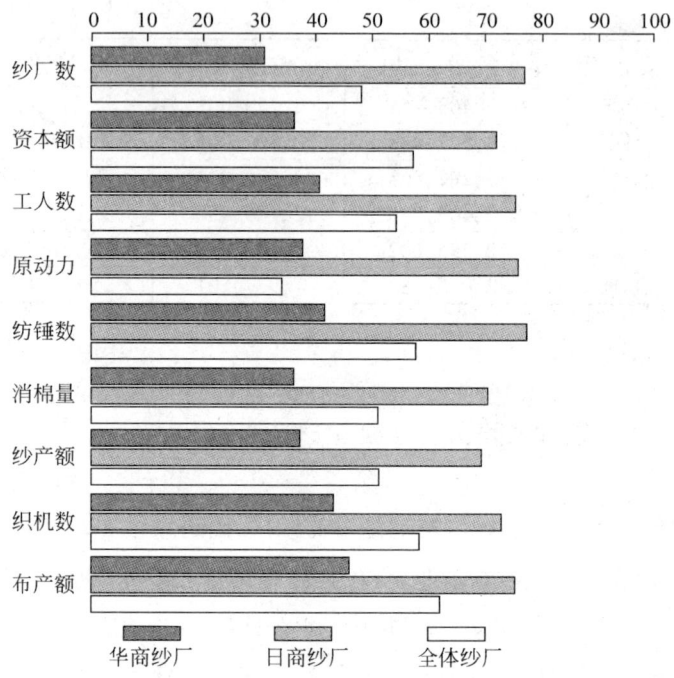

图 27　中国棉纺织业中已经集合之纱厂所占百分数,1930

（见第 91 表(乙)）

集合者仅二十五家；而在华日商纱厂虽只四十三家,然经集合者,竟有三十三家之多。复次日商纱厂集合之百分比亦较华商纱厂集合之百分比为高。如经集合之资本及公积金百分比,华商纱厂为 36.0%,日商纱厂为 71.8%；经集合之纺锤百分比,华商纱厂为 41.3%,日商纱厂则为 77.1%；经集合之织机百分比,华商纱厂为 43%,日商纱厂为 72.9%；经集合之原动力百分比,华商纱厂为 37.5%,日商纱厂为 75.7%；经集合之工人百分比,华商纱厂为 40.6%,日商纱厂为 74.9%；经集合之纱产额百分比,华商纱厂为

36.9%，日商纱厂为69.4%；经集合之消棉量百分比，华商纱厂为36%，日商纱厂为69.9%；经集合之布产百分比，华商纱厂为45.8%，日商纱厂为75.3%。虽然，有足使吾人注意者，即纱厂之集合，并未能增加纱厂之生产效率。如在已经集合之华商纱厂，41.3%之纺锤仅产纱36.9%；即在已经集合之日商纱厂亦然，77.1%之纺锤，仅产纱69.4%。即以开工纺锤与纱产统计为比较标准，所得结论，亦无大异，良以经集合之开工纺锤百分比，在华商纱厂亦有40.4%，在日商纱厂亦有76.8%，与前数相差极微也。

第91表（乙） 在华各国纱厂中十四家纱厂之统计，1930

（每厂均有一个以上之分厂）

项目	华商		日商		英商		全体	
	总数	%*	总数	%*	总数	%*	总数	%*
厂数	25	30.9	33	76.7	3	100	61	48.0
资本及公积金（元）	45,743,468	36.0	106,865,425	71.8	12,500,000	100	165,108,893	57.3
纺锤	988,760	41.3	1,292,200	77.1	153,320	100	2,434,280	57.7
纱锤	959,472	41.2	1,118,696	75.1	153,320	100	2,231,488	56.2
线锤	29,288	42.5	173,504	93.5	—	—	202,792	79.7
织机	6,875	43.0	8,283	72.9	1,900	100	17,058	58.3
原动力（启罗瓦特）	34,358	37.5	48,306	75.7	—	—	82,664	34.0
启罗瓦特	26,183	38.3	42,688	71.6	—	—	68,871	54.4
马力	10,900	35.1	7,490	100.0	—	—	18,390	11.8
工人数	65,809	40.6	57,729	74.9	13,000	100	136,538	54.2
消棉量（担）	1,914,863	36.0	2,080,717	69.9	453,327	100	4,448,907	50.9
纱产额（包）	553,394	36.9	572,738	69.4	129,522	100	1,255,654	51.2
布产额（匹）	3,037,244	45.8	6,140,994	75.3	—	—	9,178,238	62.1

* 此处所列之百分数系指各项中经集合之纱厂所占全体华商、日商或英商纱厂之百分数。

(戊) 纱厂帐目之分析

按诸惯例,华商纱厂每年均印有帐目报告送呈董事会议备阅。此项报告,虽包括损益表及资产负债对照表,但编制方法,鲜有依照现代之会计方法者。如在资产负债对照表之资产项下及负债项下,无复细目之分。损益表亦然,仅列有入款与出款之两项,至如销售额,销货成本,毛利,销售费,事务费,财务管理之出入款项,经营利及非经营利等,则须待详细鉴别之后始能决定。然此项鉴别,又以在同一帐目中各种不同项目之掺混,仍不免失之武断。即在较为确定之帐目中,如保险之类,亦难分辨其批发所与工厂应摊之比例。复次,两种报告中之数项,如折旧及存货,恒不相符。往往在损益表中有折旧一项,而于资产负债对照表则不见有单独之折旧一项,在此种情形下,折旧殆已混合于其他项目如建筑之类。最末,各厂之帐目报告,亦极不一致,殊难将其各种项目变为可资比较之项目。作者在调查六家天津纱厂之时,仅得其四家之帐目报告,包括民八至民十七之十年。该项报告,作者已尽力按照现代之会计方法,重加整理,列于附录四。

在吾人开始详细分析各厂帐目之前,对于"表面赢利"及"纯利"二词,首须辨识清楚。在华商纱厂中,普通习惯,均系计算"表面赢利"而不计"纯利",是以一厂常有"表面赢利"而实际或受赔累。盖华商纱厂计算"表面赢利"之时,许多支出项目如摊提开办费、折旧、修缮、"花红"①、购花损失、汇率变异损失及税捐等,多从"表面赢利"支出。他方面"表面损失"实际可较"纯损失"为小,盖因在赔累之年,前述各种支出项目特别是折旧均略而不顾。此外,前一年之公积金及未分利常用为抵销本年之"表面损失",或扩大本年之"表面赢利"。几乎在所有情形之下,官利均计为"表面赢利"之一部;惟在一家,则视是项官利为支出项目,此乃违背新公司法一七一节之规定者也。在作者分析帐目时,列"表面赢利"于资产负债对照表,但于损益表则兼列"表面赢利"与"纯利"②,然吾人犹须辨识者,即"表面赢利"与毛利及经营利不同,毛利系从销货额减去销货成本所得之余数;而经营利系从纯利减去非经营利所得之余数。

第92表列有已收资本、表面赢利、纯利、官利、红利、公积金及未分利等项统计。一经分析,即可证实作者前节所述关于表面赢利及纯利之种种也。普通,表面赢利均较纯利为大,而表面损失则较纯损失为小。但有几年间,有数家纱厂,其表面损失较纯损失为大,如民十六至十八年之丁厂,此乃因该厂理财方法之不健全所致。按例官利之分派,须在一厂获有纯利之时始得举行,但丁厂在民十六至十八年之赔累期间,尚分派五厘官利,每年平均亦有

---

① 华商纱厂职员薪水普通极为低微;但年终分红,足偿所短。获利之年,此项花红往往两倍或三倍于正常薪水。欧战期间华商纱厂情形即然,因无外来之竞争,故获利殊多。但自民十二年始,潮流逆转,华商纱厂颇有遭受厄运者。然分红之制,固仍流行,但多数纱厂,均已实行提高职员薪金而取消分红。因此作者即视"花红"为薪金之一部。

② 即经吾人已算出之纯利,亦嫌过高,而所计算之纯损失,复嫌过低,其理极显:所有经吾人分析之纱厂,在获利之年,积存之折旧准备金及其同类项目均为数极微;而在赔累之年,并此些许之积款亦无,是以纱厂之财政状况,因而致弱。

第92表 天津纱厂之资本公积金官利(股息)及赢利表,1919—1929

		资本金	表面赢余†		纯利		官利		红利		公积金		未分盈亏*	
		元	元	%	元	%	元	%	元	%	元	%	元	%
甲厂	1919	3,439,000	1,207,258	35.10	576,093	16.75	160,000	4.65	340,000	9.89			76,093	2.21
	1920	3,600,000	1,811,742	50.33	1,204,748	33.46	288,000	8.00	720,000	20.00	80,917	2.25	115,831	3.22
	1921	4,400,000	2,149,132	48.84	1,305,762	29.68	352,000	8.00	748,605	17.00	154,605	3.51	40,157	0.91
	1922	5,100,000	913,765	17.92	619,041	12.14	393,271	7.71	196,635	3.86	172,326	3.38	-143,193	-2.81
	1923	5,560,350	-257,801	-4.64	-743,937	-13.38							-743,937	-13.38
	1924	5,560,350	-383,065	-6.89	-383,065	-6.89							-383,065	-6.89
	1925	5,560,350	272,061	4.89	258,972	4.66							258,972	4.66
	1926	5,560,350	-245,011	-4.41	-301,084	-5.41							-301,084	-5.41
	1927	5,560,350	365,531	6.57	-293,709	-5.28					18,805	0.34	-312,514	-5.62
	1928	5,560,350	345,885	6.22	-187,165	-3.37							-187,165	-3.37
乙厂	1920	3,465,500	423,100	12.21	249,930	7.21			207,930				42,000	1.21
	1921	3,884,000	906,843	23.35	552,941	14.24	277,088	7.13	271,880	7.00	42,000	1.08	-38,027	-0.98
	1922	4,000,000	329,463	8.24	76,462	1.91					50,000	1.25	26,462	0.66
	1923	4,000,000	3,073	0.08	-47,363	-1.19					30,000	0.75	-77,363	-1.93
	1924	4,000,000			-3,073	-0.08							-3,073	-0.08
	1925	4,000,000	502,226	12.56	315,000	7.88	240,000	6.00	40,000	1.00	35,000	0.88	35,000	0.88
	1926	4,000,000	256,256	6.41	135,000	3.38	120,000	3.00					-20,000	-0.50
	1927	4,000,000	-140,932	-3.52	-140,932	-3.52					15,000	0.38	-155,932	-3.90
	1928	4,000,000	-152,174	-3.80	-152,174	-3.80							-152,174	-3.80

(续表)

	资本金 元	表面赢余* 元	表面赢余 %	纯利 元	纯利 %	官利 元	官利 §%	红利 元	红利 §%	公积金 元	公积金 %	未分盈亏 元	未分盈亏 %
丙厂													
1919‡	2,010,800	104,828	31.26	69,292	20.70	26,811	8.00	32,173	9.60			10,308	0.51
1919	2,010,800	1,378,518	68.56	793,060	39.44	160,864	8.00	522,808	26.00	4,591	0.23	104,797	5.21
1920	2,010,800	1,066,795	53.05	658,707	32.76	160,864	8.00	402,160	20.00	58,076	2.89	-37,607	-1.87
1921	2,010,800	907,920	45.15	519,624	25.84	160,864	8.00	321,728	16.00	47,088	2.34	-10,056	-0.50
1922	2,420,900	682,011	28.17	424,834	17.55	172,241	7.11	215,302	8.89	39,346	1.63	-2,055	-0.08
1923	2,421,900	763,813	31.54	470,848	19.45	193,709	8.00	227,383	9.39	30,233	1.25	19,523	0.81
1924	2,421,900	276,165	11.40	211,740	8.74	193,752	8.00			48,666	2.01	-30,678	-1.27
1925	2,421,900	231,941	9.58	211,229	8.72	193,752	8.00			13,021	0.54	4,456	0.18
1926	2,421,900	-88,312	-3.65	-125,482	-5.18	121,095	5.00			10,561	0.44	-257,138	-10.62
1927	2,421,900	33,809	1.40	33,809	1.40	48,438	2.00					-14,629	-0.60
1928	2,421,900	181,376	7.49	181,376	7.49	169,533	7.00			-88,312	-3.65	100,155	4.14
丁厂													
1921	1,935,000	140,471	7.26	165,322	8.54	144,850	7.49			14,047	0.70	20,472	1.06
1922	2,000,000	563,700	28.19	345,723	17.29	99,398	4.97	216,000	10.80	51,046	2.06	16,278	0.81
1923	2,478,300	608,638	24.56	395,103	15.94	116,374	4.70	225,000	9.08	54,707	1.97	2,683	0.11
1924	2,776,700	167,243	6.02	34,991	1.26	150,000	5.40			16,724	0.62	-169,716	-6.11
1925	2,689,800	378,519	14.07	269,891	10.03	150,000	5.58	90,000	3.35	32,987	1.23	13,167	0.49
1926	2,689,800	-526,281	-19.56										
1927	2,689,800	-134,433	-5.00	57		134,490	5.00						
1928	2,689,800	-329,035	-12.23	-194,758	-7.23	134,490	5.00					-329,249	-12.24
1929	2,689,800	-184,080	-6.84	-49,895	-1.84	134,490	5.00					-184,349	-6.85

* 自纯利中减去官利红利及公积金后之数。
† 华商纱厂中之表面赢余包括许多支出项目,如平办费,折旧、修缮、年终职员花红、购花所受损失及捐税等,与纯利固有别也。
‡ 仅包括正,二两月。会计年度系三月至翌年二月终。
§ 占资本之百分数。

134,490 元之多,故其表面损失因之益增。结果,该厂在民十八年之纯损失为 49,859 元,但其表面损失则为 184,080 元。

就大致论,天津纱厂之财政状况,殊不健全(图28),在民八至十七年期间,除丙厂仅赔累一年外,甲厂在十年之中赔累九年,乙厂在九年之中赔累四年,丁厂在九年之中赔累三年。甲乙二厂之赔累,起于民十二年;自后天津各厂均相继赔累。至民十五年即丙厂亦亏 5.18%,赔累百分比最大之纱厂为民十二年之甲厂,计达 13.38%。

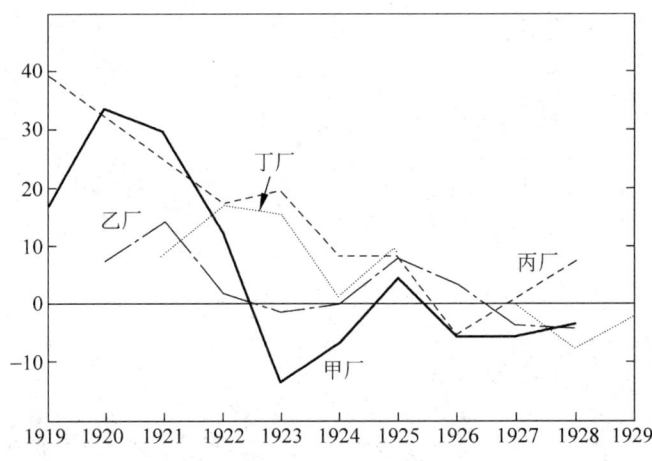

图28 天津各纱厂纯利率之比较,1919—1928(见第92表)

民十二年前,天津之四家纱厂各有赢利,民八年丙厂获利达 39.44%,其次即为民九年之甲厂,获利 33.46%。但在此数年间各厂处置赢利之方法,未能顾及厂方前途,殊为失当。所有此四家纱厂,公积金之准备,永未超过资本额 4%,其最高者为民十三年之甲厂,公积金有 3.51%。丙厂在民八年获利达 39.44%,而其积存之公积金仅有0.23%,余均作官利及红利而分配之。此类积存之公积金,一到赔累之年,又率被提作弥补损失之用。如甲厂在民十二年因赔累之故,乃提用其积存占已收资本额9.27%之公积金407,849元,以补损失,致减少原有之损失13.38%至4.64%。天津纱厂第二种不健全之理财方法,即各厂虽在赔累之年,亦必支付官利。此四家纱厂,内丙丁两家竟视之为定例。如丙厂在民十五年已纯损125,482元,然仍支付5%官利,致其损失益增。① 复如丁厂在民十七年,其纯损失已达194,758元或7,23%,旋以支付5%官利结果,纯损失增至329,035元或12.23%。

　　第三种不健全之理财方法,即为折旧准备金之不充足。此种准备金普通均于获利之年提存。如第93表所示,甲厂在此十年之间提存折旧准备金者有八年,乙厂在九年之间提存折旧准备金者有五年,丙厂在十一年间有九年,丁厂在九年之间有四年。但此类折旧准备金,包括建筑、家具、机器等固定资产,数量似嫌过小。除丙厂外,各厂提存之折旧准备金永未有超过固定资产总值百分之五者。丁厂提存之折旧准备金所占固定资产总值之百分比,在民十三年为0.26%,十四年为0.66%,十二年之数为最高,然尚只1.08%。甲厂之百分比,则在民十四年之1.14%与民八年之2.25%之间。乙厂之百分比,最低为民九年之0.64%,最高为民十一年之4.80%。丙厂在民八至十四年间每年均提存折旧准备金,其最高百分比为民十年之14.09%,最低为民十四年之1.06%。各厂之固定资产,因厂方之未能逐年积存适当之折旧准备金,其市值必渐跌而远少于帐目上所载之总值矣。

---

① 表面损失仅3.65%,但未偿损失(undivided loss)竟达10.62%之高。

第93表 天津纱厂之固定资产(包括建筑机器家具等)及折旧准备金，1919—1929*

(单位：元)

年份	甲厂 固定资产	甲厂 折旧准备金	甲厂 %	乙厂 固定资产	乙厂 折旧准备金	乙厂 %	丙厂 固定资产‡	丙厂 折旧准备金	丙厂 %	丁厂 固定资产	丁厂 折旧准备金	丁厂 %
1919†	2,988,283	67,240	1.25※				1,574,804	13,015†	4.98†			
1919	4,188,753	73,470	1.75				1,781,636	133,510	7.49			
1920	7,050,769	142,435	2.02	3,086,916	19,724	0.64	1,728,773	144,188	8.34			
1921	8,148,398	142,435	1.75	4,280,601	117,000	2.73	1,804,070	254,236	14.09	2,543,001		
1922	8,543,288			4,374,324	210,000	4.80	1,982,311	125,717	6.34	2,641,656	28,506	1.08
1923	8,804,466			4,411,207			1,924,778	111,633	5.80	2,825,398	30,433	1.08
1924	8,763,029	100,000	1.14	4,415,460			1,771,491	52,661	2.97	2,807,605	7,179	0.26
1925	8,782,195	150,000	1.71	4,584,354	103,801	2.26	1,739,532	18,473	1.06	2,874,657	19,001	0.66
1926	8,812,220	150,000	1.70	4,702,837	85,494	1.82	1,897,072			3,039,073		
1927	8,860,043	150,000	1.69	4,904,243			1,928,983			3,122,570		
1928				4,911,326			1,957,471	22,726	1.16	3,022,909		
1929										3,038,094		

* 依损益表中之规定而列者。
† 仅包括1919年1、2两月。丙厂会计年度自三月至翌年二月终。
‡ 资产负债表中折旧准备金未单列项目，因此是项准备金列在损益表内必已将该准备金数目自资产负债表之"固定资产"项中减去。故此处所列固定资产数当为"固定资产"及"折旧准备金"之和也。

※ 原书如此，据上下文疑为2.25。——编者注

天津纱厂之第四种不健全理财方法,为投资于固定资产之资本特多。如第94表所示,除丙厂外,各厂资本之投于固定资产者,几均超过已收资本额。如民十年甲厂有已收资本4,400,000元,而其投资于固定资产者即有7,002,569元。易言之,后者较前者高1.59倍。故天津诸厂中,以甲厂之财政状况为最不健全。民十以来,该厂资本之投于固定资产者对已收资本之比例多在1.45与1.59之间。亦即谓投于固定资产之资本,约有三分之一系从借债而来。至于丁厂,此项比率较小,在1.03至1.34之间;乙厂则在0.96至1.16之间。惟有丙厂,以其已收资本总额之五分之四投于固定资产,余五分之一则为流动资本。丙厂自民八成立以来,经营成绩尚佳,除民十五年外,每年均获有相当之利润。

天津纱厂资本之投于固定资产者既如是之大,结果流动资本极少。流动资本系流动资产减去流动债务所余之数,按之成规,其数应与流动债务之数相当。易言之,流动资产与流动债务之标准比例当为二与一之比①。如第95表所示,天津各厂,多未能维持此比率,尤以民十二年之后为甚。而乙厂在民十年至十三年间,其流动债务竟有超出流动资产者,其流动资产对流动债务之比率在民十年仅为0.96,十一年为0.93,十二年为0.70,十三年为0.60。丁厂情形亦然,此项比率在民十年为0.97,十五年为0.88,十六年为

---

① "在目前习惯下,因经营性质有异,地位不同,帐目开始日之不一致,以及其他足以影响此项比例变动之原因等,故已少有按此项成规实行者。有些企业,固需2∶1之比率,但有些企业,此项比率竟须高至10∶1,且有些更须甚于此者。但此项比率,亦有低至1∶1者。然放债与一流动债务超出流动资产之商人,该项债务不能必其于期满之时定能偿还也。"Beckman, Theodore N.: *Credits and Collections in Theory and Practice*, 2nd Edition, McGraw-Hill, 1930, p. 282.

第94表 天津纱厂之固定资产* 及已收资本数额，1919—1929
（单位：元）

年份	甲 厂 已收资本	甲 厂 固定资产	甲 厂 %	乙 厂 已收资本	乙 厂 固定资产	乙 厂 %	丙 厂 已收资本	丙 厂 固定资产	丙 厂 %	丁 厂 已收资本	丁 厂 固定资产	丁 厂 %
1919†	3,439,000	3,081,213	89.60									
1919	3,600,000	4,214,443	117.07	3,465,500	3,320,231	95.81	2,010,800	1,691,850	84.14			
1920	4,400,000	7,002,569	159.15	3,884,000	4,494,192	115.71	2,010,800	1,781,075	88.58			
1921	5,100,000	7,974,228	156.36	4,000,000	4,470,915	111.77	2,010,800	1,718,067	85.44	1,935,000	2,587,478	133.72
1922	5,560,350	8,247,436	148.33	4,000,000	4,297,798	107.44	2,420,900	1,990,166	82.21	2,000,000	2,689,510	134.48
1923	5,560,350	8,508,340	153.02	4,000,000	4,302,051	107.55	2,421,900	1,946,641	80.38	2,478,300	2,873,251	115.94
1924	5,560,350	3,366,146	150.46	4,000,000	4,470,945	111.77	2,421,900	1,852,326	76.48	2,776,700	2,855,458	102.84
1925	5,560,350	8,221,108	147.85	4,000,000	4,485,627	112.14	2,421,900	1,854,555	76.57	2,689,800	2,922,510	108.65
1926	5,560,350	8,169,829	146.93	4,000,000	4,601,539	115.04	2,421,900	2,048,722	84.59	2,689,800	3,001,807	111.60
1927	5,560,350	8,068,497	145.11	4,000,000	4,622,089	115.55	2,421,900	2,080,633	85.91	2,689,800	3,026,598	112.52
1928							2,421,900	2,086,395	86.15	2,689,800	2,926,938	108.82
1929										2,689,800	2,942,122	109.38

* 包括土地房屋机器家具等总值，折旧准备金已从中减去。
† 仅包括1919年之1,2两月。

第95表 天津纱厂中流动资产对流动债务之比率，1919—1929

（单位：元）

年份	甲厂 流动资产	流动债务	比率	乙厂 流动资产	流动债务	比率	丙厂 流动资产	流动债务	比率	丁厂 流动资产	流动债务	比率
1918	1,120,888	1,073,029	1.04				1,077,567‡	833,266‡	1.29			
1919	1,967,039	322,692	6.10				1,691,855	191,500	8.84			
1920	2,313,790	980,092	2.36	1,271,123	1,183,496	1.07	1,806,428	409,501	4.41			
1921	2,510,709	695,042	3.61	1,544,402	1,608,763	0.96	1,843,589	522,625	3.53	363,647	374,146	0.97
1922	4,595,661	1,310,432	3.51	2,479,292	2,671,895	0.93	2,278,382	1,055,513	2.16	1,445,019	511,595	2.82
1923	3,383,599	1,881,001	1.80	779,090	1,113,977	0.70	2,506,759	1,114,073	2.25	2,098,830	955,132	2.20
1924	2,094,412	1,898,126	1.10	535,746	897,575	0.60	2,309,690	1,235,951	1.87	1,708,894	708,799	2.41
1925	2,884,160	1,981,399	1.46	2,344,712	1,293,401	1.81	2,610,521	1,586,394	1.65	2,188,242	852,312	2.57
1926	2,259,422	1,973,305	1.14	2,568,770	1,518,063	1.69	1,640,078	1,034,816	1.58	989,460	1,119,359	0.88
1927	2,962,825	2,891,942	1.02	2,157,514	1,303,235	1.66	1,351,414	838,794	1.61	798,622	955,342	0.84
1928	3,359,772	3,261,497	1.03	2,935,062	2,176,659	1.35	1,653,396	981,570	1.68	873,466	1,253,004	0.70
1929												

‡ 仅包括1919年之1、2两月。

0.84，十七年为0.70。其他诸年是项比例则较为有利，即于乙丁两厂亦然。最高之比率为民八年丙厂之8.84，其次为民八年甲厂之6.10，民九年丙厂之4.41，民十年甲厂之3.61，丙厂之3.53，民十一年甲厂之3.51，丁厂之2.82，民九年甲厂之2.36。

（己）纱厂联合会

中国纱厂联合会之组织，以华商纱厂为最早，始于民七。日商在华之纱厂，亦有其本身之组织，即所谓中国日商纱厂联合会社，二者均设于上海。此外该处并有华商纱厂、日商纱厂及英商纱厂共同组织之委员会，每月开会一次，讨论与全体业务有关之事务①。其他诸城市，华商纱厂亦有联合会之组织，如民十年汉口设立之湖北纱厂联合会，十一年之无锡纱厂联合会及天津纱厂联合会等。依民十八年实业部颁布新工商同业公会法第三节之规定，每一公会至少须有会员七个，而无锡纱厂联合会仅有会员六个，为邀实业部之批准起见，势须增加会员至七个或七个以上，因此该会乃于民十九年经改组归并于江苏省内地纱厂联合会，同年天津之联合会亦经改组；惟其会员仅六家纱厂而已②。

华商纱厂联合会之组织，其起因系由于华商纱厂在民六年三月反对日商废止棉花出口税之要求。是月十五日刘伯荪氏召集主

---

① Pearse, *Cotton Industry of Japan and China*, Manchester, 1929, p. 159.
② 《纺织时报》，民十九年二月十三日；民二十年一月十九日；《华商纱厂联合会季刊》，民十年九月，271—2页；十一年十月，221—2页；《天津棉鉴》，民十九年十一月。

要纱厂负责人开一会议,通过一决案,请求政府拒绝日商之要求。是项请求,旋经政府承诺照办,目的既达,该项联合会之组织亦无形停顿。嗣于九月十五日又召集一会议,讨论永久组织之问题。经大会通过决定组织华商纱厂联合会,于是在十月二十七日召集预备会议通过草章。十二月一日召集正式初次联合会议,到有十五家纱厂之代表。但直至民七年三月十四日之第二次会议,始正式选出联合会之职员,此次会议之列席者,仅有十三家纱厂之代表。张謇被选为正会长,聂其杰为副会长①。

联合会之目的,如民十八年之修正会章所述者,可分为立时的目标与基本的目标二类。联合会之立时的目标为:(一)建议政府保护之方法;(二)调解纠纷与促进共同利益。基本的目标为:(一)改良棉植事业与扩大棉植地域;(二)训练技术人材与创设技术研究之机关;(三)调查市场情形与报告供求状况;(四)编制统计发行纺织刊物。联合会以往之事绩,要皆集中于最后之两项:民七以来,每年会中派人外出调查棉产,汇为统计,刊行年册,名为《中国棉产统计》。每年复刊行《全国纱厂一览表》,各纱厂之主要统计材料,均纳之于此;计民七以来,该会已刊行十二次《全国纱厂一览表》,包括民九至十三,民十六至十七及民十九至二十二年。此外联合会又自民八年十月起出版《华商纱厂联合会季刊》一种,民十二年四月起出版《纺织时报》一种。至于改良棉植事业及推广棉植区域,该会尚少成绩,良以此项工作,正如训练技术人材与创设技术研究之机关均为耗费需时,且不易实现之工作。民八年该会组织植棉改良委员会,在宝山、唐山及南京诸处均设有棉花试验

---

① 江苏实业厅编:《江苏省纺织业状况》,民七年,第一编第四章。

场,颇著成效。民九年间,其年费增至35,000元,均由各华商纱厂分别担负,故该委员会之工作亦特别扩充。但民十年委员会之工作与东南大学农科之植棉工作合并,而关于改良棉花之一切费用,则由联合会担任。然不久,此项款额断绝,故华商纱厂联合会,对于棉花改良之工作,无复新进展也。

至立时的目标之实现,则较显著。关于此点,华商纱厂联合会以往之成绩,如请求政府禁棉出口,请求裁厘,解决劳资纠纷,以及棉花检验之运动等尚足值吾人之提及。

华商纱厂联合会会员,有甲乙二种。甲种会员系包括上海本地之华商纱厂;乙种会员包括他处之华商纱厂(必其地之华商纱厂联合会已与上海之联合会发生关系者)。甲种会员之会费,规定每有纺锤一锭纳银1.8分,线锤一锭0.9分,织机一架21.6分;而乙种会员之会费,则适当甲种会费之半。在此项规定之下如有纺锤25,000锭之纱厂,则年须纳会费450两。但在原有规定之下,会费较低,凡有10,000锭纺锤以上之纱厂,纳会费银50两,20,000锭以上,纳100两;30,000锭以上,纳150两;40,000锭以上,纳200两;50,000锭以上至100,000锭之间,须纳250两。会费每三月一交。会员不纳会费逾一年者,被剥夺会员资格,请其退会。此外;尚有入会费100两①。

---

① 《纺织时报》,民十八年四月十五日。

第六章　中国之手工棉织业

范围与分布——在东方各手工棉织业仍流行之主要国家中，以中国为手工棉织业较力机棉织业占优势之唯一国家，如日本，如印度，其力机棉织业之发展，现已驾乎手工棉织业之上。民十四年日本棉织业共有力织机238,999架，而手织机仅126,360架；民十五年印度棉业力织机之布产额为1,950,000,000码，而其手织机之布产额仅1,160,000,000码①。反观中国情形，力机棉织业对手

第 96 表　中国之纱线统计，1913 及 1930（磅）

	数量*1913	%	数量†1930	%
本国纱线产额	200,000,000	35.84	982,070,800	102.22
进口纱线额	358,000,000	64.16	22,616,000	2.35
减出口纱线额			43,987,064	4.57
总消费量	558,000,000	100.00	960,699,736	100.00
力织机消量	15,000,000	2.69	206,913,532	21.54
手织机消量	543,000,000	97.31	753,786,204	78.46

* Odell, *Cotton Goods in China*, Washington, 1916, p.185.
† 据华商纱厂联合会之估计，民十九年中国之纱产额为2,455,177包，每包以400磅计，则重982,070,800磅。复据估计，是年之布产额为14,779,538匹，每匹以14磅计，则重206,913,532磅。是年纱线之进出口额，以每担$133\frac{1}{3}$磅计，进口纱线有169,620担，重22,616,000磅；出口纱线有329,903担，重43,987,064磅。所有纱线当非尽用于织布；但除织布之外，纱线为用，究占极少数额，吾人为便利计，可忽视之也。

---

① *Encyclopaedia Britannica*, 14 edition, VI, 549-550.

工棉织业之比例,就消纱量言,仅为一与四之比。如第96表所示,民十九年中国之消纱量总额为961,000,000磅,其由力织机消去者为207,000,000磅,余754,000,000磅均为手织机消去,约当前者五分之四。

前表复显示在民二至民十九年期间,手织机之消纱量,虽因机纺纱产额之速增显有百分三十九之增加,但同期间力织机之消纱量,亦几增加十三倍。由此可知力机棉织业之发展极速,但在目前中国状况之下,若农业经济不受近代工业化之影响,又兼人口过多,生活程度低贱,则手工棉织业必仍维其原有地位也。至于中国农业经济之实况,光绪二十三年(1897) Blackburn Chamber of Commerce中国视察团之评话,颇为适当;是语虽述于三十五年以前,然自今日观之,尚无大异。该团视察四川省时,对于省中手工棉织业之盛行,颇示惊讶,据其观察所及,谓"因人民职业之卑贱,穷苦劳工之过多,以及生活竞争之急烈,迫使家庭经济之各方面趋于发达。一家所产,虽仅足一家之需,苟境遇较优,则其生产,或有富余,可供应他人。故纺织工业,乃成为一种基本家庭工业,得发展无阻于此特殊经济状况之下;虽外人赖有机器之利益,亦莫能与之抗衡。全家剩余之生产,即为全家收入之所恃,一旦幼童稍能工作,即驱使服役;尤在父权独尊之处,不受小学条例及工厂立法之限制,合家男女老幼,如竭所能,共同操作,殆为习见之事"[①]。

手工棉织业在中国几遍处均有,惟其大部分则在乡间农家,盖织布为农民之副业,每于秋收之后及冬季闲暇之时,农民多借以维持生计。至是业之主要中心,均在通都大埠如上海、汉口、天津、广

---

① *Report*,1896-7,by N. Neville and H. Bell, pp. 253-4.

州等地附近之四乡。手织布之大部,均行销国内,输出殊少,故其出口统计,不足以为表示手工棉织业中心之可靠的指数。但以他种统计之付缺如,则第97表之出口统计,亦不无相当用处。

第97表 中国各埠土布之原出口值,1930(海关两)

埠名	土布	染纱绩土布	成匹染土布	花土布	总计 值	总计 %
天津		4,321	32,830		37,151	0.24
宜昌	202,586				202,586	1.31
沙市	91,680				91,680	0.59
岳州	73,488				73,488	0.48
汉口	219,398		2,442		221,840	1.44
上海	12,289,060	1,005,032		20,769	13,314,861	86.34
汕头	76,723	4,680		717	82,120	0.53
广州	818,151	156,249			974,400	6.32
九龙	267,960				267,960	1.74
三水	19,514				19,514	0.12
其他	119,872	15,486	277		135,635	0.88
全体	14,178,432	1,185,768	35,549	21,486	15,421,235	100.00

工业组织——中国之手工棉织业,多于乡间经营,但亦有经营于城市者。是以工业之组织,亦随其所处区域之性质而异。在城市者,多为工场形式。如牛庄一处,民十七年有大小织布工场八七家,共计织机1,200架。其中有二十四家,系使用电力运转织机者,计有铁机500架以上。① 又如沈阳,民十三年有织布工场一百五十七家,民十六年末,增至三百家以上,除两家有织机100架外,

---

① *Chinese Economic Journal*, July, 1928, pp. 618-9.

余每家仅有织机六架。① 无锡于民十七年有十七家棉织工场,其中仅一家规模较大,计有织机160架,投资额500,000元,并使用电力运转织机。"其余大多数织布工场,则仍在家庭工业时代;每家设备极为简陋,仅有木制织机数架,资本亦极有限,每家资本有仅5,000元者"。② 安庆于民十五年有小织布工场约一百八十家。使用之织机均属铁制,有1,000架以上。③ 上述各城,如牛庄、沈阳、无锡、安庆均为极发达之城市,然手工棉织业仍多在小规模之工场中经营。至如天津,手工棉织业在主匠制及商人雇主制之下,亦由小工场经营。此类制度实为小工场之模式组织,作者在《天津织布工业》一书中已有所述,转录如次,(二四页至二五页)"此类小织布厂,以主匠为中心人物,所需之固定资本与流动资本,皆甚微薄。作坊可向人租用,织机自数架至十架左右,购置之费,不过数百元之谱。所用之原料,无论其为人造丝或为棉纱,皆可向商店赊欠,一月后偿还。售布时均系现款交易。中国小工厂有供给工人住宿之成例,即大工厂亦有时沿用之。故主匠有供给工人膳宿之责任。然此实所费无几,盖因日间工场,即夜间之寝室,不必另备宿舍,膳食亦甚简单也。且当营业清淡之时,主匠辞退工人极易。营业兴旺之时,增雇工人,亦非难事。主匠之妻及子女,亦助作织布之预备工作如缠线、轮轴,及抽棕等。主匠之家族,与主匠同居一处,私人费用,因可较省,收入虽微,亦可勉事撙节为活。综上所述,乃天津大多数小织布厂之厂主即主匠之写照也。其余小织布厂之厂

---

① Chinese Economic Journal, March, 1928, p. 256.
② Chinese Economic Bulletin, July 21, 1928, p. 33.
③ Ibid., Feb. 6, 1926, p. 76.

主,并非主匠,乃商人雇主制下之中间人。彼等虽自购织机,招雇少数工人,设厂织造,然其所用原料,无论其为人造丝或为棉纱,皆为较其厂规模稍大之厂所供给。换言之,即此等工厂并非自织,乃代他厂织造也。"

至于乡间之手工棉织业,在多数情形之下,均为农业之副业。农民每遇歉收之季及闲暇之时,全家多从事织布,以维生计。就工业组织发展之程序论,在织布仅足家用之处,是项工业,仍处家庭经济时代(Household stage);但在布产能供给市场需求之处,其工业组织与前者相较则稍有出入,高阳附近各县农民之情形,即为一最佳之例。此布产区包括任邱、安州、蠡县及保定之一部,惟高阳则为此区布产之分配中心。依民十五年北京经济讨论处之调查,谓:"布匹均织于农家。每一农民至少有一两架踏板式之织机,织布为其闲时之职业。农民之穷苦者,无资本自购棉纱,普通均向城市商人领取棉纱,回家织成布匹,在规定期间内交货。归家之后,普通均由农民自织,而家中妇女幼童则助其料理轻便之工作,如浆纱等。工资由商人付给,按件计算。……此外,农民苟能节省用纱,常可克留棉纱之一小部。"他方面"经济较为充裕之农民,多从城市商人处购来棉纱,自家织布。其处置成品之方法有二:(一)以布匹与纱商直接交换棉纱;(二)陈列于市集出售。织布者与城市商人之交易,并无一定永久的地点,惟有每隔相当时日举行之'市集',为其交易之地;此类'市集',普通均在庙宇及当地商务之孔道举行"[①]。其他许多手工棉织业区域之情形,亦大率类是,由商人分

---

① *Chinese Economic Journal*, June, 1927, pp. 555-6.

给工作与农民做,即普通所谓"散活"之制度①。"市集"之举行,普通每隔三日或四日有一次,而商人在此即可作许多事。在河北省之定州,"布商从事之工作,普通是经纪人之工作,但有时亦自行买卖。每年常有许多山西布商赴定州典当地商人做生意,当地商人有时对其雇客,且予以放款之便利"②。他如南昌"商人自农民处集来布匹,复以之输往邻近各县。此辈商人普通在脱售货物之前,多已将其布匹整理,以颜色或加印花样"③。更如汉口及武昌二处之"布商,普通在乡间均设有购办处,收买农家之布产,复以之销售与城市商人。批发商付款多以银两或银圆为单位。至于批发商与零售商间之来往交易,则有经纪人为其媒介"④。

织机与布匹之种类——各地采用之手织机,种类不一,有平面机提花机;有木制机铁机;有新式机及旧式机。而旧式木制机在欧美已成为博物院之陈列品者,在中国犹为最流行之织机,尤以乡间

---

① 浙江硖石之布匹,多由乡间农家旧式手织机所产。"此类布匹,当地通称为扣布,为乡妇所织专供城中扣布商之需。普通均由商人发给棉纱与各织工,许其回家自织,织妥后即交成品与原商人。乡妇自织之布极狭,宽度亦不一致,有八寸者有十二寸者。此类工作之工资极低,但布商普通亦不向织工追求余纱,只须织工交出定额成品,余纱即许其留为自用。每次布商发给每一工人 120 两棉纱,将来收进布匹之重量,只须相当前者百分之八〇,即 100 两左右。100 两重之布匹,大概有七匹或八匹;每匹约长 20—30 尺,宽 8—12 寸。工人约需时 12 或 13 日。但所得报酬极低,只有三角至六角,平均每日工资尚不及四分。织工如手艺精巧,可以节省百分之十棉纱,留为己用,以抵偿工资之特低。本城共有扣布商九处,沿城 60 里周围区域以内之农家织工,多有受其供给棉纱织布者。即邻县如嘉兴、海盐及桐乡等处农民,亦有接受硖石布商之棉纱而织布者。估计在此区域内,约有 20,000 架织机,系为硖石布商织布的;其每年布产额,约在 3,200,000 匹左右"。*Chinese Economic Journal*, Aug., 1926, p. 336.

② *Chinese Economic Bulletin*, Mar. 26, 1927, p. 163.

③ Ibid., May 15, 1926, p. 258.

④ Ibid., Sep. 5, 1925, p. 140.

为然。城市中之铁制新式机或木铁兼制之新式机,最初均自日本输入,目前多数工场所用之手织机,即此类。中国之旧式提花机,已渐不流行,而为法人发明之雅卡机(Jacquard)所代。①

在民五年阿特尔氏(Odell)之《中国棉纺织品之输入》(*Cotton Goods in China*)报告书中,关于中国旧式木制手织机有一极佳之叙述。此类手织机"几全属木制,机之中部,置有打纬板(lay),以绳索自架上横木之滑车悬下,使之运转自如。此外复设有引经线之综杼,亦以绳索自上悬下。该项绳索,自综杼之下部延系至踏板。机之两旁,系有投梭杆,各穿过一钩,垂在两边。织布者坐于机之后身,脚践踏板,引经线之综杼即随之上下移动;一面复用右手前后推动打纬板。在此一上一前之间,即留有穿线之道,此时织而成布。再以扁木棒(Temples),伸展已成之布,使之维持一律的宽度,然后将布卷在后部卷布轴之上。熟练之织布工人,每分钟可织平面布之纬线在100至120条之间"。②

手工棉织之准备步骤如缠经、络经、穿经、打穗等,亦殊简单。"在规模较大之工场中,经纱之准备,多另置简单之经纱架,其大致构造,与新式经纱机相仿。经纱架有V形之连杆架,纱轴即穿在杆上。每个纱轴之纱头,共通过一综眼,复将此纱头引缠在横杆上。所有棉纱,均须自纱束缠上经纬管;缠纱方法,将纱束安置在一旋转架,再以空管置于纺锤上。从纺锤系一绳带通至大轮,是以有一幼童或妇女在此转动轮盘,纺锤即随之迅速旋转,棉纱即由旋架缠

---

① 关于中国提花机之图解,可参阅 *Silk*, by Chinese Maritime Customs, 1917, Shanghai。

② Odell, op. cit., p. 186.

至空管,管机者更须一手牵引棉纱,使其缠至空管上时分配平均"。①

中国人固为极精巧之织工,成品之种类极复杂,粗者如未漂白之粗布,而细者如提花布等,各色俱全,其种类之广,诚非吾人所能想像。不特因名有异,且亦因宽度、长度、重量、颜色、花纹、棉纱及织机之种类不同而变。是以吾人殊难将国内所有手工棉织业之布产,逐类叙述。兹仅将少数代表区域之布产,加以概述。②

浙江之硤石　此间农村出产之布匹,均系旧式手织机成品,当地人多名之为扣布。其在市场中之价值,变异颇大。品质最优者,每匹售银约一元七角至一元八角,最劣者,每匹尚不值大洋一角。后者当为品质最劣之布,普通仅用以制孝衣者。故市场之需求不大,其每年产额亦极有限。品质中等者,在当地市场出售,每匹价银约在八角至一元。硤石一处,每年各种扣布之总出口值,估计约在 2,000,000 元之上。大部多输至江北之皖苏两省,及浙江东南部诸县。即福建省,亦有扣布之市场,中以浦城一县,每年消费硤石之扣布,为数最伙。

江苏之南通　南通所产土布,有大布与小布两类。大布色白质佳;小布则色有蓝白两种,质料亦较次。大布小布之面积及长度,随各商人之所需而定,并无一致的规定。概言之,满洲关庄布商需要之布均为大布,即市场中所谓之关庄大布,每匹宽约 1.25 至 1.37 尺,长 50 尺。关庄大布又按重量分为三等。第一等之标准重量每匹为四斤,第二等之标准重量为三斤半,第三等之标准重量

---

① Odell, op. cit., p. 186.
② 关于硤石、高阳、定州、沈阳及牛庄等处情形,可参阅本书 290—292 页,但关于肃宁、武汉及南通,参阅 *Chinese Economic Bulletin*, Feb., 1925, pp. 94-95;Sept. 5, 1925, p. 139;Aug. 29, 1931, p. 146.

为三斤二两。苏皖京庄商人需要之布，亦均为大布，即市场中所谓之京庄大布。其所定标准，与关庄大布之标准相同，惟其每匹之重量则为三斤半。至于苏皖浙闽之县庄布商，不分大布与小布，均一律经营。如经营大布，则其所定标准，每匹之长度为 28 尺，宽度为 0.81 至 0.82 尺，其重量为一斤一两。

土布之重量与资料既如是混乱，故其售价，变异亦大。大概关庄大布之售价，上等者每 40 匹包为银 36 两；中等者每 40 匹包为银 34 两，下等者每 40 匹包为银 32 两；京庄大布之售价，每 33 匹包为银 34 两；县庄大布之售价，每 30 匹或 40 匹包为银 32 两，县庄小布之售价每 50 匹、60 匹或 66 匹包为银 30 两。

湖北之武汉　武昌与汉口两处出产之布，约有八类，其名称咸袭其产地之名，如金口、岳口、阳逻、阳逻改机、新洲、九峰、葛店及青山等八种。每匹宽度在 1 尺至 1.3 尺，长度在 30 至 40 尺。质料或优或劣，粗细不同；每匹售价在银 0.5 两至 1.4 两之间。各种布匹之年产额，最少有 19,000 匹，最多有 1,500,000 匹。其销售区域颇广，包括湖北、山西、陕西、湖南、河南、江西、江苏、广东、广西、贵州及云南等省。

河北之高阳　高阳产布，种类甚多，最普通者如粗布、细斜纹、提花布及爱国布。粗布每匹长 104 尺，宽 2.4 至 2.6 尺，售价自五元至九元；同样长宽之细斜纹，每匹售价自八元四角至八元五角；爱国布每匹长 100 尺，宽 1.8 或 2.1 尺，售价自八元至十元；同面积之提花布，每匹售价自七元至十五元。至于确实价格，须按布匹之重或质料而定。如粗布之重量，则每匹有七斤者，亦有十三斤者；细斜纹之重量，每匹有八斤者，亦有九斤者。织粗布及细斜纹，所用经纬纱均系十六支棉纱；织爱国布及提花布，所用经纱为四十二支者；所用纬纱，为三十二支者。

河北之定州　布匹之长宽，极不一致；惟有庄布，则面积一律，尤以连销蒙古绥远者为然，每匹宽约一尺长约 30 尺，当地售价每匹大洋一元。其他种类，普通较长，每匹宽约 1.2 尺，长约 39 尺，当地售价每匹大洋两元余。除庄布以外，各种布匹之长度与宽度未有相等者。布匹普通均打束成包，每包约有 30 至 50 匹，运销张家口、丰镇及归化、包头等处。每年由定州输出之布匹，约有 1,600,000 匹。

河北之肃宁　本地布产，按其长宽得分为三类。第一类，每匹长 33 尺，宽一尺，每年约产 150,000 匹。以行销内蒙边境之绥远及包头为最多。第二类，每匹长 36 尺，宽 1.1 尺，年产 200,000 匹。以行销潍县及张家口为最多。第三类，每匹长 48 尺，宽 1.15 尺，年产 700,000 匹，多行销于山西、张家口及宣化。织布所用棉纱，经纱多用机纺纱，纬纱多用手纺纱。据当地农民云，此类混合纱织成之布，较之全用机纺纱织成者为佳，以其耐用较暖且易染色。同时每年尚产铁机织成之洋布 50,000 匹，运销保定、天津及北京等处。每年此处所产土布及洋布，总值约在 2,500,000 元之上。

辽宁之沈阳　本地布产，要有三类。第一类为花旗布，每匹长 104 尺，宽 2.6 尺，重八斤十二两；第二类为大尺布，每匹长 108 尺，宽 1.3 尺，重五斤六两；第三类为花布，每匹长 104 尺，宽 1.8 至 2.0 尺，重六斤半至七斤十二两。三类之中，以第一、二类为最粗，所用棉纱多系十至十六支者。惟第三类所用棉纱较细，系二十至六十支纱交织者。

辽宁之牛庄　此处主要布产，为花旗布、大尺布、斜纹布、格子布等。花旗布每匹长 100 尺，大尺布每匹长 50 尺，格子布每匹长

56尺。每天一架手织木机能产花旗布一匹,大尺布一匹余,或格子布一匹半;而一架电机铁机,每天能产花旗布三匹。

销售方法——国产布匹,种类极夥,以土布为最普通。即南通一处,据可靠估计,每年出产土布5,455,000匹,总值约九百万元之多。此类布匹之销售,悉为关庄、京庄及县庄之三种商人所主持。南通土布商中,以关庄布商财力最裕营业范围最大。此类布商,为数十六,运销区域,多为东三省之各主要城市,如牛庄、大连、沈阳及哈尔滨等处。其与东三省零售布商之交易,则多赖上海之经纪人为媒介;经纪人普通收取0.7%的佣金,付款时限,定为十日。京庄布商,为数四十,所贩布匹,多销与苏皖各城之零买商。其交易手续,或从邮递,或由买客遣派代理人径赴南通接洽,均为现款交易。县庄布商,为数九十四,纯系当地织布者与苏浙赣皖省各城买客间之委托代理人。是辈之利润,取于佣金。每脱售一匹,可得1.6至5.0分不等;但亦有自行直接购办获利者。三类布商之布匹,均直接由乡间农家供给。农民织成布匹之后,即将货品送进南通城里,货到之时,其大小与重量均经详细检定;如与标准符合,立即议价。成交之后,布商即将布匹分别等级,装束成包,起运外埠。

土布之包装,种类不一,悉依各类布商之习惯而行。如关庄布商,所有布匹,均束成卷筒形,每筒为40匹;但京庄布商之布匹,均装为长方形,每包33匹。县庄布商之布匹,亦为长方形包装,惟每包所束,有36匹者亦有66匹者,均视所装布匹之种类为定。

运输土布赴外市销售,所取工具,亦多不同。关庄商人之货品,多先以驳船运赴南通附近之河岸,然后再以驳船或小火轮装载赴沪。复从是处更换驳船或大轮载赴牛庄,分销东三省各主要城市。此项布匹,海关不征以出口税。惟运费则有详细规定:从南通至河岸,每40匹包之运费为六分至一角;从河岸运赴上海,同样之包,需费二角五分;从上海至牛庄,约需三元——故每包运费,自南通至牛庄,需银3.35元。关庄布每包售银约34两,故运费约相当售价百分之八。京庄布商之布匹,先以独轮小车载赴河岸,复借驳船或小火轮运赴上海,再经铁路转至南京。从南通至上海,每33匹包之运费需二角一分;从上海至南京,同样之包,需费三角。县庄布商之布匹,多直接以驳船或小火轮运赴省内各主要消费中心。但若运赴外省如赣皖浙等处,普通均以邮包转运①。

汉口有土布批发商九人,多从事经营销售岳口布。每家资本最少有10,000元,最多亦有20,000元。武昌有土布批发商十六人,内有十人经销阳逻布,六人经销金州布。此类布商,均系经特许营业者。其与收布商——此辈商人在乡间均置有购办处,收买农家布匹——之交易,有经纪人从中媒介。付款时限,定为十五日,但有时亦须先缴定银。九峰土布之厘金税则,每匹为3.75文。运费亦各异,须视距离之长短为断。至武昌每担需运费160文,至汉口普通每担需费200至300文。渡河费每担需60至80文。

武汉之土布商,均为合伙之组织,每家雇有经理一人,收帐员一人,送货员一人。银钱出纳员一人,及司帐员一人,经理之薪金,普通每月为二十元,助理员十五元,银钱出纳员十二元,司帐员八元。年终以净利之百分之二十,分配各员红利②。

天津之手工棉织品,均输至东西两大省区,东区包括东三省,

---

① *Chinese Economic Bulletin*, Aug. 31, 1931, pp. 145-49.
② Ibid., Sep. 5, 1925, p. 139.

西区包括山西、陕西及甘肃诸省。在此诸省之中,棉织物之销售方法有二。"第一即由布厂派遣跑合,携织品样本,赴绸缎铺或百货商店,兜售产品。买主可尽量挑选,言明种类数量,向布厂索领,但并非谓此选定者,即全为彼辈所购。非至实际售出后,随时都可退还。布厂交易,多以信用,间亦有用现金者。信用交易中结帐之期,亦与外客相同,可不重述。第二法则多由较小布厂行之,以厂中出品,销售与乡间或城市中之小行贩。交易率以现金。使有信用卓著之人,为之担保,则信用交易,亦稍可通融。但每为一新交易时,以往陈帐,必须清结。彼辈所经营者,大都为天津本埠出产之人造丝布与棉布,以及舶来之本色布或印花布。每当交易畅旺之时,常见各地小行贩往返天津道上,一月凡数次。抵津后亦效法外客,于旅舍中组织临时采办处焉"。①

高阳布商有 157 家,最大者资本 50,000 元,伙员 70 人以上。此外尚有许多布商,财力亦颇充裕,每家资本恒在 10,000 元之上。此类布商在北平、张家口、洛阳及包头诸处,均设有分号或代销处。其余诸商,经营规模有限。大者如蚨丰、合记、元兴以及其他诸家,均设有染坊。在九十家布商中,有三十家之染坊,仅限于染纱;余六十家之染坊,则限染布。最近始有新式染坊六处,置备最新整理布匹及染色之机器;此类新式染坊,多数均系天津及他处之织染学校毕业生所创设。

当地布商自织布工场收齐成品之后,或售与外埠来此之出口商,或自行运售他处。如自行运销他处,则在各主要中心地点,恒须设立分号或销售处。运输之时,此类布匹,多装扎成包,每 20 匹

---

① 方显廷:《天津织布工业》,民二十年,58 页。

为一包,或自平汉路或自津浦路运赴各地。从平汉路分运者,则须先以驴车载赴保定;从津浦路分运者,则须先以驴车载赴泊头镇。高阳布在国内市场最广,几遍播华北,如哈尔滨、库伦、包头、太原、洛阳、济南、徐州及甘肃、陕西、新疆等均有其销场。在山西市场中,以本色粗布为最需要。普通棉织物多运至山西后,再下染坊染色。粗斜纹多销于张家口。其销于蒙古者,多染红色及黄色,以应当地人民之趋好。至于标布及提花布之类,在北平销路颇佳。

高阳布产数额,以在民六年至民八年间为最多,估计年产5,000,000匹。民九以后,因内战频起,斯业渐趋衰落。民十年仅产3,000,000匹,民十六年又降至1,200,000匹。[1]

---

[1] *Chinese Economic Journal*, June, 1927, pp. 554, 556-7.

第七章　中国棉纺织品之进出口贸易

（甲）进口贸易

早期之历史——外国棉纺织品之输入中国,当以东印度公司为先锋;经其四十年之不断努力,惨淡经营,始获广州为其在华市场之根据地。1786年该公司首先运曼彻斯特(Manchester)手织品来华,试辟中国市场。据东印度公司年鉴之记载,"公司曾将挪威袄(Norwich)、曼彻斯特及霍立福(Halifax)等棉织品之式样,送呈公行商人,但华商之意,以为是项货品,不适中国市场之需求,且其价格又极昂贵。中国自制之各种棉织物,虽不若洋货精致,然颇适于中国服用之式样"①。两年后,该公司董事部复将"挪威袄、霍立福及曼彻斯特货品"之式样,送呈天宝行商人梁承禧(Shykinqua)检验。梁意以为"是项货品与普通为衣料或妆饰品者殊异,尤以杂色之丝绒品,不能适合中国市场的需求"。② 同孚行商人潘绍光

---

① Morse, H. B.: *The Chronicles of the East India Company Trading to China*, 1635-1834, Cambridge, 1926, Vol. II, p. 120.
但在1929年出版之 Vol. V 中,作者记载1771年输至广州之匹头值银188,424两或62,808金镑(见 Vol. V, p. 159)。
② 前书 Vol. II, p. 152。

(Puanknequa)亦同此意,认为是项货品,"永不能成为普通用物……而同时促进此项货物之需求,亦非商人之利"①。但梁承禧之意,对"曼彻斯特货品中,如丹妮姆(Denims)、立巴次(Royal Ribs)布等,认为或有销售之可能",而彼亦愿"订购数匹,一试市场之需求情形,然其颜色,应为蓝、黑、绿、灰、棕等,与毛织品之颜色同"。② 1790 年,该公司即运曼彻斯特棉织物来华试辟市场,内包括丹妮姆及立巴次布各五十匹,定价612 镑,而售得银2,000 两,约与其原有成本相等。但是项货品,并"未能合华人意;盖其价格过昂,且复不能与华人自制者,同受称誉也。"③自后之二十二年间,该公司不复运输曼彻斯特棉织品来华。直至1812 年始又运印花布至广州,试探市场,定价4,774 镑,但未受订购。盖以其式样不合市场之需求,质料亦多恶劣也。④ 八年后复作第三次试验,结果亦告失败,1820 年有值5,328 镑之英国棉布(4,509 匹)及丝绒(416 匹)等,于广州举行拍卖,实售得银6,500 两,损失在百分之六十以上。⑤ 翌年,第四次之试探,又未获成功,但结果金钱上之损失较前为小。是年英国棉织品中有印花布1,744 匹,白棉布1,372 匹,玄色棉匹 860 匹,仿造广州布720 匹,手帕1,132 打,棉纱5,000 镑,计值5,042 镑,而售得银仅9,807 两,损失百分之三十五。⑥ 此后之数年内,公司仍受损失;1824 年,英国棉布每匹售洋九元,总计得银

---

① Morse, H. B. :*The Chronicles of the East India Company Trading to China*, 1635-1834, Cambridge, 1926, Vol. II, p. 152.
② 前书 Vol. II, p. 152。
③ 前书 Vol. II, pp. 179-80。
④ 前书 Vol. III, p. 180。
⑤ 前书 Vol. IV, p. 1。
⑥ 前书 Vol. IV, p. 2。

17,321两;1826年,输入有值50,200元之匹头,售出结果,仅"较前数年之损失"略小而已。① 然至1827年,东印度公司之基础,卒臻稳定,于是英国棉织品在华之销售,始获利焉。"该年东印度公司输华之棉织品有15,300匹,船交货定价(f. o. b.)为21,261镑,此外复有运费及保险费合计值23,241镑;而其售价(关税除外)平均每匹七元,共计107,160元。"同年,其他英商初次运输匹头来华总值66,487元。② 实际,此后是项私商之贸易,获利反多。即以1828年论,私商之输入,竟较前一年增加二倍,总值185,022元;而东印度公司虽能输入较多之英国棉布,然以私商输入之棉布过多,致公司方面之输入值,减至69,614元。③ 1829年,公司输入之匹头值243,800元,较前一年大增,但此后则并无显著之进益。1830年为231,000元,1831年为273,681元,1832年为214,020元,1833年为275,217元。而他方面,私商输入之匹头,1828年值185,022元,1829年则骤减至55,329元,但1829年之后,则年有增加:1830年为110,929元,1831年为227,043元,1832年为254,933元,1833年为351,957元。以公司及私商二者自英国输入之匹头值合计,则除1832年外,均示增加之趋势。1827年为173,587元,1828年为254,636元,1829年为299,129元,1830年为341,929元,1831年为500,724元,1832年为468,953元,1833

---

① Morse, H. B.: *The Chronicles of the East India Company Trading to China, 1634-1835*, Combridge, 1926, Vol. Ⅳ, pp. 87-88, 124-5, 139.
② 前书 Vol. Ⅳ, pp. 146, 158。
③ 前书 Vol. Ⅳ, pp. 178, 181。自1828年起,入口值系指棉纺织品言,包括有棉纱在内。

年为 627,174 元。①

外国匹头之输华,论其成绩美籍商船似较英籍商船为优,当英商尚未以匹头输入广州之时,美籍商船已于 1821 年输入值 179,410 元之匹头至广州。除少数例外,由美籍商船输华之匹头,几年有增加:1823 年值 161,918 元,1824 年 154,388 元,1825 年 240,736 元,1826 年 261,700 元,1827 年 357,386 元,1828 年 174,413 元,1829 年 414,420 元,1830 年 359,179 元,1831 年 483,382 元,1832 年 591,468 元。虽然,美籍商船输华之匹头"均为英货,由英国运广州,借以抵制东印度公司之专利。——至少亦系英国工厂将其制造品售与美国,复由美商运至广州销售,盖其时英国在远东之贸易,经英皇特许东印度公司专利,故其他英商莫能染指,而美国商人,固不受其限制也。"②

抑有足使吾人注意者,即自 1827 年之后,由英美商船输华之棉纺织品,匹头之外尚有棉纱;是以前节所列数字之增加,与棉纱输华之多寡不无关系也。但当时输华之棉纱,为量甚小,以后始逐渐增多。东印度公司最初有输华棉纱之记载,始于 1821 年,计是年输华之棉纱有 5,000 磅。六年后于 1827 年,由其他英商输华之棉纱总值达 14,000 元。1828 年公司输华之棉纱有 300 包,约 120,000 磅;而至 1829 年输华 2,250 担,约 300,000 磅,值银 56,700 两,或 78,750 元——约占是年该公司输华棉纺织品总值 243,800 元之三分之一。同年,美商初次输入棉纱 211 担,或 28,000 磅,值

---

① Morse, H. B.; *The Chronicles of the East India Company Trading to China, 1635-1834*, Cambridge, Vol. Ⅳ, pp. 146,158,181,195,223,248,271,339,369。

② 前书 Vol. Ⅳ, p. 330。

8,840元。1830年公司输入之棉纱共值58,320两或81,000元,亦几与是年该公司棉纺织品输华总值231,000元之三分之一相等。①虽公司方面,对于1828年初次输华之棉纱,数量不多,仅300包之现象,表示悲观,然经三年来继续输华之结果,其前途颇为光明。是年公司之记录中有云:

"目前吾人不能预望棉纱将为输华之有利货品。一般商人咸认为八支至二十六支之棉纱,内包括十便士、十便士半及十一便士半三种价格者,其质料过粗,不适中国市场之需求,是以销路极小;然其自四十支至一百四十支之棉纱,包括十八便士半、二二便士半、二先令四便士、二先令九便士、三先令二便士、三先令十一便士、四先令五便士及六先令四便士等价格者,其质料复嫌太细,不适中国现有织机之用,且以此细纱织成之布,华人用者亦少;惟其自二十八支至三十八支之中等棉纱,包括十四便士、十六便士、十六便士半及十七便士半等价格者,为中国市场所最需,故其销路亦广。今广利行商人卢继光(Mowqua)自愿承销此全部三百包棉纱,每担出价三十四元。"

此项论述,系指是业之初期情形而言:但历百余年经验之后,棉纱输华量大增,中有数年,每年输入竟达百万包之多,而中国市场需求之大部,几仍全为十二支至二十四支之棉纱。②

---

① Morse, H. B. : *The Chronicles of the East India Company Trading to China*, 1635-1835, Cambridge, Vol. Ⅳ, pp. 2, 158, 178, 186, 195, 223.
② 前书 Vol. Ⅳ, p. 178。

第 98 表　各国商船输至中国之棉纺织品，*1790—1833
（单位：银元）

年份	东印度公司船	其他英籍商船	英商船总数	美国商船	总　　数
1790	2,778		2,778		2,778
1812	15,000		15,000		15,000
1813	12,083		12,083		12,083
1820	9,028		9,028		9,028
1821	13,621		13,621	179,410	193,031
1823	21,600†		21,600†	161,918	183,518
1824	24,057		24,057	154,388	178,445
1825	2,632		2,632	240,736	243,368
1826	50,200		50,200	261,700	311,900
1827	107,100	66,487	173,587	357,386	530,973
1828	69,614	185,022	254,636	174,413	429,049
1829	243,800	55,329	299,129	414,420	713,549
1830	231,000	110,929	341,929	359,179	701,108
1831	273,681	227,043	500,724	483,382	984,106
1832	214,020	254,933	468,953	591,468	1,061,356‡
1833	275,217	351,957	627,174	—	627,174

* 1828 年后，棉纺织品之统计，纱布均在内；见 Morse 书。

† 估计每匹值八元，共 2,700 匹。

‡ 包括其他国船只之 935 元。

1867 年以来之发展——中国之棉纺织品①进口值于 1832 年仅有 1,061,356 两，但在此后之三十五年间，增加甚多。据 1867 年之海关报告所载，是年棉纺织品之进品，总值达关银 14,617,268 两，约等于是年总进口值百分之二十一。在 1832 年至 1867 年之间棉纺织品之进口值竟有十四倍之增加，致此之由，要有数端：其最重

---

① "棉纺织品"一词，包括匹头、纱线及其他。

第七章　中国棉纺织品之进出口贸易

要者,即1834年东印度公司专利之废除,及1842年中国之开辟五口为商埠。鸦片战役前,广州原为中外贸易之唯一口岸,嗣因1842年之中英南京条约,致与天津、上海、宁波及厦门,同辟为商埠。其时广州之公行制度亦与东印度公司同其命运,相继废除。中外贸易乃由专利而竞争,公行已不复独操中外贸易之特权矣。

1868年中国之棉纺织品进口值,自1867年之14,617,268两,突增至22,373,056两,约增加百分之五十七。但在此后,自1869年至1884年期间,棉纺织品之进口总值,多与1868年之数相差无几,而1868年之突然增加,度由于海关统计方法之改良使然。如以1913年为基数100,则1868年之指数为12.26,而在1869至1884年期间,其指数迥变于1878年之8.80至1871年之16.34之间,平均概在12左右。1884年之后,棉纺织品之进口值,显有增加之趋势,是以1885年之指数增至17.26,1890年增至24.68,1895年增至29.09。1895年适值中日战争结束,是以转机立显,自后外国棉纺织品之输入中国,迭有增加,其指数自1895年之29.09,增至1896年之43.44,及1899年之56.72。但在1900年,因拳匪之乱,故输入减少,其指数降至41.45,一年后即恢复原状并更有增加。其于1901年之指数为54.63,1902年增至69.91,1903年至70.51,1905年(日俄战争之年)至99.47。1905年后,其指数复趋下降,直至1913年始进至100。在1913年至1930年间,进口物价指数增加颇多,自100.00(1913)增至186.80(1930),然棉纺织品进口值指数,固无大变动也(图29);①此中原由,盖因国内纺织工业之勃兴而然。结果棉纺织品进口值对总进口货值之比例,趋于

---

① 天津南开大学经济学院主编《经济统计季刊》第一期147页。

低落。此项比例，如以百分数表示，在1896年至1905年间，恒回变于35至40之间，但1907年以来，除1909，1911至1915及1919至1920等数年外，均在30以下。如第99表所示，是项百分数，在1907年为28.56，1916年为26.47，1921年为23.07，1923年为18.79，及1930年为11.44。

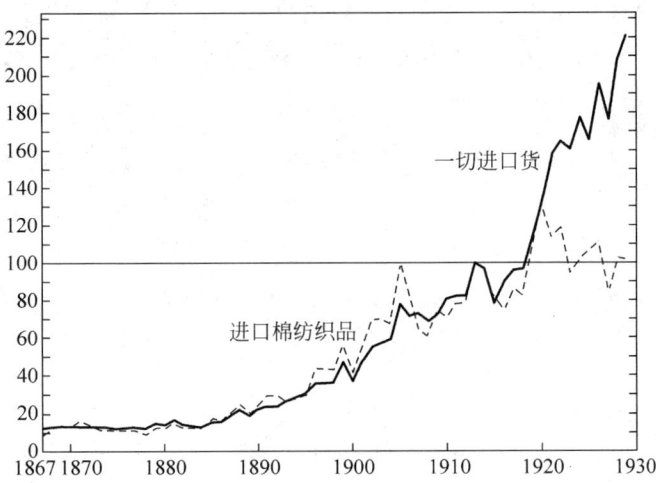

图29 中国棉纺织品进口值指数与一切物品进口总值指数之比较，1867—1930（1913 = 100）（见第99表）

第 99 表　中国棉纺织品之净入口值，1867—1930

年份	棉纺织品 （海关两）	指数 1913 = 100	一切进口货 （海关两）	指数 1913 = 100	棉纺织品所 占百分数
1867	14,617,258	8.01	69,329,741	12.16	21.08
1868	22,373,056	12.26	71,121,213	12.47	31.46
1869	25,208,918	13.82	74,923,201	13.14	33.65
1870	22,037,717	12.08	69,290,722	12.15	31.80
1871	29,803,783	16.34	78,190,093	13.71	38.00

(续表)

年份	棉纺织品（海关两）	指数 1913=100	一切进口货（海关两）	指数 1913=100	棉纺织品所占百分数
1872	25,407,069	13.93	74,826,130	13.12	33.95
1873	21,535,879	11.81	73,992,903	12.98	29.11
1874	20,334,470	11.15	71,395,801	12.52	28.49
1875	20,061,143	10.94	67,803,247	11.89	29.59
1876	20,216,246	11.08	70,269,574	12.32	28.79
1877	18,955,795	10.39	73,497,360	12.89	25.79
1878	16,029,231	8.80	70,804,027	12.42	22.64
1879	22,599,679	12.39	82,227,424	14.41	27.48
1880	23,382,957	12.81	79,293,452	13.91	30.54
1881	26,045,836	14.28	91,910,877	16.12	28.34
1882	22,706,784	12.45	77,715,228	13.63	29.21
1883	22,046,785	12.09	73,567,702	12.90	30.00
1884	22,141,222	12.14	72,760,758	12.76	30.43
1885	31,493,823	17.26	88,200,018	15.47	35.70
1886	29,114,622	15.96	87,479,323	15.34	33.28
1887	37,047,931	20.31	102,263,669	17.94	36.23
1888	44,437,525	24.36	124,782,893	21.88	35.61
1889	36,135,596	19.81	110,884,355	19.45	32.60
1890	45,020,302	24.68	127,093,481	22.29	35.41
1891	53,290,200	29.21	134,003,863	23.50	39.76
1892	52,707,432	28.89	135,101,198	23.69	39.71
1893	45,137,970	24.75	151,362,819	26.55	29.82
1894	52,105,448	28.56	162,102,911	28.43	32.14
1895	53,074,164	29.09	171,696,715	30.11	30.91
1896	79,243,431	43.44	202,589,994	35.53	39.12
1897	78,663,280	43.12	202,828,625	35.57	38.78
1898	77,618,824	42.55	209,579,334	36.76	37.04
1899	105,463,048	56.72	264,748,456	46.43	39.07
1900	75,606,360	41.45	211,070,422	37.02	35.82
1901	99,651,999	54.63	268,302,918	47.06	37.14
1902	127,524,120	69.91	315,363,905	55.31	40.43

(续表)

年份	棉纺织品 （海关两）	指数 1913=100	一切进口货 （海关两）	指数 1913=100	棉纺织品所 占百分数
1903	128,625,604	70.51	326,739,133	57.31	39.36
1904	124,048,311	68.00	344,060,608	60.34	36.05
1905	181,452,953	99.47	447,100,791	78.42	40.58
1906	152,727,845	83.72	410,270,082	71.96	37.23
1907	118,915,923	65.19	416,401,369	73.03	28.56
1908	110,898,379	60.79	394,505,478	69.19	28.11
1909	137,291,430	75.26	418,158,067	73.34	32.83
1910	130,682,634	71.64	462,964,894	81.20	28.23
1911	143,802,025	78.83	471,503,943	82.70	30.50
1912	144,088,874	78.99	473,097,031	82.98	30.46
1913	182,419,023	100.00	570,162,557	100.00	31.99
1914	178,259,045	97.72	557,109,048	97.71	32.00
1915	150,004,210	82.23	454,475,719	79.71	33.01
1916	136,679,386	74.93	516,406,995	90.57	26.47
1917	158,950,267	87.13	549,518,774	96.38	28.93
1918	151,380,423	82.98	554,893,082	97.32	27.28
1919	209,786,337	115.00	646,997,681	113.48	32.42
1920	246,813,429	135.30	762,250,230	133.69	32.38
1921	208,662,426	114.39	906,122,439	158.92	23.03
1922	218,523,170	119.79	945,049,650	165.75	23.12
1923	173,520,111	95.12	923,402,887	161.95	18.79
1924	188,500,998	103.33	1,018,210,677	178.58	18.51
1925	196,101,546	107.50	947,864,944	166.24	20.69
1926	205,466,537	112.63	1,124,221,253	197.17	18.28
1927	154,590,410	84.74	1,012,931,624	177.66	15.26
1928	190,029,938	104.17	1,195,969,271	209.76	15.89
1929	188,389,253	103.27	1,265,778,821	222.00	14.88
1930	149,838,808	82.14	1,309,755,742	229.72	11.44

【注】自1875年起，海关报告仅列有净入口值统计；惟1874年之净入口值与总入口值均备，棉纺织品之净入口值为18,270,196海关两，其总入口值为20,334,470海关两。至于一切进口货，其净入口值为64,360,864海关两，其总入口值为71,395,801海关两。[海关两]之定为海关统计单位，始行于1875年，是年以前，相沿均用[两]。

来源地与到达地之分析——1905年以来,中国之棉纺织品进口数量固已较前减少,即其来源地与到达地,亦较前有异,结果出口国中有日本之突起,而进口岸中有安东、大连之勃兴。(图30)兹以1905年、1913年及1929年之情形,作一比较,首先分析进口纺织品之来源地。如第100表所示,在此三年内,每年进口之棉纺织品,十之九系由英国、日本、香港、美国及英属印度等五处输入者。虽然,在此1905年至1929年之二十五年期间,该五处之相对重要性则有激烈之变动。日本突起之迅速,固属奇特,而英国、美国、香港及印度之衰落,亦同属非常之现象。日本于1905年输至中国之棉纺织品,仅占中国进口棉纺织品全部11.24%,1913年占29.81%,及至1929年则竟占全部63.85%,美国于1905年输至中国之棉纺

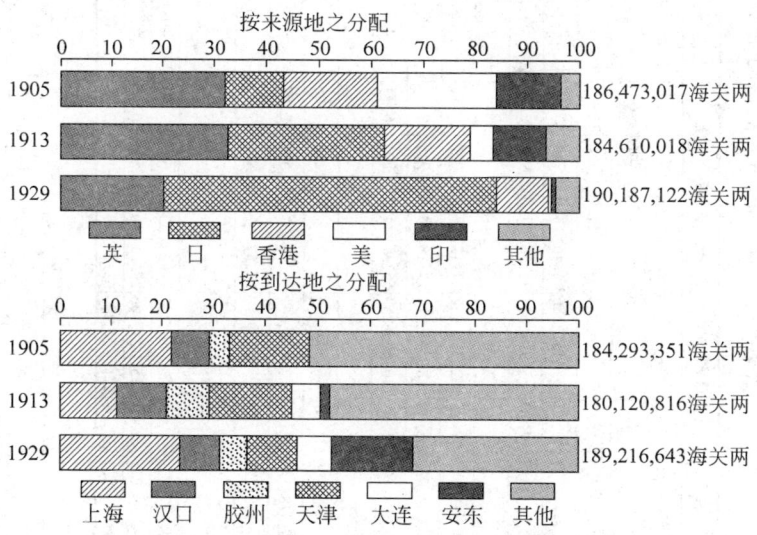

图30 中国棉纺织品进口值按来源地与到达地之分配,1905,1913及1929
(见第100及103表)

第100表 中国棉纺织品进口值按来源地之分析，1905—1929

		英国		日本(包括台湾)*		香港		美国(包括夏威夷)		印度		其他		直接总进口值
		海关两	%	海关两	%	海关两	%	海关两	%	海关两	%	海关两	%	海关两
纱线	1905	1,177,356	1.73	17,956,923	26.39	24,662,150	36.25			22,801,368	33.51	1,437,263	2.11	68,035,060
	1913	644,603	0.89	32,431,586	44.46	18,909,754	25.92			18,446,558	25.29	2,514,404	3.45	72,946,905
	1929	1,285,317	7.73	5,913,684	35.58	7,065,934	42.52	96,382	0.58	1,631,785	9.82	626,016	3.77	16,619,118
匹头	1905	57,592,801	49.47	2,464,955	2.12	8,302,060	7.13	42,109,234	36.17	972,099	0.84	4,969,835	4.26	116,410,984
	1913	58,244,032	56.30	18,753,919	18.10	9,808,217	9.50	8,090,447	7.80	446,772	0.40	8,058,584	7.79	103,401,971
	1929	36,294,869	21.83	110,500,253	66.47	11,254,801	6.77	450,349	0.27	419,269	0.25	7,319,230	4.40	166,238,771
其他	1905	706,866	34.87	544,564	26.87	447,166	22.06	291	0.01	12,981	0.64	315,105	15.54	2,026,973
	1913	1,348,140	16.32	3,837,661	46.45	1,554,540	18.82	10,131	0.12	13,642	0.16	1,497,028	18.12	8,261,142
	1929	468,175	6.39	5,025,359	68.57	1,249,446	17.05	56,456	0.77	17,274	0.23	512,523	6.99	7,329,233
棉纺织品全体	1905	39,477,023	31.90	20,966,442	11.24	33,411,376	17.92	42,109,525	22.58	23,786,448	12.76	6,722,203	3.60	186,473,017
	1913	60,236,775	32.63	55,023,166	29.81	30,272,511	16.40	8,100,578	4.39	18,906,972	10.24	12,070,016	6.54	184,610,018
	1929	38,048,361	20.01	121,439,296	63.85	19,570,181	10.29	603,187	0.32	2,068,368	1.09	8,457,769	4.45	190,187,122

* 原书如此，指日据时期。本书下同。——编者注

织品,占中国进口棉纺织品全部22.58,相当同年日本所占百分数之两倍,1913年降至4.39%,及至1929年,仅占全部0.33%而已。英属印度于1905年输至中国之棉纺织品,占中国进口棉纺织品全部12.76%,1913年降至10.24%,及至1929年则降至1.09%。英国与香港①于1905年占49.82%,至1913年略降,占49.03%,但至1929年,剧落至30.30%。易言之,日本棉纺织品输至中国之逐渐增加,最先受其影响者为美国,后次为英属印度,最后即为世界棉纺织业霸主之英国。如仅以匹头而论,则英美匹头输至中国之减缩尤甚。英国与香港于1905年输至中国之匹头,其值占中国进口匹头总值56.60%,1913年65.8%,但至1929年竟较1913年降低一半有奇,占28.6%,美国于1905年输至中国之匹头,其值占是年中国进口匹头总值36.17%,但于1913年骤缩至7.8%,及至1929年竟降至0.3%。关于美国对华贸易中匹头品市场之丧失,美国商务部参赞阿特尔氏(Ralph M. Odell)于1915年所撰《中国棉货之输入》之序文中已详为说明,其中有云:②

"十年前(1905年)美国棉货在中国销路颇广,其市场占我棉制品出口贸易之首位。虽然,最近数年来吾人已失却在华市场之根据,且对华棉制品之输出亦剧落。其主要原因,殆因中日棉纺织业之勃兴,致能与我国竞争而然,盖其原料得直接取之于印度及中国,料价既廉,制造成本自低也。复次,美国输至中国之棉纺织品,多为最近中日纱厂已能努力制造之粗布斜纹布等。是以美国之贸

---

① 凡自香港输中国之棉纺织品,均视同英货,盖以此处为转运口岸,而无棉纺织厂自制货物也。参阅 Ellinger, Barnard: *Lancashire's Declining Trade with China*, Manchester Statistical Society, 1927, p. 22。

② Odell, Ralph: *Cotton Goods in China*, Washington, 1916, p. 5.

易受其竞争之影响,实较任何国之贸易均为严重。阿特尔氏经详细考察目前情势与国内各地主要入口商及经理人访谈结果,认为美国棉制品嗣后恐难竞争,以谋恢复在中国既有之地位。"

前节之预测虽述于1915年,然证之上列统计,当知其不谬也。且摩斯(Moser)氏于其最近所著《远东各国之棉纺织工业》一书,亦表示"中国市场对美国制造家无大量贸易之可能——其原有法兰绒及本色匹头贸易之时期已成过去,永不复能恢复矣"。①

英国对华匹头贸易之衰落,可借1931年英商远东经济视察团棉业委员组报告之统计,②作为说明。第101表列有该项统计,显示英国(香港在内)之匹头品,于1909年至1913年期间,每年平均输出至中国者为587.3兆码,至1929年降为209.9兆码,及至1930年竟缩至69.4兆码。易言之,1929年之英国匹头输华量仅及1909至1913年五年中每年平均输华量35.7%,而1930年之输入,仅及其11.8%而已。是类数字,虽甚可靠,然尚未能尽指明英国对华匹头贸易衰落之重要性,试再观该视察团报告中所述:③

"今此情势,益趋严重,而现在兰克夏产品之输华者,其中一大部分尚能维持,则未始非因牌子老,为人信用而致。中国为世界最守旧之市场之一,据本团视察所及,现其人民之购买能力甚形衰竭,生活程度又甚低下,且以汇率空前暴跌之故,其势加甚,以致民生困苦,购物时确有只求价廉不求物美之概;然而尚有一大部分贸易得赖牌子老为人习用而维持,实毋庸置疑也。"

---

① 该书已由波斯顿 Pepperel Manufacturing Co. 出版(1931),阅74页。
② *Report of the Cotton Mission*, Stationery Office, London, 1931, Sec. 1.
③ 前书 Sec. 3。

第 101 表 英国*匹头输华数量（香港在内）

（百万码为单位）

年	本色	漂白	印花	成匹染	染纱织布	总额	指数
1909—13（平均）	217.5	205.8	28.7	129.9	5.4	587.3	100.0
1924	38.9	144.3	28.4	105.5	3.5	320.6	54.6
1925	22.6	90.7	16.7	58.2	3.1	191.3	32.6
1926	22.6	92.5	9.8	66.4	2.6	193.9	33.0
1927	8.8	55.0	7.6	42.3	3.2	116.9	19.9
1928	23.6	93.4	10.6	73.5	4.0	205.1	34.9
1929	23.6	96.8	11.4	71.8	6.3	209.9	35.7
1930	7.7	29.0	4.9	24.0	3.8	69.4	11.8

* 指大不列颠。

英国棉纺织工业，全赖国外市场而存在，故其对华匹头出口贸易之衰落，影响所及，致英国棉纺织工业凋疲，结果形成失业之恐慌。诚如该团所述："英国棉纺织工业之依赖出口贸易，其迫切程度，较各国尤甚。全世界匹头产额约有四分之一系流入于国际贸易者，但据1924年之生产调查，显示英国是年输出之匹头，几占其全产额百分之八十。兰克夏之产品，其销路以国外市场较国内市场尤为重要，而中国在以往实为其最主要市场之一也。"①第102表列有英国匹头出口统计，显示在1909年至1913年期间，英国匹头输华之数量，占其全输出额9.1%，及至1930年，竟减至2.8%。②英国在华匹头贸易衰落之程度于此可以想见。

---

① *Report of the Cotton Mission*, Sec. 196.
② 前书，附录 E。

第 102 表　英国*匹头出口额

年	输出总额 （百万码）	输华总额 （百万码）	输华部分所占总 输出额之百分数
1909—13（平均）	6,483	587	9.1
1924	4,585	321	7.0
1925	4,637	191	4.1
1926	3,923	194	4.9
1927	4,189	117	2.8
1928	3,968	205	5.2
1929	3,765	210	5.6
1930	2,490	69	2.8

* 指大英联合皇国。

今进而分析中国进口棉纺织品之到达地，第 103 表即列有中国进口棉纺织品按其到达地之分配。表中所列各埠，系包括在 1929 年其输入占全额百分之五以上者。六埠棉纺织品之输入，1905 年占中国之棉纺织品总输入值 49.10%**，1913 年占 51.62%，1929 年占 67.71%。依其地位之比较重要性排列，1929 年上海之进口棉纺织品，占全国进口棉纺织品总值 23.29%，安东占 15.65%，天津占 9.37%，汉口占 7.91%，大连占 6.42%，胶州占 5.07%，然较之 1905 年或 1913 年，则大有变动矣。六埠之中，变动最显著者，当为安东之突进与天津之剧落。安东在 1913 年进口之棉纺织品值占中国进口棉纺织品总值 1.86%，至 1929 年竟升至 15.65%；天津在 1913 年进口棉纺织品值占中国进口棉纺织品总值 15.66%，而至 1929 年降至 9.37%。惟上海一埠于 1905 年，棉纺织品之输入为各埠冠，至 1929 年仍居首位，其他地位并无剧变。1905 年，上海

** 原书如此，疑为 48.10%。——编者注

第103表　中国棉纺织品进口值按到达地之分析，1905—1929

		上　海		汉　口		胶　州		天　津		大　连		安　东		其　他		直接总进口值
		海关两	%	海关两	%	海关两	%	海关两	%	海关两	%	海关两	%	海关两	%	海关两
纱线	1905	6,806,086	10.18	6,005,826	8.98	3,282,777	4.91	6,795,748	10.17					43,965,656	65.76	66,856,093
	1913	4,967,872	6.94	7,244,825	10.12	7,171,148	10.01	9,872,870	13.79	1,350,714	1.88	177,688	0.25	40,835,691	57.01	71,620,808
	1929	2,845,481	17.18	73,041	0.44	263,802	1.59	687,048	4.15	681,213	4.11	2,463,682	14.88	9,545,636	57.65	16,559,903
匹头	1905	32,715,675	28.46	7,115,060	6.19	3,922,790	3.41	21,073,375	18.34					50,101,484	43.60	114,928,384
	1913	13,422,329	13.42	10,656,149	10.65	7,241,576	7.24	17,972,289	17.97	4,668,000	4.67	3,023,352	3.02	43,028,972	43.03	100,012,667
	1929	40,049,455	24.22	14,667,107	8.87	9,144,054	5.53	15,243,562	9.22	10,020,205	6.06	26,547,279	16.05	49,654,362	30.04	165,326,024
其他	1905	548,131	21.85	82,363	3.28	28,553	1.14	251,615	10.03					1,598,212	63.70	2,508,874
	1913	1,317,689	15.53	205,499	2.42	106,942	1.26	367,132	4.33	3,081,968	36.31	140,601	1.66	3,267,510	38.49	8,487,341
	1929	1,171,875	15.98	232,817	3.18	182,407	2.49	1,810,108	24.69	1,456,861	19.87	594,140	8.11	1,882,508	25.68	7,330,716
棉纺织品全体	1905	40,069,892	21.75	13,203,249	7.16	7,234,120	3.93	28,120,738	15.26					95,665,352	51.90	184,293,351
	1913	19,707,890	10.94	18,106,473	10.05	14,519,666	8.06	28,212,291	15.66	9,100,682	5.05	3,341,641	1.86	87,132,173	48.38	180,120,816
	1929	44,066,811	23.29	14,972,965	7.91	9,590,263	5.07	17,740,718	9.37	12,158,279	6.42	29,605,101	15.65	61,082,506	32.29	189,216,643

输入之棉纺织品值占中国进口棉纺织品总值21.75%,1913年,降至10.94%,而至1929年,复升至23.29%。

虽然匹头进口之地域分配,固与进口纱线之地域分配,微有不同也。姑以1929年为例,是年上海进口之匹头值占中国进口匹头总值24.22%,但进口之棉纱线值,仅占中国进口棉纱线总值17.18%。同时大连进口之匹头值占中国进口匹头总值6.06%,但其进口之棉纱线值占中国进口棉纱线总值4.11%;天津进口之匹头值,占中国进口匹头总值9.22%,进口之棉纱线值,仅占中国进口口棉纱线总值4.15%;胶州进口之匹头值,占中国进口匹头总值5.53%,但其进口之棉纱线值,仅占中国进口棉纱线总值1.59%;汉口进口之匹头值,占中国进口匹头总值8.87%,但其进口之棉纱线值,仅占中国进口棉纱线总值0.44%而已。故可断言,在中国各主要商埠如上海、汉口、天津、胶州及大连等处,因其均已设有纱厂,纱线之供应,无须仰给于国外之输入,是以纱线之入口,亦骤形减少也。

抵制日货之影响——吾人于分析抵制日货对于中日棉纺织品贸易之影响以前,试先略述抵货之运动。最初之抵制日货潮,发生于1908年,其时有一驶赴澳门之日轮二辰丸,私运军火,接济革命党人,事被海关官员发觉,乃将该船拘获。日本政府认为该船舶入葡领海面(澳门为葡萄牙领地),中国海关无拘捕之权,遂向清廷提出抗议,要求赔偿,道歉,惩办中国海关之负责人员,并向该船之日本国旗致敬。国人对之大表不快,始决以抵货为报复。第二次抵货潮发生于1909年之九月及十月,因日本积极侵略东三省而激起。是时日本强迫中国政府许其改建安奉铁路,清廷协于威吓,不得已承认之,遂激起人民之强烈反感,不特吉林及安东之人民特别反对,即远在香港、上海、天津及北京之人民亦剧烈反对。然协定终究成立,而民间之反日情感亦渐消减。再次即为1915年反对二十一条之抵货运动,后以北京政府受日本之威胁出而干涉终止。二十一条之国耻及反感,至1919年因凡尔塞和会接受日本之山东条款并以之并入和约而更加激烈。抵制日货之运动于是年五月起复燃,直延续至1921年。是年又因日本坚持山东问题应归中日两国单独直接交涉,而中国则希望在华府会议内共同解决之,致激起中国之反日情感而引起抵货运动。1923年,日本拒绝交还旅大,复引起抵货。1927年因青岛日兵惨杀华人案引起抵货,次年又因济南惨案发生抵货运动,然在日兵撤退之后即终止。最近1931年春夏之万宝山惨案及朝鲜华侨惨杀案,又使中国之抵制日货运动复起。旋以"九·一八"之东三省被占领及1932年之"一二·八"沪战,更加严重。

总之,在1908年至1932年之短期内,中国共发生反日抵货之运动九次。每次对于中日贸易之关系,均有不利之影响,特别于中国之日货进口贸易为不利。然以大体论,在此期间日本对华贸易值,因物价之增高及欧战期间中国进口日货特多,固仍为向上增加之趋势,但其间进口日货额之减少或增加率之迟缓,大部亦得归因于抵货所致。如第104表所示,1908年抵制日货之结果,为中国之日货进口值指数的低降,以1913年之中国日货进口值为基数100,则1907年中国之日货进口指数为48.15至1908年降为43.99。在其他抵制日货期间,1909、1919及1928等年除外,亦有同样之情形发生,以抵制前年之日货进口值为标准,则1915年中国之日货进口值较抵货前年(1914)减低5.75%,1921年减低15.73%,1923年减低17.09%,1927年减低36.13%。但1919年抵货之结果,日货进口值指数反有增加;翌年复落。1913年之日货进口值为基数100,则

1918年之日货进口值指数为200.13,至1919年增至206.91,但在1920年,又降至191.99,1921年降至176.26(图31)。

第104表 中国进口之日本匹头值与一切进口日货值之比较,1907—1930

年份	匹 头		一切货物	
	海关两	1913=100	海关两	1913=100
1907	2,627,245	14.01	57,461,410	48.15
8	3,620,417	19.30	52,500,960	43.99
9	5,926,448	31.60	59,975,187	50.25
1910	9,805,122	52.29	76,755,559	64.31
1	10,675,069	56.92	76,506,276	66.62
2	11,429,023	60.94	91,016,652	76.26
3	18,753,919	100.00	119,346,662	100.00
4	24,860,007	132.56	127,119,992	106.51
5	24,879,460	132.66	120,249,514	100.76
6	28,576,795	152.38	160,490,720	134.47
7	51,334,676	273.73	221,666,891	185.73
8	54,031,727	288.11	238,858,578	200.13
9	83,585,324	445.69	246,940,997	206.91
1920	75,350,093	401.78	229,135,866	191.99
1	60,250,008	321.27	210,359,237	176.26
2	68,752,920	366.61	231,428,885	193.91
3	67,668,256	360.82	211,024,297	176.82
4	78,557,520	418.89	234,761,863	196.71
5	99,095,397	528.39	299,755,611	251.16
6	115,059,215	613.52	336,909,441	282.29
7	90,385,398	481.95	293,793,760	246.16
8	110,837,526	591.00	319,293,439	267.53
9	110,500,253	589.21	323,141,662	270.76
1930	96,369,736	513.86	327,164,867	274.13

故反日抵货之运动,对于中国之日货进口贸易有直接之影响,惟对于匹头贸易其影响不甚显著。1921年、1923年及1927年之

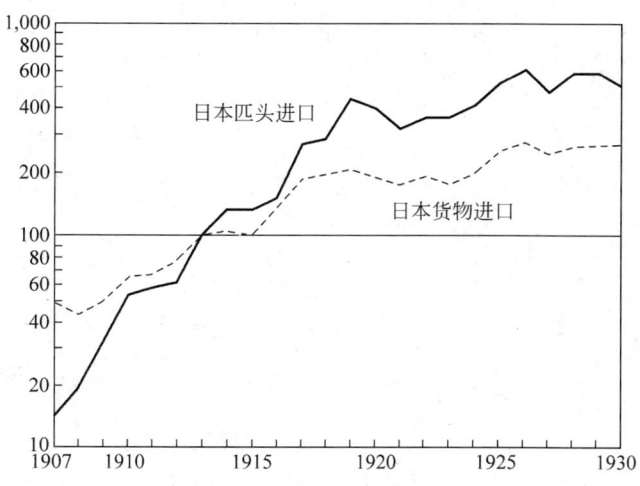

图 31　日本匹头输华总值与一切日货输华总值之比较，
1907—1930（1913 = 100）（见第 104 表）

三次抵货,每次结果,均使中国进口之日本匹头额减少;但 1915 年不然,抵货结果,进口之匹头额略有增加,不过增加率较前一年为小耳。1919 年抵货结果,日本匹头之输华亦有增加,但在以后之二年,其情形亦与全体进口日货相同,较前减少(图 31)。反日抵货运动对于进口日本匹头之影响不若其对于一切进口日货影响之显著,实足证明日本匹头在中国市场占有稳固之地位也。盖中国市场购买力弱,只图价廉,不求质美,而日本适能供给是类价廉之棉纺织品与中国,故其在华之地位,得日趋稳定,不易动摇。英国制造家之所以在华失败,亦即由于忽略此项事实之重要性,而未能供给适合中国群众购买力之棉织品。英国匹头输华之减少,适与日本匹头输华之骤增,相映成比。1913 年英国输华匹头占中国进口匹头总额 65.8%,至 1929 年降至 28.6%,而在同期间日本匹头输华,占中国进口匹头总额之百分比,自 18.1% 增至 66.5%。

进口匹头之分类——海关报告进口匹头之分类,列年来已屡有修改,1914、1916及1925年等各有一次。每修正一次,匹头之分类号目必有增加。1914年之前,匹头分类号目共有三十个(5号至34号),经1914年之修正,增至三十三个(5号至37号);经1916年之修正,增至四十二个(5号至46号);经1925年之修正,增至五十六个(1号至56号)。1925年之修正分类,为最近最完备之分类。五十六个号目共分为(一)本色,(二)漂白或染色,(三)印花,及(四)杂项之四类。海关报告亦已将1925年之修正分类,应用于1923年及1924年之进口匹头,故吾人现可自分析1923年为始。如第105表所示,在1923至1930年之八年期间,五十六项进口匹头,中有十七项,其价值占总值四分之三。吾人之所以选此十七项

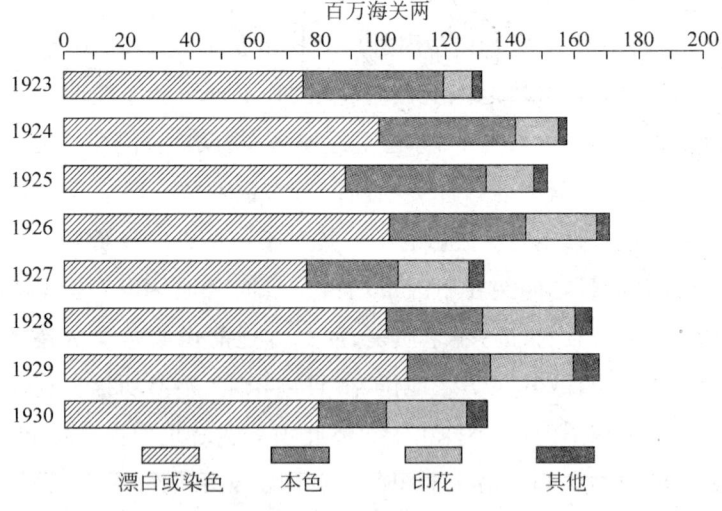

图32 中国匹头总进口值按匹头类别之分配,1923—1930

(见第105表)

者，系因其在本期之始或末，每项价值均占进口匹头总值百分之二以上。然以全期论，十七项之中，有五项之平均值，均在总值百分之二以下。兹按各项地位之重要，将各项所占进口匹头总值之百分比，排列如次：13.85，12.56，9.17，6.18，5.79，4.48，3.31，3.21，3.19，3.03，2.63，2.16，1.70，1.68，1.54，1.33 及 0.63。十七项合计占总进口匹头值76.43%，其余三十九项，占23.57%。

最大之两项，一为本色粗布及市布，占进口匹头总值13.85%；一为漂白粗布及市布，占进口匹头总值12.56%。其次三项，则一为羽茧(五线组)，占进口匹头总值9.17%，一为印花细洋纱、软洋纱、市布、粗市、细布、洋标布，占6.18%，一为本色仿制土布，占5.79%。

第105表亦将五十六项匹头分为本色、漂染、印花及杂项之四组显示，在1923至1930期间漂染组占60.28%，其次为本色组占23.35%，复次为印花组占13.44%，杂项组占2.94%。虽然本色组之比较重要性，在此期间已迭呈降落，而印花组及杂组则增加极速。至于漂染组，则维原有地位，即稍有变异，亦仅在百分之五以内。

进口匹头之销售方法——叙述棉纺织品之销售方法，吾人主限匹头一项。因第一，目前中国进口之棉纺织品，几全部为匹头，匹头之输入，在1905年仅占中国进口棉纺织品总值62.4%，及至1929年，竟达87.4%；他方面，纱线之输入，在1905年占中国进口纱线总值36.5%，及至1929年仅占8.7%。第二，中国销售纱线之方法，事实上与销售匹头之方法，并无大异，且同一进口商或掮客，辄同时即可销售匹头及纱线；故论其一，即得其二。

第 106 表　中国之棉纺织品进口值，1905—1929

	1905		1913		1929	
	海关两	%	海关两	%	海关两	%
纱线	68,035,060	36.5	72,946,905	39.5	16,619,118	8.7
匹头	116,410,984	62.4	103,401,971	56.0	166,238,771	87.4
其他	2,026,973	1.1	8,261,142	4.5	7,329,233	3.9
总额	186,473,017	100.00	184,610,018	100.00	190,187,122	100.00

中国销售匹头之方法，不特因地而异，且亦因入口商之国籍不同有别。如香港为我国南部之商务中心，所有交易，均依当地通用币为准；而上海为我国中部之商务中心，匹头交易之市价，则又依金镑为准。香港买办之制迄今仍盛行，而在上海，其制已逐渐消减，各洋行多聘请昔日可充任买办之干练中国商人，以为该行之董事。惟日本商行，情形复异，自始即鲜有施行买办制度者。至于在素为日本匹头占势之天津及东三省，其销售方法，或由日本出口商与中国批发商直接交易，或由中国商人在大坂、神户等埠设代理人办理。① 即在上海，其办法亦同。

英国销货方法，在华历时最久，但于最近数十年间，已屡起变更。往昔通行之制度，为出口商与入口商直接贸易之制度，"旋以竞争过烈，致入口商获利极微，所得亦仅为中间人之手续费，故卒至废弛。此制之盛行，约在三十余年前，其时中英间之匹头贸易，全由少数驻华之英国入口商与其本国一二家出口商直接处理之；贸易几全为大宗老牌本色布、漂白布及黑色羽绸，所用商标，多系

---

① *Report of the Cotton Mission*, Stationery Office, London, 1931; Ellinger, Barnard: *Lancashire's Declining Trade with China*.

入口商之商标,间亦有用曼彻斯特出口商之商标者。是项贸易,普通均由入口商经营,负其全责;所须货物,亦由入口商自行购办,自设仓库储存,而按银价脱售之。故入口商得运其判断力决定购买之时期,而有控驭汇兑问题之全权;同时在中国,彼亦略具操纵市场之力,入口商并不为中国商人定货,盖避免因华商失约而受损失也。"约二十五年前,据此入口商所述,"曼彻斯特出口商开始派遣代理人驻在中国,致使昔日仅与本国一二出口商交易而垄断中英匹头贸易之入口商,须与是项代理人接洽,一切贸易,均成交于当地。因此入口商不必自购货物,而仅将华商之定货单,经其转交与曼彻斯特出口商驻华代办处,故入口商之地位,此时变为介于中国商人与出口商间之经纪人,结果,所得报酬,亦仅系经纪人应有之佣金而已,不复能操纵市价,图取商业上的利益。复以是项定货制度,其实行只需少数资本及小规模之组织,结果,略具资产者,多能投入斯业,人数增多,分配既广,而货物之需要有限,是以专赖匹头货生意之商人,所得难以维持生计,势必兼营其他货品生意,而于匹头货生意,则不免忽视之矣。是类商号,于平时即将其同行输入货物之式样,或市场中真正需要之货物式样,送交兰克夏工厂,以示需要同样货品;工厂则于制成货品后,即经由数家曼彻斯特出口商号将货物样品分配与驻华之入口商,是辈入口商复将货品式样分配与当地之中国批发商人。此辈商人平时均互通信息,且熟悉市况者,如须定货,则先委之两家或两家以上之入口商,复由彼等向两家或两家以上之出口商接洽,因而每定货一次,必拍发多数电报,更须网罗多数同质货物之样品,比较其质料与价格,以为根据。"①故其

---

① *Report of the Cotton Mission*, Sec. 156-7.

手续殊繁,复多浪费也。

与小本入口商同时兴起者,有中国投机商人。"往昔忠诚可靠之商人,为数恒在五十人与一百人之间者,迄今仅余数人;多数均以贸易困难放弃营业。大批之投机商人,乃应运而生,其经营商业,多系'有始无终'。常闻是类商人,一般均称之'野鸡商人',集有少数资本,即营价值在数十万两以上之大规模生意。如市况尚利,彼或可尽其职分;但即在有利市况之下,亦未尽然。如彼认为时机失当,即忽而消声匿迹,一走了之;有时或赴他处,另换新名,复事经营。但普通多系挟其借不正当方法所得之利益而去。① 是以忠诚可靠之商人,因受此辈投机商人之竞争,而为维持其利益计,除营英国匹头生意,尚兼营日本匹头货贸易,此乃最近之现象也。以前专营英货之商人,即不兼营日货;其专营日货者,亦不兼营英货。今此辈少数忠诚可靠之商人,如仍愿从事匹头货贸易者,势必兼营日本匹头贸易,良以日货价廉,购者既多,谋利亦易,此虽属臆测之论,但商人之经营日货者,较经营英货,获利实多也"。②

外国入口商,在中国销售匹头货,普通须赖买办为中间人。买办制度之发生,约于中外通商之早期开端,"其时外商来华,对于华商之购买力或金融状况,无从探悉,颇感不便,乃请中国人从中介绍,并为担保。如外商向华商定购货物,买办须保证按期交货;如华商向洋商定购之货物,于运到中国后,买办须保证华商不得拒纳该货。洋商对于是项买办所尽之职务,予以固定薪水之报酬,但买办须具结担保其必须忠于职务,处理钱财诚实无误。嗣后贸易发

---

① *Report of the Cotton Mission*, Sec. 146.
② *Report of the Cotton Mission*, Sec. 147.

达，买办地位之重要与其势力，亦随之增高，直至最近（1915年）买办在中国之商业中，颇具特殊地位也。有时彼为公司之股东，有时彼亦自购货物，有其自设之机关，在各重要商埠，且设有分部。彼除得薪水外，洋行复以由其经手买卖之所有货物总值千分之五与之作为佣费，至其属下之中国职员，即由买办雇用，自付其薪。中国商人欲与该洋行接洽，少有与洋员直接交涉者，普通均由买办处理之。买办对于市场情形，特别熟悉，故能决定何种货品，得以售脱；复以其明悉华商金融状况，故能使该洋行免于赔损。"是种制度，似亦有其失宜之处，"有时因洋商过于信赖买办，致洋商对于中国商业实情，罔有所知，一任买办操持，洋商与华商，均受其剥削；即洋行中之中国职员，其来既多由买办介绍聘请，故买办即借以向其索取酬金；又因中国职员之薪金，均由买办经手，故买办常勒留薪金之一部作为手续费"。① 此外，"亦有华人在某一洋行充任买办而同时彼又冒名充作顾客，购本行之货物，复转售与人，因此往往不惜利用本行商业之秘密而图厚利也"。②

洋商处华既久，对于中国商业情形亦渐明了，是以买办之制，亦不若昔日所处地位之重要。往昔买办须担保顾客财政状况之健全，于购货后必能付价——如失约不付，则由买办负全责补偿；但最近趋势，买办已不负此重任，最多仅负一部分责任而已。如于上海，除拍卖匹头制度之情形不同，买办须负全责外，一般情形，买办仅担负百分之二十五损失；而于香港，多数买办仍须负全部责任。日本在华经营之商业，普通多无买办，近来其他外商，亦多废买办

---

① Odell, op. cit., pp. 102-3.
② *Report of the Cotton Mission*, Sec. 172.

制度;但目前趋势,洋行虽不复用买办,然仍多聘请干练之中国人,加入董事会相助擘划。①

外国匹头货在华销售之方法,有时经由买办售与华商,但亦有用拍卖方法者。此法始用于1873年上海之元芳洋行(Maitland & Co.);及后发展颇速,尤以1907年左右为甚。该年多数匹头洋行,以华商多不能收纳既经定购之货,致存货过剩,乃举行拍卖,是以拍卖之风骤兴。1915年美国商务部参赞阿特尔氏曾作一度调查,考察上海之拍卖制度。据查从事斯业之主要洋行有元芳(Maitland & Co., Ltd.)、公平(Probst Hanbury & Co., Ltd.)、怡和(Jardine, Matheson &Co., Ltd.)、瑞和(Noel Murray & Co., Ltd.)及鲁意斯摩(L. Moore & Co., Ltd.)等英商洋行。五行每年售出总额,据阿氏意见,"约当上海进口棉纺织品总额百分之三十。拍卖之货,有系受其他洋行委托代售者,依双方合同规定以售脱货值0.25%至1.0%为手续费等;其中亦有除拍卖外,兼代顾客定货者。元芳洋行为上海最大之拍卖行,系曼彻斯特出口商设立(原名Thorne & Co.),在英国有购货之专权,且系大宗购办,是以价格亦廉,故于拍卖时得以最低价售出,而获大利"②。

1930年英国远东经济视察团报告,认为拍卖制度较前大衰,据其意见,谓"以拍卖为销售匹头之方法,是否尚有利益,殊难遽加判断。然每星期或仍可举行拍卖一次,但据吾人考察,即使是项每星期举行拍卖一次之营业,较前亦已减至四分之一以下。吾人曾与多数在沪从事匹头生意之英商及他国商人会谈,据彼等意见,认为

---

① *Report of the Cotton Mission*, Sec. 171-2.
② Odell, op. cit., pp. 116-7.

拍卖价在目前市况之下,较之以往易于'低降';且以市价与拍卖价有直接之关系,如拍卖价低降,市价亦必随之以降,故当市价不景之季,拍卖价格实为压抑一般市场价格之主要因素"。①

依英国远东经济视察团所述之拍卖制度,其实行之步骤如次:"拍卖行须将每星期拍卖之详细情形,以及预备出售之各种'商标'之货额与价格,登于报端或用传单分散至全国匹头商。所有准备拍卖之布匹,全系著名牌号,购者即依货质出价,而于存货中取货,至于检验货样之机会极少。参加拍卖之商人,远有来自天津者,但普通内地商人,多委托当地商人代办而与以低率之手续费。拍卖完毕后十四天内,购者得检验货品,如有损坏得酌量折扣,但货物一经购定,即不容退还"。②

拍卖制度,虽已逐渐失其重要,但亦不无其优点。阿特尔氏已言之凿切,认为"拍卖系速售之一法,使存货迅速售脱,足以节省因储存保险及利息等所需之费用;复以拍卖,预先已刊登报端,用广招徕,因而销售之范围,得以扩大;且使卖者与消费者之接洽较易。在上海参加拍卖之商人,多自成一阶级,且其自拍卖购得之货,从中不须再经他人之手,故其于拍卖时出价,恒能较购自入口商所付之货价略高。拍卖对于批发商之即需少量货物者颇为方便,且亦为介绍新牌货色之妙法。英国制造家多用拍卖方法推销新牌货物,良以在此方法之下,得以少数货品分销于多处也。制造者为推销出品计,如销货物五十包,分售给五商家,每家得十包,其广告效

---

① *Report of the Cotton Mission*, Sec. 168.
② 前书 Sec. 169。

力自较共售与一家为佳。"①

英国匹头货销售之方法,既如前述,兹录英国远东经济视察团报告中之一节,作为结论:"概言之,最近在中国销售匹头之中心,仅有二处,一为香港,一为上海。至在天津、汉口及其他各埠,虽略有营业,但多未获成就。是项贸易,于进口各埠,其大部分均由英国及其他欧洲国家之入口商经营,由彼等将货物交付与中国批发商人,至以后之推销与运送,则全为中国批发商人之事,与入口商无涉也。英国入口商中,虽有少数人常试广销其货,并于外埠设立货栈,然其结果则多不佳;事实上,除当繁盛之季,市场需货较多外,前项设计,均告失败。因而在大多数情形下,是等入口商复归旧法,仍由中国批发商自行推销货物。除定货制度外,在上海尚有拍卖制度。在有一时期,上海之三家拍卖行于每星期内各择一日分别举行拍卖;但目前仅有一家拍卖行,每星期亦仅举行拍卖一次。"②

目前英国匹头货在华推销之方法,足资非难之处,亦正为英国匹头贸易在华衰落之一部分原因。英国货物,素重品质而忽略价格,因此在购买力极低之市场中,欲与价廉之日货相竞争,殊难制胜。且论销售方法,以英国与日本比衡,英国方法,似又不若日本方法之健全。第一,英国在上海之匹头贸易,均依金镑为准,当兹汇率低降之际,如依金价计算,中国商人负担不免过重。第二,英国入口商在中国各大商埠,不设仓库屯积货物,此虽无大碍,但事实上日本除地理之接近外,尚在中国各大商埠设立屯积货物之仓

---

① Odell, op. cit., p. 117.
② *Report of the Cotton Mission*, Sec. 141.

第七章　中国棉纺织品之进出口贸易

库,二者相权,英国地位似又不免较弱。此于定购印花布一事,尤足窥其利弊。盖中国商人向英国定货,自选择式样之日起至货物运到之日止,中经时间颇长,因此华商多不愿向英商定货而转向日商定购。复据英国进口商之意,英商为招揽印花布生意计,多将式样送呈雇主参阅,而是项样品常落于批发商人之手,彼等乃择其最佳者,抄印于劣质布上,转向日商定购,以求早日将货物送到。① 第三,自从曼彻斯特出口商实行遣送代理人来华办理定货事宜后,小本入口商人数骤增,竞争既烈,结果入口商得利极微,因此除营英国匹头生意外,不得不兼营日本货贸易,是以注意力,自不能集中于英货。故"中国商人即利用进口商间之相互竞争,施其挑拨之技俩,然后择其于己有利之进口商,进行交涉,而进口商人,既多亟欲取得生意,乃不加细察,即贸然承揽,中国商人之可靠与否,均不暇顾焉。"②

根据上列之评述,英国远东经济视察团认为"仅以出口论,英国在华之匹头贸易,应根据连合生产与销售之原则,在中国重要商务中心设立仓库,屯积各种市场中需求之货品,并利用中国之销售方法推销屯积之货物。一般入口商咸认为是项制度如能实行,必能使生产经济。复可免去因运送既定货物之迟延而发生之困难;并能使驻在中国之管理人兼行向内地宣传、广告、考察等工作(但不出售货物);如是方可使出品合于流行之式样,使供求恰相应合,以免除目前因受多数入口商之不合实情之报告,而发生对于市况

---

① Sec. 150.
② *Report of the Cotton Mission*, Sec. 155.

隔膜之流弊。盖此辈入口商所得消息,既根据多数中国批发商人所述,结果,各人所指之需求,在市场中或即为同一有限之需求,而恒被误认为有广大之需求也。"①且处此制度下,"货物之出售,须依当地币制为准,至其汇兑,须由入口商负责办理之",②庶中国批发商人,不至因汇兑之涨落,而受意外之损失也。

至其他各国匹头入口商之销货方法(日本在外),与英国方法大致相同。然美国在华之销货方法,据阿特尔氏于 1915 年之调查,则微有出入。"美国匹头之输入于中国,系经由纽约出口商及其驻在中国之支部处理之。是类出口商,多数均为美国商号,但亦有少数之英国商号及一家日本商号,由其驻在纽约之办事处,经营是项贸易。……纽约之出口商,其货物系直接购自纺织厂之代理人;至其销货方法,与英国方法之主要不同点有二:第一,推销之货物,均用工厂商标,而不若英货之多用入口商号商标者;第二,多数出口商均未能在中国市场中为某一纺织厂商标之货物,获得专利权。是种销货方法,自亦不无其利点。盖某纺织厂之商标,如已获一般之赞许,而在市场中之地位,亦已稳固确立,则市场中如于其出品之需求增加,该厂即将独占其益。反之,如入口商采用本商号

---

① *Report of the Cotton Mission*, Sec. 162. Ellinger 于 1927 年刊布之报告中,亦申述应有更密切合作之必需。彼云:"予深信如企图使吾(英)国对华棉纺织品出口贸易能与日本竞争,吾人必须将某数种物品生产手续集中为一单位组织,(固不必集中于一地也)处理纺、织、漂白、染色、印花、打包与销售等手续。但予并非谓应有一膨大之合作组织,以控制吾国大部分棉纺织品之出口贸易;予所云者,乃是组织多数单位组织,使每一组织仅集中于某一特种质料物品之制造,而该物品在市场中之需求,又足以促成该项单位组织实现之必要者"。(40—41 页)Ellinger 之建议,颇具卓见,可补充英国远东经济视察团棉业委员会建议之不及也。

② 前书 Sec. 167。

之商标,则于购买大宗棉制品粗细棉布之类,如他厂物品价格、品质、装运方法等较原厂稍低时,入口商得向他厂定购,初不必限于仅购原厂之货。……复自入口商观点论,此项制度,有二大弊端:第一,如某一入口商,既选定某种商标之布匹,且经长时间之努力,在市场中该货物已得一般称许而有地位,但此时同业中亦设法自同一工厂输入同样货物与之竞争,结果,原由其惨淡经营开辟之市场,所得利益,反为他人同享;第二,据多数观察,以为此种办法,结果必使市场中该项货物充斥,而致在中国之匹头贸易受不良之影响。"①

日本之销售方法,较之英国方法,其异点颇多:(一)日本入口商在中国各大商埠均备有存货。日商虽因日本邻近中国,在各大商埠,不必常备存货。然实际日商除在必需情形之下,多不采用定期交易制度经营大宗贸易。据艾陵久氏(Ellinger)于1927年之调查:"凡向日本出口商定货,须由入口商预付货价百分之十至百分之十五为保证费;但在入口商方面,则深恐当此定货期间,市场情况转佳,货价涨高,而该宗货物不能立即送到,故多不愿定期购买。盖凡入口商在四月向某处定货,规定在五六两月内交货,依英美各国习惯,多系五月内交一半,至六月内再交一半;但日本情形不然,日商得任意规定在五月或六月交货,因此当市况转佳之时,入口商须在六月底始得收货;如市况暴落,或于五月初即可收到定购之货。"结果,"日本出口商与英商不同,得自由将其货物先售与他人;如市况下降,出口商得允许入口商付与现价与原价之差额而撤消

---

① Odell,op. cit. ,pp. 109-10.

前约;反之如市况升腾,出口商得代入口商将原货售与他人,而付与原定货物之入口商以现价与原价之差额为撤消前约之条件。"①此种合有投机性质之交易,颇能迎合中国入口商之心理,故亦为日商在华操胜算之一因。(二)中国商人与日本商人间得直接交涉,无须赖买办为之媒介。(三)日本之主要出口商号在上海及他埠均设有支部,此项支部之设置,渐有增加之趋势。是等商号对于缺乏信用之商人,有详细调查,列为"黑籍表"(Black list),并互换消息;故其办事之慎密,较之英商实胜一筹。(四)日货与英美等货比较,除价较廉外,其销脱较速,获利亦大,故中国商人多愿承销之;是种现象,尤以在上海为显著。又谓日商对于华商付款之条件,较有伸缩性。② 据英国远东经济视察团观察,认为此说"除少数例外,殊为可疑";但据1915年阿氏之调查,则云确有其事。依该项调查,在中国北部及东三省之日本商家,"对于中国之主要批发商,用尽方法,或许延长还款之期限,或容以土产物如大豆之类作交换匹头之货品,诱致华商乐于推销日货。是等日商在沈阳、牛庄、哈尔滨、天津及其他诸埠,实行交易之际,其价格恒为出栈价,而一切运费、税厘、手续费、汇兑等问题皆由日商负责。据一曾驻在东三省之美商代理人云,日商经营匹头生意,颇似街头之杂货商店制度,对于有信用之顾客,且许赊买。故此种方法,自为中国商人所欢迎,盖中国商人常借是法向日商购货,约定于三十天、六十天或九十天后还款,而于此期间速售其货,以所得赢余投资于交易所,或以高利贷

① Ellinger, op. cit., pp. 25-6.
② *Report of the Cotton Mission*, Sec. 145.

出,借谋意外之利益也。"①复据同一调查,日本在东三省之匹头贸易尚享有特殊利益。"日商自日本运货至东三省,铁路与轮船方面,均有减费之规定;东三省之银行、铁路及邮政,多操之于日人,且复有多数日本居民驻在东三省,运到之货物可经是辈而推销于各地。日本货物均于南满铁路附属地内卸下,且多于区内销售,故可免纳中国之地方税;然当其输出铁路区域而行销内地时,则须交纳中国政府规定之税额,但中国商人,复精于逃税,故日货输入于中国,实多未纳税也。自1913年六月以来,凡经安东输入中国之货物,其应纳之关税,得较寻常税则减少三分之一。是项优益权利,为各国所共同享受,但实际英美货物之运赴东三省,如先经上海或天津,则其最短及最贱之路程,即至牛庄或大连;如经日本或朝鲜而赴东三省,即由朝鲜以铁路运输道经安东,其中所增加之运费,适与减税之利益相抵,故关税降低之利益,惟日本独享之。日本匹头贸易之勃兴,固由于所用方法之精密与积极及两国地理关系使然,但日本货物之能适合中国人民需要及其船交价(Free on board)之低廉,亦为一主要原因。日商复能特别供给中国市场需求之货物,且其价格之订定,不仅按货物之实有成本,而多按市况决定。当物价增高,货物流转不能自如之时,日商则将其货价略为减低以广招徕,而使其营业不致停滞。中国自身即为一广大市场,有膨大的消耗棉制品之能力,且有其特殊情形与特点,日本商人早鉴及此,故能调节彼等所用方法以求适应也。"②

---

① Odell,op cit.,p.107.
② Odell,op. cit.,pp.107-8.

(乙) 出口贸易

早期之历史——中国最初输出之棉纺织品,当为土布。1734年东印度公司之董事部最初自南京试购土布100匹,每匹宽一码,长二十码,定价3.50两,限于九十日送到;但届时公司未曾收到是宗货品。① 两年后,又来华定购土布,结果成功。立祛蒙(Richmond)共购得10,374匹,"中有较他种更为坚实者,但大致均较在广州制者为佳,经水洗而不褪色。"②诺姆吞(Normanton)亦购得11,930匹,中购自广州者有2,560匹,购自宁波者有9,370匹。其购自广州之2,560匹,总值银896两,每匹值0.35两,③较之1734年试购时之价格每匹为3.50两,相差远甚。但吾人应注意者,1734年试购之土布,面积颇大,非普通土布之面积可比;普通每匹宽仅13.5英寸,长六码,其全幅面积仅为1734年试购者之九分之一而已。④

1736年以来,东印度公司自中国输出土布,已为该公司在华贸易之正常营业。自1737年至1741年,据公司记录所载,其自中国输出之土布总额为39,742匹,1737年输出者有10,000匹,1738年有9,530匹,1739年有513匹,1740年有4,000匹,1741年有15,699匹。1742年至1749年间,因公司未存有运货记录,无可稽

---

① Morse, Vol. I, p. 224.
② Morse, Vol. I, p. 254.
③ Morse, Vol. I, pp. 254-5, 257.
④ Morse, Vol. II, p. 61.

考。然自以后情形论,土布之输出,不复为该公司对华贸易每年之正常营业。如于 1750 年,输出 5,740 匹;1753 年 1,500 匹;1754 年 7,200 匹;直至 1761 年又输出 3,000 匹;嗣后于 1765 年输出 18,000 匹,1768 年 20,000 匹,1769 年 30,000 匹,1772 年 12,500 匹,1775 年 10,000 匹。① 自 1781 年起,土布之输出,较前显有趋于恒定之势。据是年记录所载,"当此期内,公司每年输送土布 20,000 匹至英国,每匹长六码,宽 13.5 英寸,定价 0.400 两②"。于 1782 年之记录中,亦载有 20,000 匹之输出,故可确证前说无误。但 1782 年后,又无记载,至 1784 年,复输出 19,500 匹。1786 年公司购买 40,000 匹,私商购买 2,000 匹;至 1790 年,总输出有 96,500 匹,内由公司购买者 40,000 匹,私商购买者 56,500 匹。③

土布之出口贸易,虽于 1736 年已由东印度公司开其端,但他国商人亦必有随之而起者。据 1764 年外国船只之出口统计所示,是年出口之外国船只,中有荷兰船四只,输出土布 15,000 匹;法国船四只,输出 11,510 匹;丹麦船两只,输出 26,400 匹;瑞典船一只,输出 8,000 匹——总计共输出 60,910 匹。至 1784 年美国船名中国皇后号(The Empress of China)者,初次输出 864 匹,计重 24 担,值银 362 两。1786 年,英船输出之土布,达 42,000 匹,其时由美船输出者亦达 33,920 匹。同时他国船只亦有大额之输出,计荷兰船输出 98,200 匹,丹麦船输出 78,000 匹,法国船输出 72,000 匹;此

---

① Morse, Vol. I, pp. 259, 264, 271, 275, 282, 285, 291, 292, Vol. II, p. 3; Vol. V, pp. 19, 101, 124, 138, 146, 168.
② Morse, Vol. II, p. 61.
③ Morse, Vol. II, pp. 74, 95, 119, 180.

第107表 (甲)广州出口土布按商船国别之分配,1786—1833

年份	英国船 东印度公司船 匹	元	私人商船 匹	元	总数 匹	元	美国船 匹	元	其他 匹	元	总数 匹	元
1786	40,000		2,000		42,000		33,920			296,100		372,020
1790	40,000		56,500		96,500		166,700			246,700		509,900
2	60,000		14,500		74,500		69,600			258,100		402,200
3	70,000		25,000		95,000		255,000			76,000		426,000
4	90,000		117,000		207,000		220,000			171,000		598,000
5	80,000		45,000		125,000		685,000			195,000		1,005,000
6	119,200		25,000		144,200		475,000			201,000		820,200
7	144,700		103,300		248,000		200,000			125,000		573,000
8	136,300		196,000		332,300		1,530,000			262,700		2,125,000
9	180,000		170,000		350,000		735,000			75,000		1,160,000
1800	6,615		807		7,422		6,366			925		14,713
1	144,700		40,000		184,700		1,400,000					1,584,700
2	171,500		33,000		204,500		750,000			95,500		1,050,000
3	150,000		85,000		235,000		630,000			76,000		941,000
4	190,000		210,000		400,000		1,235,000			85,000		1,720,000
5	298,500		67,500		366,000		1,250,000			63,500		1,679,500
6	210,000		50,000		260,000		525,000			75,000		860,000
7	200,000		88,000		288,000		1,200,000					1,488,000
8	200,000		275,000		475,000		300,000					775,000
9	120,000		110,000		230,000		1,000,000			15,000		1,245,000
1810	2,692		1,299		3,991		6,391					10,382
1	295,200		160,600		455,800		178,600					634,400
2	196,400		115,000		311,400		107,000					418,400
3	460,000		150,000		610,000							610,000

（续表）

年份	东印度公司船 匹	东印度公司船 元	英国私人商船 匹	英国私人商船 元	英国船 总数 匹	英国船 总数 元	美国船 匹	美国船 元	其他 匹	其他 元	总数 匹	总数 元
4	5,875		1,213		7,088		547				7,635	1,048,940
5	2,495		769		3,264		3,378		143		6,785	716,167
6	2,804		1,606		4,410						4,410	
7	210,000	176,940	433,000	372,000	643,000	548,940	586,000	500,000			1,229,000	1,703,486
8	191,700	166,167	606,800	550,000	798,500	716,167					798,500	602,409
9	203,700	163,000	223,300	206,420	427,000	369,426	2,932,000	1,334,060			3,359,000	1,317,626
1820	202,000	178,035	268,000	424,374	470,000	602,409	440,000				910,000	1,095,836
1	147,000	125,062	405,000	385,564	552,000	510,626	1,324,000	807,000			1,876,000	808,010
2	117,000	100,938	404,678	367,485	521,678	468,423	1,107,706	627,413			1,629,384	793,969
3			860,000	626,992	860,000	626,992	250,000	181,018			1,110,000	1,010,325
4	5,000		574,750	446,059	579,750	446,059	536,000	347,910			1,115,750	417,735
5	7,000		489,000	509,375	496,000	509,375	721,000	500,950			1,217,000	1,016,978
6			239,200	201,628	239,200	201,628	308,700	216,107			547,900	976,971
7	3,500		758,000	649,828	761,500	649,828	619,000	367,150			1,380,500	743,638
8	4,000	3,200	957,000	648,789	961,000	651,989	353,000	324,982			1,314,000	617,560
9	1,500	1,050	703,500	492,415	705,000	493,465	350,000	250,173			1,055,000	233,023
1830			925,250	536,616	925,250	536,616	125,750	80,944			1,051,000	128,825
1	1,000		315,500	160,941	316,500	160,941	122,285	72,082			438,785	22,644
2			121,500	85,050	121,500	85,050	39,000	30,775	10,000	13,000	170,500	13,254,142
3			30,600	22,644	30,600	22,644					30,600	
1817—1833	1,093,400	914,392	8,315,078	6,686,186	9,408,478	7,600,578	9,814,441	5,640,564	10,000	13,000	19,232,919	
1786—1833	4,710,381		10,459,172		15,169,553		22,776,943		2,327,668		40,274,164	
1786—1833	11.70%		25.97%		37.67%		56.55%		5.78%		100%	

外瑞典船输出10,900匹,西班牙船输出37,000匹。①

第107表(甲)(乙)两幅,列有广州出口之土布数量与价值按输出船只之国籍分配统计(图33)。(甲)幅所示:当1786年至1833年之四十八年间,广州出口之土布总计有40,274,164匹,内由美船运输者有22,776,943匹,占总额56.55%,其次由英船运出者有15,169,553匹,占总额37.67%,其他由荷兰、丹麦、瑞典、法国、西班牙诸国之船只运输者总计有2,327,668匹,仅及全额5.78%而已。② 在此全输出额之40,274,164匹中,有19,232,919匹,

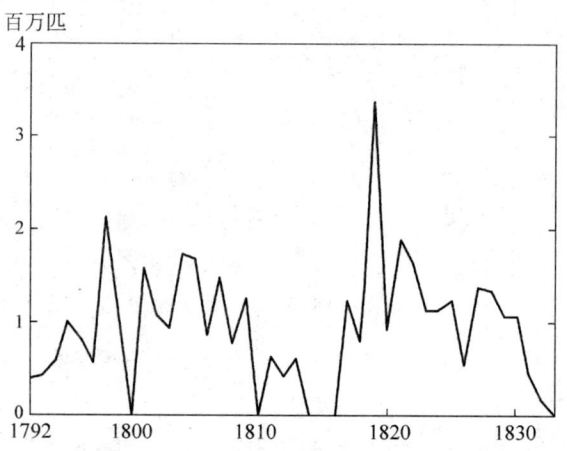

图33 广州出口土布之数量,1786—1833

(见第107表甲)

---

① Morse, Vol. V, pp. 121-2; Vol. II, pp. 95, 119, 180.
② 表107(甲)(乙)两幅之数字系根据 Morse, Vol. V, pp. 121-2; Vol. II, pp. 119, 180, 193, 205, 256, 266, 278, 294, 311, 322, 348, 358, 389, 401, 416, Vol. III, pp. 2, 27, 55, 77, 101, 131, 158, 175, 190, 206, 228, 243, 308, 329, 331, 345, 347, 366, 369, 384; Vol. IV, pp. 4, 22, 53, 68, 71, 86, 89, 100, 103, 119, 123, 140, 159, 162, 182, 185, 196, 223, 249, 253, 272, 325, 340, 343, 370。

第107表（乙） 广州出口之土布数量按输出船只之国籍（英美籍商船除外）之分配，1764—1832（匹）

年份	荷兰	丹麦	瑞典	法国	西班牙	其他	总计	占土布总出口量之%
1764	15,000	26,400	800	11,510			60,910	100.0
1786	98,200	78,000	10,900	72,000	37,000		296,100	79.6
1790	22,200	70,000		154,500			246,700	48.4
2	11,400	41,000	35,000	143,600	17,100	10,000	258,100	64.2
3	25,000		30,000			21,000	76,000	17.8
4	13,500				157,500		171,000	28.6
5			45,000		150,000		195,000	19.4
6		50,000			151,000		201,000	24.5
7		100,000	25,000				125,000	21.8
8		226,000	36,700				262,700	12.4
9		75,000					75,000	6.5
1800		481	385			59	925	6.3
2	500	28,500	13,500	34,000		19,000	95,500	9.1
3		40,000			27,000	9,000	76,000	8.0
4		62,000	23,000				85,000	4.9
5		57,000				6,500	63,500	3.8
6		75,000					75,000	8.7
1809					15,000		15,000	12.0
1815	128		15				143	2.1
1832	10,000						10,000	5.9

约当全额47.76%，值洋13,254,142元，平均每匹价格为六角八分九厘一毫。该表复示：由英国船输出之土布，价格较由美国船输出者为昂；前者每匹价格为八角零七厘九毫，而后者则为五角七分四厘七毫。

英籍商船自广州输出之土布，多数均为东印度公司或私商所购；至其以美籍商船输出者，则多运至美国。据第108表①之统计所示，在1819年至1832年间（1820—1821，1823等年除外）由美国船输出之土布有7,219,809匹，其中5,878,109匹或81.42%系运

---

① Morse，卷三，367页；卷四，69，101，120，141，160，183，197，250，273，341页。

赴美国者;其运赴欧洲者,仅有 1,056,000 匹,或 14.63%。其余 285,700 匹或 3.95%,则运赴南美与他处者。

第 108 表　广州美籍商船出口之土布数量
按其到达地之分配,1819—1832(匹)

年份	美　　国	欧　洲	南美等处	总　　计
1819	1,841,000	958,000	133,000	2,932,000
1822	1,070,706	12,000	25,000*	1,107,706
4	532,000	4,000		536,000
5	664,000	15,000	42,000	721,000
6	267,400		41,300	308,700
7	524,500			524,500**
8	392,900	60,000		452,900**
9	305,568		44,400	349,968**
1830	118,750	7,000		125,750
1	122,285			122,285
2	39,000			39,000
总计	5,878,109 81.42%	1,056,000 14.63%	285,700 3.95%	7,219,809 100.00%

* 至马尼剌及巴塔维亚。

** 1827,1828 及 1829 每年之数量与第 107 表(甲)列者不同,但此三年合计之总量为 1,327,368 匹与第 107 表(甲)所列者(1,322,000 匹),相差无几。

1867 年以来之发展——中国初次于 1736 年输出土布至英国,迄十九世纪末叶,而该项物品仍为我国出口棉纺织品之唯一物品也。前节所引土布之出口统计,迄 1833 年为止,自后直至 1867 年均无统计。然该期间(1833—1867)之土布出口额必剧落。1830 年中国输出土布 1,051,000 匹,但 1867 年之输出,依第 109 表(甲)幅所示,竟减至 441 担,或 15,876 匹。[①] 在 1867 年至 1874 年

---

① Morse,卷三,367 页;卷四,69,101,120,141,160,183,197,250,273,341 页。

第 109 表(甲)　中国之土布出口额及其价值,1867—1930

年份	担	海关两*	年份	担	海关两
1867	441	21,160	1899	28,745	1,231,015
8	238	13,791	1900	30,180	1,301,283
9	8,631	154,302	1	27,586	1,221,471
1870	728	29,322	2	22,487	983,631
1	192	7,657	3	19,759	961,405
2	669	35,901	4	27,984	1,433,428
3	828	42,163	5	32,116	1,523,588
4	969	53,665	6	51,233	2,362,628
5	1,245	53,146	7	24,709	1,179,552
6	1,447	105,488	8	27,545	1,282,313
7	1,788	88,907	9	37,188	1,793,386
8	2,091	100,319	1910	37,671	1,929,925
9	2,027	98,904	1	47,184	2,683,042
1880	1,975	92,971	2	44,412	2,328,099
1	2,763	133,349	3	48,056	2,358,551
2	2,602	110,213	4	36,523	1,814,013
3	2,531	98,291	5	45,742	2,270,460
4	2,224	88,867	6	50,015	2,888,454
5	2,797	95,433	7	48,887	2,912,371
6	2,687	80,759	8	46,826	2,714,705
7	6,617	292,684	9	45,132	2,965,372
8	6,483	222,403	1920	67,736	4,217,146
9	6,112	210,829	1	75,848	4,670,884
1890	6,185	229,827	2	64,668	4,034,020
1	8,112	302,392	3	75,605	4,704,041
2	10,343	383,280	4	53,656	3,408,965
3	17,086	645,304	5	45,743	2,918,992
4	16,324	613,896	6	41,722	2,749,601
5	36,663	1,343,801	7	38,761	2,507,510
6	21,016	828,290	8	43,237	2,816,626
7	29,378	1,240,197	9	39,968	2,742,758
8	29,869	1,254,198	1930	37,798	2,677,644

＊［海关两］之用为海关统计单位,始于 1875 年;以前仅以［两］为单位。

间，除1869年外，每年输出量，均超出1,000担，或36,000匹。自1875年起，每年之输出，间有增加，但增加之趋势迟缓，至1886年仅增至2,687担。

1886年后，输出增加之趋势较速，1887年之输出增至6,617担，1891年为8,112担，1893年为17,086担，1895年为36,663担，在1896年至1910年间，起伏无定，但大致均与1895年之输出额相近。1910年后，复有增加，至1921年达最高额75,848担。但以后复减，至1930年，输出37,798担，仅较1895年之数略高而已。总之，土布在中国出口贸易中之原有卓越地位，确已丧失；在二十世纪初期，其地位似有恢复可能，然为时极暂，仍归失败。然则吾人仅须一察事实，即知土布在我国对外贸易之地位，虽已一蹶不振，但代之以兴者，有更新更细之棉织品，故土布地位之能否恢复，无关重要。如第109表（乙）幅所示，直至1896年至1900年期间，我国棉纺织品出口贸易值之全部，均为土布。其后，土布出口值占棉纺织品出口总值之百分比，始渐下降，当1901至1905年期间，减至98；1906年至1910年间，减至90.49；1911年至1915年间减至77.78；1916年至1920年间，减至49.12；1921年至1925年间减至27.45；及至1926年至1930年间，仅为7.88。土布输出之剧落，当由于中国机器棉纺织业之勃兴。然在今后十年内，其输出亦不致完全消灭，盖手工棉织业时代，于西方国家，虽早已列为史迹，而在中国，工业化初发其端，手工棉织业固仍有其相当地位也。

1905年后中国出口之棉纺织品，得列为匹头、纱线及其他之三类。依第110表所示，在1905年至1930年期间，中国棉纺织品之出口值，自关银1,647,445两增至31,968,629两，增加19.4倍（图35）。然此三类棉纺织品之出口值，其增加之程度则各不相

第109表（乙） 中国之土布出口额及其价值，1867—1930（五年为一期）

年份	土布 担	%	海关两	%	棉纺织品 海关两	土布出口值占棉纺织品总出口值之%
1867—1870	5,038	0.32	218,575	0.25	218,575	100.00
1871—1875	3,903	0.24	192,532	0.22	192,532	100.00
1876—1880	9,328	0.59	486,589	0.56	486,589	100.00
1881—1885	12,917	0.81	526,153	0.61	526,153	100.00
1886—1890	28,086	1.76	1,036,502	1.20	1,036,502	100.00
1891—1895	88,528	5.56	3,288,673	3.79	3,288,673	100.00
1896—1900	139,188	8.74	5,854,983	6.76	5,854,983	100.00
1901—1905	129,932	8.16	6,123,523	7.07	6,247,380	98.00
1906—1910	178,346	11.20	8,547,804	9.86	9,446,729	90.49
1911—1915	221,917	13.93	11,454,165	13.22	14,725,367	77.78
1916—1920	258,596	16.23	15,698,048	18.11	31,960,419	49.12
1921—1925	315,516	19.81	19,736,902	22.78	71,903,775	27.45
1926—1930	201,486	12.65	13,494,139	15.57	171,229,532	7.88
总计	1,592,781	100.00	86,658,588	100.00	317,117,209	27.33

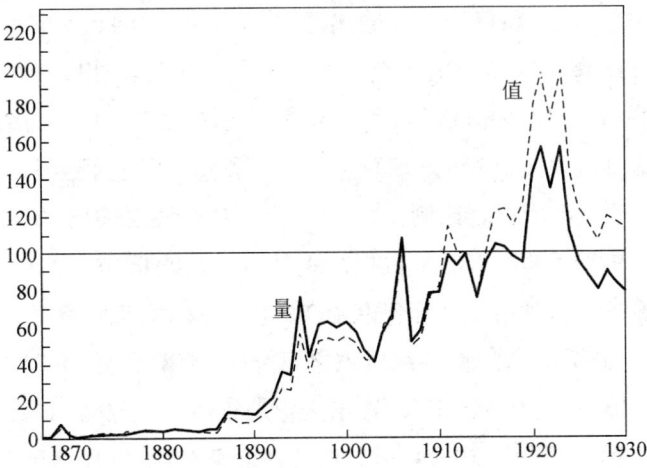

图34 中国出口土布之数量与价值，1867—1930（1913＝100）

（见第109表（甲））

中国之棉纺织业

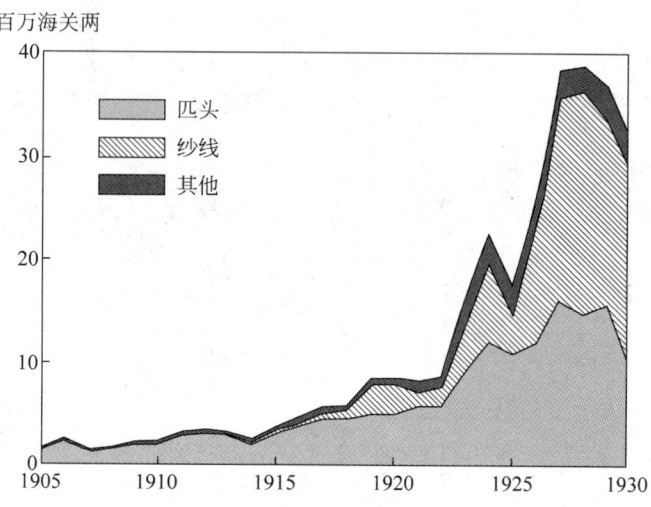

图 35 中国棉纺织品出口值按类别之分配，1905—1930

（见第 110 表）

同。1905 年，中国棉纺织品输出总值，达关银 1,647,445 两，内匹头值关银 1,523,588 两，占全值 92.48%；其他货品如废棉之类，仅占关银 123,857 两，只有全值 7.52% 而已。1913 年中国棉纺织品输出总值达关银 2,945,327 两，内匹头所占之比例，低至 87.51%，同时其他货品所占之比例，增至 11.92%。纱线之输出，始于 1912 年，于 1913 年其出口值仅占棉纺织品出口总值 0.57%。1920 年，中国棉纺织品总出口值增至关银 8,209,732 两，而匹头所占之百分比，更减至 60.29；然纱线所占之百分比，则骤增至 35.35。此项发展之趋势，直维持至 1930 年未变。是年匹头占棉纺织品出口总值之百分比，竟降至 30.64，而纱线所占之百分比，则反增至 59.33。至其发展趋势之所以如此，当于下节详察是类出口棉纺织品之到达地后，自可明悉此中原由之一部。

第 110 表　中国棉纺织品出口值按类别之分配，1905—1930

年份	土布 海关两	%	匹头全体 海关两	%	纱 海关两	线 %	其他 海关两	%	全体棉纺织品 海关两	%
1905	1,523,588	92.48	1,523,588	92.48			123,857	7.52	1,647,445	100.0
6	2,362,628	92.21	2,362,628	92.21			199,600	7.79	2,562,228	100.0
7	1,179,552	88.21	1,179,552	88.21			157,636	11.79	1,337,188	100.0
8	1,282,313	88.27	1,282,313	88.27			170,332	11.73	1,452,645	100.0
9	1,793,386	91.77	1,793,386	91.77			160,778	8.23	1,954,164	100.0
1910	1,929,925	90.16	1,929,925	90.16			210,579	9.84	2,140,504	100.0
1	2,683,042	92.94	2,683,042	92.94			203,823	7.06	2,886,865	100.0
2	2,328,099	75.30	2,826,229	91.41	35,141	1.14	230,536	7.45	3,091,906	100.0
3	2,358,551	80.08	2,577,579	87.51	16,721	0.57	351,027	11.92	2,945,327	100.0
4	1,814,013	78.82	1,965,149	85.39	46,979	2.04	289,321	12.57	2,301,449	100.0
5	2,270,460	64.87	2,955,043	84.44	203,993	5.83	340,784	9.74	3,499,820	100.0
6	2,888,454	66.03	3,657,528	83.61	181,016	4.14	536,007	12.25	4,374,551	100.0
7	2,912,371	52.23	4,465,946	80.09	450,204	8.07	660,242	11.84	5,576,392	100.0
8	2,714,705	48.43	4,384,942	78.23	1,000,497	17.85	219,625	3.92	5,605,064	100.0
9	2,965,372	36.19	4,962,446	60.56	2,695,863	32.90	536,281	6.54	8,194,590	100.0
1920	4,217,146	51.37	4,949,734	60.29	2,901,876	35.35	358,122	4.36	8,209,732	100.0
1	4,670,884	58.18	5,872,617	73.15	1,175,796	14.65	979,529	12.20	8,027,942	100.0
2	4,034,020	47.22	5,756,869	67.39	1,668,794	19.53	1,116,948	13.08	9,542,611	100.0
3	4,704,041	30.21	9,153,556	58.79	4,369,860	28.06	2,047,371	13.15	15,570,787	100.0
4	3,408,965	15.32	12,081,198	54.28	7,523,511	33.80	2,651,965	11.92	22,256,674	100.0
5	2,918,992	16.67	10,894,951	62.75	3,774,477	21.56	2,746,333	15.69	17,415,761	100.0
6	2,749,601	10.95	12,062,894	48.03	10,816,252	43.06	2,238,215	8.91	25,117,361	100.0
7	2,507,510	6.51	16,094,858	41.82	19,770,469	51.37	2,622,261	6.81	38,487,588	100.0
8	2,816,626	7.26	14,706,261	37.89	21,591,699	55.64	2,510,203	6.47	38,808,163	100.0
9	2,742,758	7.44	15,639,957	42.44	18,348,131	49.79	2,859,703	7.77	36,847,791	100.0
1930	2,677,644	8.38	9,793,910	30.64	18,968,419	59.33	3,206,300	10.03	31,968,629	100.0

来源地与到达地之分析——分析中国出口棉纺织品之来源地及到达地,不论其是输至另一中国口岸者或是输至外国者,关于出口统计之编制方法,首应有所说明。以理论言,凡自中国口岸输出之"原出口货"(Original export)须与输至外国及输至中国他埠之"净入口货"(Net import)二者之总额相等。然实际上,在海关报告中,前者较后者可大可小。姑以国产棉纺织品之输出为例,如第 111 表所示,1913 年我国输出之棉纺织品原出口货值,较输至外国及输至中

第 111 表　中国棉纺织品之出口统计,1913—1929

	输至外国		输至中国各埠		总计	中国各埠之原出口值
	海关两	%	海关两	%	海关两	海关两
纱线						
1913	16,721	0.11	14,632,541	99.89	14,649,262	17,304,402
1920	2,901,876	4.31	64,445,713	95.69	67,347,588	72,055,010
1929	18,348,131	12.98	123,034,610	87.02	141,382,741	134,317,226
匹头						
1913	2,577,579	23.94	8,187,002	76.06	10,764,581	9,843,611
1920	4,949,734	21.02	18,593,427	78.98	23,543,161	27,408,768
1929	15,639,957	19.75	63,560,880	80.25	79,200,837	74,572,876
其他						
1913	351,027	85.46	59,720	14.54	410,747	357,451
1920	358,122	65.37	189,685	34.63	547,807	733,758
1929	2,859,703	36.02	5,080,036	63.98	7,939,739	7,188,102
棉纺织品						
1913	2,945,327	11.41	22,879,263	88.59	25,824,590	27,505,464
1920	8,209,732	8.98	83,228,824	91.02	91,438,556	100,197,536
1929	36,847,791	16.12	191,675,526	83.88	228,523,317	216,078,204

国他埠之棉纺织品"净入口货"二者总值尚多关银1,680,874 两；1920 年，前者较后者多关银8,758,980 两；而1929 年，前者较后者少关银12,445,113 两。假设原出口货为100%，则其于1913 年输至外国及输至中国他埠之"净入口货"二者总值为83.64%，1920 年为88.56%，1929 年为117.36%。故二者之差额，1913 年为16.36%，1920 年为11.44%，1929 年为17.36%。海关报告对于是项差别，并未作何解释；吾人只得以输至外国及中国他埠之净入口货总额，设为100%，决定出口棉纺织品之到达地。如是则1913 年之棉纺织品出口总值，内有关银22,879,262 两或88.59%，为"输至中国他埠之净入口货"；1920 年有关银83,228,824 两或91.02%，1929 年有关银191,675,526 两或83.88%亦均属此类。其输至外国者，1913 年值关银2,945,327 两或11.41%，1920 年值关银8,209,732 两或8.98%，1929 年值关银36,847,791 两或16.12%。易言之，输至外国者，仅占出口货总值10%至15%，其余85%至90%均为"输至中国他埠之净入口货"。

第112 表列有中国棉纺织品原出口值按其来源地之分配统计（图36），显示在中国三分之二棉纺织工业集中所在之上海一地，于1913 年输出之原出口棉纺织品竟占全国原出口棉纺织品总值86.93%，1920 年占84.30%，1929 年占84.55%。他如汉口、胶州、宁波及大连四埠，于1913 年占3.68%，1920 年占7.26%，1929 年占12.47%。棉纺织品之原出口总额中，纱线约占三分之二；1913 年占62.91%，1920 年占71.91%，1929 年占62.16%。是项纱线多系由上海及他埠输出，而为供给机纺业尚未发达之其他中国商埠以及供给用机纺纱之手织机需求者。至其余三分之一之原

第112表　中国输出棉纺织品按出口港别之分配,1913—1929

		上 海		宁 波		汉 口		胶 州		大 连		其 他		总 数	
		海关两	%	海关两	%	海关两	%	海关两	%	海关两	%	海关两	%	海关两	
纱线	1913	16,529,623	95.52	673,368	3.89							101,411	0.59	17,304,402	
	1920	61,523,519	85.39	2,351,844	3.26	2,838,706	3.94	607,666	0.84	9,139	0.01	4,724,135	6.56	72,055,010	
	1929	111,814,102	83.25	2,557,720	1.91	7,914,899	5.89	4,208,614	3.13	4,231,366	3.15	3,590,525	2.67	134,317,226	
匹头	1913	7,055,313	71.67	4,579	0.05	297,483	3.02			16,974	0.17	2,469,262	25.09	9,843,611	
	1920	22,286,296	81.31	7,650	0.03	1,373,626	5.01	9,979	0.04	2,784	0.01	3,728,433	13.60	27,408,768	
	1929	64,355,799	86.30			4,916,340	6.59	2,834,064	3.80	80,648	0.11	2,386,025	3.20	74,572,876	
其他	1913	325,354	91.02	17,414	4.87	1,623	0.45					13,060	3.66	357,451	
	1920	656,659	89.49	51,241	6.98	10,569	1.44	5,001	0.68			10,288	1.41	733,758	
	1929	6,514,260	90.63	21,279	0.30	150,784	2.10	22,742	0.32	7,398	0.10	471,639	6.55	7,188,102	
棉纺织品全体	1913	23,910,290	86.93	695,361	2.53	299,106	1.09			16,974	0.06	2,583,733	9.39	27,505,464	
	1920	84,466,474	84.30	2,410,735	2.41	4,222,901	4.22	622,646	0.62	11,923	0.01	8,462,857	8.44	100,197,536	
	1929	182,684,161	84.55	2,578,999	1.19	12,982,023	6.01	7,065,420	3.27	4,319,412	2.00	6,448,189	2.98	216,078,204	

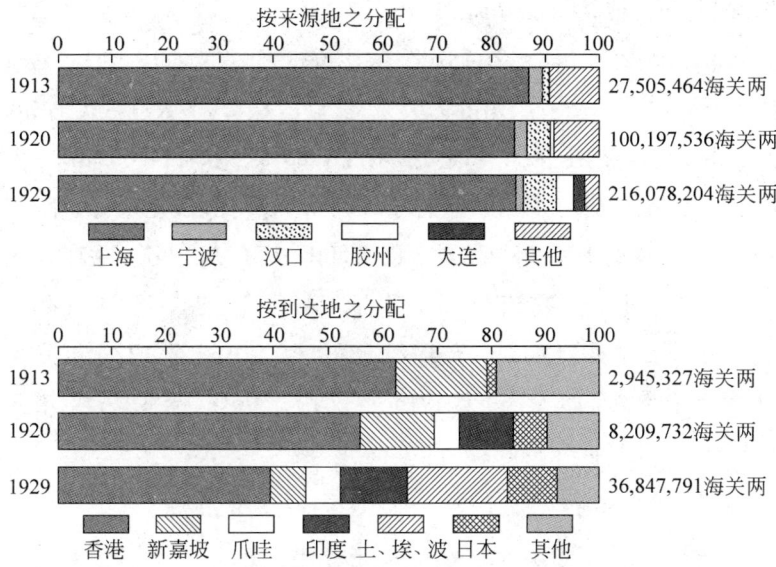

图 36 中国棉纺织品之出口值按来源地与到达地之分配，
1913,1920 及 1929（见第 112 及 114 表）

出口棉纺织品，则几全为匹头；1913 年占 35.79%，1920 年占 27.35%，1929 年占 34.51%。"其他"类项，1913 年及 1920 年包括废棉花，1929 年包括棉花、线毯、长短袜、毛巾、棉胎等物。其所占位置，殊不重要，于 1913 年仅占 1.3%，1920 年占 0.74%，1929 年占 3.33%。

上海一埠输出之原出口棉纺织品，约占全国原出口棉纺织品总额五分之四，而其大部分均系输至中国其他商埠者。如 1929 年，九个主要商埠输进之净入口棉纺织品之百分比，最低为 4.63（芜湖），最高为 11.95（重庆）。1913 年内，此九埠所占棉纺织品净输入额为 75.06%，1920 年为 67.04%，1929 年为 70.47%。易言之,此九埠占棉纺织品净入口货总额三分之二。1929年九埠棉纺织品净入口货所占全额之百分比,依地位排列,首为重庆占11.95%,次为天津占11.33%,广州占9.05%,汉口占8.43%,大连占7.12%,九江占6.71%,牛庄占6.40%,胶州占4.85%,芜湖占4.63%——九埠合计占70.47%。以1913年与1929年统计比较,重庆、天津、汉口、九江及芜湖等埠所占百分比趋于低降,而广州、大连、牛庄及胶州等埠趋于上升。重庆于1913年占24.07%,至1929年突降至11.95%;天津亦复如是,于1913年占15.70%,至1929年降为11.33%。他方面如大连,于1913年仅占2.06%,至1929年增至7.12%;广州当同一期间,亦自6.84%,增至9.05%。

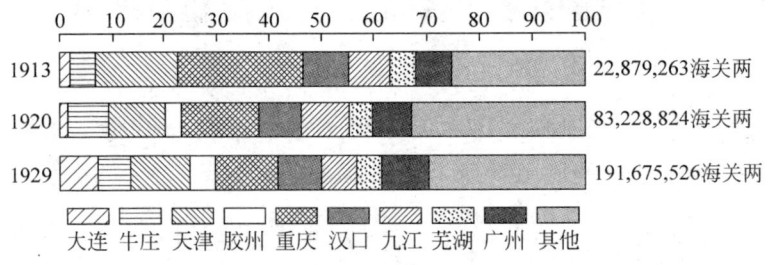

图37 中国国产棉纺织品进口值按进口埠之分配,
1913,1920及1929(见第113表)

至于输至外国者,大部分多至香港区;新嘉坡等区;荷属印度区;英属印度区;土耳其、波斯、埃及等区;及日本区(包括台湾)等六区。此六区于1913年占中国棉纺织品出口总额81.02%,1920年占90.22%,1929年占92.22%(图36)。除转口之香港及工业较发达之日本两区外,余四区均为工业不发达之处。在此六区之中,香港于1913年输入中国之棉纺织品,占中国棉纺织品输出总额62.51%,1920年占55.76%,1929年占39.16%;其次新嘉坡等区,1913 年占 16.78%,1920 年占 13.84%,1929 年占 6.77%。在 1913 年至 1929 年期间,各区所占地位之相对重要,均有变动,香港于 1913 年占 62.51%,至 1929 年降至 39.16%;同时期新嘉坡等区亦自 16.78%,降至 6.77%。至其他四区,当此期间均有增加。如荷属东印度区自 0.04%,增至 6.41%;英属印度区自 0.25% 增至 12.09%;土耳其、波斯、埃及等区,自零增至 18.57%;最后日本区亦自 1.44% 增至 9.20%。

第八章　中国棉纺织业之回顾与前瞻

（甲）中国棉纺织工业之概况

历史及其分布之区域——手工棉纺织业为中国固有工业之一种，惟机器棉纺织业则其肇始不过近数十年间事耳。中国之自设机器纺织厂，约始于1890年，其时李鸿章氏在上海创设机器织布局，是为中国最初创办之机器织布厂。嗣后中国棉纺织业之发展，得别为四期：第一期自1890年至1904年为草创时期，第二期自1905至1913年为渐兴时期；第三期自1914年至1925年为勃兴时期；1925年以后，为衰落时期。以1930年中国之纺锤总数设为100%，则第一期设置之纺锤，占15.11%，第二期占8.17%，第三期占72.52%，而第四期仅占4.20%。第一期之发展，以甲午战争（1894—1895）后之《马关条约》为最重要之动因。约中规定日人得在中国通商口岸设立工厂，因此日人及其他外人援最惠国条例在上海相继设立纱厂者，年必数起。至华商筹办者，不仅于上海一处年有增加，即在内地各大埠，亦复增加不少。第二期之发展，以日俄战争（1904—1905）为其枢纽。其时战争结束，远东经济情形渐呈起色，而中国是时亦已从1900年拳乱之厄运中，稍得复原，因此中国之纺织业乃渐兴。第三期适值欧战发生，为中国之棉纺织业开辟一新时期,此时期中,华商纱厂之纺锤数目突增,至日商纱厂之纺锤数目,则其增加尤速。以1913年之数,作为基数100,则日商纱厂之纺锤,于第三期之最后一年(即1925年)增至700.87,至华商纱厂之纺锤,于同年仅增至346.28。大战告终,洋货复源源输入我国,华商纱厂之在欧战期内兴起者,多因资本薄弱,受外货竞争之威胁,倒闭颇多,故此期之发展极缓,纺锤数目增加率之减少,遂为必然之结果。计此期间,纺锤总数仅增加4.40%,自1925年之411.67增至1930年之429.78(以1913年为基数100)。1930年共有纺锤4,223,956锭,内2,395,792锭或56.72%,为华商所有;1,674,844锭或39.65%为日商所有;153,320锭或3.63%为英商所有。至于织机其分配情形,亦大率类是。1930年中国共有织机29,272架,内有16,005架或54.68%为华商所有;11,367架或38.83%,为日商所有;1,900架或6.49%为英商所有。

我国棉纺织业,多集中于数省或数城。中以江苏省在中国棉纺织业界之地位,最为重要,堪与英国棉业中心之兰克夏(Lancashire)相比拟。1918年该省之纺锤占全国所有80.32%,即以后他省亦多发展其纺织业,然江苏棉纺织业在中国之领袖地位,尚如故也。概言之,1918年后,江苏之纺锤占全国所有之百分比,1924年为66.11%,1927年为66.30%,1930年为66.42%。湖北省于1918年占全国纺锤数7.80%,地位次于江苏。1918年后,该省之纺锤占全国所有之百分比,仍无进展:1924年为6.69%,1927年为7.82%,1930年为7.33%,其原居之第二位,遂为山东所夺。山东于1918年仅占全国纺锤数1.73%,至1930年竟增至8.58%。河北省为中国第四棉纺省,1918年该省之纺锤仅占全国所有2.60%,但至1930年增至7.26%,在此四省内,有六大棉纺织业中心,即江苏之上海、无锡、通崇海,山东之青岛,湖北之武汉,及河北之天津。1930年上海一处之纺锤占全国所有55.79%,青岛占7.88%,武汉占7.33%,天津占5.70%,通崇海占4.42%,无锡占3.36%——总占84.48%。至于我国棉纺织工业之所以集中于上述六埠者,其原因亦殊明显,盖以诸埠纺织厂发展最早,均为棉产丰富之区,煤与电力之供给,极称便利,运输亦灵捷,复为大市场之所在地,且又均有现代商业金融机关之设置,足资周转该业之金融,故有此集中之现象也。

工业组织——棉纺织工业为中国目前最大之工厂工业,其经营制造须具大规模之纱厂、巨额资本及多数工人。兹以1930年中国纱厂一览表所有统计为根据,分析中国纺织工业之组织。此类统计,缺点与矛盾之处固多,然加以精密之修正后,仍可用为说明国内纱厂之大小分配情形。

作者为分析中国纱厂之大小分配情形,曾将国内之华商纱厂、日商纱厂及所有纱厂之众数、中位数及算术平均数,均加以核算。惟英商纱厂在我国仅有三家,故未另为分析。三类平均数中,以众数为最小,以算术平均数为最高,只中位数居二极之间。分析结果,中位数大小之纱厂,其投资总额有2,170,456元,有纺锤28,588锭,织布机501架,原动力1,030千瓦特,工人1,711名。此类纱厂每家年消原棉63,531担,产纱17,263包,布262,501匹。然以日商纱厂与华商纱厂比较,日商纱厂之投资额较华商纱厂为大(2,750,001元对1,437,501元),日商纱厂之纺锤织机及原动力,亦均较华商纱厂为多(纺锤为34,168锭对25,334锭,织机为751架对401架,原动力为1,230千瓦特对921千瓦特)。但自另一方面论,华商纱厂之雇工数、消棉量及纱产额,均较日商纱厂为多(雇工为1,769名对1,615名,消棉量为64,168担对60,001担,产纱为17,501包对15,626包)。然日商纱厂之织机(多为新式机)超过华商纱厂所有者远多(751架对401架),故日商纱厂之织布量亦远在华商纱厂之上(为583,335匹对177,778匹)。

战后中国纺织厂特别是日商纺织厂,因进口纱布之竞争渐形恢复,乃有集合之趋势,以便扩张控制本业之权力。集合之结果,全国之一百二十七家纺织厂中,有六十一家在十四个公司手,每个公司平均有两家或两家以上之纱厂,或集中于一处,或分散于国内各处。此十四个公司:内七家系华商所有,六家系日商所有,一家系英商所有,投资总额为165,108,893元(占中国纱厂资本总额57.3%),纺锤2,434,280锭(57.7%),织机17,058架(58.3%),原动力82,664千瓦特(34%),雇有工人136,538名(54.2%),消棉4,448,907担(50.9%),纺纱1,255,654包(51.2%),织布9,178,238匹(62.1%)。易言之,约有全国半数之纱厂,占全国纱厂投资总额及公积金、机器、劳工、原料及出产之半数以上,均被集合组织所控制。而在华日商纱厂,其集合之程度,尤在华商纱厂之上。八十一家华商纱厂,仅有二十五家系经集合者,而在四十三家日商纱厂中则有三十三家系经集合者。日商纱厂集合之百分比亦较华商纱厂集合之百分比为高,如资本及公积金之百分比为71.8(对36.0),纺锤为77.1(对41.3),织机为72.9(对43.0),原动力为75.7(对37.5),工人为74.9(对40.6),消棉量为69.9(对36.0),产纱量为69.4(对36.9),布产额为75.3(对45.8)。

华商纱厂之经济地位,亦较日商纱厂为弱,盖华商纱厂之投资额较小,但出品之周转反较快。此种弱点,在多数纱厂中因理财方法之不健全更加严重。作者分析天津四家纱厂之账目结果,甲厂在十年之中有五年赔累,乙厂在九年之中有四年赔累,丙厂在十年之中有一年赔累,丁厂在九年之中有三年赔累。1923年前,每家年有赢利,但其处置赢利之方法,殊为失当,并不顾及厂方之前途。所有此四家纱厂,公积金之准备,永未超过资本额百分之四,其最高数之甲厂于1921年之准备金百分比亦不过3.51%。此类积存之公积金,一到赔累之年,即被提作弥补损失之用。第二种不健全之理财方法,即各厂虽在赔累之年,亦必支付官利,此四家纱厂,内有两家,竟视之为定例。第三种不健全之理财方法,即为折旧准备金之不充足。此类准备金普通仅于获利之年提存,其数额少有超过固定资产总值百分之五之至低限度者。第四种不健全之理财方法,系投资于固定资产之数额特大,除丙厂外,各厂投资于固定资产者几均超过已收资本额。结果,流动资本特少。流动资本系流动资产减去流动债务所余之数,按诸成规,其数应与流动债务之数相当。易言之,流动资产与流动债务之标准比例当为二与一之比。天津各厂,多未能维持此比例,尤以1924年后为甚。而乙厂在1921年至1924年之四年间,流动债务竟有超出流动资产者,其流动资产对流动债务之比数1921年仅为0.96,1922年为0.93,1923年为0.70,1924年为0.60。

中国纱厂联合会之组织,以华商纱厂联合会为最早,成立于1918年;至在华之日商纱厂亦另有其组织,即所谓日商纱厂联合会社是。二者均设于上海。此外在上海并有华商纱厂、日商纱厂及英商纱厂共同组织之委员会,每月开会一次,讨论与全体有关之事务。其他城市,华商设立之纱厂,亦有联合会之组织,如1921年汉口设立之湖北纱厂联合会,1922年成立之无锡纱厂联合会,及天津纱厂联合会等。1929年工商部颁布新工商同业公会法,规定每一公会,至少须有七个会员,而无锡纱厂联合会仅有会员六个,为邀工商部之批准起见,势须增加会员至七或七以上,因此该会于1930年经改组归并于江苏省内地纱厂联合会。同年天津之联合会亦经改组,惟其会员仅六家纱厂而已。

棉花——中国棉纺织业需用之棉花,其来源,一部分为国内产品,一部分系由国外输入。如1929年,全国纱厂消棉7,338,000担,内2,515,000担或34.27%系由外国输入者,大部来自印度、美国及日本。然进口棉与国产棉,其用途有别,进口棉多用于纺细纱,而国产棉多用于纺粗纱。

依地理论,中国之棉植区域,位于北纬20度至40度之间而均在东经110度之东。在此区域内,获得分为三段,北段为黄河流域,中段为长江流域,南段为西江流域。三段之中,以中段产棉最多,占全国棉产三分之二,北段次之,占全国棉产三分之一,而南段则因丝茶之竞争,产棉极少,在国内或国外贸易中殊无其地位也。易言之,中国棉产区域,主要部分在北纬28度至40度之间。中段六省当1929—1930年间产棉4,816,000担,占全国产额68.5%;其余2,211,000担,或31.5%,为北段五省所产。

中国棉产自1918年后,直有低落之势。1918年全国棉产达10,221,000担之多,但至1929年降为7,027,000担,约减少30%。总产额之减少,殆皆由于内战、饥馑及蝗灾所致;同时每亩产额亦大减,在1919年至1920年间每亩产额为27.3斤,至1929至1930年间,每亩产额减至21.3斤。结果乃有改良植棉事业之企图,着手之事有三,即改良技术,选配种子,与扩充棉田面积是也。借新式之方法,播优良种子于面积较大之土地,其可提高中国棉花之品质与产量,固无疑义。然不幸此种企图,多散漫无定,更兼政府不能为助,故成效难著。惟有棉花检验一事,最近成绩尚佳。棉花检验之运动,始于1901年,为上海洋商所发起,继起者在1911年有天津之洋商。自1929年后,始定为政府管辖之正式制度。是年工商部(即今实业部)在上海、汉口、天津、青岛四大棉市中心,设有商品检验局,每局之中,设有棉花检验处,凡输出之棉花,均须经其检验发给证明书,每担收检验费大洋六分。各处规定之最高水分百分比,天津为12%,上海、汉口及青岛为15%,然与各国流行之7.83%比较,则中国所定之标准,仍不为严刻,将来情形较进步时,必更须减低此项水分之百分比也。

自生产者将棉花送至消费者,不论其为中间人或最终消费者,须经三种市场,即原始市场、中级市场及终点市场是也。前二种市场于棉产区内几到处均有,惟终点市场则为数有限。主要者有上海、汉口及天津之三大市场,其次要者有沙市、郑州、石家庄、青岛及宁波等处。现货交易行于各处,惟期货交易只限上海华商纱布交易所经营。原始市场或原产地市场,普通均设于乡村,农民、经纪人、乡贩及自较大市场来此之购办人,均会集于此,商议买卖。农夫之棉产,即于此脱售。原始市场往往因贸易额之扩大及地位之便利,渐发达为中级市场。中级市场之异于原始市场者有二,第一,中级市场仅专限于一种产品之交易,不若在原始市场中,同时得有各种物品之交易;第二,中级市场中设有花店,而为原始市场所鲜有。是类花店,一方面为农民自远地来中级市场销棉之处所,一方面复为自终点市场及他处之棉商出口商及纱厂等派来购办人购棉之处。原始市场及中级市场中均有经纪人及乡贩。农民恒为卖者,而轧花厂之在原始市场者,兼有买卖之职务,惟在中级市场者,仅为卖商而已。至于外国出口商之购办人,于数年前,颇为活动,惟目前则因我国内地不靖,及外商内地通行证专利权之废除,故多已不赴中级市场收买棉花矣。

在终点市场,从事棉花贸易之商人得别为买商、卖商及经纪人三类。以天津情形论,卖商包括乡贩及各中级市场之花店代办人,所有棉花,均经此辈自中级市场运赴天津销售。彼等在天津无永久设立之机关,故当新棉上市之季节,其交易多在花栈成议。花栈之性质与中级市场花店之性质相同,惟前者之营业范围较大耳。其主要职务,系为主顾销售棉花,间或亦有自行交易独负全责者。至于买商,则有出口商、纱厂及零售商等。

上海固为中国棉纺织业之中心,然亦为中国棉花贸易之最大市场。以与他处比较,上海市场颇有其特著之处,第一,上海为中国最大之销棉中心,1930年内全国纱厂共销棉8,750,019担,而上海一处之销棉额即为4,439,857担,占金额50.74%。因此,纱厂与棉商间之现货交易,其最大部分乃集中于上海。其次,上海华商纱布交易所又为中国唯一之棉花期货交易市场。他处虽亦有经营棉花期货交易者,但多属一时之组织,如天津、宁波曾有一时,经营棉花期货交易,即上海证券物品交易所内,亦曾有经营棉花期货交易之部分,但现均已歇业。上海在全国棉花贸易中既占有优越之地位,故他处虽有新起之棉市,殊未能与之抗衡也。

中国棉花之包装方法,类别殊多;包装之式样大小重量及所用材料,均漫无标准,极为混乱。包装方法,各棉产区均有其固有之习惯,且复因棉花种类各别而异。装包之先,有施以高压力成为密度极大之包;有仅略加压榨,包扎极松者。前者包装既紧,体积缩小,便于长距离之运输,既可减少运费,亦可减少途中剽窃之损失及腐蚀之机会。至论运输,新式工具及旧式工具并用,前者指铁路及轮船言,后者指驳船、大车及手推车而言。华北所用之骡车或驴车及华南之手推车,均为短距离之运输工具。但在内地,既无铁道,又无河运,则大车或手推小车,实为唯一的运输工具。铁路之利益,固在其速,但吾国铁路,因频年内地不靖之结果,此项利益有时实无可言。船运虽较适宜,惟失之迟缓,致减少资本之周转率而徒增利息。复以华北论,冬季气候严寒,河流冻结,不宜航行,故船运之季,为时不多。至于运费,则因各棉产区域所用之运输工具不同,故各区每一单位距离之运费,亦因而有异。如自石家庄至天津,每公里每担需洋仅二角五分,而自邯郸至天津则每公里每担即需七角。复就税捐论,以厘金为最苛刻而复杂,但现多已取消。目前征收棉花之惟一合法税,即为出口税,依 1931 年出口税修正税则之规定,每担纳海关银 1.20 两,比以前 1928 年之税则每担纳海关银 0.35 两者,几增加二倍半,盖欲借以限制中国棉花之输出也。

劳工状况——依华商纱厂联合会之统计,1924 年全国纱厂工人仅有 195,691 人,1927 年增至 234,540 人,1930 年增至 252,031 人。1930 年之 252,031 人,共分配于十一省,如次:江苏有 162,434,或 64.45%;湖北有 26,084,或 10.35%;河北有 20,948,或 8.31%;山东有 17,184,或 6.82%;河南有 7,750,或 3.08%;辽宁有 6,849,或 2.72%;浙江有 4,610,或 1.83%;湖南有 2,350,或 0.93%;山西有 1,451,或 0.58%;安徽有 1,300,或 0.52%;江西有 1,071,或 0.42%。惟棉纺织工人,固不仅限于纱厂工人。据 1930 年工商部(即今之实业部)调查华中华南九省之工厂工人,内棉纺织工人有 327,842,占九省工厂工人数(1,204,318 名)27.22%。其中棉纺工人或纱厂工人有 206,532,棉织工人 109,809,其他制棉制线丝棉交织及整理等项工人共有 11,501。但工商部此项调查,以其未能包括冀、豫、湘、辽、晋等五省在内,故未为完备,盖此五省内亦均有纱厂也。此外,即在苏、浙、鄂、鲁、赣、皖等省之调查中,其所得棉纺织工人之数目为206,532,较华商纱厂联合会之统计(212,683名),尚少6,151人。

纱厂工人之大多数,均集中于六大棉业中心。依1930年之统计为准,是年纱厂工人共有252,031名,其分配于各棉业中心之百分比如次:上海为50.63%,武汉为10.35%,通崇海为6.87%,天津为6.09%,青岛为6.03%,无锡为3.71%。因天津及上海在中国棉纺织业中具有卓越之地位,前者为华北棉纺织业之中心,后者为华中之中心,故吾人分析国内棉纺织工人状况,亦专重此二埠。津沪两地纱厂之雇佣工人,委之工头,采用包工制,尤以外商设立之纱厂,沿用此制为多;但最近各厂多有直接招募新工者。请求入厂之新工,普通系经工头介绍来厂。厂方需要工人之时,其消息即传播于工头间,然后再由彼等负责介绍新工与厂方。关于新工之雇用,厂方均订有规则;但其实效若何,当视各厂情形为断。新工之招募,其来源殊堪注意,多数工人均非本地人,盖多自本省乡县招来者。上海之某日商纱厂,共有工人1,919名,仅231名或12.04%,系原籍上海者,余均江苏省他处及他省之人。原籍江苏之工人,所占该厂工人全数之百分比,竟达82.96%之多。调查天津三大纱厂之3,898名工人,亦得相同之结论。原籍天津之工人,仅有927名或23.78%,而河北省者,占79.06%。

劳工移动率一词,普通即指(一)雇佣工人数目,(二)解雇工人数目及(三)补充工人数目之三种劳工移动现象而言。工人之解约去职率,即谓解雇率;雇佣工人率,即谓雇佣率;二率之中,其较低之率,即谓补充率。天津丙厂1929年之解雇率为42.1,亦即补充率,盖其雇佣率为50.1也。在天津诸厂中,除丁厂外,当以此率为高;丁厂于1930年经改组,故其解雇率特高,为76.8。甲厂之解雇率,1927年为35.5,1928年为20.8,1929年为12.3;乙厂之解雇率,1927年为28.4,1928年为15.7,1929年为6.6,1930年为5.8。概言之,天津纱厂之解雇率较上海纱厂为低。天津纱厂工人之留厂期间在三年以上者占全厂工人数72.2%,而在上海,男棉纺工人留厂三年以上者,仅占该项工人数47.3%,女棉纺工人留厂三年以上者,占该项工人数42.8%,男棉织工人留厂三年以上者,占该项工人数18.3%,女棉织工人留厂三年以上者,占该项工人数22%。盖上海为我国工商大埠,工作机会较多,故该处劳工之移动率亦较大也。

纱厂通行之支付工资制度,有记时、记件及记时记件混合之三种。前二制尽人皆知,无庸赘述;惟第三制,不但确定每日之工资率,且亦规定每日应作之工作量,逾此标准,则除应得当日之工资外,复加发按件法而得之工资。上海纱厂之支付工资制度,以记件法较为普遍。据上海特别市社会局调查上海棉织工人10,080名及棉纺工人36,293名之结果,内有31,191名纺织工人或67.26%系按记件制计工资者;然棉织工人之百分比,较棉纺工人之百分比为高,前者为77.77%,后者为64.50%。是项调查,复足显示上海之日资率较天津之日资率为高,前者为四角九分三厘,后者为四角六分八厘。然此中差额,究系表面现象;实际天津纺纱工人(广义)之平均日资为四角七分七厘,而上海者为四角六分八厘,反较高也。但棉织工人(广义),天津之平均日资为四角四分四厘,上海则为五角八分一厘,前者远较后者为低。天津之棉织工人,系按记时记件混合制领取工资者,而所谓之工资率,系指记时率而言。换言之,是项记时率乃为最低工资率,如其工作超出此标准额,所得工资自亦增加。是以天津之棉织工人,如工作不能超出此标准额,所得工资即依记时率而定;但超过定额后,立即依记件率付其额外工作之工资。

棉纺织工人之生活程度,以天津与上海比较,颇有出入。上海每个棉纺织工人之家庭平均每年收入390.72元。天津每个棉纺织工人之家庭平均每年收入291.37元,前者较后者高34.1%。此中差异,其一部分原因,当由于上海家庭较天津家庭为大(上海每家有成年男子3.75名,而天津仅有2.80名),其次即由于上海童工及女工之雇佣较天津为普遍。家庭分子收入之分配,在天津,丈夫之收入,占全家收入74.71%,妻及子女之收入,仅占16.57%;而在上海,前者之收入占43.5%,而后者之收入,亦竟占35.6%。至于平均每家每年支出之分配,依吾人现有统计,显示上海之生活程度较天津为高,上海每家每年需支出382.32元,而天津仅290.57元。食物之百分比,在上海仅占56.6%,在天津则占63.8%。他方面,上海工人之衣服费及杂费,较天津为高(衣服费为9.2%对6.7%,杂费为20%对12.7%)。他如燃料费,因气候之影响,天津较上海为高(9.7%对7.6%)。惟房租一项,两处大致相等(6.6%对7.1%)。以津沪两地各级之棉纺织工人家庭论,收入增加则食物、房租及燃料等费之百分比趋于减少,而衣服及杂项等费之百分比,在相同情形下,则趋于增加。

工作之时间,在华商纱厂中普通为十二小时,但在日商纱厂中则为十一小时。实际二者工时大致相等,盖华商纱厂中工人休息闲散之时机较多也。各纱厂中每日正午或深夜,尚有半小时至一小时之用膳时间。休息日则各厂规定不同,有每星期休息一日者,有每十天休息一日者,甚有每月休息二日者,每年之放假日约自十日至十五日,包括新年、春节、端午、中秋、国庆纪念及其他法定纪念日。

棉纺织业中,童工与女工之雇佣,乃一普遍现象。1930年华南华中之二十八城市中,共有棉纺织工人327,842名,其中女工有202,738名,占全数61.84%,童工20,633名,占6.29%——女工及童工总数为223,371名,占全数68.13%。

在棉纺业中,童工所占百分比极小,仅为5.97%,但女工之百分比极高,为69.61%。该业共有工人206,532名,内女工143,767名,童工12,330名。概言之,女工之雇佣,华中与华南较华北为盛。如上海各纱厂,在粗纱、细纱、摇纱、拣棉、经纱及棉织诸部,以女工占多数;而在清花、钢丝、打包、机械及整理诸部,以男工占多数。至于工资,上海情形,亦以男工较女工或童工为多,男工之平均日资为五角九分五厘,女工之平均日资为五角一分九厘,童工为二角五分。

工业失虞及职业病,为研究劳工状况者应注意之一点。兹分析上海杨树浦工业医院880件纱厂工人之病伤案结果,得悉童工受伤者占童工病伤人全数67%,为最高;其次即为男工受伤者,占男工病伤人全数41%;以女工受伤者为最少,仅占女工病伤人全数26%。以全体而论,受伤部位在上肢者占42%,在下肢者占31%,在头部者占16%,在躯干者占7%,在其他部分占4%;依受伤性质而论,破裂者占59%,复折者占18%,单折者占5%,烫伤者占8%,其他约占10%。因伤致终身残废者,占25%,致死亡者仅占1.8%而已。据1930年陈达氏之调查报告,上海四十九家纱厂,平均每家有工人2,069名,因工罹疾者凡2,667次,因工致伤者凡132次。三十六家纱厂对因工罹疾之工人,仍照章发给工资;四十四家对因工致伤之工人,亦照给工资;四十七家并管病人及受伤者之医药治疗。估计平均每厂付给病工之工资费为134.84元,付给伤工之工资费为43.61元;至于每厂为病工支付之医药费达5,454.60元,为伤工支付之医药费达274.67元。如系终身残废,仅有两厂照付工资;如系伤亡,则停付工资。在此两种情形下,仅十三厂准给予医药治疗。

中国劳工组织之运动,当推棉纺织工人为先锋。1925年上海日商设立之内外棉株式会社工人罢工引起五卅惨案,嗣后数年间,工会组织乃大兴。上海纱厂总工会即于是年八月二十日成立,为组织上海总工会十六产业工会之一,共有会员118,223名——几包括当时上海纱厂工人之全体。总工会工人共有217,804名,内纱厂工人即占54%。同时其他棉业中心,如1926年之武汉及1928年之天津,均有类似之组织。1928年国民党因清党运动,将所有可疑之农工协会或令取消,或令改组,结果上海纱厂总工会之会员人数亦因而减少。据1930年工商部之调查报告,华中华南两区,有组织之棉纺织工人仅76,132名;而棉纺工人即有70,226名,分配于武汉者29,899名,青岛13,463名,无锡10,317名。南通5,961名,上海5,211名。依工人性别论,在此76,132名,有组织的棉纺织工人中,男性有38,317名,占50.33%,女性有37,815名,占49.67%,二者虽相差无几,然以棉纺织工人全体论,女工占61.84%,男工占31.87%,则可断定男工组织之范围远较女工为大也。

1925年至1927年之三年间,上海纱厂罢工次数,因工会之组织及其他原因,有非常之增加。1918年至1929年之十二年期间,上海纱厂共发生罢工209次,内有171次或81.8%系发生于下举之三年间——1925年38次,1926年78次,1927年55次。209次罢工中，参加工人估计约为 577,239 名，平均每次参加之工人有 2,762 名。155 次罢工，共损失工人工作日（man-days）6,721,957 天，平均罢工一次，损失工人工作日 43,367 天。依上海棉纺织工人之平均日资（四角九分三厘）计算，每次罢工须损失 21,380 元。以罢工原因论，209 次罢工内，有 151 次或 72.25% 系与团体交涉有关；余 58 次或 27.75%，系由于其他原因。在此两大组罢工原因内，其因雇佣或解职发生者 50 次，因工资发生者 45 次，因政治原因者 35 次，因厂规者 14 次，因同情他处罢工者 13 次，因工时者 10 次，因工作制度者 8 次，因待遇者 6 次。结果有 67 次罢工之要求，厂方完全接受；有 57 次，仅容纳其一部分；有 61 次竟全遭拒绝。此外，有 24 次罢工，结果未详。

  吾国劳工问题之解决，除由劳工合组工会，假团体力量以与资本家相对抗，而借罢工为要挟之最后手段外，由政府立劳工法，亦为解决劳工问题之一途也。最近国民政府通过劳工法数种，如能切实执行，对于中国工业，特别是棉纺织业，必有重大之关系。如 1929 年十二月三十日公布之《工厂法》，规定凡雇有三十以上之工人并使用汽力、电力、水力发动机器者之工厂，即可适用本法。纱厂自能适用。该法规定八小时工作，禁止妇女及幼童做夜工，童工最高年龄限度为十六岁，男女作同等之工作而效率相同者应给同等之工资，休息日及放假日须照给工资，工人得选举代表参议厂事，女工分娩前后，得照给工资，及补习教育等。又如 1929 年十月二十一日公布同年十一月一日施行之《工会法》，规定有两种工会，一种系职业工会，会员人数之最低限度为五十；一种系产业公会，会员人数之最低限度为一百。每一工人只能加入一种工会。工会与雇主不得干涉工人参加工会之权利。有许多事业，在他国均由政府及雇主履行者,现多委之于工会。此外该法规定如劳资双方发生争议时,须先付诸调解或仲裁。在调解或仲裁期间,工人方面不得宣言罢工,雇主方面,不得解雇工人。如调解无效,该项争议由工会全体大会三分之二以无记名投票法通过罢工时,工人始得罢工。1930年三月十七日公布之劳资争议处理法,规定设立调解及仲裁之机关;更规定在调解与仲裁期间,劳资双方均须静候解决,不得宣言罢工或封闭工厂。凡此劳工法规,如能切实施行,均大有助于劳工问题之解决。

制造及销售——棉纺织业之基本步骤,有清花、梳棉、棉条、粗纱、细纱及织布诸项;整理步骤有漂白、染色、印花及整理等。中国棉纺织业之准备步骤(纺细纱亦在内),多由一厂经营,但一厂除纺纱外亦有兼营织布者。1930年我国共有纱厂127家,内从事纺纱者77家,兼营纺织者48家,仅营织布者2家。漂白及染色,多由小作坊操作,所有手织机及动力织机之产品,均送此处漂染。

棉纺织业之成本,可分为原料及其他之两类;在棉纺业中,原料成本需占五分之四,但纺纱支数愈多,原料成本愈低。如天津某纱厂,纺十支纱,原料成本占总成本87.92%;纺十四支纱占84.87%;纺十六支纱,占82.61%;纺二十支三股纱,占77.64%。其他成本项,包括劳工、原动力、材料、折旧、利息、税及固定成本如保险办公费及杂项等费。折旧之计算,仅于确定官利及公积金后始顾及之。至于税捐,每包棉纱需缴统税自8.25元至11.25元不等,此外再纳出口税海关银2.10两。至其他成本项,根据分析津沪两地纱厂统计结果,除因纺纱支数不同致成本有异外,显示有恒定之比例。劳工成本占百分之三十至三十五;利息占百分之二十五至三十五,材料、原动力及固定成本等各占百分之一十至十五。

然以纺纱支数论,特别系十四支及十六支纱,天津之成本远较上海为多。天津十四支纱之成本除棉花外,达 31.96 元,而上海仅需 27.08 元。天津十六支纱之成本除棉花外,需 42.39 元,而上海仅需 31.78 元。

中国纱厂之效率,特别系棉纺织工之效率,依 1930 年中国纱厂修正表为根据而分析之结果,我国所有纱厂,不论其所属国籍为何国,平均每个工人运用纺锤 19.30 锭。但其中日商纱厂每个工人运用之纺锤(24.14)较华商纱厂每个工人所运用者(16.05)远多。此盖因日商纱厂管理适当设备较新之故。结果,日商纱厂之工人,消棉量较大(每年为 43.00 担对 34.55 担),需要原动力亦较多(为 0.8281 千瓦特对 0.5301 千瓦特),是以产纱额亦较大(每年为 11.95 包对 9.85 包)。以论棉织,亦复相仿。日商纱厂之工人每名运用之织机,较华商纱厂之工人为多(为 1.10 架对 0.58 架),是以日商纱厂每名工人之布产额亦较多(每年为 786.38 对 261.73 匹),如不论纱厂所属之国籍,以中国所有纱厂全体论,平均每名工人有织机 0.73 架[①],而每年每个工人之布产额为 41419 匹。

中国纱厂工人之效率,复可由每锭纺锤之效率察其一斑。华商纱厂工人每名运用之纺锤较日商纱厂工人每名运用者为少,而所纺之纱较粗,故每锭纺锤之纱产额得较日商纱厂之每锭纺锤产额为多(每年为 0.692 包或 276.8 磅对 0.501 包或 200.4 磅)。每锭纺锤之消棉量,亦以华商纱厂之纺锤消棉量为多,平均每年消棉 2.453 包,而日商纱厂之纺锤消棉量,平均每年仅 1.806 包而已。

---

① 此项陈述,不得认为中国每名织布工人仅运用织机 0.73 架;此中包含每名工人于其运用 0.73 架织机时,尚须有其他织布整理等项工作也。

今复取各纱厂实际搜集之纱布产量统计,以补充前节纱厂效率之分析。各厂纱产,以二十四小时之标准核算,日商纱厂似较适宜于纺绩十四支、十六支、二十支及四十支之棉纱,上海日商纱厂十六支纱之每锭纺锤平均产额为1.283磅;而华商纱厂仅1.100磅;二十支纱,日商纱厂产额为1.026磅,而华商纱厂仅0.960磅。华商纱厂中上海每锭纺锤之纱产较天津者为多,是乃华北工人效率低微及气候不良使然。十支纱上海之每锭纺锤平均产额为2.20磅,而天津仅1.77磅;十四支纱上海为1.50磅,天津仅1.13磅;十六支纱上海为1.10磅而天津仅0.90磅。四十二支纱上海为0.33磅而天津仅0.26磅。

近数年间,上海纱厂之每锭纺锤平均产额似有增加。据调查,1918年上海纺纱厂纺十支纱,其每锭纺锤之平均产额为1.4磅至1.7磅,但1929年则增至2.2磅;1918年十四支纱之每锭纺锤平均产额为1.06至1.30磅,但1929年则增至1.50磅;1918年十六支纱之每锭纺锤平均产额为0.90磅至1.09磅,但1929年则增至1.10磅;1918年二十支纱之每锭纺锤平均产额为0.60磅至0.70磅,但1929年则增至0.96磅。

至于每架织机在每十二小时班内之产额,情形亦大率相同,日商纱厂每架织机之布产额较华商纱厂每架织机之布产额为高。前者在十二小时内,每架织机能产13磅之粗布71码,但在华商纱厂,同期间仅能产同样之布60码。据Pearse氏论及华商纱厂之布产额,曾云:"中国境内华商纱厂,每架织机在十二小时内能织13磅36英寸之粗布60码,而日商纱厂每架织机在十一小时内能织13磅36英寸之粗布65码至68码。"复次,上海纱厂每架织机之产额,远较天津纱厂每架织机之产额为多。天津纱厂在十二小时内,每架织机能织 11 磅之布 49.16 码,12 磅者 46.68 码;而上海纱厂,在同期间则每架织机能织 13 磅之布 60 码,12 磅者 49 码。

棉纺织业之产品,得别为纱线及布之二大类。据华商纱厂联合会之统计,1924 年全国纱线总产额为 1,473,768 包,1927 年增至 2,102,829 包,1930 年增至 2,455,177 包;至全国之布产总额,1925 年为 4,000,767 匹,1927 年增至 8,999,370 匹,1930 年增至 14,779,538 匹。1930 年之纱线产额中,有 1,500,248 包或 61.11% 为华商纱厂所产;有 825,407 包或 33.62% 为日商纱厂所产;有 129,522 包或 5.27% 为英商纱厂所产。布产额中,日商纱厂产者有 8,153,994 匹,占全额 55.17%;华商纱厂产者有 6,625,544 匹,占全额 44.83%。中国纱厂所纺之纱,多数均为粗纱,据 1928 年之调查,全国六十九家纱厂中,纺十六支纱者六十一家,纺十支纱者五十七家,二十支者四十九家,十二支者四十四家,十四支者四十四家,三十二支者二十八家,四十二支者九家。至于纺其他支数,自四支至八十支者,至少有一家,至多亦不过九家。中国之棉布有二大类,一为本色布,一为染色布。本色布包括市布、粗布、细布、斜纹布等。而染色布则种类繁多,须视其色样而定。

棉纱之包装,普通以四十捆为一包,每捆净重十磅四两,但匹头之包装,普通以二十匹为一包。二者之运输,多赖轮船,但间亦有经铁路运输者,其运费核计,悉按所占地位之尺寸为标准。至于税捐,有统税及出口税之两种。前者始办于厘金废除之后,适用于卷烟、面粉、棉纱、火柴及洋灰等;而棉纱统税,复分棉纱为两大组:(一)二十三支或二十三支以下之本色棉纱,(二)二十三支以上之本色棉纱。第一组之税率,每担定为 2.75 元,第二组定为 3.75 元。凡以已纳统税之棉纱织布,所产之布匹,得免纳布匹统税。棉纺织品之出口税,依1931年之修正出口税则,规定"卷轴缝纫用棉线"每罗纳海关银0.037两,棉纱及"未列名棉线"每担纳海关银1.10两。棉布之出口税每担定为海关银1.50两。

棉纺织品之贸易,全由纱号及布庄处理,其职务不仅销售本国产品,且亦推销进口棉纺织物品。是类庄号之初兴,约在1870年后外国棉纺织品输入基础渐趋稳定之时。据上海最近之调查,估计该处有纱号六十三家,布庄八十七家。天津之庄号,据估计有纱号三十二家,布庄四十四家,故布庄实较纱号为多,适可证明在津沪两处市场中,匹头贸易较棉纱贸易占优势也。虽然,纱号与布庄在其经营之业务上,实际并无大别,纱号可经营匹头贸易,而布庄亦可经营棉纱贸易;惟其营业之大部,自为其本行之专业耳。

庄号之购办棉纺织品,有直接购自纱厂者,有经交易所间接转买者;至于脱售,有直接售与顾主者,有经跑街招揽间接售脱者。此类跑街,其职务颇似经纪人,经其脱售之棉纱,每包收佣费银0.25两至0.50两。凡此交易,有为现货,有为期货,期货交易恒由上海华商纱布交易所及上海证券物品交易所经营之。但自1929年六月后,上海证券物品交易所已停止棉纱期货交易,目前惟有华商纱布交易所为中国惟一之棉纱期货交易市场。至于棉布之期货交易,在华商纱布交易所章程中虽有规定,但以市场上布匹种类繁多,分类困难,故迄今该交易所,尚未能经营棉布之期货交易也。

(乙)中国棉花及棉纺织品之进出口贸易

中国之棉花国外贸易,始于1704年,以东印度公司与中国贸易为最早。该年有棉花 1,116 担,自北孟买之苏勒塔(Surat)送至厦门,以每担银 5.50 两之价格脱售。三十二年之后*,于 1735 年复有 605 担棉花之输入,售价每担银 8.50 两。嗣后直至 1785 年,每隔相当期间,即有一次之输入;1785 年之后,印度棉花之输入中国者激增。在 1785 年至 1833 年之三十九年期间,据东印度公司之记录所载,中国自印度输入之棉花共有 13,404,659 担,几全由英国商船为之输送(98.78%)。平均每年输入达 343,709 担,其输入额之增加则自 1789 年之 226,789 担,至 1805 年之 414,208 担,1816 年之 463,867 担及 1830 年之 501,920 担。

  1833 年至 1867 年期间之棉花进口统计,多付缺如,但一较该两年之数字,1833 年之棉花进口额为 442,640 担,1867 年仅为 335,976 担,可知在此期间,并无大变化。但棉花之出口贸易,似有发展之趋势,1867 年中国棉花之出口额达 29,391 担。易言之,1867 年中国之棉花国外贸易入超 306,585 担。此项入超状态在以后之二十一年期间,除 1874 年外,直继续到 1887 年。是年而后,中国棉花之出口额,始超过进口额,在 1888 年至 1919 之三十二年间,除 1899 年外,中国之棉花国外贸易,皆处出超地位。1919 年后,复呈入超状态,至 1930 年达入超之最高记录;是年中国输入棉花 3,456,494 担,与输出之 825,545 担相比较,则入超额达 2,630,949 担之多。故中国之棉花国外贸易自 1867 年至 1887 年为入超期,第二期自 1888 年至 1919 年为出超期,第三期自 1920 年至 1930 年为入超期。自第二期之转入第三期,要有二因,即内战连绵及中国棉纺织业之勃兴是也。内战连绵,足使中国棉产减少;棉纺织业勃

---

* 原书如此。——编者注

兴,足使中国对于棉花之需求增加。需求增加而本国供给之来源减少,自不向外国输出矣。

在1867年至1930年期间,中国进口棉花总计30,752,063担。而出口总计32,831,619担,出超额为2,079,556担。在此六十四年期之总进口30,752,063担中,其于1921年至1930年之十年期间输入者,有21,152,168担,或68.78%。他方面,在同时期之总出口32,831,619担中,其于1906年至1930年之二十五年期间输出者,有21,997,108担,或67%。故出口之分配较入口之分配为平均。实际在1926年至1930年期间输入之棉花竟达13,047,919担,占总进口额42.43%。其次,中国输出之棉花,价格较低,在1867年至1930年期间输入之30,752,063担外棉,共值海关银865,604,848两,平均每担值海关银28.14两;而同期输出之32,831,619担中国棉花,共值海关银734,925,937两,平均每担值海关银22.44两。二者价格之差异,适可间接证明中国棉花品质之低劣也。

更就中国棉花国外贸易之来源地与到达地而言,在1912年至1930年之十九年间,中国输入棉花共计23,872,155担,内13,128,154担或54.1%来自印度,5,280,291担,或21.8%来自美国,5,267,264担,或21.7%来自日本,日本原非产棉国家,故日本输入中国之棉花,多系他国棉花假道日本转赴中国者,特别以印度棉花之经日本输入中国者为多。姑以1913年、1920年及1929年之情形比较,中国之棉花进口额中,自印度输入者,于1913年占59.56%,1920年占60.85%,1929年占51.97%;自美国输入者,于1913年占18.84%,1920年占4.95%,1929年增至32.18%。美国棉花输入之增加,殊为佳象,盖由此适可间接证明中国现正需要品质较佳之棉花，为纺造细纱之用也。至于自日本输入之棉花，进口总额之百分比，于 1913 年为 10.89%，1920 年为 23.53%，1929 年落至 14.30%。

以论中国之棉花输入之到达地，在 1912 年至 1930 年期间，中国之棉花之输入有十分之九以上为上海、胶州及天津之三大棉业中心所吸收。此期输入总额 23,946,751 担中，由上海进口者 19,289,342 担，占全额 80.6%，胶州进口者 2,108,941 担，占 8.8%，由天津进口者 1,013,597 担，占 4.2%。上海所占百分比，较为恒定，1913 年为 80.84%，1920 年为 81.31%，而至 1929 年降为 75.54%。至于胶州，棉花之输入，始于 1915 年，是年之输入额，仅 206 担，1920 年增至 7,871 担，或 1.15%，至 1929 年增至 225,803 担，或 8.94%。天津之情形，大致亦复如是，1912 年仅输入 5 担，1916 年骤增至 1,067 担。此后，天津之棉花进口额，变动颇大，殆皆由内地棉花之输至天津者有变化而然也。该埠输入最高之年为 1929 年，有 179,156 担，占 7.09%。

再观中国棉花输出之口岸及其到达地。在 1912 年至 1930 年之十九年期间，中国之棉花出口额达 38,280,474 担，内仅有 16,867,011 担或 44.06% 系输往外国者，余均运赴国内各埠，应其需要。兹比较 1913 年、1920 年及 1929 年中国棉花之输往外国者占我国棉花总出口额之百分比，1913 年为 77.71%，1920 年落至 43.17%，至 1929 年，降至 33.92%。此种百分比之降落，复可间接证明中国棉纺织业勃兴结果，棉花之需求增加，故本国棉花多供国内需要，而输往国外者，自当减少也。

以论中国之棉花输至国外者，在 1912 年至 1930 年期间共有 16,867,011 担，内输至日本者有 13,466,053 担，或 79.84%，输至美国者有 1,934,968 担,或 11.47%。日本占中国之棉花出口贸易百分比,于 1920 年为 58.56%,至 1929 年增至 80.04%;而美国所占之百分比,在同期间自 31.80% 降至 12.24%。

中国之棉花输出主要口岸,在华中有汉口、沙市,在华北有天津。当 1912 年至 1930 年之全期间,汉口与沙市共输出 20,349,123 担,或 53.16%,天津输出者有 9,266,451 担,或 24.21%。三埠之输出额,几占中国棉花总出口四分之三以上,是乃地势使然,盖汉口与沙市两处适居华中棉产区域之中心,天津又为华北棉产之集中处。虽然,汉口及沙市两处所占中国之棉花总输出百分比,显有增加之趋势,1913 年为 23.94%,1920 年为 49.74%,至 1929 年增至 62.76%,而天津所占之百分比,则显有低降之势,1913 年为 35.29%,1920 年为 29.67%,至 1929 年减至 22.58%。汉口及沙市棉花多输至上海及运赴沿江各棉纺织业中心,供国内之消费,而天津棉花则系输至外国,特别以输至日本及美国,为制造棉絮、药棉、火药,及混合其他纤维用者居多。

外国棉纺织品之输入于中国,当以东印度公司为先锋,然其成效似不若棉花之输入为佳;该公司经四十二年之不断努力,惨淡经营,始获广州为其在华之市场。至 1827 年英国棉纺织品在华之销售,始初次获利。"其时东印度公司输入中国之棉织品为 15,300 匹,定价 21,261 镑;若包括运费保险费等则为 23,241 镑,售价(关税在外)平均每匹 7 元,共计 107,100 元"。同时,美商于 1821 年已输入值 179,410 元之匹头至广州,虽然,美商输入者"均为英国制品,其所以由美国商船转运赴广州者,为抵制东印度公司之专利耳"。

棉纺织品之输入,于 1832 年其总值达银 1,061,356 两,但当嗣后之三十五年期间,增加甚快。1867 年棉纺织品之输入总值竟达

14,617,258两之多,抵该年中国进口总值21%。嗣后,海关统计之搜集,更为完备,故1868年之棉纺织品进口值,即达22,373,056两,竟增加57%,直至1884年,是数无变动。如以1913年之棉纺织物品进口值182,419,023海关两为基数100,则1868年之比率,仅为12.26,1885年为17.26,1890年为24.68,1895年为29.09,1900年为41.45,1905年为99.47,1920年为135.30,1930年为82.14。在1867年至1930年期间,1920年为比数最高之年,是年棉纺织品之总进口值为246,813,429海关两,占全国总进口值32.38%。1930年棉纺织品之总进口值减至149,838,808海关两,占全国总进口值11.44%,为1867年至1930年期间棉纺织品进口值占全国总进口值百分比最低之年。

最近数十年来,中国进口之棉纺织品,数量上固已较前减少,即其来源地与到达地,亦较前有异,结果输出国中有日本之突起,而输入口岸中有安东及大连之勃兴。在1905、1913及1929之三年内,每年进口之棉纺织品十之九以上,系来自英国(香港在内)、日本、美国及英属印度。日本于1905年仅供给中国棉纺织品进口总额11.24%,1913年供给29.81%,1929年供给63.85%。美国之百分比,1905年为22.58,当该年日本之两倍,但于1913年减至4.39,1929年更落至0.33。英属印度之百分比亦相仿,1905年为2.78,1913年为10.24,1929年为1.09。英国之百分比,1905年为49.82,1913年为49.03,但至1929年亦降至30.30。易言之,日本棉纺织品输入中国之逐渐增加,最先受其害者为美国,复次为印度,最后即为世界棉纺织业霸主之英国。日本棉纺织品在华所以能占优势者,要由其能供给价廉织物及其他地理接近与同文化等利益使然也。

棉纺织品进口之来源地既有变异,影响所及,使其进口之目的地,亦发生变动。六埠棉纺织品之输入于 1905 年占全国棉纺织品总输入 49.10%,于 1913 年占 51.62%,于 1929 年占 67.71%,其中变异最显著者,当推安东,该埠于 1913 年之棉纺织品进口额,仅占全国棉纺织品总输入 1.86%,而至 1929 年,则增至 15.65%;其次即为大连,1905 年该埠并无棉纺织品之输入,而至 1929 年,其输入额亦占 6.42%。同时天津之棉纺织品进口贸易,则有显著之剧落,1913 年为 15.66%,至 1929 年降至 9.37%。惟上海一埠,始终仍维持其首位,并无大变动,1905 年占 21.75%,1913 年占 10.94%,1929 年复增至 23.29%。至若汉口,1905 年占 7.16%,1913 年增至 10.05%,但至 1929 年降为 7.91%。胶州情形亦相仿,1905 年占 3.93%,1913 年增至 8.06%,但至 1929 年又降至 5.07%。

我国最初输出之棉织品当为土布。土布之出口贸易,复以东印度公司为先锋。自 1734 年该公司初次试购土布 100 匹之后,国产土布乃时有输出。1786 年起,其输出渐有规则;1790 年后直到 1833 年止,我国土布之输出,从未中断。虽然,是类土布多由美国商船装载而运至美国者。在 1786 年至 1833 年期间自广州出口之土布共计 40,274,164 匹,其中有 22,776,943 匹或 56.55% 系经美船载运输出者,至于经东印度公司船只输出者,仅 15,169,553 匹或 37.67%,余 2,327,668 匹或 5.78% 系由他国商船输出者。

我国输出之棉纺织品,于 1734 年后,以土布为唯一出口货,但自 1833 年以来,土布在我国出口贸易中之地位,渐不重要。1830 年土布之出口额为 1,051,000 匹,1867 年减为 441 担或 15,876 匹。在 1867 年至 1874 年间,除 1869 年外,其每年之出口额,从未有超过1,000担或36,000匹者。1875年起,渐有增加,至1886年达2,687担或96,732匹。1886年后增加较速,1887年之出口额,即达6,617担,1891年增至8,112担,1893年至17,086担,1895年至36,663担,或1,319,868匹。在1896年至1910年间,起伏无定,但大致均与1895年之出口额相近。1910年后,复显增加,至1921年,达最高额75,848担,或2,730,528匹。嗣后复减,至1930年,输出仅37,798担或1,360,728匹,仅较1895年之数略高而已。故自表面观之,土布之输出,突增于十八世纪,及至十九世纪及二十世纪初,似仍维持其卓越之地位;但细察土布在中国棉纺织品出口贸易中之相对重要,即可知在最近数十年内,土布之地位,一落千丈也。直到1896年至1900年期间,土布仍占中国棉纺织品出口贸易之全部,1900年后,即渐渐低落,当1901年至1905年期间,土布出口占棉纺织品总出口额98%,1911年至1915年期间占77.78%,1921年至1925年期间占27.45%,直至1926年至1930年期间,竟降至7.88%。土布出口贸易之剧落,盖由中国机器纺织工业之勃兴使然也。

1905年后,中国输出至国外之棉纺织品得别为匹头、纱线及其他之三类。在1905年至1930年之二十六年期间,中国棉纺织品之出口值,自关银1,647,445两增至31,968,629两,几有19.4倍之增加。然三类棉纺织品出口值之增加,并不一致,如1905年棉纺织品出口总值关银1,647,445两,匹头占1,523,588两或92.48%,其他如废棉占123,857两或7.52%;1913年出口总值关银2,945,327两,匹头占87.51%,较前落减,而其他棉纺织品则增至11.92%。纱线之出口贸易,始于1912年,故至1913年,亦不过占棉纺织品出口值0.57%而已。1920年出口值增至关银8,209,732两,匹头所占百分比更低,降至60.29%,而纱线则突增至35.35%。是项变迁之趋势,直继续至1930年,该年匹头占棉纺织品出口总值30.64%,同时纱线所占百分比增至最高点,为59.33%。

中国纺织品之出口贸易,其所趋方向有二,一输至国外者,一输至本国各埠者。其输至国外者,不若输至国内各埠者为重要,1913年仅占棉纺织品出口值11.41%,1920年占8.98%,1929年占16.12%;分配之区域有六,香港、新嘉坡等处、爪哇等处、英属印度、土耳其、埃及、波斯等处,及日本(台湾在内)。此六区于1913年占中国棉纺织品输至国外者81.02%,1920年占90.22%,1929年占92.20%。除香港为转口之埠及日本为工业较发达之区域外,余四区均为工业不发达之区。六区之中,香港于1929年吸收中国之棉纺织品占中国棉纺织品输出总额39.16%,其次土、埃、波等处占18.57%,英属印度占12.09%,日本占9.20%,新嘉坡等处占6.77%,爪哇等处占6.41%。在1913年至1929年期间,各区之地位,均有变动,香港于1913年占62.51%,1929年骤降至39.16%;新嘉坡等处,于1913年占16.78%,1929年降为6.77%。至其他四区,在同期间,所占百分比均有增加。爪哇等处于1913年为0.04%,1929年增至6.41%;英属印度于1913年为0.25%,1929年增至12.09%,土、埃、波等处,1913年为零,至1929年增为18.57%;日本于1913年为1.44%,1929年增为9.20%。

中国棉纺织品之原出口——包括输至外国者及输至国内他埠者——之大部,均由上海输出,于1913年输出者,占中国棉纺织品原出口总额86.93%,1920年占84.30%,1929年占84.55%。其他汉口、胶州、宁波及大连四埠,1913年占3.68%,1920年占7.26%,1929年占12.47%。棉纺织品原出口总额中,纱线约占三分之二:1913年占62.91%,1920年占71.91%,1929年占62.16%。是项纱线,多系由上海及他埠输出用为供给机器棉纺业尚未发达之各商埠者。至其余三分之一原出口之棉纺织品,则几全为匹头:1913年占35.79%,1920年占27.35%,1929年占34.51%。"其他"类项于1913年及1920年仅包括废棉花,于1929年包括废棉花、线毯、长短袜、毛巾、棉胎等物,其在棉纺织品原出口总额中所占位置,殊不重要:1913年仅占1.3%,1920年更少,占0.74%,1929年稍增,占3.33%。

(丙)中国棉纺织工业之前途

中国棉纺织业之世界地位——1914年欧战爆发以来,中国之棉纺织工业,发展极速,以纺锤增加率论,世界主要棉纺织业国家中,当推中国纺锤增加最速。姑将1913年之纺锤数为100,至1931年,中国之指数增至397.25,然同期间日本之指数仅为312.65,印度为149.98,法国138.57,意大利116.22,美国105.84。其他国家之指数尚有低减者,如俄国为99.27,英国为98.71,德国为96.89。如以全世界论,在1913年至1931年期间增加14.03%,而中国在同期间之增加率,竟达297.25%,较全世界之总增加率高出二十倍以上。(见第115表)

第 115 表　主要各国之棉纺锤数，* 1913—1931

（单位：千锭）

	1913	1920	1921	1924	1925	1926	1927	1928	1929	1930	1931
英国	55,652	58,692	56,140	56,750	57,116	57,286	57,325	57,136	55,917	55,207	54,933
美国	31,505	35,834	36,618	37,786	57,937	37,585	36,728	35,542	34,829	34,031	33,345
德国	11,186	9,400	9,400	9,464	9,500	10,480	10,800	11,153	11,250	11,070	10,838
法国	7,400	9,400	9,600	9,600	9,428	9,511	9,567	9,770	9,880	10,250	10,254
印度	6,084	6,689	6,763	7,928	8,500	8,510	8,714	8,703	8,704	8,907	9,125
俄国	7,668	7,200	7,200	7,246	7,246	7,246	6,945	7,311	7,465	7,612	7,612
日本	2,300	3,690	4,126	4,825	5,292	5,573	5,952	6,272	6,530	7,072	7,191
意大利	4,600	4,515	4,507	4,570	4,771	4,833	5,086	5,189	5,210	5,342	5,346
中国	983	1,600	1,800	3,300	3,350	3,436	3,568	3,504	3,602	3,829	3,905
其他	16,071	17,457	16,902	17,350	18,223	19,263	19,912	20,523	20,824	20,788	21,022
总数	143,449	154,477	153,056	158,819	161,363	163,723	164,597	165,103	164,211	164,108	163,571
指数（1913=100）											
英国	100.00	105.46	100.88	101.97	102.63	102.94	103.01	102.67	100.48	99.20	98.71
美国	100.00	113.74	116.23	119.94	120.42	119.30	116.58	112.81	110.55	108.02	105.84
德国	100.00	84.03	84.03	84.61	84.93	93.69	96.55	99.70	100.57	98.96	96.89
法国	100.00	127.03	129.73	129.73	127.41	128.53	129.28	132.03	133.51	138.51	138.57
印度	100.00	109.94	111.16	130.31	139.71	139.88	143.23	143.05	143.06	146.40	149.98
俄国	100.00	93.90	93.90	94.50	94.50	94.50	90.57	95.34	97.35	99.27	99.27
日本	100.00	160.43	179.39	209.78	230.09	242.30	258.78	272.70	283.91	307.48	312.65
意大利	100.00	98.15	97.98	99.35	103.72	105.07	110.57	112.80	113.26	116.13	116.22
中国	100.00	162.77	183.11	335.71	340.79	349.54	362.97	356.46	370.19	389.52	397.25
其他	100.00	108.62	105.17	107.96	113.39	119.86	123.90	127.70	129.58	129.35	130.81
总数	100.00	107.69	106.70	110.72	112.49	114.13	114.74	115.10	114.47	114.40	114.03

* League of Nations, *Statistical Year Book, 1930-31*, Table 92; Id., *Memorandum on Cotton*, 1927, p.7.

战后中国纺锤数之增加，固属惊人，然以其与人口之比例论，则中国每千人所有之纺锤数，在各主要棉纺国家中，仍为最低者。英国为世界棉纺业之霸主，每千人有纺锤1,199锭，而中国每千人仅有九锭，仅及前者0.75%而已。实际，以中国与世界上两个最大农业国家——印度及俄国——比较，亦瞠乎其后。中国每千人有纺锤九锭，印度则有二十六锭，而俄国亦有四十八锭之多（图38）。

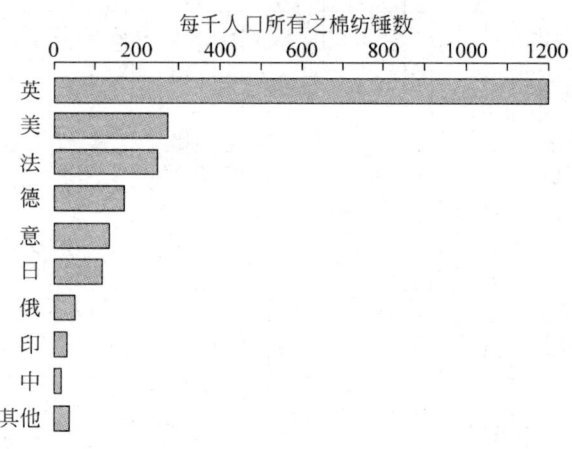

图38　主要各国每千人口所有之棉纺锤数，1931

（见第116表）

虽然，纺锤数固不足为一国产纱能量之最好指数也。如纺锤数同，每班工时相等，则两班制下之产纱能量，必倍于一班制下之产纱能量。复次，即在流行一班制下（目前欧美工业化之国家多行此制），其产纱能量亦不必尽同，需随班时之长短，劳工与管理之效率，所用机器之性质，及纺纱之支数而异。因此中国每锭纺锤之产纱能量，须较他国为高，即印度与日本亦莫能敌。中国之工时制度，虽有新工厂法禁止夜工，然每班十二小时之两班制，固仍盛行

第 116 表　各国每千人所有之棉纺锤数，*1931

国别	1931年棉纺锤总数（单位：千锭）	%	1929年之估计人口数 单位：千人	1931年每锭纺锤之人口	每千人之纺锤数
加拿大	1,277	0.78	9,860	7.72	130
美国	33,345	20.39	122,285	3.67	273
墨西哥	799	0.49	16,350	20.46	49
巴西	2,775	1.70	40,273	14.51	69
中国	3,905	2.39	444,000	113.70	9
印度	9,125	5.58	348,000	38.14	26
日本	7,191	4.40	63,740	8.86	113
德国	10,838	6.63	64,104	5.91	169
奥国	742	0.45	6,704	9.04	111
比利时	2,154	1.32	8,060	3.74	267
丹麦	96	0.06	3,525	36.72	27
西班牙	2,070	1.27	22,761	11.00	91
芬兰	263	0.16	3,370	12.81	78
法国	10,254	6.27	41,190	4.02	249
匈牙利	211	0.13	8,640	40.95	24
意大利	5,346	3.27	41,506	7.76	129
挪威	52	0.03	2,803	53.90	19
荷兰	1,204	0.74	7,833	6.51	154
波兰	1,547	0.95	30,737	19.87	50
葡萄牙	503	0.31	5,809	11.55	87
英国	54,933	33.58	45,833	0.83	1,199
瑞典	592	0.36	6,120	10.34	97
瑞士	1,387	0.85	4,060	2.93	342
捷克	3,648	2.23	14,657	4.02	249
俄国	7,612	4.65	157,500	20.69	48
其他	1,702	1.04	472,780	277.77	4
总数	163,571	100.00	1,992,500	12.18	82

* League of Nations, *Statistical Year Book*, 1930-31, Table 92.

国内,复以国内纱厂纺绩之纱多为十支、十六支及二十支等,故处此情形之下,为表示我国棉纺织工业在世界棉纺织工业界所占之地位,最好以每锭纺锤之消棉量为指数。如第117表所示,1924年、

第117表 各国每千锭纺锤之消棉量*,1922—1927(包)

国　别	1922	1923	1924	1925	1926	1927
全世界	137.3	141.2	128.0	144.3	151.0	157.2
英国	50.6	48.9	47.8	56.6	53.2	51.6
法国	110.8	126.0	113.5	119.0	124.3	123.8
德国	126.2	111.9	81.9	127.4	110.4	136.2
意大利	175.6	195.9	206.1	210.0	216.4	185.9
捷克	104.0	71.2	120.5	139.4	134.5	139.4
西班牙	200.5	194.0	201.8	194.1	166.3	207.1
比利时	151.2	161.9	170.0	170.5	191.7	193.4
瑞士	57.5	48.7	66.6	71.1	74.5	71.0
波兰	184.9	189.6	162.5	178.3	147.0	229.1
荷兰	175.5	165.5	81.6	166.4	147.8	162.3
瑞典	133.4	148.0	151.4	149.6	161.0	156.2
葡萄牙	156.0	177.1	180.9	149.1	168.9	143.1
芬兰	142.2	133.6	119.5	110.6	154.1	150.1
丹麦	188.2	296.0	262.5	236.7	223.4	218.7
挪威	111.9	112.6	90.9	172.6	109.0	100.0
印度	336.7	307.0	260.4	287.0	242.5	298.2
日本	519.2	535.0	484.3	464.6	511.2	455.8
美国	159.8	177.4	148.5	161.6	176.5	192.5
加拿大	149.6	163.9	130.2	122.0	180.4	174.3
墨西哥	179.8	177.4	185.7	237.1	268.1	220.0
巴西	300.7	328.6	222.9	273.8	322.6	172.6
中国			406.1		525.5	558.2

* International Federation of Master Cotton Spinners and Manufacturers' Association's Statistics Quoted in the *Year Book of the National Association of Cotton Manufacturers*, Boston,1928,p.78.

1926年及1927年之三年,除1924年之日本外,中国每千锭纺锤之消棉量为各主要棉纺国家之最高者。1927年中国每千锭纺锤之消棉量达558.2包(每包系五百磅),日本为455.8包,印度为298.2包,美国为192.5包,意大利为185.9包,德国为136.2包,法国为123.8包,英国为51.6包。英国之数字最低,盖工时短,纱支较细之故也。

每千锭纺锤之消棉量,复可由他法表示之。如第118表所示,1924年中国所有之棉纺锤,占全世界棉纺锤总数2.08%,而其消棉额则当全世界总额7.64%;1926年,仍维原有比例,前者为2.10%,后者为7.11%。易言之,中国之纺锤消棉量占全世界纺锤消棉量之百分比,较中国之棉纺锤数占全世界棉纺锤总数之百分比约大三倍。

第118表 中国之棉纺锤数及其消棉量在世界上之地位,*1924—1926

年份	中国				全世界			
	纺锤		消棉量		纺锤		消棉量	
	实数	%	实数	%	实数	%	实数 §	%
1924	3,300	2.08	1,571	7.69	158,819	100.00	20,430	100.00
1925	3,350	2.08	1,610	6.91	161,363	100.00	23,294	100.00
1926	3,436	2.10	1,755	7.11	163,723	100.00	24,681	100.00

* League of Nations, *Memorandum on Cotton*, 1927, p.7; Annex III.
§ 单位:1,000包,每包五百磅。

复就棉织业论,自1914年大战发生以来,中国棉织机之数目,亦似棉纺锤数增加极快。姑以1913年中国棉织机9,389架为基数100,1925年之指数为312,该年有织机29,272架。此项增加之速率,为各国所不及,即日本及印度,亦莫能比也。如第119表所示,日本之指数于1925年仅增至281,印度164,美国116。至于英国,其指数反示退减,于1925年降至98,1926年降至95。

第119表　中国印度日本英国及美国棉织机数目之估计,1900—1926*(1913 = 100)

年次	中国	印度	日本	美国	英国
1900	87	43	—	67	81
1905	87	53	34	83	85
1909	100	82	57	98	92
1910	100	88	73	—	92
1911	100	91	84	—	94
1912	100	95	90	—	98
1913	100	100	100	100	100
1920	181	127	209	—	98
1921	220	132	227	—	99
1922	252	143	251	—	99
1923	275	154	254	116	98
1924	311	161	265	—	98
1925	312	164	281	—	98
1926	312	—	—	—	95

* *Encyclopaedia Britannica*, 14th edition, VI:549.

虽然,自1914年来中国棉织机之增加极速,但中国棉织业在世界上之地位更不如棉纺业也。1926年中国之棉纺锤数占世界总额2.1%,其消棉量占世界总额7.11%,但其棉织机数于1927年仅占全世界棉织机总额0.74%而已。以每百万人口所有之棉织机作比,中国又为最低之国。中国每百万人口仅有棉织机54架,以之与英每百万人口有16,746架者比较,相差竟有310倍之多。即以其他诸国论,亦远在中国之上,如美国每百万人有6,097架,法国4,438架,德国3,900架,意大利3,614架,俄国1,719架,日本1,209架,最后印度亦有458架(图39)。

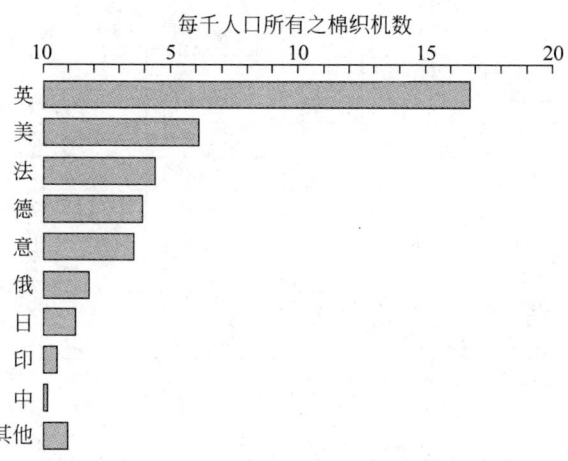

图39　主要各国每千人口所有之棉织机数,1927(见第120表)

中国棉纺织业发展之阻力——细察中国在世界棉纺织工业中之地位,即可知中国棉纺织业发展之前途,可能性正大。如能使中国每千人所有之纺锤数与印度或日本之数相等,则于1931年,其增加之数必较现有之3,905,000锭约多三倍或十三倍。同样,如能使中国每百万人所有之棉织机数与印度或日本之数相等,则于1927年,其增加之数必较现有之24,047架约多九倍或二十二倍。中国棉纺织业之发展,前途希望固大,惟自1925年来,其增加率已不若往昔大战及大战后数年间(1914年至1925年)之快。以中国1913年之纺锤数为基数100,于1925年其指数增至340.79,但于1931年,仅增至397.25。在1913年至1925年期间平均每年增加百分之二十,而在1925年至1931年期间,平均每年仅增加百分之

第120表　各国每百万人口所有之棉织机数，1927*

国　别		1927年之织机数		1929年之估计人口数（单位：千人）	1927年每机所有之人口数	每百万人口之织机数
		实数	%			
英国	1927	767,524	23.66	45,833	59.71	16,746.10
美国		745,520	22.99	122,285	164.03	6,096.58
加拿大	1926	35,712	1.10	9,860	276.10	3,621.91
德国	1927	250,000	7.71	64,104	256.42	3,899.91
俄国	1926	270,712	8.35	157,500	581.80	1,718.80
波兰	1927	42,561	1.31	30,737	722.19	1,384.68
芬兰	1927	6,700	0.21	3,370	502.99	1,988.13
法国	1927	182,800	5.64	41,190	225.33	4,437.97
匈牙利	1927	9,800	0.29	8,640	881.63	1,134.26
奥国	1927	14,942	0.46	6,704	448.67	2,228.82
捷克	1927	110,000	3.39	14,657	133.25	7,504.95
瑞士	1927	27,057	0.83	4,060	150.05	6,664.29
意大利	1927	150,000	4.62	41,506	276.70	3,613.94
西班牙	1927	71,000	2.19	22,761	320.58	3,119.37
葡萄牙	1927	22,000	0.68	5,809	264.05	3,787.23
比利时	1927	54,000	1.66	8,060	149.26	6,699.75
瑞典	1927	16,000	0.49	6,120	382.50	2,614.38
挪威	1927	2,853	0.09	2,803	982.47	1,017.84
丹麦	1927	5,891	0.18	3,525	598.37	1,671.21
印度	1926	159,464	4.92	348,000	2,182.31	458.23
中国	1927	24,047	0.74	444,000	18,463.84	54.16
日本	1927	77,043	2.38	63,740	827.33	1,208.71
巴西	1927	75,631	2.33	40,273	532.49	1,877.96
墨西哥	1927	31,296	0.96	16,350	522.43	1,914.13
其他		90,832	2.80	480,613	5,291.23	188.89
总数		3,243,385	100.00	1,992,500	614.33	1,627.80

* 采自 *Year book of the National Association of the Cotton Manufacturers*, Boston, 1928, p.179。

十。增加率之低降,一部分当归因于进口货竞争之恢复,此外则更有其他根本原因,阻其发展,尤以华商纱厂之情形为然。

阻碍中国棉纺织业发展之最重要原因,①即为目前政治之混乱状态。内战延绵结果,人民负税增高,运输不定,棉产区域减小,以及战区市场闭塞,凡此情形,任何工业,均不得发展,徒受其梗阻与剥削而已。是以资本多集中于极少数之商业中心地点,储存于少数银行中。有时银行不收存款,存户竟有倒付利息以求保管者,至于为创办实业而投资,则多互戒不前。处此情形之下,新厂之设立寥寥无几,且仅限于少数地域优越之处而已;旧有纱厂则横遭各方之压迫,其能维持开工者几希。租税之增高,运输之不稳定,棉花供给之减少,市场范围之缩小,以及流动资本之高利息等,均足阻碍棉纺织业之发展者也。

至于经济的原因,则因中国现在正当自中古经济制度蜕变至现代经济制度之过渡时期,欲图各业之发展固可抄袭西方之已有经验,然须待自己之试探与改良之处,亦复不少。在中国之棉纺织工业中,纺绩机器虽能自外国大批输入,但欲得有效的运用,则必需适当之管理与合宜之工作人员,然此又非短期间内所能训练完毕者。其次,如合股经营之大规模组织,虽可仿袭西方之办法,但仍必需有相当运用之经验,而此亦非目前中国实业家所能具备者。

---

① 中国棉纺织工业之受阻碍,刘大钧氏于其所著:*China's Cotton Industry* 一书中,亦曾道及,其所举原因如次:1. 华商纱厂本身无联络;2. 本国棉产不足;3. 中国种植棉花之农民,缺乏植棉知识,不谙如何增多产额,亦不知多种外国棉花;4. 纱厂流动资本有限,不敷周转而银行又不能充分接济纱厂;5. 不论物价之跌落或市况之凋敝,工资永维持与生活费相合;6. 机器陈旧及处理机器之工人缺乏技术,致生产率减低;7. 税捐多(49—50 页)。

结果中国之华商纱厂,除在欧战之非常期间外,实不能获利。总之资本缺乏,管理腐败与夫劳工效率之低微,皆为阻碍华商纱厂发展之根本原因。

资本缺乏,为阻碍华商纱厂发展最重要之经济原因。华商纱厂于开办之始,即受资本缺乏之阻窒不得发展;盖其设计建筑与购置机器之时,悉依预定资本为准则,然后据此订立建筑合同,以及向外国进口商定购机器,但事实上,我国许多工业,其收足之资本数极少有与预定资本数相符合者,因此建筑未竣机器未到之时,该厂即感经济之不足矣。是项困难,复因固定资产投资额之过多而益加严重。如天津之三家纱厂,其投资于固定资产之数竟超出已收资本数。致此之由,盖因 1920 年时有三厂曾获大利,竟达百分之五十至百分之一百,其时该厂即立刻以之置办新机器之故也。据上海某纱厂主人云:"当此黄金时代,各厂所获之大利,多用于扩充现有设备,而以一小部分存为准备金。因此一旦遇有困难,其金融状况之拮据仍与往昔相仿;且更有甚于往昔者,盖其发展结果,纺锤必较前增多,是以维持费之筹措,亦必较前为难也。"至于年代较久之纱厂,因折旧准备不足,故其发展亦受阻滞。概言之,仅在规定官利及公积金之后,始顾及机器与建筑物之折旧准备金;而在赔累之年,普通均不存折旧准备金。在获利之年,虽有存额,然多不充足,在天津之三厂,其数额均未超过固定资产百分之五之最低限度。结果,固定资产之总值远在市值(market value)之上,因此年代稍久之纱厂中有一部分机器损坏,厂方辄无力更新或修理之。

资本缺乏之另一结果,据该纱厂主人云:"资本缺乏使多数纱厂于买进原料及售脱成品之时,均不能处最有利之地位,良以资本不足,纱厂(上海)购棉与卖纱均与经纪人接洽,因此一包棉花,在其达到制造家之手,恒须经过数经纪人之手,每人均得从中取利,是以纱厂自经纪人处购棉花必较直接自棉产中心购买为昂贵也。"他方面"如纱厂有充足之流动资本,厂方得自遣购办员驰赴各棉产区购棉。少数纱厂已按此实行而认为最有利之办法。如以郑州(系陕西棉花之集中点)为例,据本人之经验,在郑州自购棉花,即在该处包装,送赴上海,除付去一切费用外,每包可节省银一两至二两。此外,在郑州购买之棉花与在上海购买者,质量上亦有差别,郑州装压之棉花,常杂有短绒棉若干成。"至于棉纱之销售,该厂主继云:"如纱厂资本充实,在汉口、重庆、天津等运输中心得设立销售机关,如此必能节省许多浪费。上海、汉口两处每包棉纱价格之差数,约在十五两银子以上,而运费保险费及其他一切费用约在五两之内。成都与上海间之差数则更大。"

管理不良,为阻止中国棉纺织业发展之第二经济原因。华商纱厂之整个管理制度,悉因缺乏专门知识,引用私人,及舞弊而毁坏。纱厂之创办者,多属无经验之人,仅鉴于欧战期间中国纱厂获利独多,乃为大利所诱,起而创办纱厂,故所办纱厂,效率极低。全厂数百万产业,竟委诸对于棉纺织业毫无知识经验之经理处置一切,而此类经理,普通均为最有势力之股东所委任,既无纺织专门知识,又不能通晓成本会计之理论、理财之方法及市场之情形。结果,经理又将其职务委诸属员。于是纱厂之利润,悉视机运而定矣。厂中纺纱部或织布部之头目,又多为经理或股东之亲友,视其工作为营私舞弊之源,而将其职务转委之工头。此类工头虽有其专技,但仍乏科学的训练,因此机器保存不妥当,时有停顿之虞,致工作效率减低。工人又非经选择及训练而来,多赖包工制度征募,结果成品质料退化而成本反见日增。在供给短缺之期,此类纱厂尚易获利,其缺点亦常为人所忽略;惟一旦常态恢复,骤遇外来之竞争,则立感不稳,良以外来之竞争者,不特资本雄厚,技术优良,即其销售组织亦较华商纱厂为佳也。

劳工效率低微为阻碍华商纱厂发展之第三经济原因。常人多谓中国劳工成本之贱由于工资低所致,但证诸事实,劳工成本不特不因工资低而贱,反有因工资低而增加之势,此可取在华日商纱厂与华商纱厂之劳工效率作证。日商纱厂之工资虽较华商纱厂为高,然华商纱厂每名工人每年之纱产额为9.85包,而日商纱厂每名工人之每年纱产额有11.95包,后者较前者竟高21.3%。又如织布额,华商纱厂每名工人年产261.73匹,而日商纱厂则有786.38匹,后者又较前者高200.4%。日商纱厂每名工人之布产额特大,除因工资较高外,可归功于使用自动机所致。中国劳工效率,较之日本劳工效率,则更有霄壤之别。中国所有纱厂,平均运用每千锭纺锤需工人52名,而在日本纱厂,平均运用每千锭纺锤之工人,仅需18.6名,前者几较后者多出三倍。即在中国境内,日商纱厂平均运用每千锭纺锤亦不过需工人42名,但华商纱厂则需62名。至于织机,中国之纱厂所处地位较纺锤为佳。中国所有纱厂,平均运用每百架织机需工人137名,而日本仅需62.2名,前者等于后者两倍。即在中国境内,日商纱厂平均运用每百架织机需工人91名,而华商纱厂则需172名,又为二与一之比。是以华商纱厂所用劳工,工资虽低,但人数极多,而每人之工作效率又极低;故事实上纱厂所负之劳工成本绝不低贱也。[①]

[①] 关于日本之数字,系指1925年情形言,参阅《大英百科全书》第十四版,卷六,页569。关于中国之数字,参阅本书119页。

前述诸因,有为政治的,有为经济的,均足使在极适宜于纺织业发展情形下之我国,不能发展其纺织业,其现状不惟停滞不前,且有衰退之势。国内华商纱厂遭受政治混乱之损失最重,而外商纱厂,因其特殊的条约地位,故所受影响较轻。至于经济原因方面,则外商纱厂几不受任何束缚与阻挠。因此,华商纱厂遂处于两重竞争压力之下,一则须与进口棉纺织物品竞争,再则复须与国内外商纱厂出品相抗衡。故欲求中国纺织业之发展,首要之务,在于永弭内战,消除政治的阻力,然后其他的经济的原因,如资本缺乏,管理不良,及劳工效率低微等,自易解决。然鉴于目前情势,不惟外有强邻之侵略,内有党派之暗斗,而军人之霸横,仍然如故,故中国棉纺织厂,特别是华商纱厂,将永处于不稳定之地位,维持原有规模,已感困难,遑论发展哉?近年金价飞腾,进口货物以银价计算,其价格几增加一倍之多,处此情形下,国产棉纺织品或可兴起,取进口棉纺织物而代之,然若不谋彻底之改良,徒借外界造成之势力,和缓一时,究非适当之途径也。愿吾国人,共起图之!

参考书目录

(一) 中文及日文

甲．书籍及小册

安原美佐雄:《支那の工业と原料》,第一卷第四章(绵织业)487—679 页,上海日本人实业协会,大正七
吴承洛:《今世中国实业通志》,下册,上海,商务,民十八年
龚骏:《中国新工业发展史大纲》,商务,民二十二年
上海特别市社会局:《上海之工业》,上海,中华,民十九年
工商部:《全国工人生活及工业生产调查统计报告书》,第一至四号,民十九年
陈达:《中国工厂法的施行问题》,中国工商管理协会,上海,民二十一年
方显廷:《我国工厂法与纱厂业之关系》,《纺织周刊》135 号,民二十二,十一,二十五日
杨西孟:《上海工人生活程度的一个研究》,北平社会调查所,民二十一年
盛俊:《上海生活费指数》,上海,国定税则委员会,民十九年
工商部上海商品检验局:《中国棉产状况》,民十九年;《棉业专号》(《国际贸易导报》五卷七号),民二二年七月
冯次行:《中国棉业论》,上海,北新,民十八年
上海商业储蓄银行调查部:《棉》,民二十年;《纱》,民二十一年;《布》,民二十一年

曲直生:《河北棉花之出产及贩运》,社会调查所,北平,民二十年
陈天敬,吴光明:《河北省东北河区域棉业调查报告书》,实业部天津商品检验局,民二十一年
大岛让次:《天津棉花ㄛ物资集散事情》,天津,昭和五年
松岛鉴:《满洲の棉花》,《产业资料》其十九,南满洲铁道株式会社兴业部农务课,大连,昭和三年;再版
《中国棉产改进统计会议专刊》,中华棉产改进会,民二十年十二月
过探先:《种棉法》,上海,商务,民十八年
朱升芹:《理论实用纺织学》,前编,民七年;中后编,民十六年
陆绍云:《纱厂日用手册》,华商纱厂联合会,民十九年
方显廷:《中国棉纺织业及棉纺织品贸易》,《经济统计季刊》,第一卷三期,民二十一年九月
方显廷:《中国棉纺织业之危机》,《纺织周刊》107期,民二十二,五,十二日
佐藤贞次郎:《支那纺织业の发达そるの将来》(《经济资料》通卷第百七十九)东亚经济调查局,昭和六年
笠本良明:《生产机关の发达ひノ观をる支那绵业》,《经济资料》第十五卷第三号,东亚经济调查局,昭和四年
井村董雄:《中国之纺织业及其出品》(周培兰译)上海,商务,民十七年
滨田峰太郎:《支那ニナャル纺织业》,上海,日本堂书店,大正十二年
江苏实业厅第三科:《江苏省纺织业状况》,上海,商务,民九年
吴瓯:《天津市纺织业调查报告》,天津市社会局,民二十年
方显廷:《天津织布工业》,天津南开大学经济学院,民十九年
《中国纺织学会章程》,上海,民二十年
华商纱厂联合会:《中国纱厂纱布商标一览表》,上海,民二十年
方显廷:《中外棉花交易所之比较》,《天津棉鉴》第三期,民十九年,八月
《上海华商纱布交易所股份有限公司章程》,民十三年
《上海华商纱布交易所股份有限公司营业细则》,民十四年
《上海华商纱布交易所股份有限公司经纪人公会规约》
穆藕初:《藕初五十自述》,中华,上海,民十九年
张孝若编:《张季子九录》,中华,民二十年
《〈棉〉〈纱〉〈纺织〉参考书籍索引》,棉业统制委员会统计课,民二十二年
叶量述:《中国棉货总产量之结算》,财政部国定税则委员会《经济统计丛

刊》第九种,民二十三年
彭考夫:《视察棉纺织厂报告书》,棉业统制委员会,民二十三年
《棉花统计》,棉业统制委员会统计课,民二十二年
《山东梁邹美棉运销合作社第二年度(民二十二年)社务报告》,山东乡村建设研究院,民二十三年

乙．定期刊物

《社会月刊》(上海),上海特别市社会局(民一八年七月起)
《中国农商统计》,农商部,北京(民元至十年)
《农商公报》,农商部,北京(民三至十三年)
《工商半月刊》(前《经济半月刊》),实业部国际贸易局,上海(民十六年十一月起)
《中外经济周刊》,经济讨论处,北京(民十二至十六年)
《大公报·经济研究周刊》,民十九年三月三日至二十年二月二十三日;《经济周刊》,民二十二年三月一日起
《商业月报》(前《上海总商会月报》),上海总商会(民十年七月起)
《国际贸易导报》,实业部上海商品检验局(民十九年四月起)
《中国海关华洋贸易总册》(民元年起至现在),上卷报告书及统计辑要,下卷进出口货物类编(卷一进口洋货,卷二出口土货)
各海关《贸易册》第四季并全年册,民九至十一年
各海关《贸易册》全年册,民十二起
《海关进出口贸易统计月报》,民二十年十月起,上海总税务司署统计科
《天津贸易年报》,天津日本人商业会议所,大正八年起
《银行周报》,上海银行周报社(民六年),上海
《上海货价季刊》,国定税则委员会,上海(民十二年起)
上海特别市政府社会局:《上海特别市工资和工作时间》,民十八,十九年;《上海市劳资纠纷统计》,民十七,十八,十九年;《上海特别市罢工统计》,民十七;《上海特别市罢工停业统计》,民十八,十九年
《中国棉产统计》,华商纱厂联合会,上海,民七至现在,年出一册
《中华棉产改进会月刊》,民二十年八月起,中华棉产改进会,上海

《天津棉鉴》,实业部天津商品检验局(民十九年六月起,月出一册)
《华商纱厂联合会:年会报告书》,民二十二年
《中国纱厂一览表》,民九、十、十一、十二、十三、十四、十六、十七、十九、二十、十一、二十二年
《华商纱厂联合会季刊》,上海:民八年起至民二十为季刊,以后为半年刊
《纺织时报》,华商纱厂联合会,上海(民十二年四月起,每星期二次)
《纺织周报》,纺织周刊社,上海(民二十一年四月十七日起)
《纺织年刊》,纺织学会,上海(民二十年起)
《纺织之友》,南通学院纺织科学友会(民二十年起,年出一册)

(二) 西文

甲. 书籍及小册

Anderson, George E.: *Cotton Goods Trade in China*, U. S. Bureau of Manufactures, Department of Commerce and Labor, Washington, 1911.

Blackburn Chamber of Commerce: *Report of the Mission to China, 1896-97*, Blackburn, 1898.

Blanco, A. E.: *Piece Goods Manual*, Shanghai, Statistical Department of the Inspectorate General of Customs, 1917.

British Economic Mission to the Far East, 1930-31: *Report of the Cotton Mission*, London, Stationery Office, 1931.

China, Maritime Customs: *Piece goods duty index*, Second edition revised, Shanghai, 1929; *Handbook of Customs Procedure in Shanghai*, 1926.

Decker, H. W.: Industrial Hospital, a Review of 880 Cases from the Cotton Mills, Reprint from the *China Medical Journal*. March, 1924.

Ellinger, Barnard: *Lancashire's declining trade with China: cause and remedies*, Manchester Statistical Society, Manchester, 1927.

Fang, Fu-an: *Chinese labor, an economic and statistical survey*, Shanghai, Kelly and Walsh,1931.

Fong,H. D. :New cotton futures market in China,Reprint from the *China Weekly Review*,Sep. 29,1928.

Fong,H. D. : Cotton Industry and Trade in China, a regime, Reprint from the *Chinese Social and Political Science Review*, October,1932.

Fong,H. D. :*Rayon and cotton weaving in Tientsin*,Nankai University Committee on Social and Economic Research,Industries Series Bulletin No. 2,Tientsin, 1930.

Fong,H. D. : *Terminal marketing of Tientsin cotton*,Nankai Institute of Economics, Tientsin,1934.

Great Britain Foreign Office:*Hankow native cotton manufacture*,London,1886.

Griffing,J. B. :*Report of three years' cotton improvement work*,Nanking,1923.

Ho,Franklin L. :*Wholesale prices and price index numbers in North China,1913-1929*, Nankai University Committee on Social and Economic Research, Tientsin,1929.

Jamieson,James William: *Report on the cotton mills of China*,London,Harrison and Sons,1905.

King,Miss S. T. & Lieu, D. K. :*China's cotton industry, a statistical study of ownership of capital,output and labor conditions*,Shanghai,1929.

League of Nations, Economic and Financial Section: *Memorandum on cotton*, Geneva,1927.

Lyon, Chambre de Commerce de: *La Mission Lyonnaise de L' Exploration Commerciale en Chine,1895-1897*,Lyon,1898.

Morse,H. B. : *The Chronicles of the East India Company Trading to China. 1635-1834*, Oxford, Clarendon Press, Vols, I, II, III & IV, 1926; Vol. V. 1929.

Moser,Charles K. : *The Cotton Textile Industry of the Far Eastern Countries*, Pepperell Manufacturing Company,Boston,1930.

North-China Daily News and Herald: *Cotton cultivation in China and something about the spinning and weaving mills*,Shanghai,1917.

Odell,Ralph M. :*Cotton Goods in China*,U. S. Bureau of Foreign and Domestic Commerce,Washington,1916.

Orchard, John E. : *Japan's Economic Position*, New York, McGrawHill, 1930.
Pearse, Arno S. : *The Cotton Industry of Japan and China, being the Report of the Journey to Japan and China*, Feb. -April, 1929, Manchester, 1929.
Utley, Freda: *Lancashire and the Far East*, London, George Allen and Unwin, 1931.

乙. 定期刊物

China Weekly Review (Formerly *Millard's Review*), 1915 to date, Shanghai.
Chinese Economic Journal (Formerly *Chinese Economic Monthly*), 1923—date, Bureau of Foreign Trade, Ministry of Industries, Shanghai.
Chinese Economic Bulletin (Weekly), 1921 to date, Bureau of Foreign Trade, Ministry of Industries, Shanghai (Formerly Chinese Government Bureau of Economic Information, Peking; Bureau of Industrial and Commercial Information, Shanghai).
International Cotton Bulletin (Quarterly), International Federation of Master Cotton Spinners' and Manufacturers' Association, Manchester.
League of Nations Statistical Yearbook, League of Nations, Geneva.
Nankai Weekly Statistical Service, 1928 to 1933, Tientsin, Nankai Institute of Economics.
Shanghai Monthly Returns of Foreign Trade, January, 1932 to date.
Tientsin Monthly Returns of Foreign Trade, March, 1932 to date.

附　　录

绪 言

本书所有附录,分为统计与文契二类。每项附录,可以补充上编论述不足之处。兹将各附录材料之出处,列入下表,以便参考。

附录1. 取材民十九年中国纱厂一览表。

附录2. 取材民十九年中国纱厂一览表。并参阅江苏实业厅第三科:《江苏纺织业状况》,上海,民九年。

附录3. 取材中国纱厂一览表,民十三,十四,十六,十七,十九年。

附录4. 材料由天津四厂供给。

附录5—6.《中外贸易统计年刊》下卷《进出口货物类》,民元至十九年。

附录7. 大岛让次:《天津棉花之物资集散事情》,天津,昭和五年;《天津贸易年报》,天津日本人商业会议所,大正八年起。

附录8.《上海货价季刊》,民国十二至二十年,国定税则委员会,上海。标准棉花之物价,取材《国际贸易导报》二卷一号(民二十年正月)5—6页,二卷四号,(民二十年四月)2—3页;三卷一号(民二十一年正月)15—16页;五卷四号(民二十二年四月),56—57页。

附录9. 材料由南开大学经济学院供给。

附录10.《上海货价季刊》,民十二至二十年。标准棉纱之价格材料由上海华商纱布交易所会计处高重伯君供给;《国际贸易导报》,五卷四号(民二十二年四月),55 页。

附录 11. 材料由南开大学经济学院供给。

附录 12. 材料由天津华新纱厂供给。

附录 13.《上海货价季刊》民十九年夏季迄今,《上海物价月刊》民十九年六月迄今。至于编制方法之叙述,可参阅国定税则委员会《经济统计丛刊》第四种,盛俊主编之《上海生活费指数》,民十九年。

甲. 陈达:《我国工厂法的施行问题》,《国际劳工消息》,二卷五号,民二十一年五月。

附录 14—19.《中外贸易统计年刊》下卷二编;1905,1913,1923—1931。

附录 20—21.《中外贸易统计年刊》上卷,民十七至十九年。

附录 22. 上海商业储蓄银行调查部:《棉》,《商品调查丛刊》第二种,上海,民二十年。

附录 23.《工商法规汇编》,工商部,民十九年六月,187—190 页。

附录 24. 上海商业储蓄银行调查部:《棉》,《商品调查丛刊》第二种,上海,民二十年。China Maritime Customs: *Handbook of Customs Procedure*, Shanghai, 1926。

附录 25.《中华民国海关进口税税则》,民二十年。

附录 26.《中华民国海关出口税税则》,民二十年。

附录 27. 英商远东经济视察团,1930—31, *Report of the Cotton Mission*, 1931。

附录 28.《华商纱布交易所股份有限公司营业细则》,民十四年。

（一）统计附录

（见书后封套内）

（二）文契附录

附录二二

实业部上海商品检验局棉花检验处主要表格

附录二二（甲） 检验棉花请求单

檢驗棉花請求單

爲請求棉花檢驗事敝所有左列棉花存在 地點 棧第 貨 船號

併請發給憑單爲荷此致
實業部上海商品檢驗局
棉花檢驗處 台照

計開

商標	
此項標記不得更改	
包機數	包
包布大	
包布中	
包布小	
包蓆	
擔	分量
斤	
棉花產區	
運往何處	
起運日期	
備考	

中華民國　年　月　日請求單第　號具

聲明
（一）如欲請求檢驗不在一處之棉花者則另奮一請求單
（二）如請求檢驗之棉花必需改包者則應於請求單內聲明此項棉花在何處改包連裝貨記號同時聲明

商號	號數
檢驗棉花	
請求日期	

聲明
（一）商人憑此單領取證書或烘驗單
（二）此單如有遺失卽須來局聲明並須另具領條加蓋該商鋪東圖章存局爲憑候查明後當發給證書或烘驗單

商號	號數
檢驗棉花	
請求日期	

會計處存根

附录二二（乙）棉花检验证书

实业部上海商品检验局棉花检验处棉花检验证书

出口用

注意：此证书在一个月内为有效期，过期作废。但证书有正当理由未得请求延长一个月。

为发给合格证书事兹据棉花行号到第 号检验请求单请将左列棉花照章经检验得认为合格照章分中合水发给证书等因兹发给合格证书每百分中合水分计开

商标	包装及数量				重量	备考
不得更改此项商标	机包	大布包	中布包	小布包	席包	

中华民国　年　月　日

实业部上海商品检验处棉花检验处主任　　同局长

如欲将上列棉花改包者应将检验改请求单连同此证呈请核办

字第　　　号

实业部上海商品检验局棉花检验处棉花检验证书存根

出口用

证书	商标	号码	请求单	请求者姓名	包装及数量				重量	合水分	年月日	备考
					机包	大布包	中布包	小布包	席包			

附录二二（丙） 请求复验单

请求覆验单

案奉
貴處第　號檢驗單內開
敞　呈檢棉花不能合格等
因茲照
貴處檢驗章程第　　條
之規定請求
覆驗爲感此致
實業部上海商品檢驗局
棉花檢驗處　台照

中華民國　年　月　日　具
第　號

附录二二（丁） 检验改包请求单

檢驗改包請求單

爲請求事敞　所有左列棉花業經
貴處訖給有第　號證書茲因必
需改包謹將原驗單奉呈
察閱請派員監督改包并請另發新
單爲荷此致
實業部上海商品檢驗局
棉花檢驗處　台照

檢驗單	
號　目	
包　裝	
包　數	
分量（擔）	
擬之改商包標	
包　裝	
包　數	
分量（擔）	
備　考	

中華民國　年　月　日檢驗改包單第　號　謹具

附录二三
实业部上海商品检验局棉花检验处检验细则
（民十八年六月十七日修正）

第一条　本细则依据商品出口检验暂行规则第三条第二款及第七条暨商品出口检验局暂行章程第九条之规定制定之。

第二条　凡在上海进口之棉花，均应遵照本细则之规定，请求依法检验，合格后给予证书，方能报关出口，经由上海进口复出口之棉花，应依本细则之规定报请检验合格后，另给出口证书，再行报关出口。印度棉，美洲棉，由上海复出口时，亦应依本细则之规定，请求检验，发给出口证书；但不收检验费。

第三条　凡上海特别市境内及其附近各地纱厂自用之棉花或棉花同业互相买卖之棉花，如原检验者，均得向检验局请求依法检验。

第四条　检验局检验棉花，所含水分暂定百分之十二为标准，百分之十五为合格，如湿度超过百分之十五，或搀有他种物质在内者，认为不合格，概不给予证书，不准报关出口。

第五条　商号或商人请求检验时，须将商号地址，或商人住址、商标、包件、品质、产地、数量、堆栈名称及地点并起运日期、运往何处等，填写检验请求单，连同检验费，报告到局，掣给收据，派员扦样候验。

第六条　检验局扦样办法如下：

（一）布包席包花衣，每百担扦样四筒，每筒约以一磅为限，不及百担者，亦按百担计算，超过百担者，依次递加。

（二）机捆大包，每百包开样包四件，扦样四筒，每筒约以两磅为限,不及百包者亦按百包计算,超过百包者依次递加。

（三）扦样时,须由本局员司任意拣扦,不准报验人自行指定。

（四）扦过样花之包件,由扦样员盖印,以资识别。

（五）扦取样花,须照规定数量,不准多扦,违者得由报验人报局,予以惩罚。

（六）扦样员扦出样花入筒后,须立即用封条封固,装袋捆扎,并加盖火漆印,以防流弊。

第七条　检验局检验棉花,以接到检验请求单先后为序,检验手续,至迟于扦样后二日内施行完毕；但遇星期日及其他放假日得依次延长之。

第八条　凡经检验合格之棉花,由棉花检验处主任签字后,呈请局长发给证书,其不合格者,则由主任及检验员于检验单上签字,以明责任。

第九条　检验局发给合格之证书,暂以一个月为有效期间,过期作废,但有正当理由时,得请求延长一个月。

第十条　商人对于检验局检验之棉花,无论合格与否,欲请求复验时,须在初次检验完毕后三日内向局声明。

复验以一次为限,概不收费。

第十一条　准予复验之棉花,应另行派员扦样监验。

第十二条　本细则第二条第一项及第二项规定应施检验之棉花,每百斤收检验费国币六分,至少以二十担计。

本细则第三条规定,得施检验之棉花每百斤收检验费国币三分,至少以一百二十担计算,商人所缴之检验费,无论检验合格与否,概不退还。

第十三条　检验合格之棉花原以中小包而欲改装大包者,商人须将改包请求单连同出口证书投局声请改装缘由，俟调查实在后，再行掉换证书。

第十四条　商人于检验时行使贿赂，检验后涂改证书，或检验人员有受贿渎职情事，查有实据者，得由局交付法院，依法处断。

第十五条　棉花经检验后，如商人有私易物品或变更数量情事，查有实据者，得由局处以三百元以下之罚金。

第十六条　本细则如有未尽事宜，得随时修正之。

第十七条　本细则自工商部核准公布之日施行。

附录二四
中国海关进口出口复出口及转口报单
附录二四(甲) 进口报单

海關第　　號　　　　　進　口　報　單

呈　稅務司核鑒：　　　　　　　上海　年　月　日

　　　　　　　　　提貨單第　　號

　　　　　　　　　船名　　　自　　　開來

　　　　　　　　　請求人

下列貨物所准予起卸并懇發給付稅單以便完稅

稅則號數	標記	號數	包裝件數	貨物形狀	吋碼	令數價格	淨重擔斤	價值(海關兩)	關稅 (此處由海關填寫)			
									海關兩	錢	分	釐

　　　　　　　　　　　　　關稅　　　海關兩
　　　　　　簽字　　　　碼頭捐　　　海關兩
驗貨員　　　簽字　　　　濬浦捐　　　海關兩

船名　　　　　　　　　　自　　　　開來
海關第　　　　　號　　　提單第　　號

	海關兩	錢	分	釐
進　口　稅				
濬浦捐及碼頭捐				
合計				

　　上海海關
　　年　月　日

附錄二四(乙)　出口报单

海關第　號　　　　出　口　報　單

載貨單第　號　上海　年　月　日

呈　稅務司核鑒：

船名＿＿＿＿開往＿＿＿＿

請求人＿＿＿＿

下列貨物祈准予裝運并懇發給付稅單以便完稅

標記	包件	裝數	貨物形狀	件數	淨重		價值	關稅（此處由海關填寫）			
					擔	斤	(海關兩)	海關兩	錢	分	釐
					關稅						
＿＿＿簽字					通行稅						
＿＿＿驗訖簽字					碼頭捐						
					濬浦捐						

收　稅　單

		海關兩	錢	分	釐
請求人＿＿＿＿	關稅				
船名＿＿＿開往＿＿	通行稅				
載貨單第　　號	濬浦捐及碼頭捐				

附录二四(丙) 复出口报单

<table>
<tr><td colspan="9" align="center">復 出 口 報 單　　　允許證第　　號</td></tr>
<tr><td colspan="9">海關第　　號　　　　　　　　　　　　年　月　日</td></tr>
<tr><td colspan="9">呈　稅務司核鑒：</td></tr>
<tr><td colspan="9">　　　　　船　名　　　　開往</td></tr>
<tr><td colspan="9">　　　　　請求人　　　　貨船第　　號</td></tr>
<tr><td colspan="9">下列貨物祈准予裝運并祈頒發</td></tr>
</table>

標記	包裝件數	貨物形狀	件數	重量 擔／斤	價值	進口商號	進口船名	進口日期
	簽字							
驗訖簽字								

附录二四(丁) 转口报单

轉 口 報 單

海關第　　　號　　　　　　　　　　　上海　年　月　日

　　　　　　下貨單第　　號

呈　稅務司核鑒：

　　下列貨物祈准予駁載

　　　　載貨船名　　　　　自　　　　開來

　　　　駁載船名　　　　　開往

　　　　請求人

提單號數	標記及號數	包裝件數	貨物形狀	件　數	淨重		價　值
					擔	斤	海關兩

附录二五　中华民国海关进口税税则之关于棉制品者

（中华民国十九年十二月二十九日国民政府公布）

号列	货　名	单位及税则	
	本色棉布品	每	金单位
1	本色市布,粗布,细布,宽不过四十英寸长不过四十一码		
	（甲）重七磅及以下	匹	0.51
	（乙）重过七磅不过九磅	,,	0.74
	（丙）重过九磅不过十一磅	,,	0.98
2	本色市布,粗布,细布,宽不过四十英寸长不过四十一码每英方寸过一百十线		
	（甲）重过十一磅不过十二磅半	,,	1.10
	（乙）重过十二磅半不过十五磅半	,,	1.30
	（丙）重过十五磅半	,,	1.50
3	本色市布,粗布,细布,宽不过四十英寸长不过四十一码每英方寸不过一百十线		
	（甲）重过十一磅不过十五磅半	,,	0.92
	（乙）重过十五磅半	,,	1.10
4	本色粗细斜纹布（仅三线或四线组）宽不过三十一英寸长不过三十一码	,,	0.83
5	本色粗细斜纹布（仅三线或四线组）宽不过三十一英寸长不过四十一码		
	（甲）重十二磅零四分之三及以下	,,	1.10
	（乙）重过十二磅零四分之三	,,	0.91
6	本色洋标布宽不过三十四英寸长不过二十五码		
	（甲）重七磅及以下	,,	0.51
	（乙）重过七磅	匹	0.71
7	本色洋标布宽过三十四英寸不过三十七英寸长不过二十五码	,,	0.85
8	本色仿制土布（机制者在内）宽不过二十四英寸每英方寸不过一百十五线（通称浦东稀）	担	9.00
9	本色平织,斜纹,绒布,棉法绒		
	（甲）宽不过三十二英寸零四分之三长不过三十一码	匹	0.99
	（乙）宽过三十二英寸零四分之三不过四十英寸长不过三十一码	,,	1.40

(续表)

号列	货名	单位及税则	
		每	金单位
10	本色棉帆布,双丝布 本色纱布,见第二十六号	从价	10%
11	未列名本色棉布	,,	10%
	漂白或染色棉布品		
12	漂市布(通称漂布)粗布,细布		
	（甲）宽不过三十七英寸长不过四十二码	匹	1.20
	（乙）宽过四十一英寸	从价	10%
13	漂竹布宽不过三十七英寸长不过四十二码	匹	1.70
14	漂粗细斜纹布(仅三线或四线组)宽不过三十一英寸长不过三十二码	,,	0.88
15	漂粗细斜纹布(仅三线或四线组)宽不过三十一英寸不过四十二码	,,	1.20
16	漂洋标布,漂标布		
	（甲）宽不过三十二英寸长不过二十五码	,,	0.59
	（乙）宽不过三十二英寸长过二十五码不过四十一码	匹	1.00
17	漂白织花洋纱,灯芯布,水浪布,织花胶布,灯芯席法布,宽不过三十英寸长不过三十码	,,	1.60
18	漂白或染色,素或织花,细洋纱,软洋纱,稀洋纱,厚稀纱,细稀纱,轻软稀纱,维多利亚格子纱,瑞士格子纱,拉白纱布,洋板绫,提花洋纱(单纱线)及条子,点子,灯芯,织花,市布		
	（甲）宽不过三十英寸长不过三十一码	,,	1.60
	（乙）宽过三十英寸不过三十七英寸长不过四十二码	,,	2.10
	（丙）宽过三十七英寸	从价	12.5%
19	漂白或染色,洋罗,宽不过三十一英寸长不过三十码	匹	0.90
20	漂白或染色,提花镂空洋纱	从价	12.5%
21	染色素,市布,粗布,细布,洋素绸		
	（甲）宽不过三十英寸长不过三十三码	匹	0.72
	（乙）宽不过三十英寸长过三十三码不过四十三码	,,	0.97
	（丙）宽不过三十六英寸长不过二十一码	,,	0.64
	（丁）宽不过三十六英寸长过二十一码不过三十三码	,,	0.91
	（戊）宽不过三十六英寸长过三十三码不过四十三码	,,	1.20
22	染色素粗细斜纹(仅三线或四线组)		

(续表)

列号	货名	单位及税则	
		每	金单位
	（甲）宽不过三十一英寸长不过三十三码	匹	0.94
	（乙）宽不过三十一英寸长过三十三码不过四十三码	,,	1.20
23	染色洋标布，拷花宁绸，素宁绸，真假洋红布，宽不过三十二英寸长不过二十五码		
	（甲）重三磅零四分之一及以下	,,	0.50
	（乙）重过三磅零四分之一不过五磅零四分之一	,,	0.64
	（丙）重过五磅零四分之一	,,	0.89
24	漂白，染色，印花，素或织花，绉地丝光洋纱，宽不过三十二英寸长不过三十二码	,,	1.80
25	漂白或染色，素或织花，绉纹呢宽不过三十三英寸长不过三十三码	,,	1.40
26	本色，漂白，染色，染纱织，绉布（绉纹呢不在内）		
	（甲）宽不过十五英寸	从价	10%
	（乙）宽过十五英寸不过三十英寸	码	0.028
27	白或染色，素或织花，羽绫，羽缎，羽绸，冲西缎，泰西宁绸，斜羽绸，横工布，十字纹绸，细哔叽，立巴次布，粗条子布（罗缎不在内），席法布，水云缎，宽不过三十三英寸长不过三十三码		
	（甲）织花羽绫，羽绸	匹	1.60
	（乙）其他	,,	1.30
28	白或染色，素或织花，羽茧（五线组），经面羽缎（不过五线组），条子羽绸，宽不过三十三英寸长不过三十三码	,,	1.20
29	白或染色，素，罗缎（波纹缎在内），泰西缎，宽不过三十三英寸长不过三十三码	匹	2.80
30	白或染色，织花，罗缎（波纹缎在内），泰西缎，宽不过三十三英寸长不过三十三码	,,	3.50
31	平织，斜纹，绒布，棉法绒		
	（甲）漂白，染色，印花，染纱织（双面印花不在内）		
	（一）宽不过二十五英寸长不过十五码	,,	0.39
	（二）宽过二十五英寸不过三十英寸长不过十五码	,,	0.45
	（三）宽过二十五英寸不过三十英寸长不过三十一码	,,	0.95
	（四）宽过三十英寸不过三十六英寸长不过十五码	,,	0.56
	（五）宽过三十英寸不过三十六英寸长不过三十一码	,,	1.20

（续表）

号列	货　名	单位及税则	
		每	金单位
	（乙）双面印花，宽不过三十英寸	码	0.033
32	染色冲毛呢		
	（甲）宽不过三十二英寸长不过二十码	匹	0.60
	（乙）宽过三十二英寸不过六十四英寸长不过二十码	,,	1.50
33	染色素，尺六绒，尺九绒，宽不过二十六英寸	码	0.11
34	印花，织花，拷花，尺六绒，尺九绒及灯芯绒，厚灯芯绒，回绒，摹丝锦布，芝麻绒	从价	12.5%
35	漂白或染色，棉帆布，双丝布	,,	10%
36	未列名漂白或染色，棉布	从价	10%
	印花棉布品		
37	印花细洋纱，印花软洋纱，印花稀洋纱，印花市布，印花粗布，细布，印花洋标布（灰印花标在内），印花粗斜纹布，印花细斜纹布，印花横工布，印花哔叽，印花羽布，印花席法布（无光印花席法布不在内）		
	（甲）宽不过二十英寸	,,	12.5%
	（乙）宽过二十英寸不过四十六英寸长不过十二码	匹	0.36
	（丙）宽过二十英寸不过三十二英寸长不过三十码	,,	0.86
	（丁）宽过三十二英寸不过四十二英寸长不过三十码	,,	1.10
	印花绉地丝光洋纱，见第二十四号		
38	印花绉纹呢，绉地花布，宽不过三十二英寸长不过三十码	,,	1.50
39	印花绉布		
	（甲）宽不过十五英寸	从价	12.5%
	（乙）宽过十五英寸不过三十英寸	码	0.035
40	印花洋罗宽不过三十一英寸长不过三十码	匹	1.00
41	印花羽缎，缎布，印提花洋纱（印花条子，格子，在内），印花羽绸，印花台布，印花泰西缎，印花羽绫，印花斜羽绸，印花粗条子布，印花罗缎，印花水云缎，宽不过三十二英寸长不过三十码	匹	1.80
	印花绒布，棉法绒，见第三十一号		
42	一色印双面印花标宽不过三十二英寸长不过三十码	匹	1.50
	印花尺六绒，尺九绒，见第三十四号		
43	未列名印花棉布（各种双面印花布，除已列在第三十一号及第四十二号者外，均在内）	从价	12.5%

(续表)

列号	货名	单位及税则	
		每	金单位
	杂类棉布品		
44	未列名染纱织棉布	,,	10%
45	橡皮雨衣布	,,	15%
46	未列名棉布	,,	12.5%
	棉花, 棉线, 棉纱及未列名棉制品		
47	棉花	担	2.10
48	废棉花, 废纱头	,,	0.77
49	棉胎	从价	7.5%
50	破布	,,	5%
51	棉纱		
	（甲）本色（不论股数）		
	（一）不过十七支	担	5.30
	（二）过十七支不过二十三支	,,	5.80
	（三）过二十三支不过三十五支	,,	7.90
	（四）过三十五支不过四十五支	,,	8.90
	（五）过四十五支	从价	7.5%
	（乙）其他	,,	7.5%
52	棉线		
	（甲）卷轴, 卷圆锥形, 缝线		
	（一）双股, 三股不过五十码	罗	0.17
	（二）六股, 不过五十码	,,	0.36
	（三）其他长度照此比例		
	（乙）成绞, 成球, 编结线, 刺绣线		
	（一）每担值过三百五十金单位	担	86.00
	（二）每担值不过三百五十金单位	,,	22.00
	（丙）其他	从价	12.5%
53	棉质假金线	斤	0.97
54	棉质假银线	,,	0.76
55	棉缆, 索, 绳	从价	10%
56	烛芯	担	14%
57	花边, 衣饰, 绣货, 其他装饰用品, 及全部用上列各物制成之货品	从价	25%
58	蚊帐纱	,,	12.5%
59	制袜衫用或针织, 锦布		
	（甲）起毛者	担	12.00
	（乙）未起毛者	从价	10%

(续表)

号列	货名	单位及税则	
		每	金单位
60	起毛针织卫生衣类	担	17.00
61	未起毛汗衫裤	从价	10%
62	短袜,长袜		
	（甲）两面均未起毛者		
	（一）无光,无丝光,线制	担	31.00
	（二）光,丝光,线制	,,	45.00
	（乙）其他	从价	15%
63	宽紧带	,,	15%
64	未装饰或装饰,腿带	担	20.00
65	灯芯	,,	13.00
66	圈绒毛巾	,,	18.00
67	无花毡,印花毯,老虎毯,及毯布	,,	22.00
68	手帕	从价	15%
69	新布袋	担	9.10
70	未列名衣服,及衣着零件	从价	25%
71	未列名棉货	,,	15%

附录二六 中华民国海关出口税税则之关于棉及棉制品者(中华民国二十年五月七日国民政府公布)

号列	货名	单位及税则	
		每	关平银
174	棉花	担	1.20
175	废棉花（飞花在内）	,,	0.29
185	棉胎	从价	5%
192	棉线袜		免税
193	卷轴缝纫用棉线（长不过五十码）	罗	0.037
194	未列名棉线	担	1.10
195	棉纱	,,	1.10
197	花边,衣饰		免税
201	棉布	,,	1.50
207	棉毯,线毯	,,	3.00
208	毛毯,棉毛毯	条	0.15
210	毛巾	担	3.00
212	衣服及衣着零件		
	（丙）棉制	,,	1.50

附录二七　侨华日商所用之棉货交易合同式样

○○○（此后统称为买客）愿买，○○○（此后统称为卖主）愿依下列条件出售下列之货物：

商标及品类：

细目：

数量：

装运或交货期：

价格：每 $\dfrac{匹}{码}$ 计银…………货物在运至上海前之水脚及保险费概由卖主负担。

费用：………$\dfrac{匹}{码}$………

条件列下：

（一）装货　有十天之宽限日期。

（二）货物之交付，除卖主另行指定地点外，悉在货栈或其他储货所。

买客须于装运货物之轮船抵沪日起，于………日内提货。

（三）买客须于收到"货物运到通知书"后三日内，缴付上列关税，捐税，栈租，保险费，利息及其他与货物有关系之普通费用，及尚未付清之货款。此外一切额外之费，不问其性质如何，凡与货物有关者，概由买客负担。

关税，捐税等税率如有更改时，费用额亦须随之而变更。

（四）买客付款须以现金，或以卖主认可之五日期庄票。

（五）交易佣金…………

此条不能影响损害赔偿之要求。

（尚有其他条件载于背面）

卖主○○○签押
买客○○○签押

年　　月　　日　　地点：上海

（背面）

（六）关于花样，颜色及配合等之规定或更改，须于合同签定后七日内通知之。

（七）保险单上须载明买价。但卖主如认为必要时，除将货物保普通险外，得保兵灾险，盗窃险及其他种险。此种保险费概由买客负担。

（八）汇率须于提货前决定之。若买客未能在提货前或提货期满前决定汇率，则卖主有自行代为决定之权。若有任何损失，亦由买客负担之。

（九）汇率上之损失，另为一事；无论合同取消与否，卖主得向买客追索此项之损失。

（十）卖主对于下列事件之发生不负任何责任，但其发生确系由于卖主之疏忽者，不在此限：

（甲）破裂，短缺，及装运途中，仓库内，或他处之毁损，不论其性质为何，种类为何。

（乙）货物丧失，或装运该货之轮船失事。

（丙）货物被扣留，货物装运延期，或货物迟到。已装载或预备装载该项货物之轮船，变更其航程。

（丁）意外之灾，罢工，毁损，输送之工具缺乏，及其他卖主无法管辖之意外事故。

（戊）品质低劣，数量不足，制造，染色，配合及上浆等工作上之瑕疵；但若此等瑕疵过甚，致使货物完全失去其商品之意味时，不在此限。

若上列之任何事件发生，卖主得任意取消合同之全部或一部。

（十一）买客对于货物之品质，数量及制造，染色，配合，上浆等工作上之瑕疵不满时，可提交公断人公断；公断时依照日本法律，须有公断人二人。此条只限与第十条所列举之事件无关者。

（十二）对于货物品质，数量等之不满，须于提货后一周内书面申诉，逾期则无效。

（十三）若货物系分批交付，则每当一批货物运到后，买客即须提货。

若后批货物装运延误，或未能按期运到，买客不得借故抗不提取已运到之货。

（十四）若同时尚有一个或一个以上未了之合同存在，则须将此未了合同所应得之利益拨充本合同实有或预期之损失；但买客能提交卖主认为满意之担保品者，不在此限。

（十五）若市价有趋低落之现象，或汇率不利于买客，或买客延不提货时，买客有向卖主缴纳担保品之责任；至于担保品之数额，以经卖主认为充分为度。若买客未能缴纳是项担保品，则卖主有权依下条之规定处分其货物；或将买客之银钱或财产，充为己有。

（十六）若买客至期不提取其货物，则卖主无须通知买客，亦不征求买客之同意，有权处分其未提取货物之一部或全部。卖主对于该项货物之处分任何时皆可为之。处分货物之方法，或采拍卖法，或另定契约转售他人，或按市价自行购进，若无市价，则定一公平价格。若售得之款，不足抵付货物之买价与买客拖欠之货款，其差额应由买客偿付。若买客未能于收到"货物运到通知书"后三日交付本合同第四条所列举之关税、税捐、栈租、保险费等，则卖主有权用同样方法，处分其货物及脱售货物后所得之价值。

附录二八　上海华商纱布交易所股份有限公司营业细则*

第一章　总则

第一条　本所市场上经纪人所做买卖之物品以棉花及机纺棉纱机织棉布为目的物

第二条　本所市场上经纪人所做之买卖交易分为定期买卖及现期买卖两种

第三条　本所市场上经纪人买卖之集会每日分前后两市午前为前市午后为后市其开市时刻由本所随时决定于市场内揭示之如本所认为有提早或延长之必要时并得以别项方法行之

第四条　定期交易之交割日停止经纪人买卖之集会交割之前一日停止本月期纱布买卖前二日停止本月期棉花买卖但如此日适为休假日则当再改前一日

本所认为必要时得随时揭示于市场提早停止本月期买卖

第五条　本所休假日规定如下

（一）星期日

（二）国庆日

（三）新旧历岁首日

（四）新旧历岁末日

---

* 此细则原书无句读，今保留原貌，以存其真。——编者注

本所认为必要时得临时休假并得于休假日临时集会买卖

第六条　本所经纪人与经纪人间在本所市场上所做之交易如买卖之任何一方有违背买卖契约之情事发生本所自应遵照本所章程本细则及物品交易所条例而担负因此发生乏损害赔偿责任但该项交易以遵照本细则或本所随时公布之章程或条件而成立者为限

第二章　买卖交易

第七条　本所经纪人买卖物品之种类规定如下

（一）棉花

（二）机纺棉纱

（三）机织棉布

第八条　本所对于棉花纱布之定期买卖应于上海市场畅销之商标中选定标准品一种代用标准品若干种其标准品及代用标准品均可作交割之用

本所先将上项之标准品代用标准品审定其优劣程度定为货价等级表（即等差表）以备执行交割

前项标准品代用标准品之审定及货价等级表之决定时期并代用标准品价格相差之限度均另定之

第九条　棉花纱布之定期买卖以一个月期至六个月期为限各月期应照本细则所定之日期实行交割

第十条　定期买卖物品数量之单位叫价之单位及价银之本位单位分列如下

（甲）数量之单位

（一）棉花定为一百担（大洋架子木洋架子布包草包一律均可交割）

（二）棉纱定为五十大包（每大包为四十小包）

(三）棉布定为十大包（每大包为二十匹）

（乙）叫价之单位

（一）棉花以一担为单位

（二）棉纱以一大包为单位

（三）棉布以一匹为单位

（丙）价银之本位单位

以上叫价之价银均以上海通用丗*规银为本位棉花以五分为单位棉纱以一钱为单位棉布以一分为单位

第十一条　定期买卖采用竞争买卖之方法

竞争买卖须照本所规定之方法行之分别各月期各盘使买卖两方竞争其价格俟买卖两方所叫之价经本所认为公平时以拍板决定其价格即行登账如同一经纪人以此价格为标准而请求以其所买与所卖同时登账者亦视为竞争买卖之行为而许其登入场账

照前项之规定买卖两方将其交易数量在场登账一经拍板即作为定期买卖成立但决定价格后同一经纪人在同一盘内之买与卖非由本人声明本所即将其买卖之数量互相抵消作为最初未有买卖论

第十二条　本所以买卖两方经纪人之同意在场账查对以前有请求更正者应予承认但场账须于登账后迅速查对之

前项之请求如在查对场账之后而本所又认为所登之账并无错误者得拒绝其请求此项拒绝经纪人无论如何不得抗议之而本所所登之场账仍应认为有效

第十三条　买卖交易本所如认为不稳当时得随时不予拍板及登录场账经纪人对于前项之措置均应遵从无论如何不得抗议之

---

*　"丗"为中国传统商业账簿中使用的数目字符号。——编者注

第十四条　在同一计算区域内卖出而又买进买进而又卖出其买卖如为转卖或买回时须于买卖集会终了后两小时内指定其交易物品向本所报告之倘不报告作为新买卖论

第十五条　经纪人虽有下列各项情事然对于以前所做买卖交易仍不失其效力

（一）违反本细则第一百〇三条及第一百〇四条之限制时

（二）违反交易之禁止及限制或令其停止营业期间之条件时

（三）违反关于市场代理人之限制时

第十六条　现期买卖自契约成立之日起于五日内应将其买卖交割清楚前项期限之末日如为休假日即以其翌日为满限

第十七条　现期买卖依相对买卖之方法行之

第十八条　现期买卖一经成交不得转卖或买回除经本所书面许可其解约外亦不得解除其买卖契约

第十九条　经纪人对于现期买卖应将其物品数量价格及其本身之第号并买卖之年月日开列明细报告本所登录场账

第二十条　现期买卖之单位棉花定为五十担棉纱定为十大包棉布定为一百匹其叫价单位适用本细则第十条叫价单位之规定

第二十一条　本细则第十二十三及十五条之规定现期买卖亦适用之

第二十二条　现期买卖凡为本细则所未规定者依习惯行之至习惯之有无均以本所之意见为断买卖两方均应遵从不得抗议之

第二十三条　本所市场上约期买卖之办法于本所开业后遇必要时由理事会另订之

第三章　身分保证金及买卖证据金

第二十四条　本所经纪人须缴纳身分保证金并对于其一切买

卖缴纳买卖证据金

  定期买卖经纪人应缴纳之保证金分为纱花布三种每种定为二万两但本所理事会参考各项情形而认为有增减之必要时得随时增减之此项增减之决定一经公布凡在本所买卖之经纪人均应一体遵从不得抗议之

  第二十五条　本所收到前条规定之保证金后当给予收据但经纪人不得将该收据抵押款项或让渡于他人前项收据经纪人倘遇遗失盗窃或毁灭情事得开具事实请求本所补给新收据但此项请求书须有本所所认可之相当保证人二名连署盖印担保方可提出

  本所对于前项之请求先将其遗失情由登载本埠著名报纸两种各七天其费用均由请求人担负如一个月后无镠轕发生即行补给

  第二十六条　身分保证金应以现银缴纳惟亦得以本所书面所同意之有价证券房产道契银行存单或其他货币（后文简称代用品）代用之其代用价格悉由本所按照市价估计随时决定之此项估计决定凡有关系之经纪人均应遵从不得抗议之

  代用品当代用时应另具合法之权柄单缴与本所此项权柄单应授权本所对于代用品得随时处分之

  第二十七条　经纪人缴纳之身分保证金如为现银本所应给予相当之利息至利息之相当与否悉以本所之意旨为断代用品之附有利息票者则由本所代为领息如数付还与缴纳之本人

  第二十八条　本所营业时间内经纪人得将所缴纳身分保证金之现银或代用品等随时调换之惟此项调换仍应依本细则第二十六条之规定办理

  第二十九条　代用品代用之价格如有变动致身分保证金有不足时得令其补足或以他项代用品调换之

本所认为必要时得令有关系之经纪人将所缴之代用品随时调换现银

第三十条　经纪人如经本所认为已失资格者其所缴之身分保证金须俟在本所所做一切交易之账目或其他责任均已完全了结清楚之五日后发还之

第三十一条　经纪人对于定期买卖按照账上所存数额应缴纳买卖证据金其证据金分为三种

（一）本证据金

（二）追加证据金

（三）特别证据金

第三十二条　本证据金系按照定期买卖登账价格百分之三十以内由本所理事会议决其率令买卖经纪人双方缴纳之

本证据金之准率如有增减时其准率对于增减以前所做之现存买卖当然适用有不足者令买卖两方补缴之有剩余者则退还之

第三十三条　追加证据金系以定期买卖成交日之登账价格与每日登账价格相比较如涨跌至本理事会按照前条之规定所议决本证据金准率之半数时即令损者一方缴纳之此项缴纳不论若干次以顺次或一时令损者一方缴纳之至其数额则以当时本证据金准率之半数为限

凡本所认为市价有大变动时得不依买卖成交日登账价格与每日登账价格相比较而以最近之买卖价格与成交日登账价格相比较依照前项之规定令损者一方缴纳之

第三十四条　特别证据金因市价有非常变动或其他情由本所认为必要时得对于现存账上买卖之数量依本证据金三倍以下之范围内令买卖经纪人双方或一方缴纳之

虽无前项之情事发生然本所对于不论任何经纪人之现存买卖认为应征收特别证据金时亦得依照前项之规定令该经纪人缴纳之并不必说明其理由

第三十五条　本所对于经纪人如认为有下列情事之一者得令其双方或一方预缴证据金其数额得不受前条之限制而由本所随时酌定之

（甲）巨额买卖

（乙）已有巨额买卖而更做新买卖

（丙）市价已有或将有非常变动

（丁）交割恐有窒碍

倘该有关系之经纪人不依照前项之规定预缴证据金者则本所得拒绝其新买或新卖

预缴证据金缴纳后有交易时经本所书面之许可得移充为本证据金

第三十六条　经纪人对于本日前市及后市所做各盘之买卖应于翌日下午二时以前缴纳本证据金于本所如翌日适为休假日应于休假日满后之第一日下午二时以前缴纳之

本所认为必要时得不依前项之规定即在休假日亦得令经纪人缴纳证据金但当先揭示于市场一经揭示即作为经纪人完全知悉论

经纪人对于现存买卖所缴之追加证据金须于本证据金规定之时期同时缴纳但本所认为必要时得不预先通知随时限令经纪人当日缴纳之特别证据金缴纳之时限由本所临时定之

第三十七条　买卖证据金除追加证据金外得以本所书面同意之有价证券代用之

追加证据金须以现金缴纳但本所察核情形亦可根据前项之规

定令经纪人缴纳本所书面同意之有价证券以代用之

依前项规定经纪人缴纳本所同意之有价证券以代用时应照本细则第二十六条之规定具备权柄单交于本所

第三十八条　依前条规定之代用品其代用价格由本所随时按照市价估计以定之但本所认为必要时得拒绝代用品之代用其拒绝之理由无说明之必要

依前项规定代用品经本所拒绝时经纪人得自出费用请求本所检查估计其价格但此项请求本所仍得拒绝之

第三十九条　代用品之代用价格如本所认为有所变动而致买卖证据金有不足时得限时令经纪人补足之

第四十条　发还买卖各证据金之时期规定如下

（甲）本证据金以履行交割者交割清楚及所应履行之一切责任均已履行后发还之其为转卖买回者亦须于交易清算终了及所应行之一切责任均已履行后发还之

（乙）追加证据金以本细则第三十三条所规定已缴之差损额回复至本所理事会依照第三十二条之规定所议决本证据金准率之半数时发还之

（丙）特别证据金以本细则第三十四条第三十五条所规定缴纳之事由已消灭时发还之

第四十一条　买卖各证据金其以现银缴纳者概不计息但缴纳本所书面同意之有价证券时得适用本细则第二十七条之规定由本所代为领息付给于本人

第四十二条　买卖各证据金之缴纳及付还均须登载于本所规定之账簿上该账簿由本所给与之除此项账簿记载外本所不另出收据该账簿如有污损而请求补给时应缴回原簿

前项所述之账簿如有遗失等情经纪人得以书面陈明事由请求补给但本所得征收相当之费用

前项所述污损或遗失之账簿如请求补给时应以本所之簿据为标准重行补载于新簿

第四十三条　同一经纪人所做同种类同月期同数量同价格之买卖而同时两存者其现存之买或现存之卖所应缴纳之证据金得免缴纳

本所对于前项之两存买卖无论现存之买或现存之卖如有一种了结其未了结之一种得依本细则第三十一三十二三十三及三十四条之规定征收证据金

第四十四条　卖出之经纪人如将卖出之物品或本所自备或指定之仓库所发给之栈单保险单及检查证明书预先提交于本所者得免缴证据金但此项预交物品之办法仅限于本月份之卖出者其检查手续另定之

前项预交之物品虽系留供交割之用但预交后经纪人仍得买回或缴纳证据金收回之或请求更换另以经本所书面同意之同等物品提交于本所

本条所述预交之物品倘经纪人有违约情事发生本所得将该预交之物品拨充为代用品而全权处分之一经处分该有关系之经纪人即应遵从不得抗议之

第四章　经纪人及代理人

第四十五条　本所之经纪人为定期经纪人一种但得向本所声明而得有本所之书面许可者兼为现期或约期经纪人

第四十六条　定期经纪人之营业种类及名额分列如下

（甲）棉花　八十名

（乙）棉纱　八十名

（丙）棉布　二十名

前项之定期经纪人得于上列三种中择取一种或兼为一种或两种之定期经纪人但其名额如本所认为必要时得采取经纪人公会之意见经本所理事会之议决而随时增减之

第四十七条　本所之经纪人除为本所创立时所正式通过者外凡欲为本所经纪人者须有本所经纪人两人之介绍提交请求书及志愿书载明交易种类及资本数目等项并附商事履历书与其他必要书类由本所详为查明咨询经纪人公会意见后经理事会之议决准许之呈请农商部注册发给营业执照

经纪人如为合伙者须以其合伙员之姓名住址出资数目合伙契约及全体合伙员之代表姓名履历书并其他必要之书类一并提交于本所

经纪人之合伙员对于本所应负其交易上或其他一切契约或行为上之联带责任

经纪人之合伙员未得本所之书面许可不得脱离其合伙关系如经本所许可脱离者其未脱离前所有交易上或其他一切契约上或行为上之责任仍须联带担负之

前项经纪人合伙员脱离合伙关系之时期以本所书面许可之时日为始

第四十八条　凡经本所认可之经纪人应即具备身分保证金及守约书（即志愿书）送交于本所守约书内载明自愿遵守下列各项

（甲）本所章程及随时增订或修改之章程

（乙）本所营业细则及随时增订或修改之细则

（丙）本所市场公告

（丁）经纪人公会规约或其他经本所认可之章程

（戊）其他一切之规则

前项守约书及身分保证金送交本所后本所即将正式牌号及入场徽章发给与该经纪人并揭示市场后准其开业

第四十九条　经纪人应设置营业所于本所指定之地点内无论采用任何方式均不得于指定地点外为定期买卖之营业并不得同名及化名兼充同业他交易所之经纪人

第五十条　经纪人对于其买卖交易及契约或其一切行为均应对本所担负完全责任

第五十一条　经纪人对于本细则或其交易之契约如有违背之处或有不端之行为以致本所或本所其他经纪人受有损害者应负赔偿之责

第五十二条　经纪人对于其一切受托之买卖交易应在本所市场中行之不得以与此相同或类似之方法与委托者及其他经纪人私自结算私订特约行之

第五十三条　经纪人关于一切买卖交易均应备用本所审定之各种账单簿据经纪人应将所用账单簿据备置于营业所任由本所随时派员检查如有质问应即尽情答复即调取一切簿据文件亦应立时交出不得拒绝

第五十四条　本所章程本细则及其他一切事项一经公告即作为经纪人已知论经纪人不得借口未见或未知而希图避免其遵守责任

第五十五条　经纪人对于其交易上一切关系及责任未履行前或其账目未了结前均不得废业如因死亡或受除名处分或以其他原因而失其资格时对于应了未了之交易上一切关系及责任并一切计算仍得作为未废业论

经纪人凡欲废业者应先向本所提出废业理由书俟本所书面认

可后方得实行并将部颁执照及本所发给之牌号入场徽章同时缴还

第五十六条　经纪人如经本所认为失其资格者其一切未了之交易关系及责任并一切计算均应由其本人或其承继人从速委托本所其他经纪人了结之倘本人或其承继人置之不理本所得指派他经纪人代为结算并处分其一切资产以抵偿其债务如有余则发还给于本人或其承继人不足则令本人或其承继人补偿之

第五十七条　经纪人凡系自愿将其牌号让渡于他人者应先书面报告本所由本所自己或请经纪人公会代为调查一切调查结果如本所认为满意者经呈由农商部核准后即以书面准许其让渡如不满意者得拒绝经纪人让渡之请求其拒绝之理由本所无说明之义务

经纪人凡以牌号让渡于人者未满两足年不得再为本所经纪人

第五十八条　经纪人得按照本条之规定委任代理人在本所市场内代其行使买卖交易之职务但委任代理人时须先将其履历书送交本所经本所书面许可并给予入场徽章其代理人之委任方为有效

代理人之名额每一经纪人定为两名

代理人不得以其他经纪人或其他经纪人之代理人兼充并不得同名及化名兼充同业他交易所之经纪人或代理人

代理人解职时经纪人应以书面报告本所并缴还本所给与之徽章

本所如认代理人有犯罪或传染疾病或其他不适当之事由时得令其解职或停止其入场

代理人所有代经纪人行使买卖交易之职务均由经纪人完全负责一如经纪人自己所为者

第五十九条　凡有证券交易所法第十条或物品交易所条例第十二条各款情事之一者均不得为本所经纪人或代理人

第五章　经纪人公会

第六十条　经纪人公会由本所经纪人全体组织之但本所经纪人除组织此项公会外不得再组织他种类似之公会或团体

第六十一条　经纪人公会应订立规约公同遵守其规约中并应载明下列各项

（一）组织公会之目的

（二）公会事务所之所在地

（三）公会会长与职员之选举方法及其权限之规定

（四）公会大会之召集及议决之方法

（五）公会之经费及入会费之规定

（六）公会会计年度之规定

（七）委托者所应付委托佣金及委托证据金之规定

（八）经纪人依本细则之规定受停止营业处分时关于该经纪人所有现存买卖之处分方法

（九）为他经纪人代理买卖酬劳之规定

（十）关于经纪人所用账单簿据事项

（十一）关于取缔经纪人委托佣金之减收及其他不正当之竞争事项

（十二）关于委托者及雇员等有不正当之行为须互相通知以保全各经纪人营业上之利益事项

（十三）关于经纪人用人之资格及其他限制事项

（十四）关于违背公会规约者之处分事项

（十五）关于修改公会规约时之手续事项

第六十二条　经纪人公会对于下列各项须得本所之书面承认方为有效

（一）公会规约之订定并变更

（二）受托契约之方式并变更

（三）委托佣金及委托证据金准率之多寡

（四）对于违背公会规约者应行处分之决定

（五）经纪人所用账簿委托买卖书买卖通知书及收委托者证据金时所立收据之样式

第六十三条　本所对于下列各项须征询经纪人公会之意见

（一）本所交易种类之变更

（二）本所买卖经手费准率之变更

（三）经纪人身分保证金准率之变更

（四）本细则之修改或增订

（五）对于经纪人所委代理人之应否承认

（六）除本细则所已规定之经纪人资格及名额外将来所有变更或限制之拟定

（七）临时市场之开辟或设立

（八）标准品之决定

（九）仓库之指定

依本条之规定本所对于上列九种事项虽应征询经纪人公会之意见但如本所认为紧急时亦得不预征经纪人公会之意见而自由处置之此项处置经纪人亦应遵从不得抗议之

第六十四条　本所对于经纪人公会之会长及职员如认为不能胜任或有其他原因认为不合时得以书面通知经纪人公会令其重选至本所对于经纪人公会会长及职员所认为不胜任或认为不合之理由并无说明之义务

第六十五条　本所认为必要时得由理事长或理事长派员列席

经纪人公会之会议而发表意见

第六十六条　经纪人公会所规定之规约章程或其他之一切事项须经本所书面认可经呈农商部核准后始生效力

第六章　买卖交易之委托

第六十七条　本所之买卖交易以本所之经纪人为限

经纪人受委托者之委托所做买卖本所只认该受托经纪人为买卖之主体其委托者关于买卖交易上之一切事项除得径与其所委托之经纪人直接办理外与本所均无直接或间接之关系

第六十八条　经纪人与委托者所缔结之一切契约及其契约上所发生权利义务均须遵照本所章程本细则及其他随时规定之章程办理凡遇经纪人对于委托者有违约情事发生时委托者仍应按照上条之规定直接与该违约之经纪人交涉

本所除对于经纪人间所有之交易因违约而发生损害应依照物品交易所条例之规定担负赔偿之责外并无担负其他损害赔偿之责

委托者如不遵守本条例第一项之规定则受其委托之经纪人虽未得委托者之承诺亦得将其交易之一部或全部了结并处分其证据金及其他存款倘有不足仍当向该委托者追偿

经纪人遇有本条第三项之情事发生时应即报告本所揭示于市场

第六十九条　本所依本细则第五十五条第五十六条之规定将经纪人之资产债务互相抵消后尚有余款时委托者对该经纪人如有债权已得该管官厅之核准者则对于此余款有优先处分之权

第七十条　经纪人为委托者做成买卖交易时应即将该交易之物品种类期限数量价格时日及其他必要事项详细载明于本所鉴定之通知书内加盖图章并须经本所盖印证明后通知委托者

前项通知书之证明除证明其交易之物品种类期限数量价格时日及其他必要事项无讹外并不负其他之责任

倘委托者查悉前项通知书并未经本所盖印证明即向本委托之经纪人送由本所盖印证明之

第七十一条　经纪人受委托者之委托时得向其征收委托证据金

经纪人因委托者委托之关系所收得之委托证据金或因市价之涨跌所收之追加证据金计算差金以及其他一切款项与物品均可视为委托者对于经纪人因交易所发生债务之担保品

第七十二条　经纪人如遇委托者不缴付下列各项之一时得将上条所收得委托者之一切款项物品自由处分之

（一）委托各证据金

（二）交割物品

（三）交割代价

（四）委托佣金

（五）计算差金

（六）损失金

（七）其他一切应缴之款项或物品

经纪人将前项之款项物品处分后如仍不足抵偿委托者对于经纪人所欠之债务时得向其追索不足之数

第七十三条　委托者对于其所委托经纪人为其做成之交易而应交割者除有特约外均应将交割物品或交割代价于本月份买卖终了之前一日正午以前如数交付与其委托之经纪人如是日适逢休假日须提前一日交付之委托者于前项规定之时日如不将交割物品或交割代价交付与所委托之经纪人则该经纪人得将该项买卖交易随

时转卖或买回其因此转卖或买回所发生之损害均由委托者担负之

前项之规定经纪人遇委托者仅交到交割代价或交割物品之一部份时亦适用之

第七十四条　委托者委托经纪人买卖得限其价格惟虽可限其价格亦须予所委经纪人以一个叫价单位之伸缩权（即棉花五分棉纱一钱棉布一分）

受托经纪人虽应依照委托者所限之价格代为买卖但在本条前项所规定之伸缩权范围内亦得代其做成买卖此项买卖一经做成委托者即须承认不得以其逾越限价而否认之

第七十五条　经纪人以委托者之委托代其买卖时倘不能做成委托者所定之数量亦得代委托者做成其数量中之一部份委托者对此一部份买卖之做成应照承认不得以其不及委托时所定之数量而否认之

第七十六条　经纪人与委托者间契约上或交易上之一切权利义务如发生纠葛或至涉讼无论委托者为何国国籍均应遵照中华民国之法律及物品交易所条例本所章程本细则及其他一切规定并经纪人公会规约及其他一切规定

第七章　计算

第七十七条　定期买卖以本所市场当日之前后两市为一计算区域以一区域内后市各月期之开收盘二个成交价格平均所得之数为登账价格再以此登账价格与各月期之各盘成交价格比较之以核算差金之数其登账价格最小之单位棉花为五钱棉纱为一两棉布为五分均以四舍五入法计算之

在一计算区域内如仅有一市则以该市各月期之开收盘成交价格平均之数为登账价格并照本条前项之规定计算各月期各盘买卖

交易之差金

各月期之买卖在一市中如开收盘缺一盘或全缺者即以最后一盘之成交价格为登账价格或虽开市而无交易者则以前一区域（即前一日）之登账价格为标准但本所于必要时亦得参照其他月期各盘之成交价格而定其登账价格

第七十八条　本所认市价有大变动时得不依第七十七条之规定以定登账价格而以当日前后各盘中之最近成交价格为登账价格

本所一经依照本条之规定酌定登账价格后经纪人均须遵从不得抗议之

第七十九条　经纪人之成交价格与登账价格相核后所得之差金其缴纳与交付之时限均应以翌日下午二时以前为止

本所对于经纪人同一种类同一月期同一区域之买卖两存而其成交价格不同者则以登账价格为其差金之标准

第八十条　经纪人于本日前所有之现存买卖如于本日转卖买回者则依前之登账价格与本日之登账价格核算损益差金由本所收付之

同一计算区域内之物品转卖买回时应以各自成交之价格核算其损益差金一计算区域内或两计算区域内之物品因转卖买回而发生之差损金其缴纳之时限应照前条第一项之规定办理

第八十一条　本所得向买卖经纪人征收经手费其准率于买卖登账价格百分之一范围内由理事会议决预行列表公布与本证据金同时征收之

第八十二条　凡经纪人所应缴纳之差金经手费证据金得与其同时所应向本所收取之差金证据金互相抵消

第八十三条　经纪人如受除名处分或以其他原因而失其资格

或受停止营业之处分或被禁止交易时本所得不依第七十九条之规定而提前征收计算差金及经手费

第八章　交割

第八十四条　棉花棉纱棉布定期买卖之交割日为每月期最终交易日之前一日

前项所定交割日期如适逢休假日得提前一日行之如提前之一日亦适为休假日得再提前一日行之其余均以此类推惟遇其他事由经本所认为有提前交割之必要时得咨询经纪人公会之意见而提前行之但此项提前之日数不得在五日以上并须于十日之前揭示于市场

第八十五条　定期买卖之交割以前条所规定交割日之上午十二时为限卖出之经纪人应于该时以前将本所自备或指定仓库之栈单派司（棉花无派司）保险单及本所按照本细则第九十条所发给之检查证明书交纳于本所其买进之经纪人应依本所核定交割价格之总代价缴纳现银于本所由本所所员临场执行之

但买卖经纪人向本所收付物品之价值应与本细则第八条经本所核定之标准品等级表中所列之价值相比较如有高低时应按照该表以增减之

本所如经买卖两方经纪人之同意于前条规定交割时日执行交割以前声请自行交割者得许可之

但交割物品如遇交割日有发生违约者所有经纪人在交割以前声请自行交割之物品虽得本所许可应即取消仍应将该项物品提交本所实行交割以资分配

第八十六条　花纱布交割价格之标准以该月期各该物品买卖最终之三个登账价格平均计算之如有余数依四舍五入法办理其各

自成交登账价格与交割价格相比较之差金则于前条规定时日内结算之但买进经纪人所缴存于本所之证据金如为现银当交割时得以之移充应缴纳之总代价之一部或全部

第八十七条 收货经纪人如有二人以上或交割之物品有二种以上者当交割时限以前本所得以抽签法分配之但棉花之交割本所得不依本条抽签法之规定而酌量支配之

依本条前项之规定而举行抽签时由本所会同收付两方经纪人临场执行之如经纪人不到场或拒绝时即认该经纪人为自愿放弃权利本所得全权代其办理一经本所代其办理该经纪人即应遵从不得发生异议

物品之交割本所或抽签分配或酌量支配收货经纪人均应接收本所交与之栈单不得拒绝如竟拒绝亦应作为已接收论

第八十八条 交货经纪人所提交之栈单其数量超过本细则第十条所规定之单位(即棉花一百担棉纱五十大包棉布十大包)需分割时其分割费用完全由交货经纪人担负之

交货经纪人当交割时所提交之物品其数量之单位棉花以一种品名为限棉纱棉布以一种商标为限不得搀杂其他品名或商标

第八十九条 同一经纪人当交割时如有同种类同月期之交货与收货其相对数量得作抵消

第九十条 交货经纪人之交割物品至迟应于交割前三日正午以前在本所自备或指定之仓库内请求本所检查之

交割物品经本所照本条前项之规定检查后如认为合格者即发给检查证明书与该交货经纪人惟本所对于交割物品之检查无论认为合格与否交货经纪人及收货经纪人均应完全遵从不得发生异议

本所依本条第二项所发给之检查证明书如系棉花其有效时期

自交割日起以一星期为限如系棉纱棉布则自交割日起以三星期为限逾此时期本所即不负该检查证明书内所载之证明责任但在此时期内该交割物品如有移动本所所发给之检查证明书即完全失其效力

本所检查交割物品之章程及费用均另定之

第九十一条　本所依照本细则第八条所规定之标准品代用标准品及货价等级表均由审查委员会定之

审查委员定额为十名以内以经本所所认许为该业中之富有经验与资望者充之并由本所理事会聘请之一经本所聘请所有本所之经纪人均应承认之对于其所选定之标准品代用标准品及所审定之货价等级表亦均应承认之不得主张异议

标准品及代用标准品之货样（棉花为五磅棉纱为两小包棉布为两整匹）悉由本所保存之

交货经纪人当交割时应以标准品或代用标准品交割之惟所交之标准品或代用标准品如与本条第三项所述之货样不符经本所认为不合格时本所得变更货价等级表内该种商标之价格交割之或竟拒绝其交割本所遇前项情事发生时即由理事会请审查员及经纪人公会委托之代表会同列席详加讨论一经审查会评定交货及收货之经纪人即应完全遵从不得发生异议当讨论期间如有任何损失发生亦均不得向本所要求任何损害之赔偿

第九十二条　凡交割之棉纱在本所等级表有效时期以内如发生成色低次或与存样不符情事以致与市价相差过远者应由本所请审查员开临时会审查以变更其价格一经评定收货及交货之经纪人均应遵从不得发生异议

第九十三条　凡交割之棉花如有缺少或不合格而其缺少或不

合格之数量未满买卖单位百分之三十时应令交货经纪人自交割日起三日内补足或掉换之倘于此期限内不照补足或掉换即作为违约论而处分之但于双方同意交割时不在此限

前项交割之数量如缺少或不合格在百分之三十以上时即作为违约论

第九十四条　前条第一项所规定补足或掉换之货物如仍有不合格者即认为未曾补足或未曾掉换仍作为违约而处分之

第九十五条　棉花之交割如照一百担之单位余四五担或缺四五担其价银悉照交割价格计算由买进或卖出之经纪人补给或扣除之

第九十六条　交割物品当交货经纪人交与本所自备或指定之仓库后而于未交与收货经纪人以前如有毁灭或损坏情事其一切责任仍由交货经纪人担负之

交割物品遇有本条前项所述之毁灭或损坏交货经纪人对于其已毁灭损坏之一部或全部得拒绝交割

当本所未照本细则第八十七条举行抽签以前交割物品如遇有前项所述之毁灭或损坏情事本所除将其已毁灭或损坏之部份比例分配按照交割价格折算价银付还与收货经纪人外并应将其未毁灭或未损坏之一部份按照各收货经纪人所买之数量比例分配以交割之

交割物品之全部或一部如发生毁灭或损坏之情事于本所举行抽签以后则交货经纪人对该收货经纪人得拒绝其一部或全部之交割惟所拒绝之一部或全部之交割仍应依本条第三项之规定按照交割价格折算价银付还与收货经纪人

交割物品遇有毁灭或损坏之情事依照本条第二项第四项之规定交货经纪人对于收货经纪人虽可拒绝交割但交割物品毁灭或损

坏之理由如经本所认为不足免除其交割责任者则交货经纪人仍应负交割之责交割物品如遇天灾兵事以致本埠水陆交通发生窒碍为交货经纪人所不能预防者得不履行交割惟仍应分别依照本条第三项第四项之规定折算价银付还与收货经纪人

第九十七条　交割物品遇有毁灭或损坏之情事交货经纪人除按照前条各项办理外得另交他种标准物品重行交割之惟另交他种物品须于交割物品毁灭或损坏发生之翌日以内以书面报告本所并须将另提之他种物品自交割日起三日以内提交于本所

交货经纪人如不依上项之规定以书面报告本所则本所即得限令交货经纪人于交割日之翌日另交交割物品

第九十八条　本所认为必要时得随时停止本月份买卖以其最终成交之价格使买卖双方了结之

第九十九条　交割物品之栈租及保险费至交割日后两日为止由交货经纪人担负之

第一百条　交割物品在本细则第九十条第三项所规定之时期内收货经纪人如认为不合格者得以书面请求本所开标准品审查会由本所定期召集审查员比较标准品而评判之一经审查员评定本所及有关系之经纪人均应遵从不得再持异议审查会评判既定如交割物品确与标准品相符其审查费归该请求之经纪人缴纳如确系低次则审查费归本所负担

第一百○一条　因前条事由发生之审查费规定如下

棉花一百担以内　　　　　五十两
棉纱五十大包以内　　　　五十两
棉布十大包以内　　　　　五十两

上列各物品之数量如在五倍以内（即棉花五百担以内棉纱二

百五十大包以内棉布五十大包以内）则审查费为七十五两如在十倍以内则审查费为一百两

第九章　制裁

第一百〇二条　本所遇有下列事项之一发生时得停止买卖集会之全部或一部或限制经纪人与代理人之入场

（一）市价涨落本所认为不稳当时或虑有发生异常变动或有不稳当之趋势时

（二）本所认经纪人有不稳当或不正当之买卖行为时或有故意紊乱市场行为或其行为将为而未成事实时

（三）本所认为征收买卖证据金有窒碍时

（四）除前列各项外本所认为必要时

本所认为有上列情事之一而停止买卖集会或限制经纪人代理人入场时虽有公告并无说明其理由之义务

第一百〇三条　本所遇有下列事项之一发生时得停止经纪人之买卖并禁止经纪人代理人之入场

（一）本所认经纪人有前条第二三项之事由时

（二）经纪人之身分保证金或买卖证据金经司法官厅命令止付或将其假扣押时

（三）经纪人所交庄票或其他票据有不交付时

（四）本所对于经纪人认为有应照本细则第十一章之规定执行处分时

（五）本所认为经纪人有不遵守本所章程本细则或本所随时颁行之章程或揭示之公告或经纪人公会规约或其随时订定之规则之情事时

第一百〇四条　本所认为经纪人有左列事项之一发生时对于

其买卖之履行得拒绝或解除物品交易所条例及本细则第六十八条第二项所规定之赔偿或保证责任并得予以除名之处分

（一）不将应缴纳之预交证据金照交而朦蔽本所为新买或新卖者

（二）散布谣言行使诈伪买卖以图紊乱市面者

（三）以不正当之手段企图本所之赔偿者

第一百〇五条　经纪人当受本所禁止买卖之限制或停止营业之处分时如得本所书面之承认于本所指定之时间得行转卖或买回以了结其所存而未了之交易

上项所述之经纪人于休假日或停市中倘得本所书面之承认亦得行转卖或买回以了结其所存而未了之交易

第一百〇六条　经纪人当受本所禁止营业时其本身或其委派之代理人均不得有下列之行为

（一）入本所市场

（二）悬挂本所发给之牌号

（三）接收新委托之买卖

（四）刊布招徕营业之广告或作其他诱致委托之行为

第一百〇七条　本所执行本章之规定如认为必要时得采取经纪人公会之意见以处理之

第十章　公断

第一百〇八条　经纪人与经纪人或与委托者发生争议经当事者以不起诉法庭为条件提出请求书于本所请求公断时本所应就职员经纪人公会委员及审查委员中临时推定公断员三人以上组织公断委员会以公断之一经公断委员会照下条之规定公断双方均应遵从不得再持异议

得斟酌该经纪人不履行交割之程度免其除名处分而处以七日以上之停止营业

第一百三十三条　经纪人对于下列各种款项如不于本所规定之时刻内缴纳者本所得处以七日以内之停止营业之处分

（一）身分保证金

（二）买卖各证据金

（三）经手费

（四）过怠金

（五）买卖差损金

（六）计算差金

（七）除上列六种外其他应缴纳于本所之一切款项

本所对于经纪人执行本条之处分时于其停止营业期内应规定缴纳之期限通告催缴倘届期仍不缴纳者则加以除名处分

第一百三十四条　经纪人违背本细则第五十二条及第一百〇六条之规定者本所应处以除名处分或征收三百两以下之过怠金

第一百三十五条　本所对于经纪人之营业如认为有将其名义借与他人或有不正当之行为或做不稳当之买卖损及本所或其他经纪人之信用或妨碍本所或其他经纪人之营业者或认为有违背本所章程本细则经纪人公会规约或本所与经纪人公会随时订定公告之一切章程规则之情事者得斟酌情形之轻重处以过怠金停止营业或除名之处分

第一百三十六条　经纪人于一年之间如经本所处分三次以上者应受除名之处分

第十二章　附则

第一百三十七条　凡为本细则所未规定之一切事项本所得于

市场临时揭示以施行之一经揭示经纪人即应遵从不得主张异议

  第一百三十八条　本所依本细则规定所有一切处置经纪人无论以何种名义均不得主张异议并不得向本所要求任何损害赔偿

  第一百三十九条　本细则未经订明之事项如本所认为有临时处置或施行之必要者得依据物品交易所条例及施行细则暨本细则之主旨参酌经纪人公会之意见随时决定处置之

  第一百四十条　本细则十二章共一百四十条于中华民国十四年五月十三日经本所理事会议决修正并呈由农商部核准于中华民国十四年七月十二日施行但本细则修正之条文须于中华民国十四年七月十二日以后之交易始适用之其十四年七月十二日以前之交易仍照未修正之原文办理

方显廷学术年表*

1903年(光绪二十九年)

9月6日　出生于浙江宁波一个珠宝手艺人家。父亲方智玉,母亲董晓媚。

1906年(光绪三十二年)

家遭火灾。

1910年(宣统二年)

父亲方智玉去世。家道中落。

1912年

就学于宁波麦迪小学(Methodist Primary School, Ningpo)。

1915年

从宁波麦迪小学毕业。

1917年

因家庭贫困,经人介绍,进入上海厚生纱厂做学徒工。厚生纱厂经理为著名实业家穆藕初。学徒期间,曾在穆藕初(湘玥)先生建立的棉花试验田种植棉花,利用业余时间去夜校进修英语,学习英文打字等。

---

* 本年表由纪辛撰写,方露茜校订。

1920 年

8 月　受实业家穆藕初资助,考入上海南洋公学(即今上海交通大学)附属中学(即上海南洋模范中学)。

1921 年

夏　完成南洋公学附属中学高中一年级学业。

7 月　母亲董晓媚去世。

8 月　受穆藕初资助,乘坐"南京号"轮船赴美留学。进入威斯康辛大学预科学习。

1922 年

春　跳班转入纽约大学二年级学习。

1924 年

获纽约大学文学院经济学学士学位,嗣后进入耶鲁大学攻读博士学位,受业于当时著名的商业史教授克莱夫·德埃(Clive Day)。

夏　经何廉介绍加入成志会。

1928 年

以《英格兰工厂制度之胜利》(The Triumph of the Factory System in England)为题撰写学位论文,提出新见,获得好评,获得耶鲁大学博士学位。

12 月　回国。

1929 年

1 月　应孔祥熙之聘担任实业部工商访问局局长,后经何廉之邀,辞去工商访问局局长职务,应聘任南开大学经济史教授。

同年,《中国工业化之程度及其影响》(何廉、方显廷著)由实业部工商访问局出版。

10 月　*Industrialization in China: A Study of Conditions in Tientsin*

(《中国之工业化:天津情况之研究》,何廉、方显廷著)由南开大学社会经济研究委员会出版。

Tientsin Carpet Industry(《天津地毯工业》英文版,工业丛刊第一种)由南开大学社会经济研究委员会出版。

1930 年

8月 《天津地毯工业》(工业丛刊第一种)由南开大学社会经济研究委员会出版。

是年,还有如下著述面世:

English Industrial Organization About 1840(《1840年前后英格兰之工业组织》)由天津直隶印字馆(Tientsin:Chihli Press)出版;

The Triumph of the Factory System in England(《英格兰工厂制度之胜利》)由天津直隶印字馆(Tientsin:Chihli Press)出版;

Hosiery Knitting in Tientsin(《天津针织工业》)由天津直隶印字馆(Tientsin:Chihli Press)出版。

Rayon and Cotton Weaving in Tientsin(《天津织布工业》)由天津直隶印字馆(Tientsin:Chihli Press)出版。

1931 年

南开经济研究所成立,方显廷在研究所从事教学与研究工作。

4月 发表 Industrialization and Labor in Hepei with Special Reference to Tientsin(《河北之工业化及劳工状况——特别着眼于天津》),是文刊载于 *Chinese Social and Political Science Review*(《中国社会和政治经济评论》)。

12月 《天津织布工业》(工业丛刊第二种)及《天津针织工业》(工业丛刊第三种)由天津南开大学经济学院出版。

1932 年

  Cotton Industry and Trade in China（《中国之棉纺织业》）由天津直隶印字馆（Tientsin：Chihli Press）出版。

1933 年

  1 月 完成 *Report on Economic Conditions and Problems of Chekiang*（《浙江经济状况及问题调查报告》，何廉、方显廷著）。

  《近代欧洲经济史讲义大纲》（方显廷编）由天津南开大学经济学院印行。

  Rural Industries in China（《中国之乡村工业》）由中国太平洋学会出版。

  8 月 完成《中国乡村工业与乡村建设》中文书稿（油印本）。

  9 月 《中国之乡村工业》（方显廷、吴知著）发表于《（南开）经济统计季刊》（天津南开大学经济学院编）第二卷第三期。

1934 年

  1 月 Economic Statistics in China（《中国之经济统计》）在《中国经济月报》（*Monthly Bulletin on Economic China*）发表。

  《中国之工业讲义大纲》（方显廷、谷源田合编）由南开大学经济学院印行。

  Grain Trade and Milling in Tientsin（《天津之粮食业与磨房业》）由天津直隶印字馆（Tientsin：Chihli Press）出版。

  2 月 Rural Manufacturing Industries in Chekiang（《浙江之乡村制造业》）发表于《中国经济月报》第七卷。

  《中国之棉纺织业》出版（国立编译馆，商务印书馆印行）。

  5 月 The Co-operative Movement in China（《中国之合作运动》）刊载于《中国经济月报》。本书中文本由天津南开大学经济学院印行。

8月,《天津棉花运销概况》由天津南开大学经济研究所印行(本书同时又有华北农产改进社版)。

11月 Rural Industries in China's Reconstruction(《乡村工业在中国之复兴》)刊载于《中国经济月报》第七卷。

12月 China's Silk Reeling Industry(《中国之缫丝工业》)在《中国经济月报》发表。

1935年

10月 Co-operative Marketing of Cotton in Hopei Province(《河北省之棉花运销合作》)发表于《南开社会经济季刊》(*Nankai Social and Economic Quarterly*)第一卷第三期。

《华北乡村织布工业与商人雇主制度》(工业丛刊第六种)由天津南开大学经济研究所出版。

1936年

1月 《由宝坻手织工业观察工业制度之演变》(工业丛刊第七种)(方显廷、毕相辉著,天津南开大学经济研究所)出版。

3月 《中華民國の合作運動》(方顯廷著,大熊良一譯)產業組合中央會昭和十一年(1936年)出版。

4月 《统制经济讲义大纲》(方显廷编)由天津南开大学商学院印行(油印本)。

7月 《论华北经济及其前途》(南开大学经济研究所《政治经济学报》单行本)出版。

8月 《支那工業論》(方顯廷、何廉、吳知、畢相輝著,有澤廣已編)改造社昭和十一年(1936年)出版。

Toward Economic Control in China(《中国之统制经济》)由中国

太平洋学会(China Institute of Pacific Relations)出版。

The Growth and Decline of Rural Industrial Enterprise in North China (Tientsin: Chihli Press).

Shoemaking in a North China Port(《华北港口之制鞋业》,方显廷、谷源田/著)发表于 *Chinese Social and Political Science Review*(《中国社会政治经济评论》)Vol. XVIII, No. 4。

Industrial Capital in China (《中国之工业资本》)刊载于《南开社会经济季刊》(英文)1936年4月号。

《天津棉花之运销概况》由天津南开大学经济研究所出版。

1937 年

1 月　Industry Organization in China (《中国之工业组织》)发表于《(南开)社会经济季刊》第四期。

6 月　与罗家伦、周炳琳等十名受过穆藕初资助出国深造的学生共同出资设立"藕初奖学金",以奖励大学读书青年。获得此项奖学金者有杨振宁等人。

7 月　中日战争全面爆发,方显廷受张伯苓校长之命,与杨石先等人赴湖南长沙安排学校南迁事宜。

11 月　《支那經濟建設の全貌》(方顯廷［ほか］五人同撰;日本國際協会叢書第 191 輯,日本國際協会太平洋問題調査部/訳)東京:日本國際協會,昭和十二年［1937］出版。

《天津棉花运销概况》(金城银行总经理处天津调查分部编)再版。

1938 年

方显廷受命任华北农村建设协进会秘书长,驻贵阳工作。

《中国经济研究》(方显廷主编)由商务印书馆出版。

1939 年

1 月 《西南经济建设论》出版,本书第二章"西南经济建设与工业化"由方显廷撰写。

在抗战时期,担任西南经济研究所研究主任,并拟订了一系列大后方地区的经济发展计划,包括:

《川康毛纺织业建设计划草案》(油印本);

《川康棉纺织业建设计划》(油印本)由西南经济建设研究所出版;

《川康经济建设计划草案·棉业》由西南经济建设研究所出版;

《中国工业资本问题》中文版由商务印书馆出版。

同年,南开经济研究所迁移至重庆,方显廷随即转赴重庆主持研究所工作。在方显廷主持下,1939—1946 年,南开经济研究所先后培养出七届研究生(连同 1936—1937 年在天津的两届,总共九届)。

11 月 《支那経済研究》(方顯廷編;梨本祐平訳)東京:改造社,昭和十四年(1939)出版。《支那工業組織論》(方顯廷撰;岡崎三郎譯)東京:生活社,昭和十四年(1939)出版。

1940 年

1 月 War-Time Economic Reconstruction in China(《战时中国经济之重建》)发表于《南开社会经济季刊》第 XI 期,有油印单行本。

10 月 《支那の民族產業》(方顯廷著,平野義太郎編;東亞研究叢書第三卷)由岩波书店刊行昭和十五年(1940)出版。

《中國の綿工業と貿易》(方顯廷著,幼方直吉譯;東亞研究叢書第十二卷)岩波书店刊行昭和十五年(1940)出版。

1941 年

9 月 《战时中国经济研究》由商务印书馆出版。

9月6日 乘"克利夫兰总统号"轮船赴美,受美国洛克菲勒基金会之邀,在哈佛大学研究院以客籍研究员身份进行研究工作和学术活动。

在美国访问期间,方显廷做了"战时中国经济"的演讲,并应美国经济作战委员会对敌工作部负责人詹姆斯·舒美克(James Shoemaker)之邀,任对敌工作部中国情况小组首席经济分析员。

1942年

4月 *The Post-War Industrialization Of China*(《战后中国之工业化》)由南开大学出版。

1943年

2月 完成 *The Japanese Development Companies in Occupied China*(《沦陷区的日本开发公司》)书稿。

10月19日 恩师穆藕初去世。

12月 被任命为中央设计局研究主任。

1944年

1月27日 回国。

2月 开始履行中央设计局调查研究部主任职责,受命主持制订中国"战后五年经济计划草案"。

1945年

4月 发表《太平洋各国经济问题》(中央训练团台湾行政训练班印行)。

11月 《中国战后经济问题研究》(方显廷编著)由商务印书馆出版。

1946年

在上海担任新创建的同德经济研究所(即后来的上海中国经

济研究所)执行所长,研究经济问题,撰写经济方面的文章,主编《经济评论》并编纂各种经济数据。

5月 《中国战时物价与生产》(方显廷编辑)由商务印书馆出版。

1947年

《中国战后经济问题研究》(方显廷编著)由商务印书馆再版。

6月 《现代中国的经济研究》(方显廷讲,袁林记录;青年会工商经济研究会主办之讲座),刊载于《经济周报》第5卷第3期6月19日。

此一时期,方显廷还发表了如下论文:

《中国工业现有困难的分析》,方显廷、陈振汉,刊载于《纺织周刊》第3卷36期。

《中国工业发展的前途》,方显廷、陈振汉,刊载于《纺织周刊》第3卷47期。

《我国工厂法与纱厂业主之关系》,刊载于《纺织周刊》第3卷48期。

主编《经济评论》(上海:经济评论社[发行],1947—1949)

11月 进入当时设于上海的联合国亚洲及远东经济委员会(ECAFE)秘书处工作。

1948年

11月 应邀赴泰国曼谷参加联合国亚洲及远东经济委员会(因中国发生内战,此时联合国亚洲及远东经济委员会已迁移至泰国曼谷),任经济调查研究室主任,编辑《亚洲及远东地区经济年鉴》及《亚洲及远东地区经济季刊》。

1953年

11月 在联合国《亚洲及远东地区经济季刊》上发表《1949—

1953年中国大陆的经济发展》(Economic Development in Mainland China, 1949—1953)一文,客观评价大陆的经济发展。

1961年

5月 美国副总统约翰逊访问联合国亚远经济委员会,会见方显廷等亚远经委会工作人员。

1966年

6月 应邀受聘担任联合国亚远经委会工业与自然资源处工业经济地区顾问。

1966年6月—1968年3月,分别为亚远经委会工业与自然资源委员会及亚洲工业发展理事会撰写了六份文件,内容涉及:亚远地区国家工业化出口之前景、工业发展战略、工业协调与合作之途径、这些发展中国家中工业一体化诸方面问题,亲自撰写、编辑了六个国家和地区的调查报告,这六个国家和地区是:中国香港地区、中国台湾地区、泰国、印度尼西亚、韩国和新加坡。

1967年

11月—12月,应台湾当局之邀,对台湾的工业发展接受咨询并提出建议,并撰有《台湾之工业化——特别着眼于政策及监控措施》(Taiwan's Industrialization, with Special Reference to Policies and Controls)。

1968年

从联合国退休,应新加坡南洋大学之聘任教,教授"发展经济"等课程,并主持编辑《南洋大学学报》。组织并主持各种关于新加坡工业化前景的研讨会,发表《新加坡经济发展的战略》(Strategy of Economic Development in Singapore)及《新加坡的小型工业》(Small Industry in Singapore),此二文先后刊载于《南洋学报》(Journal of *the South Seas Society*)。

发表 Taiwan's Industrialization, with Special Reference to Policies and Controls (《台湾之工业化——特别着眼于政策及监控措施》)。刊载于《南洋学报》(*Journal of the South Seas Society*) 1968 年第 2 期。

对南洋学会成员发表题为 Industrial Integration in the ECAFE Region: Need, Possibilities, Prospects and Problems (《亚洲及远东地区之工业一体化:必要性、可行性、前景与问题》)的演讲,刊载于《南洋学报》(*Journal of the South Seas Society*) 1968 年第 23 期。

1969 年

发表 Development of Industrial Exports in the ECAFE Region(《亚洲及远东地区的工业出口之发展》),刊载于《南洋学报》1969 年第 3 期,第 541—552 页。

1970 年

《新加坡经济发展的战略》(Strategy of Economic Development in Singapore),刊载于《南洋学报》1970 年第 4 期,第 249—288 页。由新加坡 Eurasia Press 出版。

1971 年

从南洋大学退休。

《新加坡经济发展的策略》(南洋大学研究院商学研究所丛书 1)中文版在新加坡出版。

《新加坡的小型工业》(南洋大学研究院商学研究所丛书 2)中文版在新加坡出版。

1972 年

新加坡南洋大学授予方显廷南洋大学荣誉教授。

11 月　开始撰写回忆录。

1973 年

9 月　回忆录初稿完成。

1975 年

回忆录英文文稿 *Reminiscences of a Chinese Economist at 70* 由新加坡南洋学会资助印刷。新加坡南洋大学董事、新加坡驻日本大使及韩国大使黄望青为回忆录撰写序言。

1978 年

The Triumph of the Factory System in England（《英格兰工厂制度之胜利》）由美国 Porcupine Press 再版。

1981 年

9 月 11 日至 14 日　随旅游团回国旅游探亲。在此期间,受到诸多旧时学生的欢迎,在欢迎宴会上发表题为《西方物质文明带来的道德堕落》的演讲。

1985 年

3 月 20 日　逝世于瑞士日内瓦寓所。

2006 年

9 月　《方显廷回忆录——一位中国经济学家的七十自述》中文版(方露茜译)由商务印书馆出版。

方显廷先生及其《中国之棉纺织业》[*]

熊性美

一

我不是为《方显廷文集》写序的最合宜人选。第一,同方显廷先生没有过个人接触,没有当过他的同事、助手或学生;第二,也没有,尽管在南开大学经济系、所长期工作,系统研读过方氏的著作。但毕竟已在南开经济学系、所留驻了六十年,接触过不少方先生的同事、学友和学生,聆听过不少方氏其人其事,感受到其留下来的(尽管日渐式微)影响,因此,承商务印书馆之邀,以一个南开学人的身份勉力应承为《方显廷文集》写一个序,也算是当前条件下责无旁贷的历史任务吧。

方显廷博士1928年由美国学成回国,谢绝了孔祥熙提供给他的高薪仕途机会,应何廉之邀,到天津南开大学任经济学教授,用他自己的话说:"我做出了我毕生事业的抉择——愿为教育工作尽我之所学,而不是在政府和商业圈子里消磨今生。"在方氏的另一

---

[*] 此为熊先生为《方显廷文集》(商务印书馆2011年版)第1卷所写序言,转用于此。

段独白中说得更具体:"在我离开祖国远渡重洋到国外学习七年归来之后,给我一个机会通过教学和研究工作来了解我的国家,以便我能最后证明自己对于祖国和人民的价值。"(《方显廷回忆录》商务印书馆 2006 年版,第 65 页)应该说,这种充满豪情的报国理想的中国留学生的自白,在上一世纪抗日战争前学成归国的青年学子中并不鲜见,但方显廷是在南开大学用他的具体方式去一步一步实现他的人生价值和报国理想的。

什么是方显廷实现其人生价值和报国理想的具体方式?乍一看,很一般;应聘为南开大学教授,开授经济学课程,从事天津地区工业和中国经济的调查研究。但是,如果你深入考察方显廷1928—1938 年即抗日战争前短短十年间的工作轨迹就不难发现,他在南开大学经济研究所同何廉教授合作从事教学、科学研究及学术交流和出版工作,包括编制出版南开物价指数,成绩斐然,使南开经济研究所的研究工作及其成果在国内外产生了相当深远的影响。

概括说来,由何廉和方显廷共同谋划推动,主要由方显廷具体执行的南开经济研究所的研究和学术交流与出版工作,具有如下特点:第一,开展研究工作的指导思想十分明确,在当时中国高校和有限社会科学研究机构中可谓独树一帜,即明确提出应用西方经济学理论和方法去研究中国社会经济问题,"南开经济研究所的口号就是要把经济学'中国化'"(《方显廷回忆录》第 78 页)。第二,在研究方法上强调从事社会经济调查的重要性,把了解实际情况、获取并整理统计资料以供经济分析提高到原则高度。方显廷写道:"南开经济研究所的愿望是,通过统计数字的收集、编纂与分析,以数量来表示国内的经济情况。"(《方显廷回忆录》第 79 页)

第三,充分利用南开经济研究所内外的学术资源,充分发挥青年教师和研究生的专长,鼓励他们参加有关的研究和出版工作。第四,讲求研究成果的效益,为求扩大其社会影响。南开经济研究所的调研报告多以中英两种文本公开发表,研究成果利用各种形式在国内有影响的报刊上发表,重点学术论文有计划地参加国际学术会议并投送国际学术刊物及知名图书馆收存,等等。

在这里应当着重指出的是,南开经济研究所研究工作所体现的上述特点,在本文集的有关篇章中,表现得十分明显。

二

对于"五四"以后直到抗日战争时期的中国学术界,陈寅恪教授曾表达了关于"吾国学术界之现状及清华[大学]之职责"的看法,认为以求本国学术独立为大学职责所在。考察全国学术现状……社会科学领域,则本国政治、社会、财政、经济状况,非乞灵于外人的调查统计,几无以为研究讨论之资。(转引自吾民:"拿什么拯救经济,我的中国"《南方周末》2009年4月23日第30版"自由谈")

从20世纪20年代南开大学经济学院何廉和方显廷诸教授所从事的主要工作来看,就是打算脚踏实地对中国经济包括机器工业和手工业、农业、商业以及物价等做实际调查。这在当时相当荒芜的经济管理学术园地中无异于几株幼苗植株,但为实际经济市场所需要,理所当然地引起普遍关注,而何廉、方显廷等人更以学术调研产品向海外沟通,适应了当时东西方经贸扩展以及社会科学学术交流的需要,因而在短时间内扩大了影响。

棉纺织业,不仅是中国传统的手工业,也是中国现代产业中最重要的工厂工业。新中国成立前,关于中国棉纺织业的专著,包括欧美及日本人士的著述,屈指可数。据我们见到的资料,除了方显廷的几辑相互补充的专题论文与书刊外,主要是冯次行的《中国棉业论》(上海:北新书局,民国十八年);刘大钧的《中国棉纺织业》,同年在上海以英文出版(King, S. T. & Lieu, D. K.: *China's Cotton Industry, a Statistical Study of Ownership of Capital, Output and Lalor Conditions*, Shanghai, 1929);〔日本〕井村薰雄:《中国之纺织业及其出品》(周培阑译,上海:商务印书馆,民国十七年);英人 Jamieson, James William: *Report on the Cotton Mills of China*, London, Harrison and Sons, 1905;以及常被方氏在专论中引用的 Pearse Arno S.: *The Cotton Industry of Japan and China, Being the Report of the Journey to Japan and China*, Feb-April, 1929, Manchester, 1929。读者只要把这些书刊的内容加以比较,就可以明显看出,以方显廷所著《中国之棉纺织业》一书的内容最为充实,调查最为详尽。

本文集第 1 卷收辑了作者的代表作《中国之棉纺织业》(国立编译馆 1934 年版)。这是一部对中国的棉纺织业——中国最重要的现代工业部门之一,从历史到现状进行全面系统研究并作了前瞻性分析的学术著作,也是一份内容翔实的调查报告,凸显南开经济研究工作当时的一个特色;宏论巨帙,强调从基础调查研究开始做起。

本书由作者本人作序,虽简明扼要,却首先说明了南开经济研究所从事研究工作的一项基本原则,为什么要强调"实地调查"并从天津地区开始:关于中国工业化之论著,时有刊行,固多言之凿凿,但多凭理解,殊缺事实上之根据,南开有鉴于此,乃于民国十八年,着手实地调查。天津为华北主要工商业中心,又为南开之所在地,故为便利计,调查工作,即始于此。

其次,作者着重说明本书研究的范围不仅限于天津而是中国之棉纺织业,原因有二:第一,棉纺织工业分布之区域较为集中,不若手艺工业之随处皆有。天津在华北虽为棉纺织工业比较发达之处,而斯业重心实在上海。是以调查天津之棉纺织工业而忽视上海及其他纺织业中心,则所获结果,难免挂漏。第二,棉纺织工业为目前之最大工厂工业,而论及斯业专书,坊间尚鲜。试观本书后列各种参考资料,即可见其非失之过简,即患过于专门。综此二因,南开决意扩充调查范围及于全国,募集调查结果,成一较为系统的《中国棉纺织业及棉纺织品贸易》报告。

《中国之棉纺织业》全书充实,包括正文、参考书、附录等部分。正文共八章。第一章:中国棉纺织业之历史及其区域之分布;第二章:中国棉花之生产及贸易;第三章:中国棉纺织品之制造与销售;第四章:中国棉纺织业之劳工。其后续部分为:第五章:中国棉纺织业之组织;第六章:中国之手工棉织业;第七章:中国棉纺织品之进出口贸易;第八章:中国棉纺织业之回顾与前瞻。读者从本书的目录即可大略断定这是一部以中国棉纺织业的历史和现状为研究对象,包括棉纺织品的生产经营运销之分析的学术著作。翻开本书读者不难看到,作者编制及采集的统计表格多达120个,自行编绘的统计图表39个,由此就能知道这本学术专著实际上也是一份中国棉纺织业的调查分析报告。作者用辛勤劳动兑现了他自己说过的愿望:"通过统计数字的收集、编纂和分析,以数量来表示国内的经济情况。"(《方显廷回忆录》,第79页)

不仅如此,方氏的调查研究和统计数字更体现了经济分析的质量。因篇幅所限,我们只能举几个例证。

第一章简述了中国棉纺织业的历史及该产业20世纪前期的地区分布情况。本章篇幅不大,却明确指出20世纪初以来该产业的许多工厂逐步集中于江苏省的上海、无锡、通崇海(即南通地区)、山东的青岛,湖北的武汉,河北的天津等六处,而上海尤为重要,堪称中国棉纺织业中心。值得注意的是,虽然有些论著提到过中国的棉业聚集在中国沿海城市,但是为什么如此集中于上述六个城市?这是个生产布局问题,却鲜有明确的回答。方氏在这里给出了系统的解释。

作者提出四个主要原因。第一,这六个市都处在中国棉花产地中心,无虞棉纺原料供应的短缺。第二,生产经营享有机械动力即煤和电力供应的便利。第三,是棉纺织原料、设备及产品之运输的通畅。这六处棉业中心,除了通崇海偏处江苏省一隅外,都是当时主要铁路干线必经之地;像上海、武汉、青岛还是重要铁路线的始发和到达站。第四,这六个市乃是临近广大地区的市场和金融贸易中心,如江苏、山东、河北、湖北四省仅占全国面积5.5%,而人口却占到当时全国人口总数的26%,密度甚大。上海、天津、青岛、汉口都是我国开埠较早的通商口岸,六大城市均设有大银行、交易所、保险公司等,专营棉花、纱布贸易的殷实商号亦复不少,人口密度和市场供求的互动影响,促进了中国工厂棉纺织业的地域集中趋势。

概言之,方氏结合中国棉纺织业史的考察,尤其是20世纪以来对工厂棉纺织业的缜密调查及其与市场互动的经济分析,首先回答了棉纺织业集中在六大城市的原因与特点。我认为这是这本学术著作的第一个质量亮点。

再看第三章中国棉纺织品之制造及销售中关于纱厂效率一

节。在一般经济学研究中,如何计算及分析有关效率问题,应该说常是一个难点。在本节,首先遇到的是如何在不发达的生产环境和错综复杂的社会经济条件下去选择搜集可利用的调查统计资料,其次,是如何确定计算工厂效率的合理方法,质言之,中国"许多纱厂同时兼营纺、织二业,而两部所用之原动力及工人并未划分,故于计算时感有不便也。处此情形下,第一步先依仅营纺纱之厂计算纺锤之效率(即每一纺锤所需之工人,或原动力之算术平均数),然后将此种纺锤之效率应用于纺织厂,作为计算指定仅为织布所需之工人数及原动力总额之根据。下列诸节,即应用是项方法计算纱厂各方面之效率"。(见本书第112—113页)

作者根据"1930年中国纱厂一览表"上所列的127个纱厂的纺锤、织机和工人数,利用上述方法,通过细致的计算,最后得出的结果是多层次的,华商纱厂和日商纱厂各有特点及经营和效率优势。如果以每锭纺锤的纱产量来衡量,华商纱厂比日商纱厂的产量多,就表明华商纺锤效率高。而从每个工人可控制的纺锤来考量,则日商纱厂工人比华商纱厂工人控制更多,意味着日商每个工人效率更高。可是在一定条件下情况和结论又可发生转变,即日商纱厂工人实际效率较低,"良以一个工人控制的纺锤既多,精力当不易集中也"。

但作者并不以这样的结论为满足。又从中、日纱厂工人占用的动力和生产资料同产量的比率来考察生产效率。经过调查统计及反复核算后比较指出"日商纱厂,以其每个工人运用之纺锤及所需原动力均较华商纱厂为多,故日商纱厂中每个工人纱产额亦较华商纱厂为大,前者为11.95包,后者为9.85包"。(见本书第118页)

最能反映作者在中国棉纺织业效率的研究方面的成果的,是经过对十二个能体现纱厂效率的技术经济指标,分别选择合乎调查标准的华商及日商纱厂,按照严格的程序计算出各项纱厂效率,集中编列成在华日商纱厂和华商纱厂工作效率之比较表(见本书第119页)。这十二个技术经济指标分别为:每个工人之纺锤数,每个工人之织机数,每个工人所需原动力(千瓦特),每锭纺锤所需原动力(千瓦特),每架织机所需原动力(千瓦特),每名工人每年之纱产额(包),每锭纺锤每年之纱产额(包),每名工人每年之布产额(匹),每架织机每年之布产额(匹),每名工人每年之消棉量(担),每锭纺锤每年之消棉量(担),以及每锭纺锤每年之消棉量(担),如此等等。读者从中可以看出,这相当繁复的调查及统计结果所反映的,不是简单的日商纱厂的某项效率指标优于华商,或者反之,而是在一定条件下华商及日商纱厂分别体现的效率特色。当时的投资者固然可以据以考虑决定经营措施,而本书作者在此却充分反映了其缜密考察、深入分析的特点。

第四章"中国棉纺织业之劳工"占全书篇幅四分之一强,是全书最为详尽的一章。内容涉及劳工数量,籍贯,年龄,性别;工资与生活情况,劳动条件如劳动时间长短以及女工、童工等工作情况,劳工组织与立法包括劳资纠纷及罢工情况等,还有劳工福利设施、教育与娱乐等方面的若干调查和叙述,可谓面面俱到。有些资料是转引自当时国内外有关机构及学者如杨西孟、陈达的专题调查资料,但能切题嵌入,说明问题,而且是在1927年以后国民党政府对中国劳工运动进行了残酷镇压后进行如此系统的劳工情况调查,令人感到作者从事独立研究的气质,视角宽广,能兼顾棉纺织产业活动各方面。

但我认为本章最大的质量特点,在于对棉纺织工人工资及生活状况的深入调查分析。

旧中国纱厂对劳工通行的工资制度，一般有计时工资、计件工资及计时计件混合制三种。各地各厂所采用的工资制极为复杂，互不相同。南开大学经济学院当时主要是调查了天津、上海两市主要纱厂的典型工资制度，考察了各工种如粗纱、细纱、浆纱、打包、穿综、织布等同所采用的工资类别的关系，并分析各类工资应用的条件及其利弊得失。例如作者发现，对于技术能力强或勤恳干活的工人，计件工资甚至计时工资在一定条件下均有激励作用，而混合制则往往有欠公允。实践表明，尽管只是在若干典型纱厂从事这种工资制度的比较分析，如不作较长期的深入调研，也不易作出确切的、符合实际的判断或结论。

我认为，最可贵的材料是在天津和上海的若干典型棉纺厂和棉织厂，对不同工种的工资制和工资率进行调查统计，编制成的统计表（第42表、第43表、第44表）及统计图（图10）。

请看，作者先把天津、上海两地棉业工人的一般工资水平加以比较，然后再分别对棉纺工人及棉织工人的工资水平进一步分析。"第44表……显示上海纱厂工人之平均日资率较天津纱厂工人之平均日资率为高，前者为四角九分三厘，后者为四角六分八厘。虽然，此中差额，多系表面现象；实际天津棉纺工人（广义）之平均日资率为四角七分七厘，较上海棉纺工人之四角六分八厘为高。但棉织工人（广义）之平均日资率，天津远不如上海，天津仅四角四分四厘，而上海则为五角八分一厘。天津之棉织工人，正如前节所言，系根据记时记件混合制而领取工资者；所谓工资率仅指时率而论；实言之，此项时率乃为最低工资率，如其工作超出标准额，所得工资自亦增加。故天津之棉织工人，如其工作不能超出标准额，所得工资即依时率而定；但超出标准额后，立即依记件率付其额外工作之工资；是以该表所列关于天津棉织工人之平均日资率，乃其最低之工资率，固不足代表实际情形也。"（见本书第160—165页）作者对计件、计时等工资制实际实施的深入分析，令人折服。

作者还利用上海有关社会调查资料及南开大学经济学院所做的社会调查，对1927—1930年期间上海、天津两地棉纺织业工人的家庭收支情况分别编制了每户每月的收入及支出明细分析表（第46表（甲）、（乙），第47表（甲）、（乙）），以及津沪两地棉业工人家庭收支统计比较图（图16），分析指出两地棉业工人家庭财务收支变化的共同规律是：当家庭收入增加时，用于食品、房租和燃料的开支会减少，而用于衣着、杂项如交通、医药、娱乐和人际交往的费用会增加。但进一步分析又发现两地棉业工人家庭开销亦有不同之处，即食物和燃料开支所占比例，天津家庭比上海高，而衣着及杂项开支，特别是人际交往费用，上海家庭明显高于天津。

此外，作者在论述工资与劳工生活程度这一部分内容时，还对上海及天津主要纱厂的工人奖金（赏金）的种类和实行办法，工人当时的借贷行为及其通行方式一一搜集分析，并随即延伸到另外的议题"工作时间"、"童工和女工"加以论列，如此等等。为什么如此？因为这些棉业工人的劳动时间和年龄、性别结构最终都影响到并构成天津和上海纱厂工人的平均每月实际收入（以银元计算，见第45表（甲），第45表（乙））。这两个大体上反映了天津和上海纱厂工人每月实际收入的统计表，划分了劳工业务工种，区别了男工和女工，虽然只是典型纱厂的统计，却是当时尽可能归集获取的材料。今日展读这些史料，可以想见昔日调查分析运作的艰辛。

从当前统计工作及经济分析层次的要求来看，读者也许会觉得昔日棉业工人的写作内容资料安排不够系统,甚至有些零散,如在"工作时间"小节内又讨论华商纱厂工人效率,似与第三章的"纱厂效率"小节内容重叠交杂。实际上作者在"工作时间"项下着重说明、深入论证的仅为一个纱厂的一件事,即天津宝成纱厂是中国棉纺织业率先实行工时改革,从1930年2月起由每日两班制改为三班制后,工人的效率大约增加三分之一,产额与工资亦都增加,如第48表所示,而厂方亦获得多方利益,与当时颁布的新工厂法亦能协调。因此,虽在行业内遭到普遍抵制,终能坚持推行,而纱厂工人三班制由此开始,慢慢反复扩大实行到各地棉纺织行业。

又如在本章最后一小节"储蓄",篇幅不多,文章简练,却是对中国棉业工人生活贫困写照的甚有说服力的补充材料。文中指出:中国"纱厂之为工人设立储蓄机关者,为数极少;……以多数工人,其收入仅足过活,遑论储蓄!此外,遇急需之时,工人多赖借贷支应"。作者根据对上海曹家渡230家棉纺织工人家庭的调查,特别专题整理分析了工人家庭的借贷和整个财务情况,发现不仅包括一般现金债务、赊欠和入会(会钱),还有印子钱、实物典当等若干高利贷形式,于是汇总分别编制成上海纱厂工人家庭之"假收"和"假支"表(第75表(甲),第75表(乙))。作者没有具体说明制表的时间年月,从行文内容判断当在1930年前后。我深深感到,这些细致整理的上海一小方地区一组家庭群体的专项财务(债务关系)表格,反映了中国棉业工人贫困生活的一个重要侧面,实际上也是抗日战争前中国产业工人贫困生活的真实写照。今日保留下来,弥足珍贵。

第五章"中国棉纺织业之组织"内容涉及不少重要的经营管理问题,如纱厂规模之大小,华商及外商投资的规模、特点及相互关系,棉纺织行业资本集合(中)的程度和趋势,以及诸纱厂经营盈亏状况等,但初读时不免感到内容庞杂、问题纷繁、技术性强,一时茫然。深入研读,分析统计图表,对本章内容尤其是质量特点才逐渐悟出头绪来。

首先,作者提出分析中国棉纺织业的组织情况,应利用社会上已公布的材料,"即为根据华商纱厂联合会每年刊行的中国纱厂一览表,加以统计的分析"。而当资料不足,技术经济指标含义不清或质量不符、存在缺陷时,则须讲求统计方法。根据这一方法论原则,作者在计算中国纱厂的规模大小时,先确定计算的标准,如按照每厂的工人数、纺锤数、原动力(千瓦)、消棉量(担)、纱产量(包)、织机数、布产额(匹)等,然后再作缜密的统计分析。作者把在中国的华商和日商纱厂分别按三种平均数统计方法即众数、中位数和算术平均数分别加以计算。结果制成七个按不同经济指标衡量的纱厂规模大小统计表(第78表至第84表)。按这三类平均数计算的结果当然互不相同,以算术平均数为最高,中位数居中,以众数为最低。

其次,本章的重点应是分析中国棉业资本的规模和结构,因为它和整个棉纺织业的经营势力、盈亏动态及竞争整合等重要问题息息相关。作者确实也根据搜集到的资料,作了尽可能细致的研究,具体说,进行了三个层次的统计分析。

一、全国81家华商纱厂中按资本规模大小及厂址在上海或他处分组。制成"七四家华商纱厂按每厂投资额之分配1930"(第86表)并指出,就全中国而论,华商纱厂之资本规模,按中位数计算约为143.7万元,按众数约为28.5万元。

二、在华日商纱厂共43家,将其有关经济指标加以技术处理换算成可比数值后,亦按资本规模大小及厂址在上海与否分组,制成"日商纱厂按每厂投资额之分配1930(元)"(第87表)。由此可知,全中国43家日商纱厂的投资总额为14,892万元,每厂平均资本额为346万元,但作者的统计方法十分周密细致,亦复指出,全国之日商每厂资本额如按中位数计则为275万元,按众数计最低,为222万元。

三、作者还将中国棉纺织业中华商、日商和英商的投资,分别按工厂数及资本大小分组,编制了"在华各国纱厂按每厂投资数额之分配1930"(第89表)。再按平均数的不同计算结果,编成"在华各国纱厂投资额之算术平均中位数平均及众数平均大小1930",(第90表),该表显示,各国在中国纱厂投资的情况尽管千变万化、极为复杂,但通过统计分析,投资额的一般平均数却反映了共同的规律性现象,即从众厂商投资规模来看,算术平均数最高,中位数平均居中,众数平均最低,作者还从微观分析的角度指出,1930年在中国"投资最大之纱厂,为上海日商设立的同兴第一厂,投资额为10,647,974元;投资最小之纱厂,为河南武陟华商设立之成兴纱厂,投资额仅60,000元"。

此外,作者在本节为配合众多统计分析表,还绘制了一些统计图,将统计分析与应用技术推进到另一层次,有助于读者对内容的更好领悟与概括。

再次,对于中国棉纺织行业中纱厂集合(中)的趋势,本章设一专节研究,指出在第一次世界大战后,中国棉业出现了资本集中的趋势;全国127家纱厂,经集合结果,有61家归合于14个公司,其中7家系华商所有,6家系日商所有,1家系英商所有。从投资结构来看,大约全国半数的纱厂,占全国纱厂资本及公积金半数以上，或占机械、劳工、消棉以及纱布产额的半数以上，均遭到资本集合或兼并，见第91表（甲）及图27，而在中国日商纱厂之集合程度，更超过华商纱厂。

从本节所提供的简单情况可见，在一次大战后中国棉纺织业得到暂时发展的过程中，各国资本的竞争，集合和兼并情况不可谓不激烈。但是，本书所揭示的资本集合结果与各国主要是日商及华商的资本竞争有何关系？华商即我们通常理解的中国民族资本以及外商的经营竞争和集合又有什么关系和特点？这些丰富的经济内容在本节中均没有丝毫论及，不能不令人感到失望。

最后，本章又设（戊）节论纱厂账目之分析，原以为从中可以窥见华商或外商纱厂财务收支或盈亏内情，这本是与棉业企业投资竞争密切相关的题目，但捧读之后，感到内容相当空泛，其一，文章用相当篇幅论天津若干纱厂不健全理财之途径，虽系属于企业账目可以论列之事，竟与本专题核心相去甚远。其二，作者坦承"在调查六家天津纱厂之时，仅得其四家之帐目报告，包括民八至民十七之十年"（1919—1928年）。这里可以看到本节内容不够丰盈的实质所在，试想在1930年前后的中国商埠要津，作者如能以大学教授或财贸消息灵通人士身份取得中外棉业公司的财务报告或董事会书记记录密件，从中摘取纱厂竞争状况、盈亏兼并之内情来和本书的统计分析相匹配，自显相得益彰；退而求其次，如能得到中外纱厂的财务报告多份，如作者所言"尽力按照现代之会计方，重加以整理"，总结出经营管理获利或亏损的若干途径与特点，亦能使本节增色不少，质言之，本书现在仅以天津4家纱厂的财务素材作分析，考虑到当时全国纱厂有百余家，仅中国纱厂即达七八十家，应当说这一财务分析实无多少时代典型意义。

本书最后一章为"中国棉纺织业之回顾与前瞻",内容共分为(甲)中国棉纺织工业之概况,包括历史及其分布之区域,工业组织,棉花,劳工状况,制造及销售等五个专题;(乙)中国棉花及棉纺织品之进出口贸易,包括1930年以前中国棉花和棉纺织品进口、来源地与到达地;1930年以前棉花及棉纺织品出口、输出主要口岸、输出目的地及国外地区,然后是1930年以后棉花的进口贸易及出口贸易,以及棉纺品及棉织品的出口贸易,如此等等。乍一看,作者不是在压缩重复本书第一章至第七章的内容吗?但随着浏览(甲)(乙)这两部分内容就会发现,作者是从一个新的视角来重新审视和组织上述旧的内容。作者要回答的问题是,为求得中国棉纺织业在未来世界上的立足和发展,中国过去的棉纺织业有哪些有利条件和比较优势,又有哪些不利的因素?这是一个经济学者的考虑和视野,回顾过去是为了展望将来。

在本章的最后一节(丙)中国棉纺织工业之前途中,作者简明扼要地分析了两个问题,中国棉纺织业之世界地位,以及中国棉纺织业发展之阻力。

作者指出,从1914年第一次世界大战爆发以来,中国之棉纺织业发展极为迅速。1913—1931年期间中国棉纺织业之增长率居于世界各国前列。从中国棉纺织业的制造、销售和纺织产品的贸易条件来看,发展的可能性很大。

作者进一步指出,从1925年以来中国棉纺织业的增长率已在逐渐下降,一部分可归因于外国棉纺织品进口的激烈竞争,但还有更深远的原因,除了20世纪30年代中国政治之混乱状态,在经济方面阻碍华商纱厂发展的三个根本原因为资本缺乏,企业管理的落后和腐败,以及劳工效率之低微。作者据此最后指出:"若不谋彻底之改良，徒借外界造成之势力，和缓一时，究非适当之途径也。愿吾国人，共起图之。"这是一个中国学者的心声。

作者的上述论断，是基于事实根据与科学分析的结论与一般建议。1937年抗日战争爆发，中国局势陡变，棉纺织行业的状况与前途亦随之明日黄花。但方显廷之《中国之棉纺织业》一书及其最后一章的结论留存下来，成为学术上的历史见证。

综上所述，可以看出《中国之棉纺织业》一书的内容特点。资料收集丰富得宜，调查研究深入细致，统计分析充分并有特色。如第五章51页篇幅中竟有统计表格和图示36个，足见利用专业统计技术达到极致。少数章节不足之处在于质量的不平衡或明显反差，其原因是作者无法得到专题内容所需要的合宜的、充分的资料。然而瑕不掩瑜，就整体而论它是一本论述中国棉纺织业历史并深入考察分析其工厂工业发展的学术专著，弥足珍贵。

中国经济学界的曾经领军人物
——方显廷

纪 辛

一、生平

方显廷是中国著名经济学家。1903年9月6日,方显廷生于浙江宁波一个珠宝手艺人家。7岁时,父亲方智玉去世,家道中落。方显廷在读完小学后,因家贫而辍学,14岁,进入上海厚生纱厂做学徒工。方显廷利用工余时间勤奋学习,因此受到中国近代著名实业家、时任厚生纱厂经理的穆藕初先生赏识,他资助方显廷进入南洋公学附属中学读书,一年后,又资助方显廷到美国留学。1921年,方显廷赴美留学,先进入威斯康辛大学学习,随即转入纽约大学学习;1924年获得纽约大学文学院经济学学士学位,嗣后进入耶鲁大学攻读博士学位,受教于当时著名商业史教授克莱夫·德埃(Clive Day)。1928年以《英格兰工厂制度之胜利》(*The Triumph of the Factory System in England*)为题撰写学位论文,提出新见,受到好评,获得耶鲁大学博士学位。经过7年的刻苦学习,1928年,方显廷取得经济学博士学位后返回祖国,先受聘于实业部工商访问局。1929年初,经何廉举荐,应聘到南开大学任经济史教授,兼任社会经济研究委员会的研究主任,主持研究工作,开始着手天津地区的工业调查工作。方显廷在南开大学的8年中(1929—1937年),撰写了大量的学术论著;1931年南开经济研究所正式成立,方显廷在研究所从事教学和研究工作。1937年中日战争全面爆发后,方显廷随学校辗转至大后方,彼时南开、北大、清华三校合并,在昆明成立西南联大。1938年方显廷又受命任华北农村建设协进会秘书长,驻贵阳主持工作;翌年,南开经济研究所迁移至重庆,方显廷亦随即转赴重庆主持研究所工作。在方显廷的主持下,从1939年至1946年,研究所先后培养了七届研究生,并编辑出版了大量中国经济方面的著作;1941年至1943年,方显廷受美国洛克菲勒基金会之邀赴美。在美国访问期间,方显廷在哈佛大学研究院以客籍研究员的身份进行研究工作和学术活动。他尤其注意收集有关凯恩斯经济学说的相关著述,为弥补国内学术研究机构因中日战争爆发而导致的相关外国学术资料的短缺情况,为南开经济研究所购置并募捐一批当时出版的有关凯恩斯经济学说的最新著作。在一次研讨会上,方显廷作了有关《中国之战时经济》的讲演,介绍了当时处在战争中的中国的战时经济情况,撰写并出版了《战后中国之工业化》一书;同时,方显廷在哈佛出席诸多一流经济学家的讲座,内容涉及财政问题及政策、不完全竞争、经济史以及国际经济关系等等。为了战时的工作需要,也为了取得以后在自己国家进行经济工作必要的工作经验,方显廷经由美国经济作战委员会的对敌工作部领导人詹姆斯·舒美克(James Shoemaker)之邀,到对敌工作部的中国情况小组担任首席经济分析员。1944年回国后,方显廷受命主持制订中国"战后五年经济计划草案"的工作。1946年在上海担任新创建的同德经济研究所(即后来的上海中国经济研究所)执行所长,研究经济问题,撰写经济方面的文章,并编辑各种经济资料。1947年,方氏应联合国邀聘,参加联合国亚洲及远东经济委员会工作,任经济调查研究室主任,编辑《亚洲及远东地区经济年鉴》及《亚洲及远东地区经济季刊》。1968年退休后转入新加坡南洋大学(即现在的新加坡国立大学)教学,主持编辑《南洋大学学报》。1971年退休。1972年新加坡南洋大学首次在受衔人缺席情况下授予方显廷该校荣誉教授,后于瑞士定居。1985年3月20日,方显廷在瑞士日内瓦去世,终年82岁。

二、学术贡献

使方显廷留在历史记忆中的是他的非凡的学术贡献。

方显廷是最早用西方经济学方法研究中国现实经济的著名学者之一。他将西方经济学方法运用于研究中国的现实经济,开创了用计量方法研究中国社会经济问题的先例。他撰写了许多中国经济研究方面的专著和调查报告,并编辑了大量的中国经济资料;他受过严格系统的经济学训练,具有广阔的研究视野和深厚的经济学理论功底,因而能够深刻地观察经济现象;他极为注重实证研究和实地考察,具备丰富的实际调查能力,经常根据掌握的第一手资料,提出自己的看法。他指出:"4000余年来中国人一直是以近似值的观点,而不是以量的精确性来观察事物。以国家的人口统计为例:在1953年北京政府所做的仍然不能令人十分满意和不够充足的人口普查之前,其数据可以偏离准确度达数以千万计。某些情况下,数字的起伏波动在3亿到4亿之间"①。方显廷明确提出:"南开经济研究所的愿望是:通过统计数字的收集、编纂和分析,以数量来表示国内的经济情况。"②因此,可以说方显廷是最早将量化方法引入中国经济研究领域的学者之一。他的代表作《中国之棉纺织业》(国立编译馆,1934年)就是第一部对中国棉纺织业进行全面调查与研究的重要著作。全书分为八章:中国棉纺织业之历史及其区域之分布、中国棉花之生产及贸易、中国棉纺织品之制造与销售、中国棉纺织业之劳工、中国棉纺织业之组织、中国之手工棉织业、中国棉纺织品之进出口贸易、中国棉纺织业之回顾与前瞻。每章中又分为若干章节,如第四章"中国棉纺织业之劳工"下面又分为劳工之人数与性质、劳工之状况、劳工组织、劳工立法、劳工福利设施等。在最后一章中则概括地分析了中国棉纺织业发展之阻力,在世界上之地位,以及发展前途等。书后附有大量统计表格,对了解中国棉纺织业之历史及其发展有着重要参考价值。这本学术专著实际上也是一份中国棉纺织业的调查分析报告。它已经成为研究中国近代最重要的工业部门——棉纺织业的一部经典之作。

必须指出的是,方显廷一直致力于将西方所创立的经济学"中国化"。他在回忆录中明确指出:"如果可以将'口号'这个词使用到学术问题上的话,特别是考虑到所谓'制度化'的因素,那么南开经济研究所的口号就是要把经济学'中国化'。"③

---

① 《方显廷回忆录》,方显廷著,方露茜译,商务印书馆2001年9月版。第78—79页。
② 同上书,第79页。
③ 同上书,第78页。

在中国工业化研究方面，方显廷有自己独到的见解；由于方显廷对经济史研究方面的功底和造诣，何廉延揽方显廷共同创建南开经济研究所；建所伊始，方何二人便选择若干重要行业进行深入的工业调查。方显廷到南开不久，便以天津及其周围地区为研究对象，对当时天津市的主要工业部门如：地毯工业、织布工业、针织工业、制鞋业、粮食及磨坊业等均进行实地调查，并撰写所调查行业之报告，在这些工业调查报告的基础上进行统计分析，写出了《中国工业化之程度及其影响》（何廉、方显廷）、《中国工业资本问题》（方显廷）、《中国之乡村工业》（方显廷）、《中国之工业化：天津情况之研究》（何廉、方显廷，天津，1929年）等著作，探讨中国工业化程度及影响，对抗战前中国资本主义工业发展水平作出估计。上述工作，实际上就是方显廷着手将经济学"中国化"的第一步。他之所以极为注重实证研究和实地考察，就是因为在当时的中国，缺乏最基本的个案研究资料和数据，更谈不上具有全面可靠的连续性统计数据；而要从中国国情出发，建立相应的经济理论，首先就要从实证研究、从研究个案入手，只有在微观和个案调查研究积累到一定量的情况下，构建宏观理论框架才有可能。

方显廷在进行工业调查的同时，也关注着中国农村的经济状况。他深知在中国这样一个以传统农业为基础的大国实行工业化，则必然要关注中国农村。在上世纪30年代，方显廷亲自带领并指导经济研究所成员深入附近农村，对河北省的宝坻、高阳等县的乡村纺织业进行调查，撰写了《华北乡村织布工业与商人雇主制度》、《由宝坻手织工业观察工业制度之演变》（方显廷、毕相辉著）、《华北工业企业之兴衰》（方显廷、毕相辉著）等著作；方显廷在调查高阳县纺织工业的同时，对当时农村经济的状况也多有叙述，由于农村小工业也是中国农村经济的一个重要组成部分，方显廷在进行农村工业调查的同时，必然要接触这方面问题。战后，方显廷又主持了战后中国第一个工业化方案的制订。在中国这样一个贫穷落后的国家如何实现工业化，方显廷对这个重大的问题的认识，随着时间的推移和环境的变化，而不断有所发展和深化。早年他主张扶植民族资本，避免外资的引进对于民族资本的伤害；1936年，方显廷在《南开社会经济季刊》（英文）1936年4月号上曾发表了《中国之工业资本》一文，文章对中国工业资本之来源、用途、危机、今后出路等问题进行了阐述。1939年，应《艺文丛书》编辑部之邀请，作者修改并扩充了原文，对中国工业资本问题进行了更为详尽的探讨。

抗战胜利之后，有鉴于日寇的侵略将中国工业基础毁坏殆尽，方显廷转而提出要借助（但不是依赖）外资的力量，以推进中国的工业化。尤可注意的是，他虽然自身参与了战后中国第一个工业化方案的制订，但他并不完全赞同这个方案，尤其不赞同这个方案把对农业的投资压缩到一个极小的比例。他指出："从以上资金分配比率看，十分清楚的是：重点首先放在基本设施，然后是制造业和采矿，而最后才是农业。这一对于农业的忽视，在中国大陆的第一个五年计划（1953～1957）中也同样反映出来。而对这一忽视的纠偏措施，只有在体验了1958年的'大跃进'和60年代初期的饥馑那代价高昂的痛苦经历，使经济恶化之后，才得以实施。"①这在当时和以后，都是一种真知卓见。由此可见，在30年代末方氏注重中国农村经济研究并投身于实践，后又在大后方参加过晏阳初

---

① 《方显廷回忆录》，第122—123页。引文中字体下重点符号为笔者所加。

等学者组织领导的乡村建设运动并非偶然。如果没有对中国农村经济的深刻了解，方显廷就不可能对中国这样一个以农业为主的国家如何实现工业化有如此清醒的认识。

确立方显廷在中国现代学术史上地位的，还在于他培养了一批年轻的中国经济学者。作为一位教书育人的学界前辈，中国经济学界和经济史学界的著名学者很多出自他的门下，如北大的陈振汉先生和赵靖先生，曾任南开大学校长的滕维藻先生，曾任南开大学经济学院顾问的钱荣堃先生，宋则行先生和曾在中国社会科学院近代史研究所工作的黄肇兴先生，以及曾担任武汉大学校长的著名历史学家吴于廑先生，曾任中国国际关系研究所所长的勇龙桂先生，以及杨学通、杨敬年、杨叔进、崔书香、王正宪、陶大镛、陶继侃、李建昌等先生；尽管这些学者中不少人在过去几十年中命运多舛，但他们还是在自己的工作领域作出了应有的贡献，为中国培养了一代又一代的经济学人。

方显廷非凡的学术贡献以及他所精心培育的中国经济学界的学者，已经成为中国学术界的公众财富和重要遗产，泽被后人。方显廷功在国家，功在民族，将永远为中国学界及后来者所敬仰和纪念。

第105表　中国之匹头总进口值按匹头项目之分配，1923—1930

	1930		1929		1928		1927		1926		1925		1924		1923		1923—1930	
	海关两	%	海关两	%	海关两	%	海关两	%	海关两	%	海关两	%	海关两	%	海关两	%	海关两	%
本色棉布(1—5)	21,458,026	16.37	26,193,892	15.76	30,164,920	18.30	27,827,918	21.32	42,747,707	25.00	44,060,161	29.14	43,164,242	28.18	44,282,486	33.86	279,899,352	23.35
(1)本色市布,粗布,细布	10,563,282	8.06	13,846,981	8.33	16,004,714	9.71	13,198,182	10.11	22,596,305	13.21	22,772,524	15.06	25,565,768	16.69	25,990,571	19.87	150,538,327	12.56
(2)本色粗细斜纹布(仅三线或四线粗)	4,296,891	3.28	4,776,581	2.87	6,393,580	3.88	8,018,682	6.14	11,364,829	6.65	12,235,185	8.09	10,602,441	6.92	11,749,130	8.98	69,437,319	5.79
(4)本色仿制土布	4,217,988	3.22	5,025,947	3.02	5,158,465	3.13	3,990,719	3.06	5,678,072	3.32	6,196,043	4.10	3,039,743	1.98	3,051,667	2.33	36,358,644	3.03
其他	2,379,865	1.81	2,544,383	1.53	5,608,161	1.58	2,620,335	2.01	3,108,501	1.82	2,856,409	1.89	3,956,290	2.58	3,491,118	2.67	23,565,062	1.97
漂白或染色棉布(6—42)	78,637,720	59.98	106,932,796	64.32	100,576,402	61.02	76,216,241	58.38	102,265,879	59.80	88,244,573	58.36	94,488,727	61.69	75,292,344	57.57	722,654,682	60.28
(6)漂市布,粗布,细布	16,007,753	12.21	23,611,072	14.20	22,735,242	13.79	13,504,900	10.34	22,930,503	13.41	22,390,145	14.81	29,125,505	19.02	15,690,032	12.00	165,999,152	13.85
(11)漂白或染色,素或织花,细洋纱,软洋纱,稀洋纱,厚稀纱,细稀纱,轻软细纱,维多利亚格子纱,瑞士格子纱,拉白纱布,洋板绫	2,666,796	2.03	2,734,499	1.64	3,249,711	1.97	2,667,334	2.04	2,522,085	1.48	1,265,992	0.84	2,886,522	1.88	2,405,714	1.84	20,398,653	1.70
(17)染色素粗细斜纹布(仅三线或四线粗)	3,748,203	2.86	5,341,276	3.21	5,617,790	3.41	5,231,060	4.01	7,223,339	4.22	9,006,296	5.95	8,110,291	5.29	9,443,457	7.22	53,721,712	4.48
(23)羽缎,羽绸,冲西缎	1,790,001	1.37	4,004,983	2.41	3,098,091	1.88	1,887,681	1.45	5,969,663	3.49	6,790,774	4.49	8,445,767	5.51	7,731,212	5.91	39,718,172	3.31
(25)斜羽绸	161,783	0.12	344,850	0.21	1,077,320	0.65	407,950	0.31	911,663	0.53	470,770	0.31	1,374,974	0.90	2,794,580	2.14	7,543,890	0.63
(26)横工布,细哔叽	9,981,198	7.61	9,353,032	5.63	4,627,932	2.81	2,084,699	1.60	1,889,398	1.11	1,496,932	0.99	1,393,684	0.91	737,734	0.56	31,564,609	2.63
(29)羽茧(五线组)	8,337,574	6.36	19,650,703	11.82	17,232,565	10.46	16,598,102	12.71	19,720,257	11.53	14,234,381	9.41	8,994,431	5.87	5,133,682	3.93	109,901,695	9.17
(29)(甲)羽茧(过五线组)	3,857,381	2.94	5,187,967	3.12	5,635,875	3.42	4,636,686	3.55	5,011,405	2.93	1,621,925	1.07	——		——		25,951,239	2.16
(32)罗缎,波绞缎	1,435,868	1.10	1,959,084	1.18	2,178,872	1.32	1,536,158	1.18	2,279,273	1.33	1,748,467	1.16	2,645,994	1.73	4,651,772	3.56	18,435,488	1.54
(33)泰西缎	260,356	0.20	1,922,360	1.16	2,478,636	1.50	961,528	0.74	3,174,045	1.86	2,169,008	1.43	3,647,085	2.38	5,506,914	4.21	20,120,292	1.68
(34)漂白,染色或印花棉布,棉法绒	9,842,477	7.51	8,857,730	5.33	5,494,183	3.33	4,293,775	3.29	3,339,743	1.95	2,643,104	1.75	2,085,917	1.36	1,912,543	1.46	38,469,472	3.21
其他	20,548,330	15.67	23,965,240	14.42	27,150,185	16.47	22,406,368	17.16	27,294,145	15.96	24,402,779	16.15	25,778,557	16.83	19,284,704	14.74	190,830,308	15.92
印花棉布(43—54)	24,935,275	19.02	26,341,923	15.85	29,172,667	17.70	21,779,771	16.68	22,367,767	13.08	15,222,179	10.07	12,707,866	8.30	8,613,691	6.59	161,141,139	13.44
(43)印花细洋纱,软洋纱,稀洋纱,市布,粗布,细布,洋漂市	8,573,745	6.54	10,203,281	6.14	11,389,831	6.91	8,989,455	6.89	10,584,574	6.19	8,169,175	5.40	9,493,972	6.20	6,682,722	5.11	74,086,755	6.18
(44)印花粗细斜纹布,羽布,横工布,哔叽,席法布	9,215,983	7.03	7,219,186	4.34	8,737,300	5.30	5,593,915	4.28	4,383,132	2.56	2,228,830	1.47	664,013	0.43	207,971	0.16	38,250,330	3.19
(51)印花羽茧	3,738,433	2.85	6,050,730	3.64	6,036,805	3.66	——		2,225		31,080	0.02	35,608	0.02	——		15,894,881	1.33
其他	3,407,114	2.60	2,868,726	1.73	3,008,731	1.83	7,196,401	5.51	7,397,836	4.33	4,793,094	3.17	2,514,273	1.64	1,722,998	1.32	32,909,173	2.74
其他棉布(55—6)	6,079,530	4.64	6,770,160	4.07	4,918,160	2.98	4,722,469	3.62	3,623,257	2.12	3,677,269	2.43	2,818,005	1.84	2,599,376	1.99	35,208,226	2.94
总计	131,110,551	100.00	166,238,771	100.00	164,832,149	100.00	130,546,399	100.00	171,004,610	100.00	151,204,182	100.00	153,178,840	100.00	130,787,897	100.00	1,198,903,399	100.00
17种棉布所占之百分比		75.28		77.72		77.14		71.70		75.77		76.36		77.12		79.28		76.43
39种棉布所占之百分比		24.72		22.28		22.86		28.30		24.23		23.64		22.88		20.72		23.57

第4表(甲) 在华各国纱厂之统计,1924—1930

	1924				1925				1927				1928				1930			
	华商	日商	英商	总计	华商	日商	英商	总计	华商	日商	英商	总计	华商	日商	英商	总计	华商	日商	英商	总计
纱厂数	73	41	5	119	76	45	4	125	73	42	4	119	73	44	3	120	81	43	3	127
资本及公积金																				
两	47,619,000	11,670,000	14,001,670	73,290,670	40,520,750	6,670,000	13,201,760	60,392,510	46,923,540	38,447,000	13,201,760	98,572,300	35,678,551	33,482,000	9,000,000	78,160,551				
日元		288,945,000		288,945,000		172,705,000		172,705,000		328,195,700		318,195,700		290,047,707		290,047,707				
银元	73,307,800			73,307,800	72,642,245			72,642,245	71,051,692			71,051,692	72,898,712			72,898,712	126,908,222	148,919,916	12,500,000	288,328,138
奉大洋(元)					4,600,000			4,600,000	4,600,000			4,600,000	6,500,000			6,500,000				
纺锤数	2,176,146	1,218,544	250,516	3,645,206	2,066,214	1,332,304	205,320	3,603,838	2,099,058	1,370,312	205,320	3,674,690	2,181,880	1,514,816	153,320	3,850,016	2,395,792	1,674,844	153,320	4,223,956
已开纺锤	1,812,366	923,728	250,516	2,986,610	1,897,682	1,326,920	205,320	3,429,922	2,084,058	1,369,584	205,320	3,658,962	2,127,440	1,514,816	153,320	3,795,576	2,215,072	1,647,644	153,320	4,016,036
纱锤	1,779,318	923,728	250,516	2,953,562					2,018,588	1,291,952	205,320	3,515,860	2,059,088	1,397,272	153,320	3,609,680	2,146,152	1,462,160	153,320	3,761,632
线锤	33,048			33,048					65,470	77,632		143,102	68,352	117,544		185,896	68,920	185,484		254,404
未开纺锤	363,780	294,816		658,596	168,532	5,384		173,916	15,000	728		15,728	54,440			54,440	180,720	27,200		207,920
纱锤	348,676	294,816		643,492					15,000	728		15,728	54,440			54,440	180,720	27,200		207,920
线锤	15,104			15,104																
织机数	13,689	5,925	2,863	22,477	20,171	7,505	2,348	30,024	13,459	13,981	2,348	29,788	16,783	10,896	1,900	29,579	16,005	11,367	1,900	29,272
已开织机	9,481	3,929	2,863	16,273	16,381	7,205	2,348	25,934	12,109	9,625	2,348	24,082	13,117	10,801	1,900	25,818	15,255	11,367	1,900	28,522
未开织机	4,208	1,996		6,204	3,790	300		4,090	1,350	4,356		5,706	3,666	95		3,761	750			750
原动力(启罗瓦特)	56,747	16,600		73,347	68,646	69,100		137,746	77,936	51,207		129,143	86,279	54,098		140,377	91,629	63,829		155,457
启罗瓦特	30,107	16,600		46,707	52,041	69,100		121,141	58,556	48,072		106,628	61,431	51,323		112,754	68,363	58,211		126,574
马力	35,520			35,520	22,140			22,140	25,840	4,180		30,020	33,130	3,700		36,830	31,021	7,490		38,511
工人数	131,063	45,628	19,000	195,691	133,771	59,688	16,500	209,959	138,613	79,427	16,500	234,540	156,298	72,321	13,000	241,619	161,949	77,082	13,000	202,031
消棉量(担)	2,457,976	1,644,675	458,000	4,560,651	3,941,272	2,445,575	390,000	6,776,847	4,504,586	2,785,441	390,000	7,680,027	4,946,495	2,927,527	300,000	8,174,022	5,320,692	2,976,000	453,327	8,750,019
纱产额(包)	1,019,718	422,250	31,800	1,473,768	1,169,770	543,718	84,550	1,798,038	1,261,548	690,759	150,522	2,102,829	1,377,788	695,656	129,522	2,202,966	1,500,248	825,407	129,522	2,455,177
布产额(匹)					3,320,767	680,000		4,000,767	4,259,666	4,739,704		8,999,370	6,900,038	7,758,750		14,658,788	6,625,544	8,153,994		14,779,538

第 4 表（乙） （百分数） （续表）

	1924				1925				1927				1928				1930			
	华商	日商	英商	总计	华商	日商	英商	总计	华商	日商	英商	总计	华商	日商	英商	总计	华商	日商	英商	总计
纱厂数	61.34	34.45	4.20	100	60.80	36.00	3.20	100	61.35	35.29	3.36	100	60.83	36.67	2.50	100	63.78	33.86	2.36	100
纺锤数	59.70	33.43	6.87	100	57.33	36.97	5.70	100	57.12	37.29	5.59	100	56.67	39.35	3.98	100	56.72	39.65	3.63	100
已开纺锤	60.68	30.93	8.39	100	55.32	38.69	5.99	100	56.96	37.43	5.61	100	56.05	39.91	4.04	100	55.16	41.03	3.81	100
纱 锤	60.24	31.28	8.48	100					57.41	36.75	5.84	100	57.04	38.71	4.25	100	50.05	38.87	11.08	100
线 锤	100.00			100					45.75	54.25		100	36.77	63.23		100	27.09	72.91		100
未开纺锤	55.24	44.76		100	96.90	3.10		100	95.37	4.63		100								
纱 锤	54.18	45.82		100					95.37	4.63		100	100.00			100	86.92	13.08		100
线 锤	100.00			100																
织机数	60.90	26.36	12.74	100	67.18	25.00	7.82	100	45.18	46.94	7.88	100	56.74	36.84	6.42	100	54.68	38.83	6.49	100
已开织机	58.26	24.14	17.59	100	63.17	27.78	9.05	100	50.28	39.97	9.75	100	50.81	41.83	7.36	100	53.49	39.86	6.65	100
未开织机	67.83	32.17		100	92.67	7.33		100	23.66	76.34		100	97.47	2.53		100	100.00			100
原动力(启罗瓦特)	77.37	22.63		100	49.84	50.16		100	60.35	39.65		100	61.46	38.54		100	58.94	41.06		100
启罗瓦特	64.46	35.54		100	42.96	57.04		100	54.92	45.08		100	54.38	45.52		100	54.01	45.99		100
马 力	100.00			100	100.00			100	86.08	13.92		100	89.95	10.05		100	80.55	19.45		100
工人数	66.97	23.32	9.71	100	63.71	28.43	7.86	100	59.10	33.87	7.03	100	64.69	29.93	5.38	100	64.25	30.58	5.16	100
消棉量	53.90	36.06	10.04	100	58.16	36.09	5.75	100	58.65	36.27	5.08	100	60.51	35.82	3.67	100	60.81	34.01	5.18	100
纱产额	69.19	28.65	2.16	100	65.06	30.24	4.70	100	59.99	32.85	7.16	100	62.54	31.58	5.88	100	61.11	33.62	5.27	100
布产额					83.00	17.00		100	47.33	52.67		100	47.07	52.93		100	44.83	55.17		100

注释：1928 及 1930 之两年统计均根据于上海华商纱厂联合会刊布之原表；至于其他 1924、1925 及 1927 三年之统计，均参考下列各项材料所转载之各表：

1924 年表：*Chinese Economic Bulletin* 附刊 24 号；《上海总商会月报》1924 年 11 月。

1925 年表：*Chinese Economic Monthly*，1926 年 2 月；《中外经济周刊》1925 年 12 月 12 及 19 日。

1927 年表：*Chinese Economic Journal*，1928 年 4 月；《经济半月刊》1928 年 1 月。

根据上列各项材料所转载之表，虽仍不免错误，但因每表均系根据两种材料所转载者，故足能互相校正，此外，即原表亦不常正确，尤以总数错误为多。

第6表(甲)　各省棉产区之面积及棉产额,1918—1930

(面积:千亩)　(产额:千担)

棉产季	河北		山东		山西		河南		陕西		江苏		浙江		安徽		江西		湖北		湖南		辽宁		全国	
	面积	产额	面积	产额	面积	产额	面积	产额	面积	产额	面积	产额	面积	产额	面积	产额	面积	产额	面积	产额	面积	产额	面积	产额	面积	产额
1918—19		2,099		721		304		268				4,129				243		131		2,325						10,221
1919—20	6,397	2,684	3,218	894	486	202	1,418	428		355	19,278	2,763		265	763	126		105	1,478	1,207					33,038	9,028
1920—21	4,391	1,022	428	126	615	65			1,284	294	12,475	3,022	1,270	251	1,196	292	399	98	6,270	1,580					28,327	6,750
1921—22	4,710	1,819	2,333	295	695	249	856	219	2,406	430	11,813	1,284	1,199	309	1,099	164	257	45	2,849	615					28,216	5,429
1922—23	4,352	1,295	3,535	1,005	839	164	3,047	555	1,867	477	9,606	2,447	1,096	98	1,148	155	362	85	7,613	2,030					33,465	8,310
1923—24	3,631	945	3,677	1,388	876	231	2,693	668	1,642	462	8,165	1,489	1,181	330	1,151	190	690	172	5,848	1,272					29,554	7,145
1924—25	3,068	799	2,984	937	613	162	2,677	572	1,642	468	7,761	2,769	1,867	676	1,036	153	690	154	6,433	1,119					28,772	7,809
1925—26	2,895	958	3,099	996	755	162	2,986	545	1,316	772	7,815	2,242	1,773	506	841	176	714	170	5,927	1,007					28,121	7,534
1926—27	2,433	814	3,285	518	1,407	381	2,881	557	1,447	371	8,129	1,921	1,731	327	434	126	542	116	5,061	1,112					27,350	6,244
1927—28	2,491	771	3,173	710	1,299	502	2,817	590	1,443	358	7,329	1,638	1,734	529	437	130	597	144	6,292	1,351					27,610	6,722
1928—29	2,103	653	3,317	620	949	289	1,567	214	1,283	265	8,824	2,542	1,731	346	469	146	577	124	9,824	2,728					30,644	7,930
1929—30	2,567	801	4,239	1,213	313	40	908	123	185	34	9,511	2,277	1,660	408	466	82	304	107	11,410	1,548	1,390	394			32,955	7,027
*1929—30	2,950	835	6,544	2,171	275	63	2,680	567	1,209	135	8,625	1,085	1,852	473	491	96	286	73	11,466	3,062	1,215	251			37,593	8,810
*1930—31	2,953	844	7,335	2,155	273	82	2,506	579	1,822	379	7,656	569	1,981	520	463	43	31	5	6,930	1,060	1,088	45	1,145	180	34,183	6,461

第6表(乙)　各省棉产区之面积及棉产额,1918—1930

(百分比)

棉产季	河北		山东		山西		河南		陕西		江苏		浙江		安徽		江西		湖北		湖南		辽宁		全国	
	面积	产额	面积	产额	面积	产额	面积	产额	面积	产额	面积	产额	面积	产额	面积	产额	面积	产额	面积	产额	面积	产额	面积	产额	面积	产额
1918—19		20.5		7.1		3.0		2.6				40.4				2.4		1.3		22.7						100
1919—20	19.4	29.7	9.7	9.9	1.5	2.2	4.3	4.7		3.9	58.3	30.7		2.9	2.3	1.4		1.2	4.5	13.4					100	100
1920—21	15.5	15.1	1.5	1.9	2.2	1.0			4.5	4.4	44.1	44.7	4.5	3.7	4.2	4.3	1.4	1.5	22.1	23.4					100	100
1921—22	16.7	33.5	8.3	5.4	2.5	4.6	3.0	4.0	8.5	7.9	41.9	23.8	4.2	5.7	3.9	3.0	0.9	0.8	10.1	11.3					100	100
1922—23	13.0	15.6	10.6	12.1	2.5	2.0	9.1	6.7	5.6	5.7	28.7	29.4	3.3	1.2	3.4	1.9	1.1	1.0	22.7	24.4					100	100
1923—24	12.3	13.2	12.4	19.4	3.0	3.2	9.1	9.3	5.6	6.5	27.6	20.9	4.0	4.6	3.9	2.7	2.3	2.4	19.8	17.8					100	100
1924—25	10.7	10.2	10.4	12.0	2.1	2.1	9.3	7.3	5.7	6.0	26.9	35.4	6.5	8.7	3.6	2.0	2.4	2.0	22.4	14.3					100	100
1925—26	10.3	12.7	11.0	13.2	2.7	2.2	10.6	7.2	4.7	10.2	27.8	29.8	6.3	6.7	3.0	2.3	2.5	2.3	21.1	13.4					100	100
1926—27	8.9	13.0	12.0	8.3	5.1	6.1	10.5	8.9	5.3	5.9	29.8	30.9	6.3	5.2	1.6	2.0	2.0	1.9	18.5	17.8					100	100
1927—28	9.0	11.5	11.5	10.6	4.7	7.5	10.2	8.8	5.2	5.3	26.5	24.3	6.3	7.9	1.6	1.9	2.2	2.1	22.8	20.1					100	100
1928—29	6.9	8.2	10.8	7.8	3.1	3.6	5.1	2.7	4.2	3.3	28.8	32.2	5.6	4.4	1.5	1.8	1.9	1.6	32.1	34.4					100	100
1929—30	7.8	11.4	12.9	17.3	0.9	0.6	2.8	1.8	0.6	0.5	28.9	32.3	5.0	5.8	1.4	1.2	0.9	1.5	34.6	22.0	4.2	5.6			100	100
*1929—30	7.9	9.5	17.4	24.6	0.7	0.7	7.1	6.4	3.2	1.5	22.9	12.3	4.9	5.4	1.3	1.1	0.8	0.8	30.5	34.8	3.2	2.8			100	100
*1930—31	8.6	13.1	21.5	33.3	0.8	1.3	7.3	9.0	5.3	5.8	22.4	8.8	5.8	8.0	1.4	0.7	0.1	0.1	20.3	16.4	3.2	0.7	3.3	2.8	100	100

* 1929—30及1930—31之两年统计,系中华棉业统计会估计者与华商纱厂联合会报告中之1929—30年统计有异,特别以山东、河南、陕西、江苏及湖北相差尤甚。

第 24 表 天津纱厂每十二小时班每纺锤及织机之平均产额，1928—1929

半月终日	每锭纺锤之纱产额（磅）																			每架织机之布产额（码）					
	10 支						14 支		15 支		16 支					17 支		20 支		42 支		11 磅		12 磅		特种
	甲		乙		丙		甲		乙		甲		乙		丙	甲		乙		甲		甲		甲		甲
	日班	夜班	日班	夜班	日班	夜班	日班	夜班	日班	夜班	日班	夜班	日班	夜班		日班	夜班	日班	夜班	日班	夜班	日班	夜班	日班	夜班	日班	夜班
一月 15	.826	.798	.954	.954	.9542	.9817	.642	.643	.515	.507	.588	.600	.432	.431		.5323	.5387	.520	.511	.337	.324	.129	.131	39.91	43.81			29.23	26.72
31	.771	.788	.955	.940	1.0018	1.0171	.619	.617	.503	.499	.550	.542	.439	.435		.5344	.5423	.497	.490	.330	.325	.123	.123	46.82	42.03			29.76	25.83
二月 15	.787	.761	.927	.916	.9860	1.0340	.544	.527	.503	.476	.495	.451	.428	.421		.4997	.5030	.438	.455	.321	.313	.122	.121	30.85	29.11			18.98	21.42
28	.693	.685	.951	.930	.9892	.9773	.575	.593	.499	.497	.560	.555	.420	.416		.5117	.5088	.460	.467	.335	.338	.111	.113	35.67	37.58			21.61	21.00
三月 15	.802	.805	.940	.908	.9493	.9627	.576	.576	.505	.500	.557	.553	.433	.434		.5447	.5160	.465	.472	.374	.380	.177	.170	43.00	37.67			26.12	28.97
31	.662	.668	.930	.911	.9591	.9810	.545	.558	.506	.502	.516	.514	.398	.391		.4970	.4962	.470	.482	.382	.388	.108	.109	43.97	48.93			22.78	23.88
四月 15	.803	.787	.920	.922	.9817	.9753	.637	.625	.511	.501	.596	.586	.427	.423		.4930	.4846	.485	.490	.373	.368	.103	.102	58.00	57.64			16.11	15.29
30	.797	.779	.919	.921	.9672	.9832	.646	.633	.514	.510	.581	.578	.416	.419		.4303	.4545	.452	.448	.366	.367	.118	.113	58.99	59.50			38.48	48.18
五月 15	.789	.791	.923	.913	.9282	.9427	.652	.640	.510	.535	.574	.562	.410	.412		.4532	.4542	.448	.463	.380	.378	.114	.109	65.54	64.54				
31	.814	.823	.925	.913	.9356	.9476	.613	.612	.487	.490	.560	.545	.402	.399		.4890	.4840	.422	.414	.373	.366	.103	.101	56.07	55.63		33.33		
六月 15	.761	.700	.914	.916	.9437	.9885	.537	.527	.501	.504	469	.468	.395	.393		.4601	.4595	.352	.351	.344	.341	.098	.104	41.74	40.35	39.30	41.52		
30	.748	.741	.917	.901	.9473	.9765	.527	.519	.497	.493	.484	.478	.377	.379		.4723	.4739	.359	.359	.352	.342			44.63	49.57	40.08	39.64		
七月 15	.727	.722	.895	.890	.8659	.9033			.522	.522			.446	.437		.4833	.4820	.526	.522					53.10	55.46	51.30	48.54		
31	.697	.712	.849	.853	.8988	.9028			.499	.502			.384	.417		.4450	.4440	.519	.516			.400	.141	.111	47.29	47.70	48.33	46.18		
八月 15	.678	.669	.876	.860	.8787	.9266			.493	.480			.421	.416		.4370	.4446	.520	.522	.331	.327	.193	.148			49.75	51.33		
31	.733	.678	.871	.910	.8369	.8699			.500	.519			.549	.444		.4334	.4320	.526	.526	.344	.345	.124	.116			51.49	51.95		
九月 15	.691	.662	.903	.907	.8353	.8359	.669	.673	.506	.503	.655	.624	.367	.367		.4516	.4782	.529	.518	.335	.337	.114	.110	55.57	56.00	52.26	53.47	32.02	33.34
30	.854	.846	.930	.944	.8613	.8792	.668	.652	.520	.523	.649	.629	.440	.437		.4401	.4441	.470	.464	.335	.343	.185	.144	56.59	54.46	45.14	50.53	31.28	29.98
十月 15	.939	.923	.960	.966	.8888	.9142	.715	.701	.510	.509	.641	.609	.452	.443		.4855	.4934	.489	.480	.334	.342	.157	.154	53.12	53.09	50.43	48.69	35.33	32.28
31	.918	.907	.948	.932	.9418	.9563	.709	.699	.510	.507	.610	.632	.450	.440		.5003	.5044	.552	.573	.349	.344	.148	.154	54.02	52.69	48.28	52.85	31.71	36.71
十一月15	.914	.921	.911	.928	.9096	.9259	.720	.707			.618	.607	.435	.427	.437 .445	.5205	.4957	.570	.533	.350	.348	.156	.157	51.39	52.23	45.45	48.53	28.37	34.99
30	.919	.976	.930	.917	.9189	.9543	.683	.688			.614	.608	.437	.429	.444 .440	.5079	.5181	.539	.561	.347	.345	.146	.138	51.12	49.87	50.28	47.17	23.66	28.30
十二月15	.974	.998	.938	.940	.9504	.9391	.681	.661			.635	.624	.432	430	.436 .429	.5017	.5065	.567	.507	.336	.337	.137	.137	45.87	48.54	33.56	44.39	26.29	26.41
31	.887	.894	.936	.948	.9289	.9026	.676	.686			.630	.632	.450	.446	.448 .437	.5976	.4965	.550	.545	.339	.337	.129	.132	45.53	47.44			24.41	27.50
总平均	.799	.792	.922	.919	.9274	.9449	.632	.627	.505	.504	.579	.570	.427	.420	.441 .438	.4842	.4856	.489	.486	.348	.349	.133	.127	49.04	49.27	46.36	47.01	27.26	28.80

注：甲乙两厂之统计，指 1928 年 7 月至 1929 年 6 月间言；惟丙厂，系指 1929 年 1 月至 12 月言。

纱厂号数	工人数		纺锤数		织机数		原动力				消棉量(担)		纱产额(包)		布产额(匹)	
	原数	修正数	原数	修正数	原数	修正数	原数		修正数		原数	修正数	原数	修正数	原数	修正数
							千瓦特	马力	千瓦特	马力						
57—8	7,200	5,513	90,000	90,000						2,417	200,000	200,000	54,300	54,300		
		1,687			655	655	1,400	3,100		683					400,000	400,000
77—8	1,000	398	13,600	13,600					1,400		31,500	12,530	9,000	3,580		
		602	20,000	20,000				500		500		18,970		5,420		
		6,131	72,312	72,312		896						213,808		61,088		
82—4	13,000	2,151	25,376	25,376	1,900	314	?		?		453,327	75,030	129,522	21,437	?	?
		4,718	55,632	55,632		690						164,489		46,997		
		1,771		26,128		250				1,000		50,956		12,820		
89—90	3,542		52,256		500			2,000		1,000		50,956		12,820	181,726	90,863
		1,771		26,128		250										90,863
		1,535		27,776					900			54,169		13,629		
91—92	3,070		55,552				1,800				549,558	54,169	138,269	13,629		
		1,535		27,776					900							
		2,780		68,432					2,250			133,548		33,578		
93—94	5,560		136,864				4,500					133,548		33,578		
		2,780		68,432					2,250							
95	3,799	3,799	37,120	37,120			1,150		1,150			72,392		18,215		
		900		36,800					1,000		55,220	27,610	17,290	8,645		
98—99	1,800		73,600				2,000									
		900		36,800					1,000			27,610		8,645		
		2,800		50,000		1,000			1,750			63,000		18,000		
110—1	5,600		100,000		2,000		3,500				126,000		36,000		1,440,000	720,000
		2,800		50,000		1,000			1,750			63,000		18,000		720,000
		833		30,134					2,500			62,000		1,900		
115—7	2,500	833	90,400	30,134			7,500		2,500		186,000	62,000	57,000	1,900		
		834		30,132					2,500			62,000		1,900		
		1,662	53,600	53,600					1,569		53,822	45,647	15,718	13,331		
125—6	1,960						18,50*									
		298	9,600	9,600					281			8,175		2,387		

* 原书如此,疑为1,850。——编者注

第91表(甲)　中国十四家纱厂(每厂均有两个或两个以上之支厂)之统计,1930

号数ʃʃ	厂名	厂数	资本及公积金		纱锤		线锤		纺锤全体		织机		原动力				工人		消棉		纱产		布产	
			元	%	实数	%	实数	%	实数	%	实数	%	千瓦特	马力	总千瓦特	%	实数	%	担数	%	包数	%	匹数	%
1	内外	16	42,043,426	14.6	434,776 §(15)	11.0	69,664 (7)	27.4	504,440 §(15)	12.0	1,600 (2)	5.5	18,880	800 (1)	19,480	8.0	14,810	5.9	591,046 (15)	6.8	172,783 (15)	7.0	1,140,000 (2)	7.7
2	申新	8	7,086,667 *(6)	2.5	307,396†	7.7	3,080 (1)	1.2	310,476†	7.4	2,818 (4)	9.6	12,388 §§(7)	2,000 (2)	13,888	5.7	19,090 (7)	7.6	589,680 (7)	6.7	172,076 (7)	7.0	1,452,920 (4)	9.8
3	日华	7	12,635,000	4.4	244,832	6.2	36,960 (3)	14.5	281,792	6.7	500 (2)	1.7	6,300 (4)	3,150 (3)	8,663	3.6	15,971	6.3	549,558	6.3	138,269	5.6	181,726 (2)	1.2
4	永安	3	12,000,000	4.3	213,216‡	5.4	11,000 (2)	4.3	224,216‡	5.3	1,310 (2)	4.5	5,300		5,300	2.2	11,140	4.4	313,500	3.6	94,000	3.8	720,000 (2)	4.9
5	上海	4	8,930,556	3.1	156,408	3.9	16,120 (1)	6.4	172,528	4.1	2,298 (3)	7.9	4,008	3,540 (2)	6,663	2.8	10,232	4.1	396,833	4.5	112,577	4.6	2,232,908 (3)	15.1
6	大生	4	10,462,695	3.6	157,444	4.0	6,120 (3)	2.4	163,564	3.9	1,342 (3)	4.6	750 (1)	4,500 (3)	4,125	1.7	16,189	6.4	417,985	4.8	119,210	4.9	464,324 (3)	3.2
7	怡和	3	12,500,000	4.3	153,320	3.8	—	—	153,320	3.6	1,900 (2)	6.5	?	?			13,000	5.2	453,327	5.2	129,522	5.3	?	
8	大康	2	12,557,554	4.4	128,080	3.2	16,000 (1)	6.3	144,080	3.4	759 (1)	2.6	7,500		7,500	3.1	7,403	2.9	307,500	3.5	84,000	3.4	408,000 (1)	2.8
9	华新	4	9,607,440	3.3	107,296	2.7	7,488 (2)	2.9	114,784	2.7	250 (1)	0.9	4,795	800 (1)	5,395	2.2	8,781	3.5	251,678	2.9	73,182	3.0		
10	公大	2	13,888,881	4.8	85,000	2.1	15,000 (1)	5.9	100,000	2.4	2,000 (1)	6.8	3,500		3,500	1.4	5,600	2.2	126,000	1.4	36,000	1.5	1,440,000	9.7
11	湖北	2	1,000,000 **	0.3	90,000 (1)	2.3	—	—	90,000	2.1	655 (1)	2.2		3,100	2,325	1.0	7,200	2.9	200,000 (1)	2.3	54,300	2.2	400,000 (1)	2.7
12	同兴	2	16,810,000	5.8	69,600	1.8	19,760 (1)	7.8	89,360	2.1	1,126 (1)	3.8	2,500		2,500	1.0	3,713	1.5	109,780	1.2	29,109	1.2	738,360 (1)	5.0
13	溥益	2	4,086,666	1.4	50,520	1.3	1,600 (1)	0.6	52,120	1.2	500ʃ(1)	1.7	1,550		1,550	0.6	2,409	0.9	110,520	1.3	31,626	1.3	—	
14	振华	2	1,500,000	0.5	33,600	0.8	—	—	33,600	0.8			1,400 (1)	500 (1)	1,775	0.7	1,000	0.4	31,500	0.4	9,000	0.4	—	
61家纱厂总数		61	165,108,885 (59)	57.3	2,231,488 (59)	56.2	202,792 (23)	79.7	2,434,280 (59)	57.7	17,058 (26)	58.3	68,871 (50)	18,390 (15)	82,664 (58)	34.0	136,538 (60)	54.2	4,448,907 (58)	50.9	1,255,654 (58)	51.2	9,178,238 (19)	62.1
66家纱厂总数		66	123,219,245 (61)	42.7	1,738,064 (66)	43.8	51,612 (13)	20.3	1,789,676 (66)	42.3	12,214 (24)	41.7	57,703 (41)	137,067 (27)	160,503 (61)	66.0	115,493 (59)	45.8	4,301,112 (68)	49.1	1,199,523 (68)	48.8	5,601,300 (24)	37.9
总计		127	288,328,130 (120)	100	3,969,552 (125)	100	254,404 (36)	100	4,223,956 (125)	100	29,272 (50)	100	126,574 (91)	155,457 (42)	243,167 (119)	100	252,031 (119)	100	8,750,019 (116)	100	2,455,177 (116)	100	14,779,538 (43)	100

( ) 括弧内之数字指有该项统计之纱厂数。

* 出租者四家,其中只两家有流动资本统计。

** 此两厂已租出,仅有流动资本之报告。

† 49,600 锭纺锤未开工。

‡ 62,000 锭纺锤未开工。

§ 27,200 锭纺锤未开工。

§§ 2,400 启罗瓦特未开工。

ʃ 未开工。

ʃʃ 1、3、5、8、10 及 12 为日商纱厂,2、4、6、9、11、13 及 14 为华商纱厂;7 为英商纱厂。

第 113 表 中国各埠国产棉纺织品之净进口值及其百分比, 1913—1929

	大连		牛庄		天津		胶州		重庆		汉口		九江		芜湖		广州		其他		总计
	海关两	%	海关两	%	海关两	%	海关两	%	海关两	%	海关两	%	海关两	%	海关两	%	海关两	%	海关两	%	海关两
纱线																					
1913	20,132	0.14	106,112	0.73	2,986,117	20.41			5,245,415	35.85	1,591,495	10.88	1,698,022	11.60	843,541	5.76	4,015	0.03	2,137,692	14.60	14,632,541
1920			3,605,836	5.60	6,069,640	9.42	2,247,302	3.49	1,772,810	18.27	6,330,758	9.82	7,336,872	11.38	3,501,122	5.43	4,152,959	6.44	19,428,413	30.15	64,445,712
1929	4,388,485	3.57	3,919,721	3.19	11,424,072	9.29	7,716,879	6.27	20,512,126	16.67	11,393,881	9.26	10,504,891	8.54	5,565,665	4.52	13,661,763	11.10	33,947,127	27.59	123,034,610
匹头																					
1913	451,010	5.51	961,294	11.74	601,033	7.34			262,446	3.21	431,365	5.27	109,040	1.33	268,595	3.28	1,560,639	19.06	3,541,580	43.26	8,187,002
1920	1,165,459	6.27	2,944,431	15.84	2,881,548	15.50	364,773	1.96	393,434	2.12	442,964	2.38	358,986	1.93	245,010	1.32	1,904,945	10.25	7,891,877	42.43	18,593,427
1929	8,138,335	12.80	7,735,761	12.17	9,886,923	15.56	1,354,712	2.13	2,077,039	3.27	4,034,232	6.35	2,247,353	3.54	3,103,149	4.88	3,655,121	5.75	21,328,255	33.55	63,560,880
其他																					
1913	192	0.32	16,777	28.09	4,015	6.72					3,617	6.06	879	1.47	5,857	9.81			28,383	47.53	59,720
1920	19,940	10.51	6,017	3.17	11,540	6.08	5,359	2.82	116	0.06	27,179	14.33	606	0.32	10,005	5.27	279	0.15	108,644	57.29	189,685
1929	1,117,154	21.99	610,285	12.01	408,984	8.05	223,347	4.40	325,208	6.40	720,647	14.19	107,052	2.11	209,730	4.13	24,330	0.48	1,333,299	26.24	5,080,036
棉纺织品																					
1913	471,334	2.06	1,084,183	4.74	3,591,165	15.70			5,507,861	24.07	2,026,477	8.86	1,807,941	7.90	1,117,993	4.89	1,564,654	6.84	5,707,655	24.98	22,879,263
1920	1,185,399	1.42	6,556,284	7.88	8,962,728	10.77	2,617,434	3.14	12,166,360	14.62	6,800,901	8.17	7,696,464	9.25	3,756,137	4.51	6,058,183	7.28	27,428,934	32.96	83,228,824
1929	13,643,974	7.12	12,265,767	6.40	21,719,979	11.33	9,294,938	4.85	22,914,373	11.95	16,148,760	8.43	12,859,296	6.71	8,878,544	4.63	17,341,214	9.05	56,608,681	29.53	191,675,526

第 114 表 中国输出棉纺织品按到达地之分配, 1913—1929

	香港		新嘉坡等处		爪哇等处		印度		土、埃、波等处		日本(台湾在内)		其他		总数
	海关两	%	海关两	%	海关两	%	海关两	%	海关两	%	海关两	%	海关两	%	海关两
纱线															
1913	1,691	10.11									2,811	16.81	12,219	73.08	16,721
1920	1,708,323	58.87	62		7,256	0.25	628,931	21.67			340,519	11.74	216,785	7.47	2,901,876
1929	10,462,209	57.02	279,236	1.52	1,159,344	6.32	2,576,908	14.05	259,300	1.41	3,128,212	17.05	482,922	2.63	18,348,131
匹头															
1913	1,828,553	70.94	494,123	19.17	1,258	0.05	7,254	0.28	64		9,010	0.35	237,317	9.21	2,577,579
1920	2,857,826	57.74	1,135,756	22.95	377,277	7.62	161,012	3.25	1,983	0.04	32,358	0.65	383,522	7.75	4,949,734
1929	3,518,098	22.49	1,734,368	11.09	1,160,341	7.42	1,868,022	11.95	6,582,854	42.09	49,068	0.31	727,206	4.65	15,639,957
其他															
1913	10,928	3.11									30,543	8.70	309,556	88.19	351,027
1920	11,626	3.25			1,834	0.51					142,250	39.72	202,409	56.52	358,122
1929	450,281	15.75	481,176	16.83	43,210	1.51	8,448	0.30	1,034	0.04	213,477	7.47	1,662,077	58.10	2,859,703
棉纺织品全体															
1913	1,841,172	62.51	494,123	16.78	1,258	0.04	7,254	0.25	64		42,364	1.44	559,092	18.98	3,945,327
1920	4,577,778	55.76	1,135,818	13.84	386,367	4.71	789,943	9.62	1,983	0.02	515,127	6.27	802,716	9.78	8,209,732
1929	14,430,588	39.16	2,494,780	6.77	2,362,895	6.41	4,453,378	12.09	6,843,188	18.57	3,390,757	9.20	2,872,205	7.80	36,847,791